OEUVRES

DE

FONTENELLE.

—

TOME DEUXIÈME.

IMPRIMERIE ET FONDERIE DE J. PINARD,
RUE D'ANJOU-DAUPHINE, N° 8.

OEUVRES

DE

FONTENELLE,

PRÉCÉDÉES

D'UNE NOTICE SUR SA VIE ET SES OUVRAGES.

ÉLOGES.

TOME DEUXIÈME.

PARIS.

SALMON, LIBRAIRE-ÉDITEUR,
QUAI DES AUGUSTINS, N° 19.

PEYTIEUX, LIBRAIRE,
GALERIE DELORME, N°ˢ 11 ET 13.

1825.

ÉLOGES,

DES ACADÉMICIENS

DE

L'ACADÉMIE ROYALE DES SCIENCES,

MORTS DEPUIS L'AN M DC XCIX.

ÉLOGE

DE L'ABBÉ DE LOUVOIS.

CAMILLE LE TELLIER naquit le 11 avril 1675 de Michel le Tellier, marquis de Louvois, ministre d'état, et de dame Anne de Souvré. Il était leur quatrième fils, et fut destiné de bonne heure à l'église. Des bénéfices considérables suivirent promptement cette destination. De plus, dès l'âge de neuf ans, il fut pourvu de la charge de maître de la librairie, à laquelle M. de Louvois en fit unir deux autres en sa faveur ; celle de garde de la bibliothèque du roi, et celle d'intendant et de garde du cabinet des médailles. Tout le tournait du côté des sciences, et heureusement ses inclinations et ses dispositions naturelles s'y accordaient.

On alla chercher pour lui les maîtres que la voix de la renommée indiquait. Tous ceux qui brillaient le plus dans la littérature, et qu'on ne pouvait pas lui attacher de si près, on les attirait chez lui, ou plutôt on les y admettait; car il n'était guère besoin de violence ni d'adresse pour les mettre en liaison avec le fils d'un ministre tel que Louvois. Ils n'arrivaient là que parés de tout ce qu'ils avaient de plus exquis: ils y apportaient les prémices de leurs ouvrages, leurs projets, leurs réflexions, le fruit de leurs longues lectures; et le jeune homme qu'ils voulaient instruire, et à qui ils ne cherchaient guère moins à plaire, n'était nourri que de sucs et d'extraits les plus fins et les plus agréables. Il fit des exercices publics sur Virgile, Homère et Théocrite, qui répondirent à une si excellente éducation. Aussi Baillet ne l'oublia-t-il pas dans son livre des enfans célèbres par leur savoir : cet enfant avait bien des titres pour y tenir une place.

Il achevait sa première année de philosophie en 1691, lorsqu'il perdit avec beaucoup de douleur M. de Louvois son père. Il prouva bien que ses études jusques-là n'avaient pas été forcées; il les continua avec la même ardeur, et embrassa même celles qui ne lui étaient pas absolument nécessaires. Il apprit de la Hire la géométrie, et de du Verney l'anatomie. Il ne crut pas, ce que bien d'autres auraient cru volontiers en sa place, que son nom, sa richesse, le crédit d'une famille très puissante, fussent un mérite suffisant.

Dans son cours de théologie, il trouva un concurrent redoutable, l'abbé de Soubise, aujourd'hui cardinal de Rohan. Il se mit entre eux une émulation dont ils profitèrent tous deux; et par une espèce de reconnaissance de l'utilité dont ils avaient été l'un à l'autre, ils contractèrent une étroite liaison.

Après que l'abbé de Louvois eut terminé cette carrière, en recevant le bonnet de docteur de Sorbonne, feu l'archevêque de Rheims, son oncle, lui donna de l'emploi dans son diocèse, pour se former aux affaires ecclésiastiques. L'école était bonne, mais sévère, à tel point, qu'elle eût pu le corriger des défauts mêmes que l'on reprochait au prélat qui le formait.

Ce fut dans l'assemblée du clergé, tenu en 1700, à laquelle présida l'archevêque de Rheims, que l'abbé de Louvois parut pour la première fois sur un grand théâtre. Son caractère y fut généralement goûté : on retrouvait en lui la capacité, le savoir, l'esprit de gouvernement ; enfin toutes les bonnes qualités de son oncle, accompagnées de quelques autres qu'il pouvait avoir apprises de lui, mais qu'il n'en avait pas imitées.

Vers la fin de la même année, il partit pour l'Italie. Il y fut reçu par les princes et les gouverneurs en fils de M. de Louvois, et en frère de M. de Barbezieux, secrétaire d'état de la guerre, et par les savans et les illustres en homme déjà fort instruit, et digne de leur commerce. Il fit partout, et principalement à Rome, une dépense aussi noble que son nom la demandait ; il y joignait une extrême politesse, et ce qui acheva de lui gagner les cœurs des Italiens, leurs manières mêmes, qu'il sut prendre en assez peu de temps, quoique Français.

Il chercha dans toute l'Italie les bons livres qu'il savait qui manquaient à la bibliothèque du roi, et il en acheta environ 3000 volumes qu'il fit apporter en France. Dans le cours de son voyage, il eut la douleur d'apprendre la mort de M. de Barbezieux, arrivée en 1701.

Après son retour d'Italie, il reprit, sous l'archevêque

de Rheims, l'administration de ce grand diocèse. Il fut plusieurs années grand-vicaire et official; mais le prélat étant mort en 1710, l'abbé de Louvois sentit plus que jamais, par tant de pertes importantes, combien il est à propos d'avoir un mérite qui soit à soi.

Quoiqu'il se fût toujours conduit avec sagesse entre les deux partis, qui depuis un siècle font tant de bruit dans l'église, l'archevêque, peu favorable au plus puissant des deux, lui avait rendu son neveu fort suspect. L'abbé de Louvois eut beau garder toute la modération que l'obscurité des matières et l'esprit du christianisme sembleraient exiger de tout le monde, on ne s'en contenta pas; et les canaux par où passaient les grâces ecclésiastiques paraissaient mal disposés à son égard. Il n'en espéra plus aucune, et ne renonça pourtant pas au genre de vie qui convenait aux espérances qu'il n'avait plus. Il n'eût pas été trop extraordinaire que le grand monde dans lequel il était né, beaucoup de liaisons différentes, l'oisiveté, une liberté entière, l'utilité de la contrainte, eussent changé fort sensiblement ses premières allures.

Le talent naturel qu'il avait pour les affaires, fut du moins occupé à gouverner celles de madame de Louvois, sa mère, qui, par leur étendue, leur nombre et leur importance, demandaient, en quelque sorte, un ministre; et le talent des sciences se tourna principalement du côté de la bibliothèque du roi, qu'il s'appliqua fort à embellir. Il l'augmenta non-seulement de plus de 30,000 imprimés, mais d'un grand nombre de manuscrits, dont les plus considérables sont ceux de feu l'archevêque de Rheims, de MM. Fabre, Bigot, Thevenot, de Ganières, d'Hozier.

Dès l'année 1699, il était entré dans cette académie en qualité d'honoraire. Il n'y était pas étranger, après les leçons qu'il avait reçues de quelques uns des principaux sujets de la compagnie; et l'on reconnut qu'il avait bien appris d'eux la langue, ou plutôt les différentes langues du pays. Il entra ensuite et dans l'académie française en 1706, et dans celle des inscriptions en 1708; si l'on y joint la Sorbonne, qui était, pour ainsi dire, sa patrie, on verra qu'il était, en fait de science, une espèce de cosmopolite, un habitant du monde savant.

Après la mort du feu roi, l'abbé de Louvois redevint un sujet propre à la prélature. Aussi fut-il nommé en 1717 à l'évêché de Clermont; mais sa santé, qui malgré son peu d'âge et la force apparente de sa constitution devenait fort mauvaise, l'empêcha d'accepter cette place. Il sentait déjà des atteintes de la pierre. Quand il en fallut venir à l'opération, il s'y prépara comme à une mort certaine; et en effet, après l'avoir soufferte, il mourut le 5 novembre 1718 dans toutes les dispositions les plus édifiantes.

Tout ce qu'on peut désirer de plus sage et de plus sensé dans un testament se trouve dans le sien; des legs aux pauvres, à ses abbayes, à ses domestiques, à ceux de ses amis, dont la fortune était trop médiocre, tous créanciers à qui les lois ne donnent point d'action, et qui ne le sont qu'autant que les débiteurs ont des sentimens de vertu.

ÉLOGE

DE MONTMORT.

Pierre-Remond de Montmort naquit à Paris le 26 octobre 1678 de François Remond, écuyer, sieur de Breviande, et de Marguerite Rallu. Il était le second de trois frères.

Après le collége, on le fit étudier en droit, parce qu'on le destinait à une charge de magistrature pour laquelle il avait beaucoup d'aversion. Son père était fort sévère et fort absolu, et lui fort ennemi de la contrainte, d'un esprit assez haut, ardent pour tout ce qu'il voulait, courageux pour prendre les moyens d'y réussir. Las du droit et de la maison paternelle, il se sauva en Angleterre; dès que la paix de Riswick eut rendu l'Europe libre aux Français, il passa dans les Pays-Bas, et de là en Allemagne chez M. de Chamoys, son parent, plénipotentiaire de France à la diète de Ratisbonne.

Ce fut là que la *Recherche de la Vérité* lui tomba entre les mains. On ne lit guère ce livre là indifféremment, quand on est d'un caractère qui donne prise à la philosophie; il faut presque nécessairement ou se rendre au système, ou se croire assez fort pour le combattre. De Montmort s'y rendit absolument, et en éprouva les deux bons effets inséparables; il devint philosophe et véritable chrétien.

Il revint en France en 1699, et deux mois après son

retour son père mourut, et le laissa à l'âge de 22 ans maître d'un bien assez considérable, et de lui-même; mais la *Recherche de la Vérité*, et les autres ouvrages de la même main, les conseils de l'auteur qui l'avaient engagé dans l'étude des mathématiques, prévinrent les périls d'un état si agréable. Il n'avait pas des goûts faibles, ni des demi-volontés; il se plongea entièrement dans les exercices d'une piété sincère, dans la philosophie et dans les mathématiques : il vivait dans un désert, puisqu'il ne voyait plus que ses pareils, surtout le P. Malebranche, son maître, son guide et son intime ami.

En 1700, il fit un second voyage à Londres, et il était beaucoup plus digne de le faire. Il n'avait été en Angleterre la première fois que pour sortir de France; et alors il alla pour voir un pays si fertile en savans : il osa dès ce temps-là rendre visite à Newton.

C'était de M. Carré et de M. Guisnée qu'il avait appris les premiers élémens de géométrie et d'algèbre, et rien de plus. Il n'avait fallu que lui ouvrir la route; une grande pénétration d'esprit naturelle, et la première ardeur d'une jeunesse fort vive, appliquées toutes deux ensemble, et sans interruption, à un seul objet, devaient faire, et firent effectivement un chemin prodigieux. De Montmort se ménagea encore un secours très utile; il s'associa Nicole, jeune homme qui avait déjà quelque teinture de géométrie, et qui promettait beaucoup. Ils s'instruisaient l'un l'autre, s'éclairaient, s'animaient, se communiquaient du goût et de la passion. Dans ce cas-là le compagnon d'un travail le rend plus étendu, et cependant plus agréable. Ils passèrent trois ans dans l'ivresse du plaisir des mathématiques; ils pénétrèrent jusque dans le calcul intégral, qui les piquait d'autant plus qu'il était plus épineux et moins connu; mais toute cette félicité fut troublée; quoiqu'elle ne parût pas devoir être trop exposée à la jalousie de la fortune.

On avait revêtu d'un canonicat de Notre-Dame de Paris le frère cadet de Montmort, sans trop consulter son inclination. Il voulut renoncer à l'état ecclésiastique, et se donner pour successeur, ou M. de Montmort, s'il le voulait être, ou un autre à qui les suffrages des gens de bien n'étaient pas si favorables. Ils agirent auprès de Montmort pour le résoudre à prendre le canonicat, lui qui vivait déjà comme le meilleur ecclésiastique du monde. Il n'avait à leur opposer que l'assujétissement pénible et perpétuel de la vie de chanoine, très adouci à la vérité par l'usage ordinaire, mais dont il voudrait porter tout le poids; et dans le fond il était retenu aussi par ses chères mathématiques, qui devaient souffrir beaucoup de son assiduité au chœur. Mais enfin sa délicatesse de conscience, même pour autrui, lui fit tout surmonter. Il fut chanoine, et le fut à toute rigueur. Les offices du jour n'avaient nulle préférence sur ceux de la nuit, ni les assiduités utiles sur celles qui n'étaient que de piété. Seulement le peu de temps qui pouvait être de reste, était soigneusement ménagé pour ce qu'il aimait.

Il avait reçu de la nature des inclinations nobles, généreuses et bienfaisantes; et tout ce qui pouvait les porter à un haut degré de perfection se réunissait en lui, la philosophie, la religion, les engagemens encore plus étroits de l'état ecclésiastique. Il faisait imprimer à ses frais les livres d'autrui, qui, quoique bons, n'eussent pas trop été recherchés par les libraires, comme celui de Guisnée sur *l'application de l'algèbre et de la géométrie*, ou des ouvrages rares, qui, par certaines circonstances, ne se fussent pas aisément répandus, comme le traité de Newton sur la *quadrature des courbes*. Il mariait ou faisait religieuses des filles, qui, faute de bien, n'eussent trouvé que des amans, et pas même des monastères; et pourvu que les besoins ne fussent pas tout-à-fait disproportionnés à son pouvoir, il ne manquait jamais ni à l'amour des sciences, ni à celui du prochain. Cependant il faut avouer qu'au milieu de la douceur inséparable des bonnes actions, il n'était point pleinement content : sa vie rigoureuse de chanoine, sur laquelle il ne se faisait aucun quartier, le gênait trop, il ne sentait point qu'il fût où il aurait voulu être.

Vers la fin de 1704, il acheta la terre de Montmort. A celle de Mareuil, qui était dans le voisinage, demeurait madame la duchesse d'Angoulême, qui par un paradoxe chronologique, était bru de Charles IX, mort il y avait alors 130 ans. De Montmort alla rendre ses respects à cette princesse, et il vit chez elle mademoiselle de Romicourt, sa petite-nièce et sa filleule. Après cette visite, son canonicat lui fut plus à charge que jamais; et enfin il se défit de l'importune prébende, pour pouvoir prétendre à cette demoiselle, dont il était toujours plus touché, parce qu'il la connaissait davantage : et il l'épousa en 1706 au château de Mareuil. Avant le mariage, et malgré une extrême envie de conclure, il lui déclara de lui-même et sans aucune nécessité, qu'il avait dépensé vingt-cinq mille écus de son bien, tant il avait peur de tromper, même en cette occasion, où l'usage autorise les tromperies, en ne les punissant pas par le déshonneur qu'elles mériteraient. Il fut facile de juger à quoi ces vingt-cinq mille écus avaient été employés ; sans cela, on n'aurait jamais su jusqu'où il avait poussé la générosité ou la charité chrétienne, et il arriva qu'une vertu fut trahie par une autre.

Étant marié, il continua sa vie simple et retirée ; et d'autant plus que par un bonheur assez singulier le mariage lui rendit sa maison plus agréable. Les mathématiques en profitèrent. Plein de différentes vues, il se fixa sur une matière toute neuve ; car le peu que Pascal et Huyghens en avaient effleuré ne l'empêchait pas de l'être, et il se mit à en composer un ouvrage qui ne pouvait manquer d'être original. Feu Bernoulli avait eu à peu près le même dessein, et l'avait fort avancé ; mais rien n'en avait paru.

L'esprit du jeu n'est pas estimé ce qu'il vaut. Il est vrai qu'il est un peu déshonoré par son objet, par son motif, et par la plupart de ceux qui le possèdent ; mais du reste, il ressemble assez à l'esprit géométrique. Il demande aussi beaucoup d'étendue pour embrasser à la fois un grand nombre de différens rapports, beaucoup de justesse pour les comparer, beaucoup de sûreté pour déterminer le résultat des comparaisons, et de plus une extrême promptitude d'opérer. Souvent les plus habiles joueurs ne jugent qu'en gros, et avec beaucoup d'incertitude, surtout dans les jeux de hasard, où les partis qu'il faut prendre dépendent du plus ou moins d'apparence que certains cas arrivent, ou n'arrivent pas. On sent assez que ces différens degrés d'apparence ne sont pas facile à évaluer ; il semble que ce serait mesurer des idées purement spirituelles, et leur appliquer la règle et le compas. Cela ne se peut qu'avec des raisonnemens d'une espèce particulière, très fin, très glissans, et avec une algèbre inconnue aux algébristes ordinaires. Aussi ces sortes de sujets n'avaient-ils point été traités; c'était un vaste pays inculte, où à peine voyait-on cinq ou six pas d'hommes. De Montmort s'y engagea avec un courage de Christophe Colomb, et en eut aussi le succès. Ce fut en 1708 qu'il donna son *essai d'analyse sur les jeux de hasard*, où il découvrait ce nouveau monde aux géomètres. Au lieu des courbes qui leur sont familières, des sections coniques, cycloïdes, des spirales, des logarithmiques, c'étaient le pharaon, la basette, le lansquenet, l'hombre, le trictrac, qui paraissaient sur la scène assujétis au calcul, et domptés par l'algèbre.

Dans ce même temps un autre géomètre tourna ses vues de ce même côté; c'est Nicolas Bernoulli, neveu des deux célèbres Jacques et Jean Bernoulli. Jacques, qui était mort, avait laissé un manuscrit imparfait, intitulé: *De arte conjectandi*; et quand le neveu soutint à Bâle, en 1709, sa thèse de docteur en droit, il prit pour sujet: *De arte conjectandi in jure*. Comme il était habile géomètre, aussi bien que jurisconsulte, il ne put s'empêcher de choisir dans le droit une matière qui admît de la géométrie. Il traitait du prix où l'on doit légitimement mettre des rentes viagères et des usufruits, selon les différens âges; du temps où un absent doit être censé mort, des assurances entre marchands, de la probabilité des témoignages, etc. Il appliquait à tout cela les principes de son oncle qui lui étaient connus, et ensuite, entraîné par le charme de la nouveauté et de la difficulté, il s'enfonça dans les mêmes théories que de Montmort. Cette conformité de goûts et d'études fit naître entre eux l'amitié et l'émulation. Bernoulli vint à Paris, et de Montmort l'emmena chez lui à sa campagne, où ils passèrent trois mois dans un combat continuel de problèmes dignes des plus grands géomètres. Il s'agissait toujours d'estimer les hasards, de régler des paris, de calculer ce qui se dérobait le plus au calcul. Leurs journées passaient comme des momens, grâce à ces plaisirs, qui ne sont pourtant pas compris dans ce qu'on appelle ordinairement les plaisirs.

Les problèmes qui occupaient ces deux géomètres, conduisent nécessairement à des combinaisons très compliquées, et à des suites de nombres formées selon certaines conditions, et composées d'une infinité de termes, dont tantôt il fallait trouver les sommes finies ou infinies, tantôt, ce qui est souvent plus difficile, les sommes d'un nombre déterminé de termes, tantôt un terme quelconque.

La théorie de ces suites infinies est une clef de la plus sublime géométrie des courbes; car elles se résolvent en des suites conditionnées d'une certaine manière, et leurs circonférences ou les espaces qu'elles renferment sont des sommes de ces suites. Mais outre ces usages savans, les théories de Montmort en peuvent encore avoir une infinité de politiques et de civils. Le chevalier Petit, anglais, a fait voir dans son *arithmétique politique*, combien de connaissances nécessaires au gouvernement se réduisent à des calculs du nombre des hommes, de la quantité de nourriture qu'ils doivent consommer, du travail qu'ils peuvent faire, du temps qu'ils ont à vivre, de la fertilité des terres, de la quantité des naufrages dans les navigations, etc. Ces connaissances, et beaucoup d'autres pareilles étant acquises par l'expérience, et posées pour fondement, combien de conséquences en tirerait un habile ministre pour la perfection de l'agriculture, pour le commerce, tant intérieur qu'extérieur, pour les colonies, pour le cours de l'argent, etc. Mais il faudrait qu'il passât par les combinaisons et par les suites de nombres, à moins qu'un grand génie naturel ne le dispensât d'une marche si lente et si pénible, sans compter que la nature des affaires ne demande pas la précision géométrique. Enfin, il est certain, et les peuples s'en convaincront de plus en plus, que le monde politique, aussi bien que le physique, se règle par poids, nombre et mesure.

Après le livre de Montmort, il en parut un en Angleterre sur la même matière, intitulé : *De mensurâ sortis*. Il est de Moivre, fameux géomètre, que la France a droit, puisqu'il est Français, de revendiquer sur l'Angleterre, d'ailleurs fort riche. Je ne dissimulerai point que de Montmort fut vivement piqué de cet ouvrage, qui lui parut avoir été entièrement fait sur le sien, et d'après le sien. Il est vrai qu'il y était loué; et n'était-ce pas assez, dira-t-on? Mais un seigneur de fief n'en quittera pas pour des louanges celui qu'il prétend lui devoir foi et hommage des terres qu'il tient de lui. Je parle selon sa prétention, et ne décide nullement s'il était en effet le seigneur.

De Montmort, voisin à sa campagne de madame la duchesse d'Angoulême, s'était fort attiré son estime et sa confiance; peut-être aussi avait-il pour elle une sorte de reconnaissance de ce que son mariage était heureux.

Après qu'elle eut vendu sa terre de Mareuil pour l'arrangement de ses affaires, il lui offrit la plus belle partie du château de Montmort pour sa demeure, et elle l'accepta. Elle y fut trois ans, au bout desquels elle mourut en 1713, ayant encore augmenté de dix ans la merveille d'être belle-fille de Charles IX. Elle laissa son hôte, chargé d'une lettre pour le roi, et son exécuteur testamentaire. Il fallut que le philosophe allât à Versailles, et, ce qui est encore plus terrible, au palais, et fort souvent ; car il se trouva sur les bras deux procès que le testament avait fait naître. Il avait pour les affaires la double haine et d'honnête homme et de savant : cependant il en fit parfaitement son devoir ; et gagna les deux procès. En comparaison de ces sortes d'honneurs funèbres qu'il rendit à la mémoire de la princesse, les obsèques dignes d'elle qu'il lui fit faire, et l'épitaphe qu'il composa ne méritent pas d'être comptées.

En 1714, il fit une nouvelle édition de ses jeux de hasard, très considérablement augmentée, et enrichie de son commerce épistolaire avec MM. Bernoulli, oncle et neveu ; surtout avec le neveu, qui ne respirait alors, comme lui, que combinaisons et suites infinies de nombres.

Ce n'était pas seulement avec ces deux illustres mathématiciens qu'il était en commerce, mais avec tous les autres de l'Europe, Newton, Leibnitz, Halley, Craige, Taylor, Herman, Poleni. Tous les plus grands noms dans ce genre composaient la liste de ses amis. Il apprenait par eux les nouvelles les plus fraîches des mathématiques, leurs vues particulières, leurs projets d'ouvrages, leurs réflexions sur ce qui paraissait au jour, l'histoire anecdote des sciences; il recevait et rendait des solutions de problèmes difficiles, des jugemens raisonnés, des dissertations méditées avec soin. Un géomètre médiocre aurait été souvent fort embarrassé de pareils commerces; pour lui, il ne pouvait l'être que quand il fallait se ménager entre des savans brouillés ensemble, comme dans la querelle qui s'éleva sur l'invention des nouveaux calculs, et dont nous avons parlé en 1716. D'un côté était toute l'Angleterre en armes pour Newton, et de l'autre Leibnitz, et après sa mort Jean Bernoulli, qui, aussi bien que Jacques son frère, ayant pris les premières idées de ces calculs dans les écrits de Leibnitz, où tout autre qu'eux ne les eût pas prises, les avait poussées si loin, qu'il y pouvait prendre le même intérêt que Leibnitz. Bernoulli seul, comme le fameux Coclès, soutenait sur le pont toute l'armée anglaise. On en était venu aux grandes hostilités, à des défis de problèmes; et de Montmort, toujours posté entre les deux partis ennemis, dont chacun tâchait de l'attirer à soi, reconnu presque pour juge en quelques occasions, avait besoin de toute sa sagesse. Il était peut-être plus lié avec les Anglais qu'il connaissait personnellement : cependant il se maintint parfaitement neutre, en usant du seul artifice qui pût réussir, il disait toujours vrai de part et d'autre, mais du ton qui fait passer la vérité. Les savans avec qui il a eu le commerce le plus étroit, sont MM. Bernoulli, oncle et neveu, et Taylor.

En 1715, il fit un troisième voyage en Angleterre, pour y observer l'éclipse solaire qui devait être totale à Londres. La société royale ne le voulut pas laisser partir sans se l'être acquis, et sans l'avoir reçu dans son corps.

A quelque point que cet honneur le flattât, il ne le séduisit pourtant pas en faveur des *attractions*, abolies, à ce qu'on croyait, par le cartésianisme, et ressuscitées par les Anglais, qui cependant se cachent quelquefois de l'amour qu'ils leur portent. De Montmort eut de grandes querelles sur ce sujet avec Taylor son ami particulier, et lui composa même, avec soin, une assez longue dissertation, par laquelle il renvoyait les attractions dans le néant, d'où elles tâchaient de sortir. Taylor y répondit peu de temps après. Il est certain que si l'on veut entendre ce qu'on dit, il n'y a que des impulsions; et si on ne se soucie pas de l'entendre, il y a des attractions, et tout ce qu'on voudra; mais alors la nature nous est si incompréhensible, qu'il est peut-être plus sage de la laisser là pour ce qu'elle est.

De Montmort, pour remplir quelque devoir de membre de la société royale de Londres, lui envoya un grand écrit fort curieux et fort profond sur les suites infinies, qu'elle fit imprimer dans ses *transactions* en 1717. Taylor, très versé aussi dans cette matière, comme il paraît par son traité *de methodo incrementorum*, y fit une addition; ce qui marquait entre deux géomètres vivans une liaison assez tendre, et une espèce de fraternité.

De Montmort destinait aussi un pareil morceau à l'académie des sciences, où il avait été reçu associé libre en 1716 : mais étant venu de sa campagne à Paris au mois de septembre 1716 pour des affaires, il fut pris de la petite-vérole, qui faisait alors beaucoup de ravage, et mourut le 7 octobre suivant.

Quand il fut extrêmement mal, et que, selon la coutume, on l'envoya recommander aux prières de trois paroisses dont il était seigneur, les églises retentissaient des gémissemens et des cris des paysans. Sa mort fut honorée de la même oraison funèbre, éloges les plus précieux de tous, tant parce qu'aucune contrainte ne les arrache, que parce qu'ils ne se donnent ni à l'esprit ni au savoir, mais à des qualités infiniment plus estimables.

Il travaillait depuis un temps à *l'histoire de la géométrie*. Chaque science, chaque art devrait avoir la sienne. Il est très agréable, et ce plaisir renferme beaucoup d'instruction, de voir la route que l'esprit humain a tenue, et, pour parler géométriquement, cette espèce de progression, dont les intervalles sont d'abord extrêmement grands, et vont ensuite naturellement en se serrant toujours de plus en plus. L'histoire de la géométrie ancienne aurait été d'une discussion, et d'une recherche fort pénible, et il eût fallu beaucoup travailler pour ne rien apprendre que des méthodes embarrassées qui ont conduit les plus grands génies à ce qui n'est présentement qu'un jeu. La géométrie moderne, dont l'époque est à Descartes, qui a changé la face de tout, eût été plus agréable et plus intéressante, mais en même temps plus dangereuse à traiter. Non-seulement les particuliers, mais les nations mêmes ont des jalousies. Heureusement de Montmort était assez intelligent et assez laborieux pour la première partie de son ouvrage, assez instruit et assez équitable pour la seconde. Il n'était pas encore fort avancé, puisse-t il avoir un digne successeur !

Le fort de son travail n'était qu'à sa campagne, où il passait la plus grande partie de l'année ; la vie de Paris lui paraissait trop distraite pour des méditations aussi suivies que les siennes. Du reste, il ne craignait pas les distractions en détail. Dans la même chambre où il travaillait aux problèmes les plus embarrassans, on jouait du clavecin ; son fils courait et le lutinait, et les problèmes ne laissaient pas de se résoudre. Le P. Malebranche en a été plusieurs fois témoin avec étonnement. Il y a bien de la force dans un esprit qui n'est pas maîtrisé par les impressions du dehors même les plus légères.

Il faisait volontiers les honneurs de Paris aux savans étrangers, qui la plupart s'adressaient d'abord à lui. Quoique vif et sujet à des colères d'un moment, surtout quand on l'interrompait dans ses études pour lui parler d'affaires, il était fort doux, et à ces colères succédait une petite honte et un repentir gai. Il était bon maître, même à l'égard de domestiques qui l'avaient volé, bon ami, bon mari, bon père, non-seulement pour le fond des sentimens, mais, ce qui est plus rare, dans tout le détail de la vie.

ÉLOGE

DE ROLLE.

Michel Rolle naquit à Ambert, petite ville de la basse Auvergne, le 21 avril 1652. Son père, marchand peu aisé, après lui avoir fait bien apprendre à écrire, et un peu d'arithmétique, le mit chez un notaire, et ensuite chez différens procureurs du pays, pour le former aux affaires et à la pratique, qui devaient être le principal fonds de sa subsistance. Mais il se lassa bientôt de ces sortes d'occupations, qui en effet ne sont pas médiocrement dégoûtantes pour qui n'y est pas appelé par la nature; et à l'âge de vingt-trois ans, il vint à Paris avec la seule ressource d'écrire assez bien pour en pouvoir donner des leçons.

Le peu d'arithmétique qu'il savait, et qui est communément joint à cette profession, était une faible semence qui germa bien vite chez lui par la bonne disposition du terroir. Il entra plus avant, et toujours plus avant dans la science des nombres; et enfin, sans avoir eu l'intention, et presque sans s'en apercevoir, il se trouva conduit jusqu'à l'algèbre. C'était là où la nature le voulait. Il s'enfonça dans la plus abstraite analyse; la difficulté n'était que de trouver du temps. Sa profession, devenue d'autant plus nécessaire, qu'il était déjà chargé de famille, l'occupait beaucoup: mais tout ce qu'elle pouvait lui laisser de loisir, tout ce qu'il pouvait dérober à son sommeil, la passion dominante le prenait; et l'on sait que les passions font toujours leur part assez bonne.

Feu Ozanam avait proposé ce problème: *trouver quatre nombres, tels que la différence de deux quelconques soit un carré, et que la somme de deux quelconques des trois premiers soit encore un carré.* Il avait ajouté que le moindre de ces nombres n'aurait pas moins de cinquante chiffres, et qu'il ne croyait pas qu'on en pût trouver de plus petits. Rolle en 1682, c'est-à-dire âgé de 30 ans, résolut le problème par quatre formules algébriques qui exprimaient les quatres nombres, et n'avaient que deux inconnues ou indéterminées, telles qu'en supposant d'abord que la première était une, et la seconde deux, ce qui est la plus simple des suppositions, il venait quatre nombres conditionnés comme on les demandait, et qui n'avaient chacun que sept chiffres au lieu de cinquante, espèce d'insulte savante qu'on faisait au problème. Rolle donnait de plus la manière d'avoir dix millions de fois mille milliards de résolutions dans lesquelles le plus grand nombre n'aurait pas cinquante chiffres, insulte infiniment redoublée. Aussitôt Colbert, qui avait des espions pour découvrir le mérite caché ou naissant, déterra Rolle dans l'extrême obscurité où il vivait, et lui donna une gratification qui devint ensuite une pension fixe.

Encouragé par une récompense si prompte, et en quelque sorte si prévenante, et plus encore par la gloire d'un début si brillant, il se dévoua entièrement à l'algèbre, et y fit de si grands progrès, qu'en 1685, trois ans seulement après que son nom eut paru pour la première fois, il fut reçu dans l'académie des sciences pour y tenir une place qu'un autre eût peut-être eu de la peine à remplir.

Il n'y a point d'habiles mathématiciens qui ne sachent beaucoup d'algèbre, ou du moins assez pour l'usage indispensable. Mais cette science, poussée au-delà de cet usage ordinaire, est si épineuse, si compliquée de difficultés, si embarrassée de calculs immenses, et pour tout dire, si affreuse, que très peu de gens ont un courage assez héroïque pour s'aller jeter dans ses abîmes profonds et ténébreux. On est plus flatté de certaines théories brillantes, où la finesse de l'esprit semble avoir plus de part que la dureté du travail. De plus, il ne s'agit dans l'algèbre que de l'art de démêler une grandeur inconnue au travers de mille nuages qui la couvrent, supposé qu'on ait dessein de la connaître; mais ce dessein, ce sont d'autres parties des mathématiques, des intérêts particuliers, pour ainsi dire, qui le font naître en certaines occasions, et on les attend pour se donner la peine d'employer l'algèbre; ou, ce qui est encore plus court, quand l'affaire en est venue là, on se contente de la renvoyer à l'algèbre, qui est obligée de s'en charger. Rolle ne la traita pas ainsi; il l'aima pour elle-même, et en brava toutes les horreurs, sans se proposer autre chose que de les surmonter; cependant, comme l'algèbre et la haute géométrie sont devenues inséparables, il pénétra aussi jusqu'à cette géométrie; mais il n'alla jamais jusqu'à celle qui est mêlée de physique, peut-être parce que l'algèbre, à laquelle il était si fidèle, ne l'y conduisait pas nécessairement.

M. de Louvois, dont un des fils avait appris de lui les élémens de mathématiques, lui donna au bureau de l'extraordinaire des guerres une seconde place qui valait mieux que celle de l'académie, et pouvait le mener plus loin. Il tâcha pendant quelque temps de les accorder toutes deux, et même M. de Barbezieux voulut bien lui permettre de s'absenter deux fois la semaine pour venir aux assemblées de la compagnie; mais tout cela était forcé; il s'accablait de travail, il prenait trop sur son sommeil. Enfin, il sentit l'impossibilité absolue de servir à deux maîtres; et dans la nécessité de choisir, il préféra celui que sa fortune étroite ne lui conseillait pas, mais que son goût demandait. Il a fait encore d'autres sacrifices courageux à l'algèbre et à sa liberté, ou plutôt à l'algèbre seule; car il n'avait besoin de liberté que pour elle. Il y a entre les sciences et les richesses une ancienne et irréconciliable division.

En 1690, il publia un *traité d'algèbre in-*4°. Ce qui en a le plus brillé, a été sa méthode des *cascades*, qui résout les équations déterminées de tous les degrés.

On approche toujours de la valeur de l'inconnue par des équations différentes et successives, qui vont toujours en baissant ou en tombant d'un degré; et de là est venu le nom de *cascades*. Il enrichissait encore le dictionnaire de l'algèbre de quelques termes nouveaux, tels que *l'arbre de direction*, *l'arbre de retour*, etc. La nouveauté des choses avait produit nécessairement celle des mots.

Comme il s'était contenté d'exposer sa méthode des cascades sans la démontrer, il donna l'année suivante un nouvel ouvrage : *Démonstration d'une méthode pour résoudre les égalités de tous les degrés, suivie de deux autres méthodes, dont la première donne les moyens de résoudre ces mêmes égalités par la géométrie, et la seconde pour résoudre plusieurs questions de Diophante qui n'ont point été résolues.* Il arrive quelquefois dans ces matières, que l'on trouve de bonnes méthodes, et qu'il n'est pas aisé d'en trouver la démonstration assez précise ou assez claire. On voit la route qu'il faut tenir, on voit que l'on arrivera : on arrive toujours, mais à toute rigueur on pourrait douter, et on ne forcerait pas un incrédule, triomphe indispensable pour les mathématiques. Il manquait aux cascades, et leur auteur le leur assura. Quant aux questions de Diophante, que la propriété des carrés des trois côtés du triangle rectangle a fait naître, et qui regardent les nombres carrés, elles ont exercé plusieurs géomètres modernes, qui en avaient encore laissé à Rolle une assez grande quantité des plus difficiles à résoudre. La multitude de calculs et de combinaisons dont il avait l'esprit plein, le rendait singulièrement propre à cette entreprise.

En 1699, il publia encore un ouvrage intitulé : *Méthode pour résoudre les questions indéterminées de l'algèbre*. Il les avait promises dans son grand traité de 1690. Le Journal des Savans assura qu'elles étaient les seules générales que l'on eût jusqu'alors pour résoudre par des lignes les équations indéterminées, et qu'elles étaient de plus fort utiles, et quelquefois nécessaires pour résoudre aussi par des lignes toutes les équations déterminées. On sait assez que les indéterminées expriment des courbes, et que les déterminées se résolvent par des intersections de courbes, ce qui fait le grand et important commerce de l'algèbre et de la géométrie. Mais il semble que Rolle avait soin d'y donner toujours beaucoup d'avantage à l'algèbre, et de lui faire jouer le personnage le plus considérable.

En ce temps-là le livre du marquis de l'Hôpital avait paru, et presque tous les mathématiciens commençaient à se tourner du côté de la nouvelle géométrie de l'infini, jusque-là peu connue. L'universalité surprenante des méthodes, l'élégante brièveté des démonstrations, la finesse et la promptitude des solutions les plus difficiles, une nouveauté singulière et imprévue, tout attirait les esprits, et il se faisait dans le monde géomètre une révolution bien marquée. Elle n'était pourtant pas absolument générale ; dans le pays même des démonstrations, on trouve encore le moyen de se diviser. Feu l'abbé Gallois, comme nous l'avons dit, même dans son éloge, ne goûtait point la nouvelle géométrie ; mais il était bien aise de ne la combattre qu'avec le secours ou à l'abri d'un géomètre de nom, et heureusement il trouva dans Rolle les dispositions nécessaires pour s'unir à lui. Il mit dans la société le courage d'entreprendre la guerre, et l'art de la conduire, qui tous deux auraient peut-être manqué à Rolle; et celui-ci ne fut obligé que de fournir les raisonnemens. La contestation éclata dans l'académie, qui eut d'abord la sagesse d'écouter tout, et ensuite celle d'assoupir par son autorité une dispute qui n'en devait pas être une, du moins de la manière dont elle l'était ; car il pouvait bien y avoir, et il y a certainement encore des difficultés à éclaircir dans le système de la nouvelle géométrie; mais on parlait de renverser le système total, et la proposition offensait trop les oreilles savantes.

Quand la paix des infiniment petits fut faite, ou le silence ordonné, Rolle donna son application à d'autres sujets de géométrie, où l'algèbre dominait toujours; il ne laissait pas d'y glisser encore adroitement des accusations d'insuffisance, ou même de fausseté contre le nouveau calcul, avec lequel il ne s'est jamais bien réconcilié, et les infinitaires étaient au guet pour ne lui rien passer qui les intéressât trop. Il se mit aussi à examiner, et pour ne rien dissimuler, il attaqua ouvertement la géométrie de Descartes sur sa merveilleuse théorie de la construction des égalités. Feu de la Hire s'en rendit le défenseur, comme Varignon et Saurin l'étaient des infiniment petits. Cette matière produisit des discussions fort fines et fort délicates, dont la plus curieuse est dans l'histoire de 1710; et il est vrai que malgré un grand zèle pour la gloire de Descartes, il fallut accorder à Rolle quelques unes de ses prétentions, et reconnaître ce qu'on lui devait sur des points assez importans. Il résultait de tout cela, que quand il ouvrait une matière dans l'académie, il semblait qu'on dût se préparer à combattre. Une légère différence de forme dans ce qu'il proposait, eût prévenu cet inconvénient. L'objection la plus fulminante peut, sans rien perdre de sa force, devenir un simple éclaircissement qu'on demande; mais il déclarait trop nuement et trop géométriquement le fond de sa pensée sur des ouvrages révérés. La géométrie n'a qu'un ton; mais peut-être ferait-elle bien elle-même d'en changer quelquefois un peu, puisqu'elle parle à des hommes.

Quelques uns soupçonnaient Rolle de tendre des piéges aux autres mathématiciens par des questions artificieusement conçues, où il voulait se donner le plaisir de les voir plus embarrassés que la chose ne le méritait. Cependant il s'est trouvé dans des occasions importantes, que ces soupçons étaient injustes, les questions très réelles, et les solutions très solides; témoin le cas nouveau et paradoxe de l'intersection de deux sections coniques en quatre points du même côté de l'axe dont nous avons parlé dans l'histoire de 1713.

Il croyait l'algèbre encore fort imparfaite, et susceptible d'une étendue que l'on ne pense pas même à y désirer. Il en méditait des élémens tout nouveaux: mais dans ce qu'il communiquait à l'académie, il rapportait quelquefois certaines choses à ces élémens inconnus, ou les supposait; ce qui donnait à ses écrits une apparence de simples projets, et même de l'obscurité. Ses idées pouvaient se nuire les unes aux autres par leur multitude, et l'espace borné de nos mémoires ne suffisait pas toujours pour les contenir toutes; le champ était trop petit, pour y ranger une armée en bataille. C'est dommage qu'il n'ait fait ces élémens, où il aurait pu se développer en liberté: on ne peut douter que l'ouvrage n'eût été fort considérable; et un homme capable, comme lui, de se sacrifier entièrement à l'algèbre, n'est pas un présent que la nature fasse tous les jours aux sciences.

Il eut en 1708 une attaque d'apoplexie dont il sortit avec tout son esprit, et presque la même force pour le travail. Mais dix ans après, une seconde attaque le jeta dans une paralysie qui ne lui permit plus de sortir, et dont il mourut le 8 novembre 1719, âgé de soixante-huit ans, après avoir donné toutes les marques d'une solide piété. Ses mœurs avaient toujours été telles que les forment un grand attachement à l'étude, et l'heureuse privation du commerce du monde.

ÉLOGE

DE RENAU.

Bernard Renau d'Elisagaray naquit dans le Béarn en 1652, d'un père qui avait peu de bien et beaucoup d'enfans. On croit que ce fut par madame de Gassion, femme d'un président à Mortier du parlement de Pau, et fille de Colbert du Terron, intendant de Rochefort, qu'il fut connu, fort jeune encore, de cet intendant, qui conçut aussitôt beaucoup d'affection pour lui. Il avait une très petite taille, mais très bien proportionnée, et qui tirait de l'agrément de sa petitesse même, l'air adroit, vif, spirituel, courageux. Du Terron le prit chez lui, où il devint frère de madame la princesse de Carpegne et de madame de Barbançon, ses deux filles cadettes; car elles l'ont toujours appelé de ce nom ; et pour madame de Gassion, l'aîné des trois sœurs, il était son fils. Quelque aimable que fût naturellement un jeune enfant étranger dans une maison, il fallait encore que pour y être aimé de tout le monde, il sût bien se rendre aimable. On lui fit apprendre les mathématiques, apparemment parce que le séjour de Rochefort lui avait donné lieu de faire paraître des dispositions à entendre la marine. Enfin, on avait très bien rencontré ; et l'on vit par son application et par ses progrès, qu'il était dans la route où son génie l'appelait.

Il ne s'instruisait pas par une grande lecture, mais par une profonde méditation. Un peu de lecture jetait dans son esprit des germes de pensées que la méditation faisait ensuite éclore, et qui rapportaient au centuple. Il cherchait les livres dans sa tête, et les y trouvait. Ce qu'il y a de plus singulier, c'est qu'il pensait beaucoup, et passait peu de temps dans son cabinet et dans la retraite. Il pensait d'ordinaire au milieu d'une conversation, dans une chambre pleine de monde, même chez les dames. On se moquait de sa rêverie et de ses distractions ; on ne laissait pas en même temps de le respecter. Il faisait naturellement et sans affectation ce qu'avait fait, pour une épreuve ou pour une ostentation de ses forces, ce philosophe qui se retirait dans un bain public où il allait méditer.

Il y a apparence que Renau lut la *Recherche de la Vérité*, dès qu'il fut en état de la lire. Son goût pour ce fameux système et son attachement pour la personne de l'auteur, ont toujours été si vifs, qu'on ne les saurait croire fondés sur une impression trop ancienne. Quoi qu'il en soit, jamais malebranchiste ne l'a été plus parfaitement; et comme on ne peut l'être à ce point sans une forte persuasion des vérités du christianisme, et ce qui est infiniment plus difficile, sans la pratique des vertus qu'il demande, Renau suivi le système jusques-là. Son caractère ferme et vigoureux ne lui permettait ni des pensées chancelantes, ni une exécution faible.

Quand il fut assez instruit dans la marine, du Terron le fit connaître de M. de Seignelay, qui devint bientôt son protecteur, et un protecteur vif et agissant. Il lui procura en 1679 une place auprès du comte de Vermandois, amiral de France, qu'il devait entretenir sur tout ce qui appartient à cette importante charge. Il en eut une pension de mille écus.

Le feu roi voulant perfectionner les constructions de ses vaisseaux, ordonna à ses généraux de mer de se rendre à la cour avec les constructeurs les plus habiles, pour convenir d'une méthode générale qui serait établie dans la suite. Renau eut l'honneur d'être appelé à ces conférences qui durèrent trois ou quatre mois. De Seignelay y assistait toujours; et quand les matières étaient suffisamment préparées, Colbert y venait pour la décision, et quelquefois le roi lui-même. Tout se réduisit à deux méthodes, l'une du Quesne, si fameux et si expérimenté dans la marine, l'autre de Renau, jeune encore et sans nom. La concurrence seule était une assez grande gloire pour lui; mais du Quesne, en présence du roi, lui donna la préférence, et tira plus d'honneur d'être vaincu par son propre jugement, que s'il eût été vainqueur par celui des autres.

Sa Majesté ordonna à Renau d'aller avec de Seignelay, le chevalier de Tourville, depuis maréchal de France, et du Quesne le fils, à Brest et dans les autres ports, pour y exécuter en grand ce qui avait été fait en petit devant elle. Il n'instruisit pas seulement les constructeurs, mais encore leurs enfans, et les mit en état de faire à l'âge de quinze ou vingt ans les plus grands vaisseaux, qui demandaient auparavant une expérience de vingt ou trente années.

En 1680, les Algériens nous ayant déclaré la guerre, Renau imagina qu'il fallait bombarder Alger, ce qui ne se pouvait faire que de dessus des vaisseaux, et paraissait absolument impraticable; car jusque-là il n'était tombé dans l'esprit de personne que des mortiers pussent n'être pas placés à terre, et se passer d'une assiette solide Les esprits originaux ont un sentiment naturel de leurs forces qui les rend entreprenans même sans qu'ils s'en aperçoivent. Il osa inventer les galiotes à bombes. Aussitôt éclata le soulèvement général dû à toutes les nouveautés, principalement à celles qui ont un auteur connu, que le succès élèverait trop au-dessus de ses pareils. Cependant, après que dans les conseils il eut été traité en face de visionnaire et d'insensé, les galiotes passèrent, et dès-là la meilleure fortification d'Alger fut emportée. On chargea l'inventeur de faire construire ces nouveaux bâtimens, deux à Dunkerque et trois au Hâvre. Il s'embarqua sur ceux du Hâvre pour aller prendre ceux de Dunkerque; et comme on doutait encore qu'ils pussent naviguer avec sûreté, celui qu'il montait, les deux autres étant déjà arrivés à Dunkerque, fut battu presqu'à l'entrée de la rade d'un coup de vent des plus furieux, et le plus propre que l'on pût souhaiter pour une épreuve incontestable. L'ouragan renversa un bastion de Dunkerque, rompit les digues de Hollande, submergea quatre-vingt-dix vaisseaux sur toute la côte; et la galiote de Renau, cent fois abîmée, échappa contre toute apparence sur les bancs de Flessingue, d'où elle alla à Dunkerque.

Il se rendit à Alger avec ses cinq bâtimens de nouvelle fabrique, déjà bien sûr de leur bonté; il ne s'agissait plus que de leurs opérations, et c'était le dernier retranchement des incrédules ou des jaloux. Ils eurent sujet d'être bien content d'une première épreuve. Un accident fut cause qu'une carcasse que Renau voulut tirer, mit le feu à la galiote toute chargée de bombes; et l'équipage, qui voyait déjà brûler les cordages et les voiles, se jeta à la mer. Les autres galiotes et les chaloupes armées voyant ce bâtiment abandonné, crurent qu'il allait sauter dans le moment, et ne perdirent point de temps pour s'en éloigner. Cependant de Remondis, major, voulut voir s'il n'y avait plus personne, et si tout était absolument hors d'espérance. Il força, l'épée à la main, l'équipage de sa chaloupe à nager; il vint à la galiote, sauta dedans, et vit sur le pont Renau travaillant, lui troisième, à couvrir de cuir vert plus de quatre-vingt bombes chargées : rencontre singulière de deux hommes d'une rare valeur, également étonnés, l'un, qu'on lui porte du secours, l'autre, qu'on se soit tenu en état de le recevoir, et peut-être même de s'en passer. De Remondis alla dans le moment aux chaloupes, et les fit revenir. On jeta dans la galiote deux cents hommes; et quoiqu'en même temps trois cents pièces d'artillerie de la ville, sous le feu desquelles elle était, tirassent dessus et fort juste, on vint à bout de la sauver.

Le lendemain Renau, plus animé par ce mauvais succès, obtint de du Quesne, qui commandait, que l'on fit une seconde épreuve. On remit les galiotes près de terre : on bombarda toute la nuit : un grand nombre de personnes furent écrasées dans les maisons ; la confusion fut horrible aux portes de la ville, d'où tout le monde voulait sortir à la fois pour se dérober à un genre de mort imprévu, et les Algériens envoyèrent demander la paix. Mais les vents et la mauvaise saison vint à leur secours, et l'armée navale ramena en France les galiotes à bombes victorieuses, non pas tant des Algériens que de leurs ennemis français. Le roi en fit faire un plus grand nombre, et forma pour elles un nouveau corps d'officiers d'artillerie et de bombardiers, dont les rangs avec le reste de la marine furent réglés.

Une seconde expédition d'Alger termina cette guerre, et les galiotes à bombes qui foudroyèrent Alger, en eurent le principal honneur. Renau avait encore inventé de nouveaux mortiers qui chassaient les bombes plus loin, et jusqu'à dix-sept cents toises. Mais nous supprimons désormais des détails qui seraient trop longs : il y a du superflu dans sa gloire.

Il se crut dégagé de la marine après la mort de l'amiral à qui il était attaché : il demanda au roi, et obtint la permission d'aller joindre de Vauban en Flandres. Le roi le destina à servir en 1684 au siége de Luxembourg, mais l'expédition de Gênes ayant été résolue, de Seignelay, qui la devait commander, jugea que Renau lui était nécessaire, et le redemanda au roi. Après le bombardement de Gênes, il fut envoyé au maréchal de Bellefonds, qui commandait en Catalogne, et qui lui donna la conduite du siége de Cadaquiers, que Renau lui livra au bout de quatre jours.

De là il retourna trouver de Vauban, qui fortifiait

les frontières de Flandres et d'Allemagne. La vue continuelle des ouvrages de ce sublime ingénieur, et de la manière dont il les conduisait, aurait seule suffisamment instruit un disciple aussi intelligent que Renau : mais, de plus, le maître, passionnément amoureux du bien public, ne demandait qu'à faire des élèves qui l'égalassent; et ce qui forma encore entre eux une liaison plus étroite, ce fut la conformité de mœurs et de vertu, plus puissante que celle du génie.

En 1688, ils furent envoyés l'un et l'autre à Philisbourg, dont M. de Vauban devait faire le siége sous les ordres de Monseigneur; et parce que le roi écrivit à Monseigneur de ne permettre pas que de Vauban s'exposât, ni qu'il mît seulement les pieds à la tranchée, Renau, qui avait sa part aux projets, eut de plus tout le soin de l'exécution, et tout le péril.

Il conduisit ensuite les siéges de Maheim et de Frankendal.

On n'imaginerait pas qu'au milieu d'une vie si agitée et si guerrière, il faisait un livre. Il y travaillait cependant, puisqu'en 1689 parut sa *Théorie de la manœuvre des vaisseaux*.

L'art de la navigation consiste en deux parties : le pilotage, qui regarde principalement l'usage de la boussole; et la manœuvre, qui regarde la disposition des voiles, du gouvernail et du vaisseau, par rapport à la route qu'on veut faire, et aux avantages qu'on peut tirer du vent. Le pilotage, qui ne demande que la simple géométrie élémentaire, avait été assez traité, et assez bien; mais aucun géomètre n'avait touché à la manœuvre; il y fallait une fine application de la géométrie à une mécanique épineuse et compliquée. Renau, moins effrayé que flatté de la difficulté de l'ouvrage, l'entreprit, et il fut donné au public *de l'exprès commandement du roi,* parce qu'on le jugea original et nécessaire. Il contient deux déterminations difficiles et importantes : l'une, de la situation la plus avantageuse de la voile, par rapport au vent et à la route; l'autre, de l'angle le plus avantageux du gouvernail avec la quille. Le calcul différentiel a une méthode générale pour ces sortes de questions, que l'on appelle *de maximis et minimis ;* mais Renau ignorait alors ce calcul, qui était encore naissant; et l'on voit avec plaisir qu'il a l'art de s'en passer, ou plutôt qu'il sait le trouver à son besoin sous une forme un peu différente.

Cependant Huyghens condamna une des propositions fondamentales du livre, qui est, que si un vaisseau est poussé par deux forces dont les directions fassent un angle droit, et qui aient chacune une vitesse déterminée, il décrit la diagonale du parallélogramme dont les deux côtés sont comme ces vitesses. Le défaut de cette proposition, qui paraît d'abord fort naturelle, et conforme à tout ce qui a été écrit en mécanique, était, selon Huyghens, que les côtés du parallélogramme sont comme les forces, et que les forces supposées ne sont pas comme les vitesses, mais comme les carrés des vitesses ; car ces forces doivent être égales aux résistances de l'eau qui sont comme ces carrés, de sorte qu'il en résulte un autre parallélogramme, et une autre diagonale. Et afin que l'idée de Renau subsistât, il fallait que quand un corps poussé par deux forces décrit la diagonale d'un parallélogramme, les deux forces fussent, non comme les côtés, mais comme leurs carrés ; ce qui était inouï en mécanique.

Une preuve que cette matière était assez délicate, et qu'il était permis de s'y tromper, c'est que malgré l'autorité de Huyghens, qui devait être d'un poids infini, et, qui plus est, malgré ses raisons, Renau eut ses partisans, et entre autres le P. Malebranche. Peut-être l'amitié en gagnait-elle quelques uns qui ne s'en apercevaient pas; peut-être la chaleur et l'assurance qu'il mettait dans cette affaire en entraînaient-elles d'autres : mais enfin ils étaient tous mathématiciens. Le marquis de l'Hôpital en écrivit à Jean Bernoulli, alors professeur à Groningue, et lui exposa la question, de manière que celui-ci, qui n'avait pas vu le livre de Renau, se déclara pour lui : autorité d'un poids égal à celle de Huyghens, et qui rassurait bien l'auteur de la théorie, sans compter que l'exposition favorable de M. de l'Hôpital marquait tout au moins une inclination secrète pour ce sentiment. Enfin, de quelque côté que la vérité pût être, puisque le géomètre naissant avait partagé des géomètres si consommés, son honneur était à couvert. Ce sera un sujet de scandale, ou plutôt de joie pour les profanes, que des géomètres se partagent; mais ce n'est pas sur la pure géométrie; c'est sur une géométrie mixte, où il entre des idées de physique, et avec elles quelquefois une portion de l'incertitude qui leur est naturelle. De plus, après quelques discussions, toute question de géométrie se décide et finit; au lieu que les plus anciennes questions de physique, comme celle du plein et du vide, durent encore, et ont le malheureux privilége d'être éternelles.

En 1689, la France étant entrée dans une guerre où elle allait être attaquée par toute l'Europe, Renau entreprit de faire voir au roi, contre l'opinion générale, et surtout contre celle de Louvois, très redoutable adversaire, que la France était en état de tenir tête sur mer à l'Angleterre et à la Hollande unies. Son courage pouvait d'abord rendre suspecte l'audace de ses idées; mais il les prouva si bien, que le roi en fut convaincu, et fit changer tous les vaisseaux de cinquante ou soixante canons qui étaient sur les chantiers, pour n'en faire que de grands, tels que Renau les demandait. Il inventa en même temps ou exposa de nouvelles évolutions navales, des signaux, des ordres de bataille; et il en fit voir au roi des représentations très exactes en petit vaisseaux de cuivre, qui imitaient jusqu'aux différens mouvemens des voiles.

Tant de vues nouvelles et importantes qu'il avait données, celles que son génie promettait encore, ses services continuels, relevés par des actions brillantes, déterminèrent le roi à lui donner une commission de capitaine de vaisseau, un ordre pour avoir entrée et voix délibérative dans les conseils des généraux, ce qui était singulier; et pour comble d'honneur, une inspection générale sur la marine, et l'autorité d'enseigner aux officiers toutes les nouvelles pratiques dont il était inventeur, le tout accompagné de 12,000 livres de pension. La maladie de M. de Seignelay retarda l'expédition des brevets nécessaires; et Renau, peu impatient de jouir de ses récompenses, ne chercha point à prendre adroitement quelque moment pour en parler à ce ministre, qui était en grand péril, et dont la mort pouvait tout renverser. Il mourut en effet, et M. de Pontchartrain, alors contrôleur-général, et depuis chancelier de France, eut la marine. Renau, inconnu au nouveau ministre, ne se fit point présenter à lui; il abandonna sans regret ce qu'il tenait déjà presque dans sa main, et ce qu'il avait si bien mérité, et ne songea qu'à retourner servir avec de Vauban, vers qui un charme particulier le rappelait.

Quand les officiers-généraux de mer eurent donné au roi leurs projets pour la campagne de 1691, il demanda à de Pontchartrain où était celui de Renau. Le ministre répondit qu'il n'en avait point reçu de lui, et qu'il ne l'avait même pas vu. Le roi lui ordonna de le faire chercher, et Renau s'excusa à de Pontchartrain sur ce qu'il n'était pas du corps de la marine; qu'à la vérité de Seignelay avait eu ordre de lui expédier une commission de capitaine de vaisseau, avec d'autres brevets fort avantageux; mais que n'en ayant eu de lui qu'une promesse verbale, il n'avait pas cru que ce fût un titre suffisant auprès d'un nouveau ministre, qui n'était pas obligé de l'en croire sur sa parole. Comme il se trouva par l'éclaircissement qu'il disait vrai, il reçut de M. de Pontchartrain tout ce que lui avait promis Seignelay, et le roi lui fit l'honneur de lui dire que, quoiqu'il eût voulu s'échapper de la marine, son intention était qu'il continuât d'y servir; ce qui n'empêcherait pas qu'il ne servît aussi sur terre. Sa Majesté eut alors la bonté de lui confier le secret du siége de Mons qu'elle allait faire en personne, et où elle l'employa avec de Vauban. De là elle l'envoya faire la campagne sur l'armée navale, espèce d'amphibie guerrier, qui partageait sa vie et ses fonctions entre l'un et l'autre élément.

Il vint à Brest, où il voulut user de ses droits, et enseigner aux officiers ses nouvelles pratiques. Ils se crurent déshonorés, s'ils se laissaient envoyer à l'école, et résolurent unanimement d'écrire à la cour pour faire leurs remontrances. Deux d'entre eux, et d'ailleurs fort amis de Renau, le chevalier des Adrets, et le comte de Saint-Pierre, aujourd'hui premier écuyer de madame la duchesse d'Orléans, quoiqu'ils ne fussent pas au fond plus coupables que tous les autres, en furent distingués par de très légères circonstances qui leur étaient particulières, et elles leur attirèrent une punition qui ne pouvait pas tomber sur tous. Ils furent un an prisonniers au château de Brest, et ensuite cassés. Renau se jeta aux pieds du roi pour obtenir leur grâce, qui lui fut refusée. Il eût pu agir par politique; et quoique cette espèce de politique soit assez rare, et qu'elle ait quelque air de vertu, son caractère prouve assez qu'il agissait par un principe infiniment plus noble. Il leur rendit dans la suite tous les services dont il put trouver l'occasion, et eux, de leur côté, ils eurent la générosité de les recevoir. L'ancienne amitié ne fut point altérée. Il est vrai qu'il ne fallait que de l'équité de part et d'autre; mais la pratique de l'équité est si opposée à la nature humaine, qu'elle fait les plus grands héros en morale.

Au siége de Namur, que le roi fit en personne, il servit encore sous de Vauban. Le roi lui parlait plus sur le siége qu'à de Vauban même, qui était trop occupé; et cet avantage qui fait la souveraine félicité des courtisans, flatte toujours beaucoup les gens les plus raisonnables. De Namur, il courut sauver Saint-Malo, et trente vaisseaux qui s'y étaient retirés après le combat de la Hogue, si glorieux et si malheureux tout ensemble pour la nation. Les ordres qu'il mit partout avec une prudence et une promptitude égale, rompirent l'entreprise des ennemis, très bien concertée et prête à éclater.

En 1693, le projet de la campagne navale, dressé par les officiers généraux, et, après bien des délibérations, approuvé par le roi même, fut communiqué par son ordre à Renau, qui eut la hardiesse de lui refuser nettement son suffrage, et d'en présenter un autre à la place. Il est vrai qu'il se fit soutenir par de Vauban, qui entra pleinement dans sa pensée; mais en l'état où étaient les choses, le secours de Vauban lui-même était faible. Comment revenir contre ce qui a été décidé si mûrement? N'y aura-t-il donc jamais rien d'arrêté? Un homme ou deux sont-ils seuls infaillibles? Cependant il fallut céder aux raisons de Renau, et à la vigueur dont il les employait; sans quoi peut-être elles n'eussent pas opéré de miracle. Ce changement prévint tous les mauvais événemens qu'on aurait eus à craindre, et valut à de Tourville la défaite du convoi de Smyrne, et la prise d'une partie des vaisseaux. Le roi fut payé du courage qu'il avait eu de se rétracter, et marqua à l'auteur de sa rétractation combien il en était satisfait.

Renau avait fait construire à Brest un vaisseau de cinquante-quatre canons, parfaitement selon ses vues, et il voulait l'éprouver contre les meilleurs voiliers anglais. La fortune le servit à souhait. Il fut averti que deux vaisseaux anglais revenaient des Indes orientales, richement chargés. Il en aperçut un à qui il donna la chasse, et qu'il joignit en trois heures de temps, parce que son vaisseau se trouva en effet excellent de voile. L'anglais, qui était de soixante-seize pièces de canon, et avait toute sa batterie basse de vingt-quatre livres de balle, au lieu que Renau n'avait que quelques canons de dix-huit, mit en usage toute la science de la mer, et toute la valeur possible, animé par les trésors qu'il avait à conserver : cependant, au bout de trois heures de combat, Renau le prit à la vue de trois gardes-côtes qui n'étaient qu'à trois lieues sous le vent. Il eut plus de cent hommes tués sur le pont, au nombre desquels fut le frère de Cassini, et cent cinquante hommes hors de combat. Le vaisseau ennemi, criblé de coups, ne put être sauvé, et coula bas le lendemain. Le capitaine mit neuf paquets de diamans cachetés entre les mains de Renau, qui lui dit qu'il ne les prenait que pour les lui garder; mais le capitaine ayant ajouté qu'un bombardier, qu'il désigna par un coup de sabre reçu au visage dans le combat, lui avait arraché un autre paquet qui valait plus de 40,000 pistoles, Renau lui demanda si ceux qu'il lui avait remis valaient autant; et sur ce qu'il apprit qu'il n'y en avait pas un qui ne valût davantage, il retira sa valeur de les lui rendre, et en fit faire un procès-verbal en présence de ses officiers. Le paquet volé par le bombardier se retrouva, mais décacheté. Il en laissa à ses officiers un autre qui était tombé entre leurs mains.

Par l'usage établi alors dans la marine, les diamans appartenaient à Renau; mais la grandeur de la somme qui le devait faire insister sur son droit, le lui fit abandonner. Il les porta au roi, qui, en jugeant la question contre lui-même, les accepta, et lui donna 9000 livres de rente sur la ville, non comme un équivalent d'un présent de plus de quatre millions, mais comme une légère gratification que la difficulté des temps excusait. Il demanda pour véritable récompense, et obtint l'avancement de ses officiers, et de plus, la confirmation du don qu'il leur avait fait du paquet de diamans.

Il s'était trouvé sur le vaisseau anglais une dame,

nièce de l'archevêque de Cantorbery, avec une femme-de-chambre et une petite Indienne. Comme elle avait tout perdu par le pillage du vaisseau, Renau se crut obligé de pourvoir à tous ses besoins, et même à ceux de sa condition, tant qu'elle fut prisonnière en France. Il en usa de même à l'égard du capitaine, et il lui en coûta plus de 20,000 livres pour les avoir pris.

Nous passons sous silence un grand dessein qu'il avait formé sur l'Amérique, où il alla, et d'où la peste le fit revenir en 1697; et un second voyage qu'il y fit après la paix de Riswick, pour y mettre nos colonies en sûreté. Tout changea de face, bientôt après par la mort de Charles II, roi d'Espagne. Le nouveau roi, Philippe V, ne fut pas plutôt à Madrid, qu'il demanda Renau au roi, son grand-père, qui le lui envoya en diligence. Il ne devait être en Espagne que quatre ou cinq mois.

Son principal objet était de mettre en état de sûreté les plus importantes places, comme Cadix. Depuis long-temps cette puissance n'avait eu rien à craindre dans l'Espagne même, hormis du côté de la Catalogne; et cette longue sécurité, le mauvais ordre des finances, et la négligence invétérée du gouvernement, avaient presque anéanti les fortifications les plus indispensables. On disait bien que l'on était résolu de remédier à tout : on montrait de grands projets bien disposés sur le papier ; mais au moment de l'exécution, les fonds et les magasins promis manquaient absolument. Renau, après y avoir été trompé une fois ou deux, apprit nettement au roi, mais inutilement, selon la coutume, d'où venait un si prodigieux mécompte. Sa sincérité n'épargna rien, quoique son silence seul eût pu lui faire une fortune.

En 1702, les galions d'Espagne revenus d'Amérique, étant dans le port de Vigo en Galice, escortés par une flotte française, Renau cria que les deux flottes étaient perdues, si elles ne sortaient incessamment. Le conseil d'Espagne opposait quelques raisons à cet avis, du moins des raisons qui allaient à différer, et il était rassuré par les généraux des deux flottes, qui ignoraient leur péril. De plus, ils se mirent bientôt eux-mêmes hors d'état de sortir. Renau obtint tout au moins, mais avec des peines qu'on ne se donne point pour les affaires publiques dont on n'est pas chargé, que l'on transporterait à terre trente millions d'écus que les galions apportaient. Il y vola, et mit une vivacité d'exécution que l'on n'avait point vue en Espagne de temps immémorial. Il fit marcher trois ou quatre cents chariots de toute la Galice, et dix-huit millions étaient déjà déchargés quand les ennemis parurent devant Vigo. Heureusement ils donnèrent encore un demi-jour à Renau, qui s'en servit à leur enlever les douze millions restans. Quand ils furent maîtres de Vigo, et débarqués, ils voulurent marcher à l'argent qui fuyait dans les terres; mais Renau les contint avec trois cents chevaux seuls qu'il avait; car toutes les milices avaient fui au premier coup de canon. Il couvrit les chariots, dont le dernier n'était pas à deux lieues, et sauva près de cent millions à l'Espagne, moins glorieux de les avoir sauvés, qu'affligé d'avoir pu sauver la flotte, et d'en avoir été empêché.

Le siége de Gibraltar, qu'il fit en 1704, mériterait une histoire particulière. Tous les événemens heureux qui avaient justifié ses entreprises, ne suffisaient qu'à peine pour le mettre en droit d'en proposer une si hardie. Il promettait, par exemple, qu'une tranchée passerait en sûreté au pied d'une montagne d'où l'on était vu de la tête jusqu'aux pieds, et d'où huit pièces de canon et une grosse mousqueterie plongeait de tous côtés; il promettait que sept canons en feraient taire quarante : il fut cru, et remplit toutes ses promesses. La ville allait se rendre ; mais l'arrivée d'une puissante flotte anglaise fit lever le siége. Quant à ce qui regardait Renau, Gibraltar, qu'on avait cru imprenable, était pris.

Le siége de Barcelonne, où il ne se trouva pas, lui fit encore un honneur plus singulier. Il était destiné à y suivre le roi d'Espagne; et en effet il l'accompagna assez loin ; mais des cabales de cour l'arrachèrent de là. On prenait pour prétexte qu'il était nécessaire à Cadix; car on ne lui pouvait nuire que sous des prétextes honorables. Il était fort naturel qu'en quittant la partie, il souhaitât qu'on s'aperçut de son absence devant Barcelonne ; mais au contraire, il fit tout ce qu'il put pour n'y être par regretté : il laissa au roi, en présence de ses principaux ministres, les vues particulières qu'il avait pour la conduite de ce siége, et qu'il croyait indispensables. Cependant c'était là peut-être une vengeance qu'il prenait de ses ennemis ; il tâchait d'assurer le bien des affaires qu'ils traversaient.

Il arriva à Cadix, où, selon les magnifiques promesses de ceux qui l'y faisaient envoyer, il devait trouver deux cents mille écus de fonds pour les fortifications. Il n'y trouva pas un sol ; et il eut recours à un expédient qu'il avait déjà pratiqué en d'autres occasions pareilles : il s'obligea en son nom à des négocians pour les affaires publiques, et les soutint tant qu'il eut du bien et du crédit. On peut croire que les ministres mêmes qui le desservaient, le connaissaient assez bien pour compter sur cette générosité, comme sur un secours qui ne leur coûterait rien. Quand il eut achevé de s'épuiser, il fut réduit, après cinq ans de séjour et de travaux continuels en Espagne, à demander son congé, faute d'y pouvoir subsister plus long-temps. Il vendit tout ce qu'il avait pour faire son voyage, et arriva en France à Saint-Jean-Pied-de-Port avec une seule pistole de reste : retour dont la misère doit donner de la jalousie à toutes les âmes bien faites.

Il avait trouvé en Espagne un gentilhomme du nom d'Elisagaray, qui lui apprit qu'il était son parent, et lui communiqua des titres de familles, dont il n'avait jamais eu nulle connaissance. La maison d'Elisagaray était ancienne dans la Navarre; et il y a apparence que quand Jean d'Albret, roi de Navarre, se retira en Béarn, après la perte de son royaume, quelqu'un de cette maison l'y suivit; et de là était descendu Renau. Toutes ses actions lui avaient rendu cette généalogie assez inutile.

Il rapportait aussi d'Espagne le titre de lieutenant-général des armées du roi catholique, qu'il aurait eu plus tôt, si on n'eût pas imposé à Sa Majesté. Malgré les états de la guerre, qui faisaient foi du temps où il avait été maréchal-de-camp en Espagne, on l'avait fait passer pour moins ancien qu'il n'était, tant on est hardi dans les cours ; il est vrai que ces hardiesses y sont d'ordinaire impunies et heureuses. Le feu roi lui avait promis que ses services d'Espagne lui seraient comptés comme rendus en France.

Il se trouva donc ici accablé de dettes, dans un temps

qui ne lui permettait presque pas de rien demander de plusieurs années de ses appointemens qui lui étaient dus, sans aucun avancement ni aucune grâce de la cour, seulement avec une belle et inutile réputation. Il ramassa comme il put les débris de sa fortune, et enfin la paix vint.

Dès qu'il eut quelque tranquillité, il reprit la question si long-temps interrompue, de la route du vaisseau. Huyghens était mort; mais un autre grand adversaire lui avait succédé, Bernoulli, qui, mieux instruit par la lecture du livre de la manœuvre, avait changé de sentiment, et en était d'autant plus redoutable. De plus, il soutenait la cause commune de tous les mécaniciens, dont tous les ouvrages périssaient par le fondement, si Renau avait raison. Il faisait même sur la théorie de la manœuvre une seconde difficulté, que Huyghens n'avait pas aperçue; mais on ne traita que de la première. Renau, accoutumé à des succès qu'il devait à l'opiniâtreté de son courage, ne le sentit point ébranlé dans cette occasion, aussi terrible en son espèce que toutes celles où il s'était jamais exposé; il avait peut-être encore sa petite troupe, mais mal assurée et qui ne levait pas trop la tête. La contestation où il s'engagea par lettres en 1713 avec Bernoulli, fut digne de tous deux, et par la force des raisons, et par la politesse dont ils les assaisonnèrent. Ceux qui jugeront contre Renau, ne laisseront pas d'être surpris des ressources qu'il trouva dans son génie : il paraît que Bernoulli lui-même se savait bon gré de se bien démêler des difficultés où il le jetait. Enfin, celui-ci voulut terminer tout par son traité *de la manœuvre des vaisseaux*, qu'il publia en 1714, et dont nous avons rendu compte dans l'histoire de cette année. La théorie de Bernoulli était beaucoup plus compliquée que celle de Renau, mais beaucoup moins que le vrai, qui, pris dans toute son étendue, échapperait aux plus grands géomètres. Ils sont réduits à l'altérer, et à le falsifier pour le mettre à leur portée. Après l'impression de cet ouvrage, Renau ne se tint point encore pour vaincu, et s'il avait cru l'être, il n'aurait pas manqué la gloire de l'avouer.

Pendant le séjour d'Espagne, il avait perdu le fil du service de France, et une certaine habitude de traiter avec les ministres et avec le roi même, infiniment précieuse aux courtisans. On devient aisément inconnu à la cour. Cependant il se flattait toujours de la bonté du roi, et l'état de sa fortune le forçait à faire auprès de Sa Majesté une démarche très pénible pour lui; il fallait qu'il lui demandât une audience pour lui représenter ses services passés, et la situation où il se trouvait. Heureusement il en fut dispensé par un événement singulier. Malte se crut menacée par les Turcs, et le grand-maître fit demander au roi, par son ambassadeur, Renau, pour être le défenseur de son île. Le roi l'accorda au grand-maître; et Renau, en prenant congé de Sa Majesté, eut le plaisir de ne lui point parler de ses affaires, et de s'assurer seulement d'une audience à son retour.

L'alarme de Malte était fausse, et le roi mourut. Renau, qui avait l'honneur d'être connu de tout temps, et fort estimé du duc d'Orléans, régent, et qui même avait servi sous lui en Espagne, n'eut plus besoin de solliciter des audiences. Il fut fait conseiller du conseil de marine, et grand'croix de l'ordre de Saint-Louis.

S. A. R. ayant formé le dessein de faire dans le royaume quelques essais d'une taille proportionnelle, ou dîme qu'avait proposée feu de Vauban, et qui devait remédier aux anciens et intolérables abus de la taille arbitraire, Renau accepta avec joie la commission d'aller avec le comte de Châteauthiers travailler à un de ces essais dans l'élection de Niort. Rien ne touchait tant son cœur que le bien public, et il était citoyen, comme si la mode ou les récompenses eussent invité à l'être. De plus, il ne croyait pas pouvoir l'être mieux qu'en suivant les pas de Vauban, et en exécutant un projet qui avait pour garant le nom de ce grand homme. Tout le zèle de Renau pour la patrie fut donc employé à l'ouvrage dont il était chargé ; et ceux qui à cette occasion se sont le plus élevés contre lui, n'ont pu l'accuser que d'erreur, accusation toujours douteuse par elle-même, et du moins fort légère par rapport à la nature humaine. C'est un homme rare, que celui qui ne peut faire pis que de se tromper.

Il était sujet depuis un temps à une rétention d'urine, pour laquelle il alla aux eaux de Pougues au mois de septembre 1719. Dès qu'il en eut pris, ce qu'il fit avec peu de préparation, la fièvre survint, la rétention augmenta, et il s'y joignit un gonflement de ventre pareil à celui d'une hydropisie tympanite. Il fit presque par honnêteté pour ses médecins, et par manière d'acquit, les remèdes usités en pareil cas ; mais il fit avec une extrême confiance un remède qu'il avait appris du P. Malebranche, et dont il prétendait n'avoir que des expériences heureuses, soit sur lui, soit sur d'autres : c'était de prendre une grande quantité d'eau de rivière assez chaude. Les médecins de Pougues étaient surpris de cette nouvelle médecine, et il était lui-même surpris qu'elle leur fût inconnue. Il leur en expliquait l'excellence par des raisonnemens physiques, qu'ils n'avaient pas coutume d'entendre faire à leurs malades; et par respect, soit pour les autorités qu'il citait, soit pour la sienne, ils ne pouvaient s'empêcher de lui passer quelques pintes d'eau : mais il allait beaucoup au-delà des permissions, et contrevenait même aux défenses les plus expresses. Enfin, ils prétendent absolument qu'il se noya. Il mourut le trente septembre 1719, sans douleur, et sans avoir perdu l'usage de la raison.

La mort de cet homme, qui avait passé une assez longue vie à la guerre, dans les cours, dans le tumulte du monde, fut celle d'un religieux de la Trappe. Persuadé de la religion par sa philosophie, et incapable par son caractère d'être faiblement persuadé, il regardait son corps comme un voile qui lui cachait la vérité éternelle, et il avait une impatience de philosophe et de chrétien, que ce voile importun lui fût ôté. *Quelle différence,* disait-il, *d'un moment au moment suivant! Je vais passer tout à coup des plus profondes ténèbres à une lumière parfaite.*

Il avait été choisi pour être honoraire de cette académie, dès qu'il y en avait eu, c'est-à-dire en 1699. La nature presque seule l'avait fait géomètre. Les livres du P. Malebranche, dont il était plein, lui inspirèrent assez le mépris de l'érudition, et d'ailleurs il n'avait pas eu le loisir d'en acquérir. Il sauvait son ignorance par un aveu libre et ingénu, qui, pour dire le vrai, ne devait pas coûter beaucoup à un homme plein de talens. Il ne démordait guère ni de ses entreprises, ni de ses opinions, ce qui assurait davantage le succès de ses entreprises, et donnait moins de crédit à ses opinions. Du reste, la valeur, la probité, le désintéressement, l'envie d'être utile, soit au public, soit aux particuliers, tout cela était chez lui au plus haut point. Une piété toujours égale avait régné d'un bout de sa vie à l'autre, et sa jeunesse, aussi peu licencieuse que l'âge plus avancé, n'avait pas été occupée des plaisirs qu'on lui aurait le plus aisément pardonnés.

ÉLOGE

DU MARQUIS DE DANGEAU.

Philippe de Courcillon naquit le 21 septembre 1638, de Louis de Courcillon, marquis de Dangeau, et de Charlotte des Noues, petite-fille du fameux Duplessis-Mornay. Dès le temps de Philippe-Auguste, les seigneurs de Courcillon sont appelés *Milites*, ou chevaliers. Leurs descendans embrassèrent le calvinisme.

Le marquis de Dangeau fut élevé en homme de sa condition. Il avait une figure fort aimable, et beaucoup d'esprit naturel, qui allait même jusqu'à faire agréablement des vers. Il se convertit assez jeune à la religion catholique.

En 1657 ou 58, il servit en Flandres, capitaine de cavalerie sous Turenne. Après la paix des Pyrénées, un grand nombre d'officiers français, qui ne pouvaient souffrir l'oisiveté, allèrent chercher la guerre dans le Portugal, que l'Espagne voulait remettre sous sa domination. Comme ils jugeaient que malgré la paix les vœux de la France au moins étaient pour le Portugal, ils préférèrent le service de cette couronne, mais Dangeau, avec la même ardeur militaire, eut des vues tout opposées, et se donna à l'Espagne. Peut-être crut-il qu'il était à propos, pour la justification de la France, qu'elle eût des sujets dans les deux armées ennemies, ou que la reine, mère du roi, et celle qu'il venait d'épouser, étant toutes deux Espagnoles, c'était leur faire sa cour d'une manière assez adroite, que d'entrer dans le parti qu'elles favorisaient. Il se signala au siége et à la prise de Giromena, sur les Portugais; il s'était trouvé partout, et dom Juan d'Autriche crut ne pouvoir envoyer au roi d'Espagne un courrier mieux instruit, pour lui rendre compte de ce succès de ses armes. Le roi d'Espagne voulut s'attacher le marquis de Dangeau, et lui offrit un régiment de 1200 chevaux, avec une grosse pension; mais il trouva un Français trop passionné pour son roi et pour sa patrie.

A son retour en France, Dangeau sentit l'utilité de son service d'Espagne. Les deux reines, qui étaient bien aises de l'entendre parler de leur pays et de la cour de Madrid, et même en leur langue qu'il avait assez bien apprise, vinrent bientôt à goûter son esprit et ses manières, et le mirent de leur jeu, qui était alors le reversi. Cette grâce, d'autant plus touchante en ce temps-là, que le jeu n'avait pas encore tout confondu, aurait suffi pour flatter vainement un jeune courtisan qu'elle aurait ruiné; mais ce fut pour lui la source d'une fortune considérable.

Il avait souverainement l'esprit du jeu. Quand feu Leibnitz a dit que les hommes n'ont jamais marqué plus d'esprit que dans les différens jeux qu'ils ont inventés, il en pénétrait toute l'algèbre, cette infinité de rapports de nombres qui y règnent, et toutes ces combinaisons délicates et presque imperceptibles qui y sont enveloppées, et quelquefois compliquées entre elles d'une manière à se dérober aux plus subtiles spéculations; et il est vrai que si tous ceux qui jouent étaient de bons joueurs, ils seraient ou grands algébristes, ou nés pour l'être. Mais ordinairement ils n'y entendent pas tant de finesse : ils se conduisent par des vues très confuses, et à l'aventure; et les jeux les plus savans, les échecs même, ne sont, pour la plupart des gens, que de purs jeux de hasard. Dangeau, avec une tête naturellement algébrique, et pleine de l'art des combinaisons, puisé dans ses réflexions seules, eut beaucoup d'avantage au jeu des reines. Il suivait des théories qui n'étaient connues que de lui, et résolvait des problèmes qu'il était seul à se proposer. Cependant il ne ressemblait pas à ces joueurs sombres et sérieux, dont l'application profonde découvre le dessein, et blessent ceux qui ne pensent pas tant : il parlait avec toute la liberté d'esprit possible; il divertissait les reines, et égayait leur perte. Comme elle allait à des sommes assez fortes, elle déplut à l'économie de Colbert, qui en parla au roi, même avec quelque soupçon. Le roi trouva moyen d'être un jour témoin de ce jeu, et placé derrière le marquis de Dangeau, sans en être aperçu, il se convainquit par lui-même de son exacte fidélité; et il fallut le laisser gagner tant qu'il voudrait. Ensuite le roi l'ôta du jeu des reines; mais ce fut pour le mettre du sien, avec une dame qu'il prenait grand soin d'amuser agréablement. L'algèbre et la fortune n'abandonnèrent pas Dangeau dans cette nouvelle partie. Si l'on veut joindre à cela d'autres agrémens qu'il pouvait trouver dans une cour pleine de galanterie, et que l'air de faveur où il était alors lui aurait seul attirés, quand sa figure n'aurait pas été d'ailleurs telle qu'elle était, il sera impossible de s'imaginer une vie de courtisan plus brillante et plus délicieuse.

Un jour qu'il s'allait mettre au jeu du roi, il demanda à Sa Majesté un appartement dans Saint-Germain, où était la cour. La grâce était difficile à obtenir, parce qu'il y avait peu de logemens en ce lieu-là. Le roi lui répondit qu'il la lui accorderait, pourvu qu'il la lui demandât en cent vers qu'il ferait pendant le jeu ; mais cent vers bien comptés, pas un de plus ni de moins. Après le jeu, où il avait paru aussi peu occupé qu'à l'ordinaire, il dit les cent vers au roi. Il les avait faits exactement comptés, et placés dans sa mémoire ; et ces trois efforts n'avaient pas été troublés par le cours rapide du jeu, ni par les différentes attentions promptes et vives qu'il demande à chaque instant.

Sa poésie lui valut encore une autre aventure, précieuse pour un courtisan qui sait que dans le lieu où il vit rien n'est bagatelle. Le roi et feue Madame avaient entrepris de faire des vers en grand secret, à l'envi l'un de l'autre. Ils se montrèrent leurs ouvrages, qui n'étaient que trop bons ; ils se soupçonnèrent réciproquement d'avoir eu du secours ; et par l'éclaircissement où leur bonne foi les amena bientôt, il se trouva que le même marquis de Dangeau, à qui ils s'étaient adressés chacun avec beaucoup de mystère, était l'auteur caché des vers de tous les deux. Il lui avait été ordonné de part et d'autre de ne pas faire trop bien ; mais le plaisir d'être doublement employé de cette façon ne lui permettait guère de bien obéir ; et qui sait même s'il ne fit pas de son mieux, exprès pour être découvert?

Quand la bassette vint à la mode, il en conçut bientôt la fin par son algèbre naturelle : mais il conçut aussi que la véritable algèbre était encore plus sûre ; et il fit calculer ce jeu par feu Sauveur, qui commença par là sa réputation à la cour, ainsi qu'il a été dit dans son éloge. L'algébriste naturel ne méprisa point l'algébriste savant, quoiqu'il arrive assez ordinairement que pour quelques dons qu'on a reçus de la nature, on se croit en droit de regarder avec dédain ceux qui en ont reçu de pareils, et qui ont pris la peine de les cultiver par l'étude.

Avant cela, un autre homme devenu fort célèbre, mais alors naissant, avait songé à se faire par Dangeau une entrée à la cour. C'est Despréaux qui lui adressa le second ouvrage qu'il donna au public, sa satire sur la noblesse. Le héros était bien choisi, et par sa naissance, et par sa réputation de se connaître en vers, et par la situation où il était, et par son inclination à favoriser le mérite. Les plus satiriques et les plus misanthropes sont assez maîtres de leur bile, pour se ménager adroitement des protecteurs.

En 1665, le roi fit Dangeau colonel de son régiment, qui, depuis quatre ou cinq ans qu'il était sur pied, n'en avait point eu d'autre que Sa Majesté elle-même, dont un simple particulier devenait en quelque sorte le successeur immédiat. On sait que le feu roi a toujours regardé ce régiment comme lui appartenant plus que le reste de ses troupes. Le nouveau colonel y fit une dépense digne de sa reconnaissance, et de la prédilection du roi. Il servit à la tête de sa troupe à la campagne de Lille en 1667. Mais au bout de quelques années il se défit du régiment, pour s'attacher plus particulièrement à la seule personne du roi, qu'il suivit toujours dans ses campagnes en qualité de son aide de camp.

Comme il était fort instruit dans l'histoire, surtout dans la moderne, dans les généalogies des grandes maisons, dans les intérêts des princes, enfin dans toutes les sciences d'un homme de cour, si cependant elles conservent encore long-temps cette qualité, le roi eut la pensée de l'envoyer ambassadeur en Suède : mais il supplia très humblement Sa Majesté de ne le pas tant éloigner d'elle, et de ne lui donner que des négociations de moindre durée, et dans des pays plus voisins, si elle jugeait à propos de lui en donner quelques unes. Les rois aiment que l'on tienne à leur personne, et ils se défient avec raison de leur dignité. Il fut donc employé selon ses désirs : il alla plusieurs fois envoyé extraordinaire vers les électeurs du Rhin ; et ce fut lui qui avec le même caractère conclut, malgré beaucoup de difficultés, le mariage du duc d'Yorck, depuis Jacques II, avec la princesse de Modène. Il fut chargé de la conduire en Angleterre, où il fit encore dans la suite un autre voyage par ordre du roi.

Le reste de sa vie n'est plus que celle d'un courtisan, à cela près, selon le témoignage dont le feu roi l'a honoré publiquement, qu'il ne rendit jamais de mauvais offices à personne auprès de Sa Majesté. Il a eu toutes les grâces et toutes les dignités auxquelles, pour ainsi dire, il avait droit, et qu'une ambition raisonnable lui pouvait promettre. Il n'a jamais eu le désagrément qu'elles aient fait une nouvelle surprenante pour le public. Il a été gouverneur de Touraine, le premier des six menins que le feu roi donna à Monseigneur grand-père du roi, chevalier d'honneur des deux dauphines de Bavière et de Savoie, conseiller d'état d'épée, chevalier des ordres du roi, grand-maître des ordres royaux et militaires de Notre-Dame du Mont-Carmel, et de Saint-Lazare de Jérusalem.

Quand il fut revêtu de cette dernière dignité, il songea aussitôt à relever un ordre extrêmement négligé depuis long-temps, et presque oublié dans le monde. Il apporta plus d'attention au choix des chevaliers; il renouvela l'ancienne pompe de leur réception et de toutes les cérémonies, ce qui touche le public plus qu'il ne pense lui-même; il procura par ses soins la fondation de plus de vingt-cinq commanderies nouvelles; enfin, il employait les revenus et les droits de sa grande-maîtrise, à faire élever en commun dans une grande maison destinée à cet usage, douze jeunes gentilshommes des meilleures noblesses du royaume. On les appelait les élèves de Saint-Lazare; et ils devaient illustrer l'ordre par leurs noms, et par le mérite dont ils lui étaient en partie redevables. Cet établissement dura près de dix ans : mais il lui aurait fallu, pour subsister, des temps plus heureux, et des secours de la part du roi, dont les guerres continuelles ôtèrent entièrement l'espérance. Ainsi Dangeau eut le déplaisir de voir sa générosité arrêtée dans sa course, et ses revenus appliqués à ses seuls besoins. Il a laissé l'ordre en état que le duc de Chartres ait daigné être son successeur.

Son goût déclaré pour les lettres et pour tous ceux qui s'y distinguaient, et un zèle constant à les servir de tout son pouvoir, firent juger que la place d'honoraire, qui vint à vaquer ici en 1704 par la mort du marquis de l'Hôpital, lui convenait, et que l'académie des sciences pouvait le partager avec l'académie française. Il n'accepta la place qu'en faisant bien sentir la noble pudeur qu'il avait de succéder à un des premiers géomètres de l'Europe, lui qui ne s'était nullement tourné de ce côté-là; et il n'a jamais paru ici sans y apporter une modestie flatteuse pour l'académie, et cependant accompagnée de dignité.

Il mourut le 9 septembre 1720, âgé de quatre-vingt-deux ans. Il avait soutenu dans un âge assez avancé les plus cruelles opérations de la chirurgie, et deux fois l'une des deux, toujours avec un courage singulier. Ce courage est tout différent de celui qu'on demande à la guerre, et moins suspect d'être forcé. Il est permis d'en manquer dans son lit.

Le marquis de Dangeau avait été en liaison particulière avec les plus grands hommes de son temps, le grand Condé, Turenne, et les autres héros de toute espèce que le siècle du feu roi a produits. Il connaissait le prix, si souvent ignoré ou négligé, d'une réputation nette et entière, et il apportait à se la conserver tout le soin qu'elle mérite. Ce n'est pas là une légère attention, ni qui coûte peu, surtout à la cour, où l'on ne croit guère à la probité et à la vertu, et où les plus faibles apparences suffisent pour fonder les jugemens les plus décisifs pourvu qu'ils soient désavantageux. Ses discours, ses manières, tout se sentait en lui d'une politesse, qui était encore moins celle d'un homme du grand monde, que d'un homme né officieux et bienfaisant.

Il avait épousé en premières noces Françoise Morin, sœur de la feue maréchale d'Estrées, dont il n'a eu que feue madame la duchesse de Montfort; et en secondes noces, la comtesse de Leuvestein, de la maison Palatine, dont il n'a eu que feu M. de Courcillon.

ÉLOGE

DE DES BILLETTES.

Gilles Filleau des Billettes naquit à Poitiers en 1634, de Nicolas Filleau, écuyer, et d'une dame qui était d'une bonne noblesse de Poitou. L'aïeul paternel de Nicolas Filleau était sorti de la ville d'Orléans avec sa famille, dans le temps que les calvinistes y étaient les plus forts; il se déroba à leur persécution, qu'il s'était attirée par son zèle pour la religion catholique, et il abandonna tout ce qu'il avait de bien dans l'Orléanois. Le père de des Billettes, établi à Poitiers, entra dans les affaires du roi, et y fit une fortune assez considérable, quoique parfaitement légitime. Il eut trois garçons, et deux filles mariées dans deux des meilleures maisons de la haute et basse Marche.

Les deux frères de des Billettes, qui étaient ses aînés, ont été de la Chaise et de Saint-Martin, tous deux connus par deux ouvrages fort différens, l'un par la vie de saint Louis, l'autre par la traduction de don Quichotte. Les trois frères avaient un esprit héréditaire de religion, des mœurs irréprochables, de l'amour pour les sciences; et tous trois étant venus vivre à Paris, ils s'attachèrent à madame de Longueville, au duc de Roanez, à un certain nombre de personnes dont l'esprit et les lumières n'ont pas été contestés, et dont les mœurs ou les maximes n'ont été accusées que d'être trop rigides.

Des Billettes, né avec une entière indifférence pour la fortune, soutenu dans cette disposition par un grand fonds de piété, a toujours vécu sans ambition, sans aucune de ces vues qui agitent tant les hommes, occupé de la lecture et des études, où son goût le portait, et encore plus des pratiques prescrites par le christianisme. Telle a été sa carrière d'un bout à l'autre; une de ses journées les représentait toutes. La religion seule fait quelquefois des conversions surprenantes et des changemens miraculeux; mais elle ne fait guère toute une vie égale et uniforme, si elle n'est entée sur un naturel philosophe.

Il était fort versé dans l'histoire, dans les généalogies des grandes maisons de l'Europe, même dans la connaissance des livres, qui fait une science à part. Il avait dressé le catalogue d'une bibliothèque générale, bien entendue, économisée et complète, pour qui n'eût voulu que bien savoir. Surtout il possédait le détail des arts, ce prodigieux nombre d'industries singulières inconnues à tous ceux qui ne les exercent pas, nullement observées par ceux qui les exercent, négligées par les savans les plus universels, qui ne savent pas même qu'il y ait rien là à apprendre pour eux, et cependant merveilleuses et ravissantes, dès qu'elles sont vues avec des yeux éclairés. La plupart des espèces d'animaux, comme les abeilles, les araignées, les castors, ont chacune un art particulier, mais unique, et qui n'a point parmi eux de premier inventeur; les hommes ont une infinité d'arts différens qui ne sont point nés avec eux, et dont la gloire leur appartient. Comme l'académie avait conçu le dessein d'en faire la description, elle crut que des Billettes lui était nécessaire, et elle le choisit pour être un de ses pensionnaires mécaniciens, à son renouvellement en 1699. Il disait qu'il était étonné de ce choix; mais il le disait simplement, rarement, et à peu de personnes, ce qui attestait la sincérité du discours : car s'il l'eût fait sonner bien haut, et beaucoup répété, il n'eût cherché que des contradicteurs. Les descriptions d'arts qu'il a faites paraîtront avec un grand nombre d'autres dans le recueil que l'académie en doit donner au public. Aucun ouvrage de des Billettes n'aura été imprimé qu'après sa mort, et c'est une circonstance convenable à son extrême modestie.

Un régime exact, et même ses austérités, lui valurent une santé assez égale. Elle s'affaiblissait peu à peu par l'âge, mais elle ne dégénérait pas en maladies violentes. Il conserva jusqu'au bout l'usage de sa raison, et le 10 août 1720 il prédit sa mort pour le 15 suivant, où elle arriva en effet. Il était âgé de quatre-vingt-six ans. Il s'était marié deux fois, et toutes les deux à des demoiselles de Poitou. Il n'en a point laissé d'enfans vivans.

Une certaine candeur qui peut n'accompagner pas de grandes vertus, mais qui les embellit beaucoup, était une de ses qualités dominantes. On sentait dans ses discours, dans ses manières, le vrai orné de sa plus grande simplicité. Le bien public, l'ordre, ou plutôt tous les différens établissemens particuliers d'ordre que la société demande, toujours sacrifiés sans scrupule, et même violés par une mauvaise gloire, étaient pour lui des objets d'une passion vive et délicate. Il la portait à tel point, et en même temps cette sorte de passion est si rare, qu'il est peut-être dangereux d'exposer au public, que quand il passait sur les marches du Pont-Neuf, il en prenait les bouts qui étaient moins usés, afin que le milieu, qui l'est toujours davantage, ne devînt pas trop tôt un glacis. Mais une si petite attention s'ennoblissait par son principe ; et combien ne serait-il pas à souhaiter que le bien public fût toujours aimé avec autant de superstition ? Personne n'a jamais mieux su soulager et les besoins d'autrui, et la honte de les avouer. Il disait que ceux dont on refusait le secours avaient eu l'art de s'attirer ce refus, ou n'avaient pas eu l'art de le prévenir, et qu'ils étaient coupables d'être refusés. Il souhaitait fort de se pouvoir dérober à cet éloge funèbre, dont l'usage est établi parmi nous ; et en effet, il a eu si bien l'adresse de cacher sa vie, que du moins la brièveté de l'éloge répondra à son intention.

ÉLOGE

DE D'ARGENSON.

Marc-René de Voyer de Paulmy d'Argenson naquit à Venise, le 4 novembre 1652, de René de Voyer de Paulmy, chevalier, comte d'Argenson, et de dame

Marguerite Houllier de la Poyade, la plus riche héritière d'Angoumois.

La maison de Voyer remonte, par des titres et par des filiations bien prouvées, jusqu'à Étienne de Voyer, sire de Paulmy, qui accompagna saint Louis dans ses deux voyages d'outre-mer. Il avait épousé Agathe de Beauvau. Depuis lui, en voit toujours la seigneurie de Paulmy en Touraine, possédée par ses descendans, toujours des charges militaires, des gouvernemens de villes ou de provinces, des alliances avec les plus grandes maisons, telles que celles de Montmorency, de Laval, de Sancerre, de Conflans. Ainsi nous pouvons négliger tout ce qui précède cet Étienne, et nous dispenser d'aller jusqu'à un Basile, chevalier grec, mais d'origine française, qui, sous l'empire de Charles-le-Chauve, sauva la Touraine de l'invasion des Normands, et eut de l'empereur la terre de Paulmy pour récompense. S'il y a du fabuleux dans l'origine des grandes noblesses, du moins il y a une sorte de fabuleux qui n'appartient qu'à elles, et qui devient lui-même un titre.

Au commencement du règne de Louis XIII, René de Voyer, fils de Pierre, chevalier de l'ordre et grand-bailli de Touraine, et qui avait pris le nom d'Argenson d'une terre entrée dans sa maison par sa grand'mère paternelle, alla apprendre le métier de la guerre en Hollande, qui était alors la meilleure école militaire de l'Europe. Mais l'autorité de sa mère, Élisabeth Huraut de Chiverny, nièce du chancelier de ce nom, les conjonctures des affaires générales et des siennes, des espérances plus flatteuses et plus prochaines qu'on lui fit voir dans le parti de la robe, le déterminèrent à l'embrasser. Il fut le premier magistrat de son nom, mais presque sans quitter l'épée; car ayant été reçu conseiller au parlement de Paris en 1620, âgé de vingt-quatre ans, et bientôt après ayant passé à la charge de maître des requêtes, il servit en qualité d'intendant au siége de la Rochelle, et dans la suite il n'eut plus ou que des intendances d'armées, ou que des intendances des provinces dont il fallait réprimer les mouvemens excités, soit par les seigneurs, soit par les calvinistes. Les besoins de l'État le firent souvent changer de poste, et l'envoyèrent toujours dans les plus difficiles. Quand la Catalogne se donna à la France, il fut mis à la tête de cette nouvelle province, dont l'administration demandait un mélange singulier, et presque unique, de hauteur et de douceur, de hardiesse et de circonspection. Dans un grand nombre de marches d'armées, de retraites, de combats, de siéges, il servit autant de sa personne, et beaucoup plus de son esprit qu'un homme de guerre ordinaire. L'enchaînement des affaires l'engagea aussi dans des négociations délicates avec des puissances voisines, surtout avec la maison de Savoie, alors divisée. Enfin, après tant d'emplois et de travaux, se croyant quitte envers sa patrie, il songea à un retraite qui lui fût plus utile que tout ce qu'il avait fait; et comme il était veuf, il se mit dans l'état ecclésiastique : mais le dessein que la cour forma de ménager la paix du Turc avec Venise le fit nommer ambassadeur extraordinaire vers cette république; et il n'accepta l'ambassade que par un motif de religion; et à condition qu'il n'y serait pas plus d'un an, et que quand il en sortirait, son fils, que l'on faisait dès lors conseiller d'état, lui succéderait. A peine était-il arrivé à Venise, en 1651, qu'il fut pris, en disant la messe, d'une fièvre violente, dont il mourut en quatorze jours. Son fils aîné, qui avait eu à vingt-un ans l'intendance d'Angoumois, Aunis et Saintonge, se trouva à vingt-sept ans ambassadeur à Venise. Il fit élever à son père, dans l'église de Saint-Job, un mausolée qui était un ornement même pour une aussi superbe ville, et le sénat s'engagea, par un acte public, à avoir soin de le conserver.

Pendant le cours de son ambassade, qui dura cinq ans, naquit à Venise M. d'Argenson. La république voulut être sa marraine, lui donna le nom de Marc, le fit chevalier de Saint-Marc, et lui permit à lui et à toute sa postérité, de mettre sur le tout de leurs armes celles de l'État avec le cimier et la devise, témoignages authentiques de la satisfaction qu'on avait de l'ambassadeur.

Son ambassade finie, il se retira dans ses terres, peu satisfait de la cour, et avec une fortune assez médiocre, et n'eut plus d'autres vues que celles de la vie à venir. Le fils, trop jeune pour une si grande inaction, voulait entrer dans le service : mais des convenances d'affaires domestiques lui firent prendre la charge de lieutenant-général au présidial d'Angoulême, qui lui venait de son aïeul maternel. Les magistrats que le roi envoya tenir les grands jours en quelques provinces, le connurent dans leur voyage, et sentirent bientôt que son génie et ses talens étaient trop à l'étroit sur un si petit théâtre. Ils l'exhortèrent vivement à venir à Paris, et il y fut obligé par quelques démêlés qu'il eut avec sa compagnie. La véritable cause n'en était peut-être que cette même supériorité de génie et de talens, un peu trop mise au jour et trop exercée.

Environné et accablé, dans ses audiences, d'une foule de gens du menu peuple, pour la plus grande partie peu instruits même de ce qui les amenait, vivement agités d'intérêts très légers et souvent très mal entendus, accoutumés à mettre à la place du discours un bruit insensé; il n'avait ni l'inattention ni le dédain qu'auraient pu s'attirer les personnes ou les matières; il se donnait tout entier aux détails les plus vils, ennoblis à ses yeux par leur liaison nécessaire avec le bien public : il se conformait aux façons de penser les plus basses et les plus grossières; il parlait à chacun sa langue, quelque étrangère qu'elle lui fût; il accommodait la raison à l'usage de ceux qui la connaissaient le moins; il conciliait avec bonté des esprits farouches, et n'employait la décision d'autorité qu'au défaut de la conciliation. Quelquefois des contestations peu susceptibles, ou peu dignes d'un jugement sérieux, il les terminait par un trait de vivacité plus convenable et aussi efficace. Il s'égayait à lui-même, autant que la magistrature le permettait, des fonctions souverainement ennuyeuses et désagréables, et il leur prêtait de son propre fonds de quoi le soutenir dans un si rude travail.

La cherté étant excessive dans les années 1709 et 1710, le peuple, injuste parce qu'il souffrait, s'en prenait en partie à d'Argenson, qui cependant tâchait, par toutes sortes de voies, de remédier à cette calamité. Il y eut quelques émotions qu'il n'eût été ni prudent ni humain de punir trop sévèrement. Le magistrat les calma, et par la sage hardiesse qu'il eut de les braver, et par la confiance que la populace, quoique furieuse, avait toujours en lui. Un jour, assiégé dans une maison où une troupe nombreuse voulait mettre le feu, il en fit ouvrir la porte, se présenta, parla et apaisa tout. Il savait quel est le pouvoir d'un magistrat sans armes; mais on a beau le savoir, il faut un grand courage pour s'y fier. Cette action fut récompensée ou suivie de la dignité de conseiller d'état.

Il n'a pas seulement exercé son courage dans des occasions où il s'agissait de sa vie autant que du bien public, mais encore dans celles où il n'y avait pour lui aucun péril que volontaire. Il n'a jamais manqué de se trouver aux incendies, et d'y arriver des premiers. Dans ces momens si pressans et dans cette affreuse confusion, il donnait les ordres pour le secours, et en même temps il en donnait l'exemple, quand le péril était assez grand pour le demander. A l'embrâsement des chantiers de la porte Saint-Bernard, il fallait, pour prévenir un embrâsement général, traverser un espace de chemin occupé par les flammes. Les gens du port et les détachemens du régiment des gardes hésitaient à tenter ce passage. D'Argenson le franchit le premier, et se fit suivre des plus braves, et l'incendie fut arrêté. Il eut une partie de ses habits brûlés, et fut plus de 20 heures sur pied dans une action continuelle. Il était fait pour être Romain, et pour passer du sénat à la tête d'une armée.

Quelqu'étendue que fût l'administration de la police, le feu roi ne permit pas que d'Argenson s'y renfermât entièrement ; il l'appelait souvent à d'autres fonctions plus élevées et plus glorieuses, ne fût-ce que par la relation immédiate qu'elles donnaient avec le maître, relation toujours si précieuse et si recherchée. Tantôt il s'agissait d'accommodement entre personnes importantes, dont il n'eût pas été à propos que les contestations éclatassent dans les tribunaux ordinaires, et dont les noms exigeaient un certain respect auquel le public eût manqué. Tantôt c'était des affaires d'état qui demandaient des expédiens prompts, un mystère adroit et une conduite déliée. Enfin d'Argenson vint à exercer réglément auprès du roi un ministère secret et sans titre, mais qui n'en était que plus flatteur, et n'en avait même que plus d'autorité.

Comme la juridiction de la police le rendait maître des arts et métiers que l'académie a entrepris de décrire et de perfectionner, ce qui la mettait dans une relation nécessaire avec lui pour les détails de l'exécution, et que d'ailleurs il avait pour les sciences tout le goût, et leur accordait toute la protection que leur devait un homme d'autant d'esprit et aussi éclairé, la compagnie voulut se l'acquérir, et elle le nomma en 1716 pour un de ses honoraires. Bientôt après, comme si une dignité si modeste en eût dû annoncer de plus brillantes, le régent du royaume, qui avait commencé par l'honorer de la même confiance et du même ministère secret que le feu roi, le fit entrer dans les plus importantes affaires; et enfin, au commencement de 1718, le fit garde des sceaux et président du conseil des finances. Il avait été lieutenant de police vingt-un ans, et depuis long-temps les suffrages des bons citoyens le nommaient à des places plus élevées : mais la sienne était trop difficile à remplir; et la réputation singulière qu'il s'y était acquise, devenait un obstacle à son élévation. Il fallait un effort de justice pour le récompenser dignement.

Il fut donc chargé à la fois de deux ministères, dont

chacun demandait un grand homme, et tous ses talens se trouvèrent d'un usage heureux. L'expédition des affaires du conseil se sentit de sa vivacité; il accorda ou refusa les grâces qui dépendaient du sceau, selon sa longue habitude de savoir placer la douceur et la sévérité; surtout il soutint avec sa vigueur et sa fermeté naturelle l'autorité royale, d'autant plus difficile à soutenir dans les minorités, que ce ne sont pas toujours des mal-intentionnés qui résistent. Sa grande application à entrer dans le produit effectif des revenus du roi, le mit en état de faire payer, dès la première année qu'il fut à la tête des finances, seize millions d'arrérages des rentes de la ville, sans préjudice de l'année courante; et outre le crédit qu'il redonnait aux affaires, il eut le plaisir de marquer bien solidement aux habitans de Paris l'affection qu'il avait prise pour eux en les gouvernant. Dans cette même année, il égala la recette et la dépense; équation, pour parler la langue de cette académie, plus difficile que toutes celles de l'algèbre. C'est sous lui qu'on a appris à se passer des traités à forfait, et à établir des régies qui font recevoir au roi seul ses revenus, et le dispensent de les partager avec des espèces d'associés. Enfin, il avait un projet certain pour diminuer par des remboursemens effectifs les dettes de l'État : mais d'autres vues, et qui paraissaient plus brillantes, traversèrent les siennes; il céda sans peine aux conjonctures, et se démit des finances au commencement de 1720.

Rendu tout entier à la magistrature, il ne le fut encore que pour peu de temps; mais ce peu de temps valut à l'État un règlement utile. Les bénéfices tombés une fois entre les mains des réguliers, y circulaient ensuite perpétuellement à la faveur de certains artifices ingénieux, qui trompaient la loi en la suivant à la lettre. D'Argenson remédia à cet abus par deux déclarations qui préviennent, si cependant on ose l'assurer, surtout en cette matière, tous les stratagêmes de l'intérêt.

Le bien des affaires générales, qui changent si souvent de face, parut désirer qu'il remît les sceaux; il les remit au commencement de juin 1720. Il conservait pleinement l'estime et l'affection du prince dont il les avait reçus, et il gagnait de la tranquillité pour les derniers temps de sa vie. Il n'eut pas besoin de toutes les ressources de son courage pour soutenir ce repos; mais il employa, pour en bien user, toutes celles de la religion. Il mourut le 8 mai 1721.

Il avait une gaieté naturelle, et une vivacité d'esprit heureuse et féconde en traits, qui seuls auraient fait une réputation à un homme oisif. Elles rendaient témoignage qu'il ne gémissait pas sous le poids énorme qu'il portait. Quand il n'était question que de plaisir, on eût dit qu'il n'avait étudié toute sa vie que l'art si difficile, quoique frivole, des agrémens et du badinage. Il ne connaissait point à l'égard du travail la distinction des jours et des nuits; les affaires avaient seules le droit de disposer de son temps, et il n'en donnait à tout le reste que ce qu'elles lui laissaient de momens vides, au hasard et irrégulièrement. Il dictait à trois ou quatre secrétaires à la fois, et souvent chaque lettre eût mérité par sa matière d'être faite à part, et semblait l'avoir été. Il a quelquefois accommodé à ses propres dépens des procès, même considérables; et un trait rare en fait de finances, c'est d'avoir refusé à un renouvellement de bail cent mille écus qui lui étaient dus par un usage établi : il les fit porter au trésor royal, pour être employés au paiement des pensions les plus pressées des officiers de guerre. Quoique les occasions de faire sa cour soient toutes, sans nulle distinction, infiniment chères à ceux qui approchent les rois, il en a rejeté un grand nombre, parce qu'il se fût exposé au péril de nuire plus que les fautes ne méritaient. Il a souvent épargné des événemens désagréables à qui n'en savait rien, et jamais le récit du service n'allait mendier de la reconnaissance. Autant que par sa sévérité, ou plutôt par son apparence de sévérité, il savait se rendre redoutable au peuple dont il faut être craint, autant par ses manières et par ses bons offices, il savait se faire aimer de ceux que la crainte ne mène pas. Les personnes dont j'entends parler ici sont en si grand nombre et si importantes, que j'affaiblirais son éloge en y faisant entrer la reconnaissance que je lui dois, et que je conserverai toujours pour sa mémoire.

Il avait épousé dame Marguerite le Fèvre de Caumartin, dont il a laissé deux fils, l'un conseiller d'état et intendant de Maubeuge, l'autre son successeur dans la charge de la police ; et une fille mariée à M. de Colande, maréchal de camp, et commandeur de l'ordre de Saint-Louis.

ÉLOGE
DE COUPLET.

Claude-Antoine Couplet naquit à Paris le 20 avril 1642, d'Antoine Couplet, bourgeois de Paris. Son père le destina au barreau, sans consulter, et apparemment sans connaître ses talens et son goût qui le portaient aux mathématiques, et principalement aux mécaniques. Elles lui causèrent beaucoup de distraction dans ses études. Cependant il fut reçu avocat, mais il quitta bientôt cette profession forcée; et se donna entièrement à celle que la nature lui avait choisie.

Il chercha de l'instruction et du secours dans le commerce de Buhot, cosmographe et ingénieur du roi, qui, après avoir reconnu ses dispositions, se fit un plaisir de les cultiver: il voulut même serrer par une alliance la liaison que la science avait commencée entre eux; et en 1665, il fit épouser sa belle-fille à son élève, âgé alors de 24 ans.

En 1666, fut formée l'académie des sciences. Buhot fut choisi par Colbert pour en être, et quelque temps après, Couplet y entra: on lui donna un logement à l'observatoire, et la garde du cabinet des machines. Il semble qu'un certain respect doive être attaché aux noms de ceux qui ont les premiers composé cette compagnie.

En 1670, Couplet acheta de Buhot la charge de professeur de mathématiques de la grande écurie. Il était obligé d'aller fort souvent à Versailles, et dans ces temps-là le feu roi y fit faire ces grandes conduites d'eau qui l'ont tant embelli. La science des eaux et des nivellemens fut perfectionnée au point qu'elle en devint presque toute nouvelle; et Couplet, qui ne demandait qu'à s'instruire et à s'exercer, en eut des occasions à souhait. Nous avons parlé en 1699 (*pag.* 112 *et suiv.*) d'un niveau qu'il s'était en quelque manière rendu propre, en le rendant d'une exécution beaucoup plus facile.

Employé souvent à des ouvrages de particuliers, il s'y conduisait toujours d'une manière dont sa famille seule pouvait se plaindre; il ne voulait que réussir, et il mettait de son propre argent pour hâter ou pour perfectionner les travaux : loin de faire valoir ses soins et ses peines, il en parlait avec une modestie qui enhardissait à le récompenser mal; et ce n'était jamais un tort avec lui que le peu de reconnaissance.

Ce qu'il a fait de plus considérable a été à *Coulanges la Vineuse*, petite ville de Bourgogne, à trois lieues d'Auxerre. Coulanges est riche en vins, et de là vient son épithète, qui lui convient d'autant mieux, qu'elle n'avait que du vin, et point d'eau. Les habitans étaient réduits à des mares; et comme elles étaient souvent à sec, ils allaient fort loin chercher un puits qui tarissait aussi, et les renvoyait à une fontaine éloignée de là d'une lieue. Afin que l'on ne manquât pas d'eau dans les incendies, chaque habitant était obligé, par ordonnance de police, à avoir à sa porte un tonneau toujours plein; et malgré cette précaution, la ville avait eu trois grands incendies en trente ans, et à l'un on avait été obligé de jeter du vin sur le feu. Ils avaient obtenu en

1616 un arrêt du conseil qui leur permettait de lever sur chaque pièce de vin qui sortirait de leur territoire, un impôt dont le produit serait employé à chercher de l'eau, et à toutes les dépenses nécessaires : mais tous les ingénieurs qui avaient tenté cette entreprise, l'avaient tentée sans succès, quoique vivement animés, et par l'utilité et par la gloire.

D'Aguesseau, alors procureur-général, et aujourd'hui chancelier de France, ayant acquis le domaine de cette ville, voulut faire encore un effort, ne fût-ce que pour s'assurer qu'il n'en fallait plus faire ; et en 1705, il s'adressa à Couplet, qui partit pour Coulanges au mois de septembre. Ce mois est ordinairement un des plus secs de toute l'année : 1705 fut une année fort sèche, et si l'on pouvait alors trouver de l'eau, il n'était pas à craindre qu'on en manquât jamais.

En une infinité d'endroits de la terre, il court des veines d'eau qui ont effectivement quelque rapport avec le sang qui coule dans nos veines. Si ces eaux trouvent des terres sabloneuses, elles se filtrent au travers, et se perdent ; il faut des fonds qui les arrêtent, tels que sont des lits de glaise. Elles sont en plus grande quantité selon la disposition des terrains. Si, par exemple, une grande plaine a une pente vers un coteau, et s'y termine, toutes les eaux que la plaine recevra du ciel seront déterminées à couler vers ce coteau, qui les rassemblera encore, et elles se trouveront en abondance au pied. Ainsi la recherche et la découverte des eaux dépend d'un examen de terrain fort exact et assez fin ; il faut un coup d'œil juste, et guidé par une longue expérience.

Couplet, arrivé à quelque distance de Coulanges,

mais sans la voir encore, et s'étant seulement fait montrer vers quel endroit elle était, mit toutes ses connaissances en usage, et enfin promit hardiment cette eau si désirée, et qui s'était dérobée à tant d'autres ingénieurs. Il marchait son niveau à la main; et dès qu'il put voir les maisons de la ville, il assura que l'eau serait plus haute. Quelques uns des principaux habitans, qui par impatience ou par curiosité étaient allés au-devant de lui, coururent porter cette nouvelle à leurs concitoyens, ou pour leur avancer la joie, ou pour se donner une espèce de part à la gloire de la découverte. Cependant Couplet continuait son chemin en marquant avec des piquets les endroits où il fallait fouiller, et en prédisant dans le même temps à quelle profondeur précisément on trouverait l'eau; et au lieu qu'un autre eût pu prendre un air imposant de divination, il expliquait naïvement les principes de son art, et se privait de toute apparence de merveilleux. Il entra dans Coulanges, où il ne vit rien qui traversât les idées qu'il avait prises; et il repartit pour Paris après avoir laissé les instructions nécessaires pour les travaux qui se devaient faire en son absence. Il restait à conduire l'eau dans la ville par des tranchées et par des canaux, à lui ménager des canaux de décharge en cas de besoin, et tout cela emportait mille détails de pratique sur quoi il ne laissait rien à désirer; il promit de revenir au mois de décembre pour mettre à tout la dernière main.

Il revint en effet, et enfin, le 21 décembre l'eau arriva dans la ville. Jamais la plus heureuse vendange n'y avait répandu tant de joie. Hommes, femmes, enfans, tous couraient à cette eau pour en boire, et ils eussent voulu s'y pouvoir baigner. Le premier juge de la ville, devenu aveugle, n'en crut que le rapport de ses mains, qu'il y plongea plusieurs fois. On chanta un *Te Deum*, où les cloches furent sonnées avec tant d'emportement, que la plus grosse fut démontée; l'allégresse publique fit cent folies. La ville auparavant toute défigurée par des maisons brûlées qu'on ne réparait point, a pris une face nouvelle : on y bâtit; on vient même s'y établir, au lieu qu'on l'abandonnait peu à peu ; et pour tout cela Couplet n'a pas fait 3,000 liv. de dépense à cette même ville qui aurait été ravie de se charger d'un impôt perpétuel : aussi crut-elle bien lui devoir une inscription et une devise. L'inscription est ce disque latin :

*Non erat antè fluens populis sitientibus unda;
Ast dedit æternas arte Cupletus aquas.*

La devise représente un Moïse qui tire de l'eau d'un rocher entouré de ceps de vignes, avec ces mots : *utile dulci.*

Auxerre et Courson, qui sont dans le voisinage de Coulanges, se sentirent aussi de son voyage; il donna à Auxerre les moyens d'avoir de meilleure eau, et à Courson ceux de retrouver une source perdue.

C'est dans ces sortes de fonctions et dans celles qu'il devait à l'académie et à sa charge qu'il a passé une vie toujours occupée et toujours laborieuse. Une complexion d'une force singulière le soutenait dans ses fatigues. Enfin, âgé de soixante-dix-neuf ans, il eut une première attaque d'apoplexie, et quelque temps après une seconde, auxquelles succéda une paralysie, qui tomba particulièrement sur la langue et sur l'œsophage, de sorte qu'il ne pouvait ni parler ni avaler sans beaucoup de peine. Il fut deux ans à languir, mais avec courage. Il employa toujours à des prières et à des discours édifians le peu qui lui restait d'usage de la parole, et il mourut le 25 juillet 1722, âgé de quatre-vingt-un ans.

Ce qu'on appelle précisément bonté était en lui à un haut point, et avec cet avantage qu'elle était sensiblement marquée dans sa physionomie, dans son air, dans ses manières; on se fût fié à lui sans autres garans que ceux-là. Heureuses, du moins par rapport aux effets extérieurs, les vertus dont la preuve est courte et prompte! Il était trésorier de l'académie, titre trop fastueux et assez impropre : il était plutôt le contraire d'un trésorier; il n'avait point de fonds entre les mains, mais il faisait des avances assez considérables par rapport à sa fortune, et ne les retirait pas sans peine. Il a laissé un fils, qui lui a succédé dignement dans cette place.

ÉLOGE

DE MERY.

Jean Mery naquit à Vatan en Berri, le 6 janvier 1645, de Jean Mery, maître chirurgien, et de Jeanne Mores. On lui fit commencer ses études; mais il s'en dégoûta bientôt par le peu de secours qu'il trouva dans de mauvais maîtres, par le peu d'émulation, apparemment aussi par le peu d'inclination naturelle. Il ne passa pas la quatrième, et s'attacha uniquement à la profession de son père. Il vint à Paris à dix-huit ans s'instruire à l'Hôtel-Dieu, la meilleure de toutes les écoles pour de jeunes chirurgiens. Non content de ses exercices de jour, il dérobait subtilement un mort quand il le pouvait, l'emportait dans son lit, et passait la nuit à le disséquer en grand secret.

En 1681, il fit, à la prière de Lamy, docteur en médecine, qui donnait une seconde édition de son livre sur l'*Ame sensitive*, une description de l'oreille. Il reconnaît dans une lettre préliminaire adressée à ce docteur, et imprimée aussi, qu'il n'est qu'*un simple chirurgien de l'Hôtel-Dieu;* et par là il insinue qu'il est bien hardi d'oser décrire une partie aussi délicate que l'oreille, et aussi inconnue aux plus habiles anatomistes; qu'on ne le croira pas en droit de faire des découvertes : mais si on veut bien ne s'en pas tenir à des préjugés ordinairement si concluans, il s'engage à convaincre tout incrédule les pièces à la main. Dans la même année, il fut pourvu d'une charge de chirurgien de la feue reine.

En 1683, M. de Louvois le mit aux Invalides en qualité de chirurgien-major.

L'année suivante, le roi de Portugal ayant demandé au feu roi un chirurgien capable de donner du secours à la reine sa femme, qui était à l'extrémité, M. de Louvois y envoya Mery en poste; mais la reine mourut avant son arrivée. Il n'y eut à Lisbonne aucun malade qui ne voulut le consulter, quelque peu digne qu'il en fût par son mal, ou au contraire, quelque désespéré qu'il fût. On lui fit les offres les plus avantageuses pour l'arrêter en Portugal; on en fit autant en Espagne à son pasage : mais rien ne put vaincre l'amour de la patrie.

A son retour, M. de Louvois le fit entrer dans l'académie des sciences, en 1684.

Cette même année, la cour allant à Chambor, le roi demanda à Fagon un chirurgien qu'il pût mettre, pendant le voyage, auprès du duc de Bourgogne, encore enfant. Fagon fit choix de Mery. On ne peut pas mettre en doute s'il s'acquitta de cet emploi avec toute l'application et tout le zèle possible : mais il se trouvait encore plus étranger à la cour qu'il ne l'avait été en Portugal et en Espagne ; et il revint, aussitôt qu'il le put, respirer son véritable air naturel, celui des Invalides et de l'académie.

En 1692, il fit un voyage en Angleterre par ordre de la cour, et ce qui paraîtra sans doute surprenant, on en ignore absolument le sujet. Peut-être s'est-on déjà aperçu que les faits rapportés jusqu'ici ont été assez dénués de circonstances, assez décharnés ; c'est la faute de celui qu'ils regardent. Après qu'il avait rempli dans la dernière exactitude ses fonctions nécessaires, il se renfermait dans son cabinet, où il étudiait, non pas tant les livres que la nature même : il n'avait de commerce qu'avec les morts, et cela dans un sens beaucoup plus étroit qu'on ne le dit d'ordinaire des savans. Il s'instruisait donc infiniment ; mais personne n'en eût rien su, si les opérations qu'il faisait tous les jours n'eussent trahi le secret de son habileté. Ceux qui sont fortement occupés à exercer une profession ou un talent, parlent du moins plus volontiers dans l'intérieur de leur famille, soit de leurs occupations présentes, soit de leurs projets ; on est obligé de les écouter, et ils ont une liberté entière de se faire valoir ; mais il n'usait point de ses droits à cet égard ; on ne le voyait qu'aux heures des repas, et il n'y tenait point de discours inutiles. Enfin, je le répète, on ne sait rien du voyage d'Angleterre, dont il aurait dû, au moins à sa femme et à ses enfans, vanter ou excuser le succès. Tout était enseveli dans un profond silence, et il est presque étonnant que Mery ait été connu. Il n'a rien mis du sien dans sa réputation, que son mérite, et communément il s'en faut beaucoup que ce soit assez.

Et 1700, M. de Harlay, premier président, le nomma premier chirurgien de l'Hôtel-Dieu. Il n'accepta cette place que quand il fut bien sûr qu'elle n'était pas incompatible avec celle de l'académie, et je lui ai ouï dire que les deux ensemble remplissaient toute son ambition ; aussi l'ont-elles uniquement occupé. Des malades, quelqu'importans qu'ils fussent, et quelqu'utiles qu'ils dussent être, n'ont jamais pu le faire sortir de chez lui. Tout au plus a-t-il traité quelques amis, mais en amis, et en leur faisant très peu de chose. Des étrangers qui souhaitaient passionnément qu'il leur fît des cours particuliers d'anatomie, n'ont pu le tenter par les promesses les plus magnifiques et les plus sûres. Il ne voulait point d'une augmentation de fortune qui lui eût coûté un temps destiné à de nouveaux progrès dans sa science.

Mais ce même temps, qu'il estimait plus que la richesse, il ne l'épargnait point à ses devoirs ; il conçut volontairement le dessein d'en donner à l'Hôtel-Dieu beaucoup plus qu'il ne lui en demandait, selon l'usage établi. Les jeunes chirurgiens qui venaient y apprendre leur métier, n'y prenaient des leçons qu'au gré du hasard, qui leur mettait sous les yeux tantôt une opération, tantôt une autre ; rien de suivi, rien de méthodique ne dirigeait leurs connaissances. Il obtint de M. de Harlay que l'on construisît un lieu où il leur ferait des cours réglés d'anatomie. S'il eût pris cette occasion de demander des appointemens plus forts, s'il ne l'eût même fait naître que dans cette vue, on ne l'eût pas blâmé d'accorder son intérêt avec celui du public. D'ailleurs le premier président l'honorait d'une affection particulière ; et comme ce grand magistrat avait beaucoup d'esprit, peut-être l'aimait-il d'autant plus qu'il fallait de la pénétration pour sentir tout ce qu'il valait ; mais Mery ne songea, dans son nouvel établissement, qu'à l'utilité publique, et il se tint heureux qu'on lui eut accordé un surcroit considérable d'assujétissement et de travail.

Son génie était d'apporter une extrême exactitude à l'observation, et de se bien assurer de la simple vérité des choses. Il ne se pressait point d'imaginer pourquoi telle disposition, telle structure ; il voyait les faits d'autant plus sûrement, qu'il ne les voyait point au travers d'un système déjà formé qui eût pu les changer à ses yeux. Son cabinet anatomique, auquel il avait travaillé une bonne partie de sa vie, ce nombre prodigieux de dissections faites de sa main, avec une patience étonnante, avaient apparemment aidé à lui faire prendre cette habitude ; il avait été si long-temps appliqué à ne faire que voir, qu'il n'avait pas eu le loisir de songer tant à deviner ; mais on doit convenir qu'il n'y a pas moins de sagacité d'esprit à bien voir en cette matière qu'à deviner ; aussi n'avait-on pas à craindre que ce qu'il faisait voir aux autres il le leur déguisât, ou l'embellit trop par ses discours : à peine se pouvait-il résoudre à l'expliquer ; il fallait presque que les pièces de son cabinet parlassent pour lui.

On y en compte jusqu'à quatre-vingts d'importantes, soit squelettes entiers, soit parties d'animaux. Trente de ces pièces regardent l'homme ; et celles où sont tous les nerfs, conduits depuis leur origine jusqu'à leurs extrémités, a dû lui coûter des trois ou quatre mois de travail. Une adresse singulière, et une persévérance infatigable, ont été nécessaires pour finir ces ouvrages ; aussi était-ce là ce qui l'enlevait à tout. Il était toujours pressé de rentrer dans ce lieu où toutes ces machines démontées et dépouillées de ce qui nous les cache, en les revêtant, lui présentaient la nature plus à nu, et lui donnaient toujours à lui-même de nouvelles instructions. Cependant, pour ne se pas trop glorifier de la connaissance qu'il avait de la structure des animaux, il faisait réflexion sur l'ignorance où l'on est de l'action et du jeu des liqueurs. *Nous autres anatomistes,* m'a-t-il dit une fois, *nous sommes comme les crocheteurs de Paris, qui en connaissent toutes les rues jusqu'aux plus petites et aux plus écartées ; mais qui ne savent pas ce qui se passe dans les maisons.*

On a vu de lui dans nos volumes quantité de morceaux sur ce que devient l'air entré dans les poumons, sur l'iris de l'œil, sur la choroïde, etc. Il a donné une nouvelle structure au nerf optique, et a osé avancer qu'un animal se multiplie sans accouplement ; c'est la moule d'étang, dont il a donné la singulière et bizarre anatomie [1] ; mais ce qui a fait le plus de bruit dans

---

[1] *Voyez* l'Histoire de 1710, pag. 30 et suiv.

ces volumes, a été son opinion sur la circulation du sang dans le fœtus, ou sur l'usage du trou ovale, directement opposée à celle de tous les autres anatomistes. Il fut cause que l'académie, dès son renouvellement en 1699, fut agitée par cette question. Un monde d'adversaires élevés contre lui, tant au dedans qu'au dehors de l'académie, ne l'ébranla point. Il publia même en 1700, hors de nos mémoires, un traité exprès sur ce sujet, auquel il joignit ses remarques sur une nouvelle manière de tailler la pierre, pratiquée alors par un frère Jacques, franc-comtois : c'est là le seul livre qu'on ait de lui. On ne sait point encore aujourd'hui quel parti est victorieux, et c'est une assez grande gloire pour celui qui seul était un parti. Il paraît, ainsi que nous osâmes le soupçonner il y a long-temps, que les deux systèmes opposés pourraient être vrais, et se concilier ; dénouement qui mériterait d'être remarqué dans l'histoire de la philosophie, et qui condamnerait bien la grande chaleur de toute cette contestation.

Mery était si retenu à former ou à adopter des systèmes, qu'il hésitait à recevoir, ou, si l'on veut, ne recevait pas celui de la génération par les œufs, si vraisemblable, si appuyé, si généralement reçu. Il n'en substituait pas d'autres à la place ; mais des structures de parties, qui effectivement ne s'y accordaient pas trop, l'arrêtaient[1] ; au lieu que les autres anatomistes se laissent emporter à un grand nombre d'apparences très favorables, et se reposent en quelque sorte sur la nature de la solution de quelques difficultés. Nous n'avons garde de décider entre leur hardiesse

[1] *Voyez* l'Histoire de 1701, pag. 38 et suiv., seconde édition.

et la timidité opposée; seulement pouvons-nous dire qu'en fait de sciences, les hommes sont nés dogmatiques et hardis, et qu'il leur en coûte plus d'efforts pour être timides et pyrrhoniens.

Cependant Mery, peu disposé à prendre trop facilement les opinions les plus dominantes, ne l'était pas davantage à quitter facilement les siennes particulières. Le témoignage qu'il se rendait de la grande sûreté de ses observations, et du peu de précipitation de ses conséquences, l'affermissait dans ce qu'il avait une fois pensé déterminément. La vie retirée y contribuait encore; les idées qu'on y prend sont plus roides et plus inflexibles, faute d'être traversées, pliées par celles des autres, entretenues dans une certaine souplesse : on s'accoutume trop dans la solitude à ne penser que comme soi. Cette même retraite lui faisait ignorer aussi des ménagemens d'expressions nécessaires dans la dispute; il ne donnait point à entendre qu'un fait rapporté était faux, qu'un sentiment était absurde : il le disait; mais cet excès de naïveté et de sincérité ne blessait pas tant dans l'intérieur de l'académie. Et si les suites assez ordinaires du savoir n'y étaient excusées, où le seraient-elles? On y a remarqué avec plaisir, que Mery, quelque attaché qu'il fût à ses sentimens, en avait changé en quelques occasions. Par exemple, il avait d'abord fort approuvé l'opération du frère Jacques, et il se rétracta dans la suite. Il était de bonne grâce d'avoir commencé par l'approbation. Un anatomiste de la compagnie raconte qu'il a convaincu Mery sur certains points qui lui avaient paru d'abord insoutenables; et il le raconte pour la gloire de Mery, et non pour la sienne.

Ce même anatomiste prétend que Mery a entrevu la valvule d'Eustachius, connu les glandes de Couper long-temps avant Couper même. Mais il faut laisser les découvertes aux noms qui en sont en possession; et quand même ce ne serait que la faveur du sort qui les leur aurait adjugées plutôt qu'à d'autres, il vaut mieux n'en point appeler.

Malgré une constitution très ferme, et une vie toujours très réglée d'un bout à l'autre, Mery se sentit presque tout d'un coup abandonné de ses jambes vers l'âge de soixante-quinze ans, sans avoir nulle autre incommodité. Il fut réduit à se renfermer absolument chez lui, où il s'était tant renfermé volontairement. Tous ceux de l'académie qui pouvaient se plaindre de quelques unes de ces sincérités dont nous avons parlé, allèrent le voir pour le rassurer sur l'inquiétude où il eût pu être à leur égard, et renouveler une amitié qui, à proprement parler, n'avait pas été interrompue. Il fut sensiblement touché, et de ces avances qu'il n'attendait peut-être pas, et de ces sentimens qu'il méritait plus qu'il ne se les était attirés; et il ne pouvait se lasser d'en marquer sa joie à Varignon, son fidèle ami, et de tous les temps.

Il s'affaiblissait toujours, quoiqu'en conservant un esprit sain; et enfin il mourut le 3 novembre 1722, âgé de soixante-dix-sept ans. Il a laissé six enfans de Catherine-Geneviève Carrere, fille de Carrere, qui avait été premier chirurgien de feue Madame.

Il a eu toute sa vie beaucoup de religion, et des mœurs telles que la religion les demande; ses dernières années ont été uniquement occupées d'exercices de piété. Nous avons dit de feu Cassini, que les cieux lui racontaient sans cesse la gloire de leur créateur ; les animaux la racontaient aussi à Mery. L'astronomie, l'anatomie sont en effet les deux sciences où sont le plus sensiblement marqués les caractères du souverain être : l'une annonce son immensité par celle des espaces célestes, l'autre son intelligence infinie par la mécanique des animaux. On peut même croire que l'anatomie a quelque avantage ; l'intelligence prouve encore plus que l'immensité.

ÉLOGE

DE VARIGNON.

Pierre Varignon naquit à Caen en 1654, d'un architecte entrepreneur, dont la fortune était fort médiocre. Il avait deux frères, qui suivirent la profession du père, et il étudia pour être ecclésiastique.

Au milieu de cette éducation commune qu'on donne aux jeunes gens dans les colléges, tout ce qui peut les occuper un jour plus particulièrement vient par différens hasards se présenter à leurs yeux, et s'ils ont quelque inclination naturelle bien déterminée, elle ne manque pas de saisir son objet dès qu'elle le rencontre. Comme les architectes, et quelquefois les simples maçons savent faire des cadrans, Varignon en vit tracer de bonne heure, et ne le vit pas indifféremment. Il en apprit la pratique la plus grossière, qui était tout ce qu'il pouvait apprendre de ses maîtres ; mais il soupçonnait que tout cela dépendait de quelque théorie générale, soupçon qui ne servait qu'à l'inquiéter et à le tourmenter sans fruit. Un jour, pendant qu'il était en philosophie aux Jésuites de Caen, feuilletant par amusement différens livres dans la boutique d'un libraire, il tomba sur un Euclide, et en lut les premières pages, qui le charmèrent non-seulement par l'ordre et l'enchaînement des idées, mais encore par la facilité qu'il se sentit à y entrer. Comment l'esprit humain n'aimerait-il pas ce qui lui rend témoignage de ses talens? Il emporta l'Euclide chez lui, et en fut toujours plus charmé par les mêmes raisons. L'incertitude éternelle, l'embarras sophistique, l'obscurité inutile et quelquefois affectée de la philosophie des écoles, aidèrent encore à lui faire goûter la clarté, la liaison, la sûreté des vérités géométriques. La géométrie le conduisit aux ouvrages de Descartes; et il fut frappé de cette nouvelle lumière, qui de là s'est répandue dans tout le monde pensant. Il prenait sur les nécessités absolues de la vie de quoi acheter des livres de cette espèce, ou plutôt il les mettait au nombre des nécessités absolues : il fallait même, et cela pouvait encore irriter la passion, qu'il ne les étudiât qu'en secret; car ses parens, qui s'apercevaient bien que ce n'était pas là les livres ordinaires dont les autres faisaient usage, désapprouvaient beaucoup, et traversaient de tout leur pouvoir l'application qu'il y donnait. Il passa en théologie; et quoique l'importance des matières, et la nécessité dont elles sont pour un ecclésiastique, le fixassent davantage, sa passion dominante ne leur fut pas entièrement sacrifiée.

Il allait souvent disputer à des thèses dans les classes de philosophie, et il brillait fort par sa qualité de bon argumentateur, à laquelle concouraient et le caractère de son esprit, et sa constitution corporelle ; beaucoup de force et de netteté de raisonnement d'un côté, et de l'autre une excellente poitrine et une voix éclatante.

Ce fut alors que l'abbé de Saint-Pierre, qui étudiait en philosophie dans le même collége, le connut. Un goût commun pour les choses de raisonnement, soit physiques, soit métaphysiques, et des disputes continuelles, furent le lien de leur amitié. Ils avaient besoin l'un de l'autre pour approfondir, et pour s'assurer que tout était vu dans un sujet. Leurs caractères différens faisaient un assortiment complet et heureux : l'un par une certaine vigueur d'idée, par une vivacité féconde, et par une foule de raisons ; l'autre par une analyse subtile, par une précision scrupuleuse, par une sage et ingénieuse lenteur à discuter tout.

L'abbé de Saint-Pierre, pour jouir plus à son aise de Varignon, se logea avec lui ; et enfin, toujours plus touché de son mérite, il résolut de lui faire une fortune qui le mit en état de suivre pleinement ses talens et son génie. Cependant cet abbé, cadet de Normandie, n'avait que 1800 livres de rente ; il en détacha 300, qu'il donna par contrat à Varignon. Ce peu, qui était beaucoup par rapport aux biens du donateur, était beaucoup aussi par rapport aux besoins et aux désirs du donataire. L'un se trouva riche, et l'autre encore plus d'avoir enrichi son ami.

L'abbé, persuadé qu'il n'y avait point de meilleur séjour que Paris pour des philosophes raisonnables, vint en 1686 s'y établir avec Varignon dans une petite maison du faubourg Saint-Jacques. Là, ils pensaient chacun de son côté ; car ils n'étaient plus tant en communauté de pensées. L'abbé, revenu des subtilités inutiles et fatigantes, s'était tourné principalement du côté des réflexions sur l'homme, sur les mœurs et sur les principes du gouvernement. Varignon s'était totalement enfoncé dans les mathématiques. J'étais leur compatriote, et allais les voir assez souvent, et quelquefois passer deux ou trois jours avec eux : il y avait encore de la place pour un survenant, et même pour un second, sorti de la même province, aujourd'hui l'un des principaux membres de l'académie des belles-lettres, et fameux par les histoires qui ont paru de lui. Nous nous rassemblions avec un extrême plaisir, jeunes, pleins de la première ardeur de savoir, fort unis, et ce que nous ne comptions peut-être pas alors pour un assez grand bien, peu connus. Nous parlions à nous quatre une bonne partie des différentes langues de l'empire des lettres, et tous les sujets de cette petite société se sont dispersés de là dans toutes les académies.

Varignon, dont la constitution était robuste, au moins dans sa jeunesse, passait les journées entières au travail; nul divertissement, nulle récréation, tout au plus quelque promenade à laquelle sa raison le forçait dans les beaux jours. Je lui ai ouï dire que, travaillant après souper, selon sa coutume, il était souvent surpris par des cloches qui lui annonçaient deux heures après minuit, et qu'il était ravi de se pouvoir dire à lui-même, que ce n'était pas la peine de se coucher pour se relever à quatre heures. Il ne sortait de là ni avec la tristesse que les matières pouvaient naturellement inspirer, ni même avec la lassitude que devait causer la longueur seule de l'application : il en sortait gai et vif, encore plein des plaisirs qu'il avait pris, im-

patient de recommencer. Il riait volontiers en parlant
de géométrie, et à le voir on eût cru qu'il la fallait
étudier pour se bien divertir. Nulle condition n'était
tant à envier que la sienne ; sa vie était une possession
perpétuelle, et parfaitement paisible, de ce qu'il aimait uniquement. Cependant si on eût eu à chercher
un homme heureux, on l'eût été chercher bien loin de
lui, et bien plus haut ; mais on ne l'y eût pas trouvé.

Dans sa solitude du faubourg Saint-Jacques, il ne
laissait pas de lier commerce avec plusieurs savans,
et des plus illustres, tels que du Hamel, du Verney,
de la Hire.

Du Verney lui demandait assez souvent ses lumières
sur ce qu'il y a en anatomie, qui appartient à la science
des mécaniques : ils examinaient ensemble des positions de muscles, leurs points d'appui, leurs directions ; et du Verney apprenait beaucoup d'anatomie à
Varignon, qui l'en payait par des raisonnemens mathématiques, appliqués à l'anatomie.

Enfin, en 1687, il se fit connaître du public par son
Projet d'une nouvelle mécanique, dédié à l'académie des
sciences. Elle était nouvelle en effet. Découvrir des vérités, et en découvrir les sources, ce sont deux choses
qui peuvent d'abord paraître inséparables, et qui cependant sont souvent séparées, tant la nature a été
avare de connaissances à notre égard. En mécanique
dont il s'agit ici, on démontrait bien la nécessité de
l'équilibre dans les cas où il arrive ; mais on ne savait
pas précisément ce qui le causait. C'est ce que Varignon aperçut par la théorie des mouvemens composés,
et ce qui fait tout le sujet de son livre. Les principes
essentiels une fois trouvés, les vérités coulent avec une

facilité délicieuse pour l'esprit; leur enchaînement est plus simple, et en même temps plus étroit; le spectacle de leur génération, qui n'a plus rien de forcé, en est plus agréable, et cette même génération, plus légitime en quelque sorte, est aussi plus féconde.

La nouvelle mécanique fut reçue de tous les géomètres avec applaudissement, et elle valut à son auteur deux places considérables : l'une de géomètre dans cette académie en 1688, l'autre de professeur en mathématiques au collége Mazarin. On voulait donner du relief à cette chaire, qui n'avait point encore été remplie, et il fut choisi.

Il mit au jour en 1690 ses *Nouvelles conjectures sur la pesanteur*. Il conçoit une pierre posée dans l'air, et il demande pourquoi elle tombe vers le centre de la terre. L'air est un liquide dont par conséquent les différentes parties se meuvent en tous les sens imaginables; et une direction quelconque étant déterminée, il n'est pas possible qu'il n'y en ait un grand nombre qui s'accordent à la suivre. On peut imaginer toutes celles qui s'accordent dans une même direction, comme ne faisant qu'une même colonne. La pierre est donc frappée par des colonnes qui la poussent d'orient en occident, d'occident en orient, de bas en haut, de haut en bas. Les colonnes qui la poussent latéralement d'orient en occident, ou au contraire, sont égales en longueur, et par conséquent en force, et il n'en résulte à la pierre aucune impression. Mais celles qui la poussent de haut en bas sont beaucoup plus longues que celles qui la poussent de bas en haut, et cela, à quelque distance de la terre où la pierre ait jamais pu être portée. Elle sera donc poussée avec plus de force de haut en bas que de bas en haut, et elle tombera vers le centre de la terre, ou, ce qui est le même, perpendiculairement à sa surface, parce que les colonnes latérales égales en force l'empêchent de s'écarter ni à droite, ni à gauche. Si la pierre était à une égale distance et de la terre, et de la dernière surface de l'air, elle demeurerait en repos ; plus loin elle monterait. Ce qu'on a dit de l'air, on le dira de même de la matière subtile, et de tout autre liquide où des corps seront posés. Telle est en général l'idée de Varignon sur la cause de la pesanteur. Plusieurs grands hommes ont prouvé par l'inutilité de leurs efforts l'extrême difficulté de cette matière, et j'avoue qu'il pourrait bien aussi l'avoir prouvée. Du moins ce système a-t-il peu de sectateurs ; et quoique simple, bien lié, bien suivi, il est vrai qu'un physicien, même avant la discussion, ne se sent point porté à le croire. L'auteur l'aurait plus aisément défendu que persuadé. Aussi ne l'a-t-il point donné avec cette confiance et cet air triomphant, qui ont accompagné tant d'autres systèmes. Le titre modeste de *conjectures* répondait sincèrement à sa pensée : il ne croyait point qu'en matière de physique, et principalement sur les premiers principes de la physique, on pût passer la conjecture ; et il semblait être ravi que sa chère géométrie eût seule la certitude en partage.

Dans ces recherches mathématiques, son génie le portait toujours à les rendre les plus générales qu'il fût possible. Un paysage dont on aura vu toutes les parties l'une après l'autre, n'a pourtant point été vu ; il faut qu'il le soit d'un lieu assez élevé, où tous les objets auparavant dispersés se rassemblent sous un seul coup d'œil. Il en va de même des vérités géométriques : on en peut voir un grand nombre dispersées çà et là, sans ordre entre elles, sans liaison; mais pour les voir toutes ensemble et d'un coup-d'œil, on est obligé de remonter bien haut, et cela demande de l'effort et de l'adresse. Les formules générales algébriques sont les lieux élevés où l'on se place pour découvrir tout à la fois un grand pays. Il n'y a peut-être pas eu de géomètre, ni qui ait mieux connu, ni qui ait mieux fait sentir le prix de ses formules, que Varignon.

Il ne pouvait donc manquer de saisir avidement la géométrie des infiniment petits dès qu'elle parut; elle s'élève sans cesse au plus haut point de vue, à l'infini, et de là elle embrasse une étendue infinie. Avec quel transport vit-il naître une nouvelle géométrie et de nouveaux plaisirs! Quand cette belle et sublime méthode fut attaquée dans l'académie même [1], car il fallait qu'elle subît le sort de toutes les nouveautés, il en fut un des plus ardens défenseurs; et il força en sa faveur son caractère naturel, ennemi de toute contestation. Il se plaignit quelquefois à moi que cette dispute l'avait interrompu dans des recherches sur le calcul intégral, dont il aurait de la peine à reprendre le fil. Il sacrifia les infiniment petits à eux-mêmes; le plaisir et la gloire d'y faire des progrès, au devoir plus pressant de les défendre.

Tous les volumes que l'académie a imprimés rendent compte de ses travaux. Ce ne sont presque jamais des morceaux détachés les uns des autres, mais de grandes théories complètes sur les lois du mouvement, sur les forces centrales, sur la résistance des milieux au mou-

[1] *Voyez* l'Histoire de 1701, pag. 89 et suiv., seconde édition

vement. Là, par le moyen de ses formules générales, rien ne lui échappe de ce qui est dans l'enceinte de la matière qu'il traite. Outre les vérités nouvelles, on en voit d'autres déjà connues d'ailleurs, mais détachées, qui viennent de toutes parts se rendre dans sa théorie. Toutes ensemble font corps, et les vides qu'elles laissaient auparavant entre elles se trouvent remplis.

La certitude de la géométrie n'est nullement incompatible avec l'obscurité et la confusion, et elles sont quelquefois telles qu'il est étonnant qu'un géomètre ait pu se conduire sûrement dans le labyrinthe ténébreux où il marchait. Les ouvrages de Varignon ne causent jamais cette désagréable surprise : il s'étudie à mettre tout dans le plus grand jour ; il ne s'épargne point, comme font quelquefois de grands hommes, le travail de l'arrangement, beaucoup moins flatteur, et souvent plus pénible que celui de la production même ; il ne recherche point, par des sous-entendus hardis, la gloire de paraître profond.

Il possédait fort l'histoire de la géométrie. Il l'avait apprise, non pas tant précisément pour l'apprendre, que parce qu'il avait voulu rassembler des lumières de tous côtés. Cette connaissance historique est sans doute un ornement pour un géomètre ; mais, de plus, ce n'est pas un ornement inutile. En général, plus l'esprit a été tourné et retourné en différens sens sur une matière, plus il en devient fécond.

Quoique la santé de Varignon parût devoir être à toute épreuve, l'assiduité et la contention du travail lui causèrent, en 1705, une grande maladie. On n'est guère si habile impunément. Il fut six mois en danger, et trois ans dans une langueur qui était un épuisement d'esprit visible. Il m'a conté que quelquefois, dans des accès de fièvre, il se croyait au milieu d'une forêt où il voyait toutes les feuilles des arbres couvertes de calculs algébriques. Condamné par ses médecins, par ses amis et par lui-même, à se priver de tout travail, il ne laissait pas, dès qu'il était seul dans sa chambre, de prendre un livre de mathématiques, qu'il cachait bien vite, s'il entendait venir quelqu'un. Il reprenait la contenance d'un malade, et n'avait pas besoin de le jouer beaucoup.

Il est à remarquer, par rapport à son caractère, que ce fut en ce temps-là qu'il parut de lui un écrit, où il reprenait Wallis sur de certains espaces plus qu'infinis, que ce grand géomètre attribuait aux hyperboles. Il soutenait au contraire qu'ils n'étaient que finis[1]. La critique avait tous les assaisonnemens possibles d'honnêteté; mais enfin c'était une critique, et il ne l'avait faite que pour lui seul. Il la confia à Carré, étant dans un état qui le rendait plus indifférent pour ces sortes de choses; et celui-ci, touché du seul intérêt des sciences, la fit imprimer dans nos mémoires à l'insu de l'auteur, qui se trouva agresseur contre son inclination.

Il revint de sa maladie et de sa langueur, et ne profita nullement du passé. L'édition de son *Projet de nouvelle mécanique* ayant été entièrement débitée, il songea à en faire une seconde, ou plutôt un ouvrage tout nouveau, quoique sur le même plan, mais beaucoup plus ample, et auquel le titre de *projet* ne convenait plus. On y devait bien sentir la grande acquisition de

[1] *Voyez* l'Histoire de 1706, page 47.

richesses qu'il avait faite dans l'intervalle : mais il se plaignait souvent que le temps lui manquait, quoiqu'il fût bien éloigné d'en perdre volontairement. Une infinité de visites, soit de Français, soit d'étrangers, dont les uns voulaient le voir pour l'avoir vu, et les autres pour le consulter et pour s'instruire ; des ouvrages de mathématiques que l'autorité ou l'amitié de quelques personnes l'engageaient à examiner, et dont il se croyait obligé de rendre le compte le plus exact; un grand commerce de lettres avec les principaux géomètres de l'Europe, et des lettres savantes et travaillées, car il ne fallait pas plus se négliger avec ces amis-là qu'avec le public même : tout cela nuisait beaucoup au livre qu'il avait entrepris. C'est ainsi qu'on devient célèbre, parce qu'on a été maître de disposer d'un grand loisir; et qu'on perd ce loisir si précieux, parce qu'on est devenu célèbre. De plus, ses meilleurs écoliers, soit du collége Mazarin, soit du collége royal, car il y occupait aussi une chaire de mathématiques, étaient en possession de lui demander des leçons particulières. La joie de voir qu'ils en demandassent, son zèle pour les mathématiques, sa bonté naturelle, son inclination à étendre un devoir plutôt qu'à le resserrer, leur avaient donné ce droit, et ôté la crainte d'en user trop librement. Il soupirait après deux ou trois mois de vacances qu'il avait pendant l'année ; il s'enfuyait à quelque campagne, où les journées entières étaient à lui, et s'écoulaient bien vite.

Malgré son extrême amour pour la paix, il a fini sa vie par être embarqué dans une contestation. Un religieux italien, habile en mathématiques, l'attaqua sur la tangente et l'angle d'attouchement des courbes, tels qu'on les conçoit dans la géométrie des infiniment petits. Il se crut obligé de répondre; et, à dire le vrai, les indifférens ne l'eussent pas trop cru. Je ne crois pas sortir du personnage de simple historien, en assurant que sa gloire ne courait aucun péril : mais il était sensible de ce côté-là, ou plutôt toute sa sensibilité y était rassemblée. Il répondit, par le dernier mémoire qu'il ait donné à l'académie, et qui a été le seul où il fût question d'un différend. Son inclination pacifique y dominait pourtant encore : il n'y nommait point son adversaire, qui l'avait nommé à tout moment, que tout le monde connaissait, qui ne se cachait point; quoiqu'on lui représentât la parfaite inutilité, et même la superstition de cette réticence, il s'obstina toujours à ne le nommer que l'*agresseur*. Il est vrai qu'il n'en usait pas si honnêtement à l'égard des paralogismes, et qu'il leur donnait leur véritable nom.

Dans les deux dernières années de sa vie, il fut fort incommodé d'un rhumatisme placé dans les muscles de la poitrine; il ne pouvait marcher quelque temps sans être obligé de se reposer pour reprendre haleine. Cette incommodité augmenta toujours, et tous les remèdes y furent inutiles, ce qui ne le surprenait pas beaucoup. Il n'en relâcha rien de ses occupations ordinaires; et enfin, après avoir fait sa classe au collége Mazarin, le 22 décembre 1722, sans être plus mal que de coutume, il mourut subitement la nuit suivante.

Son caractère était aussi simple que sa supériorité d'esprit pouvait le demander. J'ai déjà donné cette même louange à tant de personnes de cette académie, qu'on peut croire que le mérite en appartient plutôt à nos sciences qu'à nos savans. Il ne connaissait point la jalousie. Il est vrai qu'il était à la tête des géomètres de France, et qu'on ne pouvait compter les grands géomètres d'Europe sans le mettre du nombre. Mais combien d'hommes en tout genre, élevés à ce même rang, ont fait l'honneur à leurs inférieurs d'en être jaloux, et de les décrier? la passion de conserver une première place fait prendre des précautions qui dégradent. Il faut convenir cependant que, quand on lui présentait quelque idée qui lui était nouvelle, il courait quelquefois un peu trop vite à l'objection et à la difficulté; le feu de son esprit, des vues dont il était plein sur chaque matière, venaient traverser trop impétueusement celles qu'on lui offrait : mais on parvenait assez facilement à obtenir de lui une attention plus tranquille et plus favorable. Il mettait dans la dispute une chaleur que l'on n'eût jamais cru qu'il eût dû terminer par rire. Ses manières d'agir nettes, franches, loyales en toute occasion, exemptes de tout soupçon d'intérêt indirect et caché, auraient seules suffi pour justifier la province dont il était, des reproches qu'elle a d'ordinaire à essuyer; il n'en conservait qu'une extrême crainte de se soumettre, qu'une grande circonspection à traiter avec les hommes, dont effectivement le commerce est toujours redoutable. Je n'ai jamais vu personne qui eût plus de conscience, je veux dire, qui fût plus appliqué à satisfaire exactement au sentiment intérieur de ses devoirs, et qui se contentât moins d'avoir satisfait aux apparences. Il possédait la vertu de reconnaissance au plus haut degré; il faisait le récit d'un bienfait reçu avec plus de plaisir que le bienfaiteur le plus vain n'en eût eu à le faire, et il ne se croyait jamais acquitté par toutes ces compensations, dont on s'établit soi-même pour juge. Il était prêtre, et n'avait pas besoin de beaucoup d'efforts pour vivre conformément à cet état. Aussi sa mort subite n'a-t-elle point alarmé ses amis.

Il m'a fait l'honneur de me léguer tous ses papiers par son testament. J'en rendrai au public le meilleur compte qu'il me sera possible. La nouvelle mécanique est en assez bon état, et va paraître au jour; j'espère que les lettres la suivront. Du reste, je promets de ne rien détourner à mon usage particulier des trésors que j'ai entre les mains, et je compte que j'en serai cru: il faudrait un plus habile homme pour faire sur ce sujet quelque mauvaise action avec quelque espérance de succès.

ÉLOGE

DU CZAR PIERRE Ier.

Comme il est sans exemple que l'académie ait fait l'éloge d'un souverain, en faisant, si on ose le dire, celui d'un de ses membres, nous sommes obligés d'avertir que nous ne regarderons le feu Czar qu'en qualité d'académicien, mais d'académicien roi et empereur, qui a établi les sciences et les arts dans les vastes états de sa domination; et quand nous le regarderons comme guerrier et comme conquérant, ce ne sera que parce que l'art de la guerre est un de ceux dont il a donné l'intelligence à ses sujets.

La Moscovie ou Russie était encore dans une ignorance et dans une grossièreté presque pareilles à celles qui accompagnent toujours les premiers âges des nations. Ce n'est pas que l'on ne découvrît dans les Moscovites de la vivacité, de la pénétration, du génie et de l'adresse à imiter ce qu'ils auraient vu : mais toute industrie était étouffée. Les paysans, nés esclaves, et opprimés par des seigneurs impitoyables, se contentaient qu'une agriculture grossière leur apportât précisément de quoi vivre; ils ne pouvaient ni n'osaient s'enrichir. Les seigneurs eux-mêmes n'osaient paraître riches; et les arts sont enfans des richesses et de la douceur du gouvernement. L'art militaire, malheureusement aussi indispensable que l'agriculture, n'était guère moins négligé : aussi les Moscovites n'avaient-ils étendu leur domination que du côté du nord et de l'orient, où ils avaient trouvé des peuples plus barbares; et non du côté de l'occident et du midi, où sont les Suédois, les Polonais et les Turcs. La politique des Czars avait éloigné de la guerre les seigneurs et les gentilshommes, qui en étaient venus à regarder comme une exemption honorable cette indigne oisiveté, et, si quelques uns servaient, leur naissance les avait faits commandans, et leur tenait lieu d'expérience. On avait mis dans les troupes plusieurs officiers allemands, mais qui, la plupart, simples soldats dans leur pays, et officiers seulement parce qu'ils étaient en Moscovie, n'en savaient pas mieux leur nouveau métier. Les armées russiennes, levées par force, composées d'une vile populace, mal disciplinées, mal commandées, ne tenaient guère tête à un ennemi aguerri; et il fallait que des circonstances heureuses et singulières leur missent entre les mains une victoire qui leur était assez indifférente. La principale force de l'empire consistait dans les Strélitz, milice à peu près semblable aux Janissaires turcs, et redoutable, comme eux, à ses maîtres, dans le même temps qu'elle les faisait redouter des peuples. Un commerce faible et languissant était tout entier entre les mains des marchands étrangers, que l'ignorance et la paresse des gens du pays n'invitaient que trop à les tromper. La mer n'avait jamais vu de vaisseaux moscovites, soit vaisseaux de guerre, soit marchands, et tout l'usage du port d'Arkangel était pour les nations étrangères.

Le christianisme même, qui impose quelque nécessité de savoir, du moins au clergé, laissait le clergé dans des ténèbres aussi épaisses que le peuple; tous savaient seulement qu'ils étaient de la religion grecque, et qu'il fallait haïr les Latins. Nul ecclésiastique n'était assez habile pour prêcher devant des auditeurs si peu redoutables; il n'y avait presque pas de livres dans les plus anciens et les plus riches monastères, même à condition de n'y être pas lus. Il régnait partout une extrême dépravation de mœurs et de sentimens, qui n'était pas seulement, comme ailleurs, cachée sous des dehors légers de bienséance, ou revêtue de quelque apparence d'esprit, et de quelques agrémens superficiels. Cependant ce même peuple était souverainement fier, plein de mépris pour tout ce qu'il ne connaissait point, et c'est le comble de l'ignorance que d'être orgueilleuse. Les Czars y avaient contribué, en ne permettant point que leurs sujets voyageassent : peut-être craignait-on qu'ils ne vinssent à ouvrir les yeux sur leur malheureux état. La nation moscovite, peu connue que de ses plus proches voisins, faisait presque une nation à part, qui n'entrait point dans le système de l'Europe, qui n'avait que peu de liaison avec les autres puissances et peu de considération chez elles, et dont à peine était-on curieux d'apprendre de temps en temps quelques révolutions importantes.

Tel était l'état de la Moscovie, lorsque le prince Pierre naquit le 11 juin 1672, du Czar Alexis Michaëlowits et de Natalie Kirilouna Nariskin sa seconde femme. Le Czar étant mort en 1676, Fedor ou Théodore, son fils aîné, lui succéda, et mourut en 1682, après six ans de règne. Le prince Pierre, âgé seulement de dix ans, fut proclamé Czar en sa place, au préjudice de Jean, quoique aîné, dont la santé était fort faible, et l'esprit imbécille. Les Strélitzs, excités par la princesse Sophie, qui espérait plus d'autorité sur Jean, son frère de père et de mère, et incapable de tout, se révoltèrent en faveur de Jean; et pour éteindre la guerre civile, il fut réglé que les deux frères régneraient ensemble.

Pierre déjà Czar, dans un âge si tendre, était très mal élevé, non-seulement par le vice général de l'éducation moscovite, par celui de l'éducation ordinaire des princes, que la flatterie se hâte de corrompre dans le temps même destiné aux préceptes et à la vérité, mais encore plus par les soins de l'ambitieuse Sophie, qui déjà le connaissait assez pour craindre qu'il ne fût un jour trop grand prince, et trop difficile à gouverner. Elle l'environna de tout ce qui était capable d'étouffer ses lumières naturelles, de lui gâter le cœur, de l'avilir par les plaisirs. Mais ni la bonne éducation ne fait les grands caractères, ni la mauvaise ne les détruit. Les héros en tous genres sortent tout formés des mains de la nature, et avec des qualités insurmontables. L'inclination du Czar Pierre pour les exercices militaires se déclara dès sa première jeunesse : il se plaisait à battre le tambour; et, ce qui marque bien qu'il ne voulait pas s'amuser comme un enfant, par un vain bruit, mais apprendre une fonction de soldat, c'est qu'il cherchait à s'y rendre habile; et il le devint effectivement au point d'en donner quelquefois des leçons à des soldats qui n'y réussissaient pas si bien que lui.

Le Czar Fedor avait aimé la magnificence en habits et en équipages de chevaux. Pour lui, quoique blessé dès lors de ce faste, qu'il jugeait inutile et onéreux, il vit cependant avec plaisir que les sujets, qui n'avaient été jusques-là que trop éloignés de toute sorte de magnificence, en prenaient peu à peu le goût.

Il conçut qu'il pouvait employer à de plus nobles usages la force de son exemple. Il forma une compagnie de cinquante hommes, commandée par des officiers étrangers, et qui étaient habillés et faisaient leurs exercices à l'Allemande. Il prit dans cette troupe le moindre de tous les grades, celui de tambour. Ce n'était pas une représentation frivole qui ne fit que fournir à lui et à sa cour une matière de divertissement et de plaisanterie. Il avait bien défendu à son capitaine de se souvenir qu'il était Czar : il servait avec toute l'exactitude et toute la soumission que demandait son emploi; il ne vivait que de sa paye, et ne couchait que dans une tente de tambour à la suite de sa compagnie. Il devint sergent, après l'avoir mérité au jugement des officiers, qu'il aurait punis d'un jugement trop favorable; et il ne fut jamais avancé que comme un soldat de fortune, dont ses camarades mêmes auraient approuvé l'élévation. Par là, il voulait apprendre aux nobles, que la naissance seule n'était point un titre suffisant pour obtenir les dignités militaires; et à tous sujets, que le mérite seul en était un. Les bas emplois par où il passait, la vie dure qu'il y essuyait, lui donnaient un droit d'en exiger autant, plus fort que celui même qu'il tenait de son autorité despotique.

A cette première compagnie de cinquante hommes, il en joignit de nouvelles, toujours commandées par des étrangers, toujours disciplinées à la manière d'Allemagne, et il forma enfin un corps considérable. Comme il avait alors la paix, il faisait combattre une troupe contre une autre, ou représentait des siéges de places; il donnait à ses soldats une expérience qui ne coûtait point encore de sang; il essayait leur valeur et préludait à des victoires.

Les Strélitz regardaient tout cela comme un amusement d'un jeune prince, et se divertissaient eux-mêmes des nouveaux spectacles qu'on leur donnait. Ce jeu cependant les intéressait plus qu'ils ne pensaient. Le Czar, qui les voyait trop puissans, et d'ailleurs uniquement attachés à la princesse Sophie, cachait dans le fond de son cœur un dessein formé de les abattre; et il voulait s'assurer de troupes, et mieux instruites, et plus fidèles.

En même temps il suivait une autre vue aussi grande et encore plus difficile. Une chaloupe hollandaise, qu'il avait trouvée sur un lac d'une de ses maisons de plaisance, où elle demeurait abandonnée et inutile, l'avait frappé; et ses pensées s'étaient élevées jusqu'à un projet de marine; quelque hardi qu'il dût paraître, et qu'il lui parût peut-être à lui-même.

Il fit d'abord construire à Moscou de petits bâtimens par des Hollandais, ensuite quatre frégates de quatre pièces de canon sur le lac de Pereslave. Déjà il leur avait appris à se battre les unes contre les autres. Deux campagnes de suite il partit d'Arkangel sur des vaisseaux hollandais ou anglais, pour s'instruire par lui-même de toutes les opérations de mer.

Au commencement de 1696, le Czar Jean mourut, et Pierre, seul maître de l'empire, se vit en état d'exécuter ce qu'il n'eût pu avec une autorité partagée. L'ouverture de son nouveau règne fut le siége d'Azof sur les Turcs. Il ne le prit qu'en 1697, après avoir fait venir des Vénitiens pour construire sur le Don des galères, qui en fermassent l'embouchure, et empêchassent les Turcs de secourir la place.

Il connut par là mieux que jamais l'importance d'une marine; mais il sentit aussi l'extrême incommodité de n'avoir des vaisseaux que des étrangers, ou de n'en construire que par leurs mains. Il voulut s'en délivrer; et comme ce qu'il méditait était trop nouveau pour être seulement mis en délibération, et que l'exécution de ses vues, confiée à tout autre que lui, était plus qu'incertaine, ou du moins très lente, il prit entièrement sur lui une démarche hardie, bizarre en apparence, et qui, si elle manquait de succès, ne pouvait être justifiée qu'auprès du petit nombre de ceux qui reconnaissent le grand partout où il se trouve. En 1698, n'ayant encore régné seul que près de deux ans, il envoya en Hollande une ambassade, dont les chefs étaient le Fort, genevois, qu'il honorait d'une grande faveur, et le comte Golowin, grand chancelier; et il se mit dans leur suite *incognito*, pour aller apprendre la construction des vaisseaux.

Il entra à Amsterdam dans la maison de l'amirauté

des Indes, et se fit inscrire dans le rôle des charpentiers sous le nom de Pierre Michaëlof, et non de Pierre Michaëlowits, qu'il eût dû prendre par rapport à son grand-père; car dans la langue russienne cette différence de terminaison marque un homme du peuple ou un homme de condition, et il ne voulait pas qu'il restât aucune trace de sa suprême dignité. Il l'avait entièrement oubliée, ou plutôt il ne s'en était jamais si bien souvenu, si elle consiste plus dans des fonctions utiles aux peuples, que dans la pompe et l'éclat qui l'accompagnent. Il travaillait dans le chantier avec plus d'assiduité et plus d'ardeur que ses compagnons, qui n'avaient pas des motifs comparables aux siens. Tout le monde connaissait le Czar, et on se le montrait les uns aux autres avec un respect que s'attirait moins ce qu'il était, que ce qu'il était venu faire. Guillaume III, roi d'Angleterre, qui se trouvait alors en Hollande, et qui se connaissait en mérite personnel, eut pour lui toute la considération réelle qui lui était due; l'*incognito* ne retrancha que la fausse et l'apparente.

Avant que de partir de ses états, il avait envoyé les principaux seigneurs moscovites voyager en différens endroits de l'Europe, leur marquant à chacun, selon les dispositions qu'il leur connaissait, ce qu'ils devaient particulièrement étudier; il avait songé aussi à prévenir par la dispersion des grands les périls de son absence. Quelques uns obéirent de mauvaise grâce, et il y en eut un qui demeura quatre ans enfermé chez lui à Venise, pour en sortir avec la satisfaction de n'avoir rien vu ni rien appris. Mais en général l'expédient du Czar réussi; les seigneurs s'instruisirent dans les pays étrangers, et l'Europe fut pour eux un spectacle tout nouveau, dont ils profitèrent.

Le Czar voyant en Hollande que la construction des vaisseaux ne se faisait que par pratique et par une tradition d'ouvriers, et ayant appris qu'elle se faisait en Angleterre sur des plans où toutes les proportions étaient exactement marquées, jugea cette manière préférable, et passa en Angleterre. Le roi Guillaume l'y reçut encore; et pour lui faire un présent selon son goût, et qui fût un modèle de l'art qu'il venait étudier, il lui donna un yacht magnifique.

D'Angleterre, le Czar repassa en Hollande, pour retourner dans ses états par l'Allemagne, remportant avec lui la science de la construction des vaisseaux, acquise en moins de deux ans, parce qu'il l'avait acquise par lui-même, et achetée courageusement par une espèce d'abdication de la dignité royale, prix qui aurait paru exorbitant à tout autre souverain.

Il fut rappelé brusquement de Vienne par la nouvelle de la révolte de quarante mille Strélitz. Arrivé à Moscou à la fin de l'an 1699, il les cassa tous sans hésiter, plus sûr du respect qu'ils auraient pour sa hardiesse, que de celui qu'ils devaient à ses ordres.

Dès l'année 1700, il eut remis sur pied trente mille hommes d'infanterie réglée, dont faisaient partie les troupes qu'il avait eu déjà la prévoyance de former et de s'attacher particulièrement.

Alors se déclara dans toute son étendue le vaste projet qu'il avait conçu. Tout était à faire en Moscovie, et rien à perfectionner. Il s'agissait de créer une nation nouvelle; et, ce qui tient encore de la création, il fallait agir seul, sans secours, sans instrument. L'aveugle politique de ses prédécesseurs avait presque entièrement détaché la Moscovie du reste du monde : le commerce y était ou ignoré, ou négligé au dernier point; et cependant toutes les richesses, et même celles de l'esprit, dépendent du commerce. Le Czar ouvrit ses grands états jusques-là fermés. Après avoir envoyé ses principaux sujets chercher des connaissances et des lumières chez les étrangers, il attira chez lui tout ce qu'il put d'étrangers, capables d'en apporter à ses sujets, officiers de terre et de mer, matelots, ingénieurs, mathématiciens, architectes, gens habiles dans la découverte des mines et dans le travail des métaux, médecins, chirurgiens, artisans de toutes les espèces.

Toutes ces nouveautés cependant, aisées à décrier par le seul nom de nouveautés, faisaient beaucoup de mécontens; et l'autorité despotique, alors si légitimement employée, n'était qu'à peine assez puissante. Le Czar avait affaire à un peuple dur, indocile, devenu paresseux par le peu de fruit de ses travaux, accoutumé à des châtimens cruels et souvent injustes, détaché de l'amour de la vie par une affreuse misère, persuadé par une longue expérience qu'on ne pouvait travailler à son bonheur, insensible à ce bonheur inconnu. Les changemens les plus indifférens et les plus légers, tels que celui des anciens habits, ou le retranchement des longues barbes, trouvaient une opposition opiniâtre, et suffisaient quelquefois pour causer des séditions. Aussi, pour lier la nation à des nouveautés utiles, fallait-il porter la vigueur au-delà de celle qui eût suffi avec un peuple plus doux et plus traitable; et le Czar y était d'autant plus obligé, que les Moscovites ne connaissaient la grandeur et la supériorité que par le pouvoir de faire du mal, et qu'un maître indulgent et facile ne leur eût pas paru un grand prince, et à peine un maître.

En 1700, le Czar, soutenu de l'alliance d'Auguste, roi de Pologne, entra en guerre avec Charles XII, roi de Suède, le plus redoutable rival de gloire qu'il pût jamais avoir. Charles était un jeune prince, non pas seulement ennemi de toute molesse, mais amoureux des plus violentes fatigues et de la vie la plus dure, recherchant les périls par goût et par volupté, invinciblement opiniâtre dans les extrémités où son courage le portait; enfin, c'était Alexandre, s'il eût eu des vices et plus de fortune. On prétend que le Czar et lui étaient encore fortifiés par l'erreur spéculative d'une prédestination absolue.

Il s'en fallait beaucoup que l'égalité qui pouvait être entre les deux souverains ennemis, ne se trouvât entre les deux nations. Des Moscovites qui n'avaient encore qu'une légère teinture de discipline, nulle ancienne habitude de valeur, nulle réputation qu'ils craignissent de perdre, et qui leur enflât le courage, allaient trouver des Suédois exactement disciplinés depuis long-temps, accoutumés à combattre sous une longue suite de rois guerriers, leurs généraux animés par le seul souvenir de leur histoire. Aussi le Czar disait-il, en commençant cette guerre : *Je sais bien que mes troupes seront long-temps battues; mais cela même leur apprendra enfin à vaincre.* Il s'armait d'une patience plus héroïque que la valeur même, et sacrifiait l'intérêt de sa gloire à celui qu'avaient ses peuples de s'aguerrir.

Cependant, après que les mauvais succès des premiers commencemens eurent été essuyés, il remporta

quelques avantages assez considérables, et la fortune
varia; ce qui honorait déjà assez ses armes. On put
espérer de se mesurer bientôt avec les Suédois sans
inégalité, tant les Moscovites se formaient rapidement.
Au bout de quatre ans le Czar avait déjà fait d'assez
grands progrès dans la Livonie et dans l'Ingrie, provinces dépendantes de la Suède, pour être en état de
songer à bâtir une place dont le port, situé sur la mer
Baltique, pût contenir une flotte; et il commença en
effet le fameux Pétersbourg en 1704. Jamais tous les
efforts des Suédois n'ont pu l'en chasser, et il a rendu
Pétersbourg une des meilleures forteresses de l'Europe.

Selon la loi qu'il s'était prescrite à lui-même, de n'a-
vancer dans les dignités de la guerre qu'autant qu'il le
méritait, il devait être avancé. A Grodno, en Lithua-
nie, où se trouvaient le roi de Pologne et les principaux seigneurs de ce royaume, il pria ce prince de
prendre le commandement de son armée. Quelques
jours après il lui fit proposer en public, par le général
moscovite Ogilvi, de remplir deux places de colonel
vacantes. Le roi Auguste répondit qu'il ne connaissait
pas encore assez les officiers moscovites, et lui dit de
lui en nommer quelques uns des plus dignes de ces
emplois. Ogilvi lui nomma le prince Alexandre Menzicou, et le lieutenant-colonel Pierre Alexiowits, c'est-
à-dire le Czar. Le roi dit qu'il connaissait le mérite de
Menzicou, et qu'il lui ferait incessamment expédier le
brevet; mais que pour l'autre il n'était pas assez informé
de ses services. On sollicita pendant cinq ou six jours
pour Pierre Alexiowits, et enfin le roi le fit colonel. Si
c'était là une espèce de comédie, du moins elle était in-
structive, et méritait d'être jouée devant tous les rois.

Après de grands désavantages qu'il eut contre les Suédois depuis 1704, enfin il remporta sur eux, en 1709, devant Pultava, une victoire complète; il s'y montra aussi grand capitaine que brave soldat, et il fit sentir à ses ennemis combien ses troupes s'étaient instruites avec eux. Une grande partie de l'armée suédoise fut prisonnière de guerre; et on vit un héros, tel que le roi de Suède, fugitif sur les terres de Turquie, et ensuite presque captif à Bender. Le Czar se crut digne alors de monter au grade de lieutenant-général.

Il faisait manger à sa table les généraux suédois prisonniers; et un jour qu'il but à la santé de ses maîtres dans l'art de la guerre, le compte de Rhinschild, l'un des plus illustres d'entre ces prisonniers, lui demanda qui étaient ceux à qui il donnait un si beau titre : *Vous*, dit-il, *Messieurs les généraux. Votre Majesté est donc bien ingrate*, répliqua le comte, *d'avoir si maltraité ses maîtres*. Le Czar, pour réparer en quelque façon cette glorieuse ingratitude, fit rendre aussitôt une épée à chacun d'eux. Il les traita toujours comme aurait fait leur roi, qu'ils auraient rendu victorieux.

Il ne pouvait manquer de profiter du malheur et de l'éloignement du roi de Suède. Il acheva de conquérir la Livonie et l'Ingrie, et y joignit la Finlande, et une partie de la Poméranie suédoise. Il fut plus en état que jamais de donner ses soins à son Pétersbourg naissant. Il ordonna aux seigneurs d'y venir bâtir, et le peupla, tant des anciens artisans de Moscovie, que de ceux qu'il rassemblait de toutes parts.

Il fit construire des galères inconnues jusques-là dans ces mers, pour aller sur les côtes de Suède et de Finlande, pleines de rochers, et inaccessibles aux bâtimens de haut bord. Il acheta des vaisseaux d'Angleterre, et fit travailler sans relâche à en bâtir encore. Il parvint enfin à en bâtir un de quatre-vingt-dix pièces de canon, où il eut le sensible plaisir de n'avoir travaillé qu'avec des ouvriers moscovites. Ce grand navire fut lancé à la mer en 1718, au milieu des acclamations de tout un peuple, et avec une pompe digne du principal charpentier.

La défaite des Suédois à Pultava lui produisit, par rapport à l'établissement des arts, un avantage que certainement il n'attendait pas lui-même. Près de trois mille officiers suédois furent dispersés dans tous ses états, et principalement en Sibérie, vaste pays qui s'étend jusqu'aux confins de la Chine, et destiné à la punition des Moscovites exilés. Ces prisonniers, qui manquaient de subsistance, et voyaient leur retour éloigné et incertain, se mirent presque tous à exercer les différens métiers dont ils pouvaient avoir quelque connaissance, et la nécessité les y rendit promptement assez habiles. Il y eut parmi eux, jusqu'à des maîtres de langues et de mathématiques. Ils devinrent une espèce de colonie qui civilisa les anciens habitans ; et tel art qui, quoiqu'établi à Moscou ou à Pétersbourg, eût pu être long-temps à pénétrer en Sibérie, s'y trouva porté tout d'un coup.

L'histoire doit avouer les fautes des grands hommes ; ils en ont eux-mêmes donné l'exemple. Les Turcs ayant rompu la trêve qu'ils avaient avec le Czar, il se laissa enfermer en 1712 par leur armée sur les bords de la rivière de Pruth, dans un poste où il était perdu sans ressource. Au milieu de la consternation générale de son armée, la Czarine Catherine, qui avait voulu le suivre, osa seule imaginer un expédient ; elle envoya négocier avec le grand visir, en lui laissant entrevoir une grosse somme d'argent. Il se laissa tenter, et la prudence du Czar acheva le reste. En mémoire de cet événement, il voulut que la Czarine instituât l'ordre de Sainte-Catherine, dont elle serait chef, et où il n'entrerait que des femmes. Il éprouva toute la douceur que l'on goûte, non-seulement à devoir beaucoup à ce qu'on aime, mais encore à en faire un aveu éclatant, et qui lui soit glorieux.

Le roi de Suède étant sorti enfin des états du Turc en 1713, après les actions qu'il fit à Bender, et qu'un Romain n'aurait osé feindre, le Czar se trouva ce formidable ennemi en tête ; mais il était fortifié de l'alliance du roi de Danemarck. Il porta la guerre dans le duché de Holstein, allié de la Suède ; et en même temps il y porta ses observations continuelles et ses études politiques. Il faisait prendre par des ingénieurs le plan de chaque ville, et les dessins des différens moulins et des machines qu'il n'avait pas encore ; il s'informait de toutes les particularités du labourage et des métiers, et partout il engageait d'habiles artisans qu'il envoyait chez lui. A Gottorp, dont le roi de Danemarck était alors maître, il vit un grand globe céleste en dedans et terrestre en dehors, fait sur un dessin de Tycho-Brahé. Douze personnes peuvent s'asseoir dedans autour d'une table, et y faire des observations célestes, en faisant tourner cet énorme globe. La curiosité du Czar en fut frappée ; il le demanda au roi de Danemarck, et fit venir exprès de Pétersbourg une frégate qui l'y porta. Des astronomes le placèrent dans une grande maison bâtie pour cet usage.

La Moscovie vit en 1714 un spectacle tout nouveau, et que le Czar était peut-être surpris de lui donner sitôt, un triomphe pour une victoire navale remportée sur les Suédois à Gango vers les côtes de Finlande. La flotte moscovite entra dans le port de Pétersbourg, avec les vaisseaux ennemis qu'elle amenait, et le contre-amiral suédois Ockrenskield, prisonnier, chargé de sept blessures. Les troupes débarquées passèrent avec pompe sous un arc de triomphe qu'on avait élevé; et le Czar, qui avait combattu en personne, et qui était le vrai triomphateur, moins par sa qualité de souverain, que par celle de premier instituteur de la marine, ne parut dans cette marche qu'à son rang de contre-amiral, dont il avait alors le titre. Il alla à la citadelle, où le vice-czar Romanodofski, assis sur un trône au milieu d'un grand nombre de sénateurs, le fit appeler, reçu de sa main une relation du combat; et après l'avoir assez long-temps interrogé, l'éleva par l'avis du conseil à la dignité de vice-amiral. Ce prince n'avait pas besoin de l'esclave des triomphateurs romains; il savait assez lui seul prescrire de la modestie à son triomphe.

Il y joignit encore beaucoup de douceur et de générosité, en traitant le contre-amiral suédois Ockrenskield comme il avait fait auparavant le général Rhinschild. Il n'y a que la vraie valeur qui aime à se retrouver dans un ennemi, et qui s'y respecte.

Nous supprimerons désormais presque tout ce qui appartient à la guerre. Tous les obstacles sont surmontés, et d'assez beaux commencemens établis.

Le Czar, en 1716, alla avec la Czarine voir le roi de Danemarck à Copenhague, et y passa trois mois. Là, il visita tous les collèges, toutes les académies, et vit tous les savans. Il lui était indifférent de les faire venir chez lui, ou d'aller chez eux. Tous les jours il allait dans une chaloupe avec deux ingénieurs côtoyer les deux royaumes de Danemarck et de Suède, pour mesurer toutes les sinuosités, sonder tous les fonds, et porter ensuite le tout sur des cartes si exactes, que le moindre banc de sable ne leur a pas échappé. Il fallait qu'il fût bien respecté de ses alliés, pour n'être pas traversé par eux-mêmes dans ce grand soin de s'instruire si particulièrement.

Ils lui donnèrent encore une marque de considération plus éclatante. L'Angleterre était son alliée aussi bien que le Danemarck ; et ces deux puissances ayant joint leurs flottes à la sienne, lui déférèrent le commandement en chef. Les nations les plus expérimentées sur la mer voulaient bien déjà obéir au premier de tous les Russes qui eût connu la mer.

De Danemarck il alla à Hambourg, de Hambourg à Hanovre et à Volfenbutel, toujours observant, et de là en Hollande, où il laissa la Czarine, et vint en France en 1717. Il n'avait plus rien d'essentiel à apprendre ni à transporter chez lui : mais il lui restait à voir la France, un pays où les connaissances ont été portées aussi loin, et les agrémens de la société plus loin que partout ailleurs ; seulement est-il à craindre que l'on n'y prenne à la fin un bizarre mépris du bon devenu trop familier.

Le Czar fut fort touché de la personne du roi encore enfant. On le vit qui traversait avec lui les appartemens du Louvre, le conduisant par la main, et le prenant presque entre ses bras pour le garantir de la foule, aussi occupé de ce soin et d'une manière aussi tendre que son propre gouverneur.

Le 19 juin 1717, il fit l'honneur à l'académie des sciences d'y venir. Elle se para de ce qu'elle avait de plus nouveau et de plus curieux en fait d'expériences ou de machines. Dès qu'il fut retourné dans ses états, il fit écrire à M. l'abbé Bignon par Areskins, écossais, son premier médecin, qu'il voulait bien être membre de cette compagnie; et quand elle lui en eut rendu grâce avec tout le respect et toute la reconnaissance qu'elle devait, il lui en écrivit lui-même une lettre, qu'on n'ose appeler une lettre de remercîment, quoiqu'elle vint d'un souverain qui s'était accoutumé depuis long-temps à être homme. Tout cela est imprimé dans l'histoire de 1720; et tout glorieux qu'il est à l'académie, nous ne le répéterons pas. On était ici fort régulier à lui envoyer chaque année le volume qui lui était dû en qualité d'académicien, et il le recevait avec plaisir de la part de ses confrères. Les sciences en faveur desquelles il s'abaissait au rang de simple particulier, doivent l'élever en récompense au rang des Auguste et des Charlemagne, qui leur ont aussi accordé leur familiarité.

Pour porter la puissance d'un état aussi haut qu'elle puisse aller, il faudrait que le maître étudiât son pays presque en géographe et en physicien, qu'il en connût parfaitement tous les avantages naturels; et qu'il eût l'art de les faire valoir. Le Czar travailla sans relâche à acquérir cette connaissance et à pratiquer cet art. Il ne s'en fiait point à des ministres peu accoutumés à rechercher si soigneusement le bien public : il n'en croyait que ses yeux; et des voyages de trois ou quatre cents lieues ne lui coûtaient rien, pour s'instruire par lui-même. Il les faisait, accompagné seulement de trois ou quatre personnes, et avec cette intrépidité qui suffit seule pour éloigner les périls. Aussi le Czar possédait-il si exactement la carte de son vaste empire, qu'il conçut, sans crainte de se tromper, les grands projets qu'il pouvait fonder, tant sur la situation en général, que sur les détails particuliers des pays.

Comme tous les méridiens se rassemblent sous le pôle en un seul point, les Français et les Chinois, par exemple, se trouveraient voisins du côté du septentrion, si leur royaume s'étendait beaucoup davantage de ce côté là. Ainsi la situation fort septentrionale de l'empire moscovite, jointe à sa grande étendue, fait que par ses parties méridionales il touche aux parties septentrionales de grands états fort éloignés les uns des autres vers le midi. Il est le voisin d'une grande partie de l'Europe et de toute l'Asie : il a d'ailleurs de grandes rivières qui tombent en différentes mers ; la Duvine dans la mer Blanche, partie de l'Océan ; le Don dans la mer Noire, partie de la Méditerranée ; le Volga dans la mer Caspienne. Le Czar comprit que ces rivières, jusques-là presque inutiles, réuniraient chez lui tout ce qu'il y a de plus séparé, s'il les faisait communiquer entre elles, soit par de moindres rivières qui s'y jettent, soit par des canaux qu'il tirerait. Il entreprit ces grands travaux, fit faire tous les nivellemens nécessaires, choisit lui-même les lieux où les canaux devaient être creusés, et régla le nombre des écluses.

La jonction de la rivière de Volkoua, qui passe à Pétersbourg, avec le Volga, est présentement finie ; et l'on fait par eau à travers toute la Russie un chemin de plus de huit cents lieues, depuis Pétersbourg, jusqu'à la mer Caspienne, ou en Perse. Le Czar envoya à l'académie le plan de cette grande communication, où il avait tant de part comme ingénieur; il semble qu'il voulût faire ses preuves d'académicien.

Il y a encore un autre canal fini qui joint le Don avec le Volga. Mais les Turcs ayant repris la ville d'Azof, située à l'embouchure du Don, la grande utilité de ce canal attend une nouvelle conquête.

Vers l'orient la domination du Czar s'étend dans un espace de plus de quinze cents lieues jusqu'aux frontières de la Chine et au voisinage des mers du Japon. Les caravanes moscovites qui allaient trafiquer à la Chine, mettaient une année entière à leur voyage. C'était là une ample matière à exercer un génie tel que le sien; car ce long chemin pouvait être et abrégé et facilité, soit par des communications de rivières, soit par d'autres travaux, soit par des traités avec des princes tartares qui auraient donné passages dans leurs pays. Le voyage pouvait n'être que de quatre mois. Selon son dessein, tout devait aboutir à Pétersbourg, qui par sa situation serait un entrepôt du monde. Cette ville, à qui il avait donné la naissance et son nom, était pour lui ce qu'était Alexandrie pour Alexandre son fondateur: et comme Alexandrie se trouva si heureusement située, qu'elle changea la face du commerce d'alors, et en devint la capitale à la place de Tyr; de même Pétersbourg changerait les routes d'aujourd'hui, et deviendrait le centre d'un des plus grands commerces de l'univers.

Le Czar porta encore ses vues plus loin. Il voulut savoir quelle était sa situation à l'égard de l'Amérique; si elle tient à la Tartarie, ou si la mer du septentrion donnait un passage dans ce grand continent, ce qui lui aurait encore ouvert le nouveau monde. De deux vaisseaux qui partirent d'Arkangel pour cette découverte jusqu'à présent impossible, l'un fut arrêté par les glaces ; on n'a pas eu de nouvelles de l'autre, qui apparemment a péri. Au commencement de cette année, il a encore donné ordre à un habile capitaine de marine d'en construire deux autres pour le même dessein. Il fallait que dans de pareilles entreprises l'opiniâtreté de son voyage se communiquât à ceux qu'il employait.

La révolution arrivée en Perse par la révolte de Mahmoud, attira de ce côté-là les armes du Czar et du grand-seigneur. Le Czar s'empara de la ville de Derbent sur la côte occidentale de la mer Caspienne, et de tout ce qui lui convenait par rapport au projet d'étendre le commerce de Moscovie : il fit lever le plan de cette mer ; et grâce à ce conquérant académicien, on en connut enfin la véritable figure, fort différente de celle qu'on lui donnait communément. L'académie reçut aussi du Czar une carte de sa nouvelle mer Caspienne.

La Moscovie avait beaucoup de mines, mais ou inconues, ou négligées par l'ancienne paresse et le découragement général de la nation. Il n'était pas possible qu'elles échappassent à la vive attention que le souverain portait sur tout. Il fit venir d'Allemagne des gens habiles dans la science des métaux, et mit en valeur tous ces trésors enfouis ; il lui vint de la poudre d'or des bords de la mer Caspienne et du fond de la Sibérie. On dit qu'une livre de cette dernière poudre rendait quatorze onces d'or pur. Du moins le fer, beaucoup plus nécessaire que l'or, devint commun en Moscovie, et avec lui tous les arts qui le préparent ou qui l'emploient.

On ne peut que parcourir les différens établissemens que lui doit la Moscovie, et seulement les principaux.

Une infanterie de cent mille hommes, aussi belle et aussi aguerrie qu'il y en ait en Europe, dont une assez grande partie des officiers sont déjà Moscovites. On convient que la cavalerie n'est pas si bonne, faute de bons chevaux ;

Une marine de quarante vaisseaux de ligne et de deux cents galères ;

Des fortifications, selon les dernières règles, à toutes les places qui en méritent ;

Une excellente police dans les grandes villes, qui auparavant étaient aussi dangereuses pendant la nuit, que les bois les plus écartés ;

Une académie de marine et de navigation, où toutes les familles nobles sont obligées d'envoyer quelques uns de leurs enfans ;

Des colléges à Moscou, à Pétersbourg et à Kiof, pour les langues, les belles-lettres et les mathématiques ; de petites écoles dans les villages, où les enfans des paysans apprennent à lire et à écrire ;

Un collége de médecine et une belle apothicairerie publique à Moscou, qui fournit de remèdes les grandes villes et les armées. Jusques-là il n'y avait eu dans tout l'empire aucun médecin que pour le Czar, nul apothicaire ;

Des leçons publiques d'anatomie, dont le nom n'était seulement pas connu ; et ce qu'on peut compter pour une excellente leçon toujours subsistante, le cabinet du fameux Ruisch, acheté par le Czar, où sont rassemblées tant de dissections si fines, si instructives et si rares ;

Un observatoire, où des astronomes ne s'occupent pas seulement à étudier le ciel, mais où l'on renferme toutes les curiosités d'histoire naturelle, qui apparemment donneront naissance à un long et ingénieux travail de recherches physiques;

Un jardin des plantes, où des botanistes qu'il a appelés rassembleront avec notre Europe connue tout le nord inconnu de l'Europe, celui de l'Asie, la Perse et la Chine;

Des imprimeries, dont il a changé les anciens caractères trop barbares et presque indéchiffrables, à cause des fréquentes abréviations. D'ailleurs, des livres si difficiles à lire étaient plus rares qu'aucune marchandise étrangère;

Des interprètes pour toutes les langues des états de l'Europe, et de plus pour la latine, pour la grecque, pour la turque, pour la calmouque, pour la mongule et pour la chinoise; marque de la grande étendue de cet empire, et peut-être présage d'une plus grande;

Une bibliothèque royale, formée de trois grandes bibliothèques qu'il avait achetées en Angleterre, en Holstein et en Allemagne.

Après avoir donné à son ouvrage des fondemens solides et nécessaires, il y ajouta ce qui n'est que de parure et d'ornement. Il changea l'ancienne architecture grossière et difforme au dernier point, ou plutôt il fit naître chez lui l'architecture. On vit s'élever un grand nombre de maisons régulières et commodes, quelques palais, des bâtimens publics, et surtout une amirauté, qu'il n'a faite aussi superbe et aussi magnifique, que parce que ce n'est pas un édifice destiné à une simple ostentation de magnificence. Il a fait venir d'Italie et de

France beaucoup de tableaux, qui apprennent ce que c'est que la peinture à des gens qui ne la connaissaient que par de très mauvaises représentations de leurs saints. Il envoyait à Gênes et à Livourne des vaisseaux chargés de marchandises, qui lui rapportaient du marbre et des statues. Le pape Clément XI, touché de son goût, lui donna une antique qu'il fit venir par terre à Pétersbourg, de peur de la risquer sur mer. Il a même fait un cabinet de médailles, curiosité qui n'est pas ancienne dans ce pays-ci. Il aura eu l'avantage de prendre tout dans l'état où l'ont mis jusqu'à présent les nations les plus savantes et les plus polies, et elles lui auront épargné cette suite si lente de progrès qu'elles ont eue à essuyer ; bientôt elles verront la nation russienne arriver à leur niveau, et y arriver d'autant plus glorieusement, qu'elle sera partie de plus loin.

Les vues du Czar embrassaient si généralement tout, qu'il lui passa par l'esprit de faire voyager dans quelques villes principales d'Allemagne les jeunes demoiselles moscovites, afin qu'elles prissent une politesse et des manières dont la privation les défigurait entièrement. Il avait vu ailleurs combien l'art des agrémens aide la nature à faire des personnes aimables, et combien même il en fait sans elle. Mais les inconvéniens de ces voyages se présentèrent bien vite ; il fallut y renoncer, et attendre que les hommes devenus polis fussent en état de polir les femmes : elles surpasseront bientôt leurs maîtres.

Le changement général comprit aussi la religion, qui à peine méritait le nom de religion chrétienne. Les Moscovites observaient plusieurs carêmes, comme tous les Grecs ; et ces jeûnes, pourvu qu'ils fussent très rigoureusement gardés, leur tenaient lieu de tout. Le culte des saints avait dégénéré en une superstition honteuse; chacun avait le sien dans sa maison pour en avoir la protection particulière, et on prêtait à son ami le saint domestique dont on s'était bien trouvé : les miracles ne dépendaient que de la volonté et de l'avarice des prêtres. Les pasteurs qui ne savaient rien, n'enseignaient rien à leurs peuples; et la corruption des mœurs, qui peut se maintenir jusqu'à un certain point malgré l'instruction, était infiniment favorisée et accrue par l'ignorance. Le Czar osa entreprendre la réforme de tant d'abus, sa politique même y était intéressée. Les jeûnes, par exemple, si fréquens et si rigoureux, incommodaient trop les troupes, et les rendaient souvent incapables d'agir. Ses prédécesseurs s'étaient soustraits à l'obéissance du patriarche de Constantinople, et s'en étaient fait un particulier. Il abolit cette dignité, quoiqu'assez dépendante de lui ; et par là se trouva plus maître de son église. Il fit divers règlemens ecclésiastiques sages et utiles, et, ce qui n'arrive pas toujours, tint la main à l'exécution. On prêche aujourd'hui en moscovite dans Pétersbourg : ce nouveau prodige supléera ici pour les autres. Le Czar osa encore plus ; il retrancha aux églises ou aux monastères trop riches l'excès de leurs biens, et l'appliqua à son domaine. On n'en saurait louer que sa politique, et non pas son zèle de religion, quoique la religion bien épurée pût se consoler de ce retranchement. Il a aussi établi une pleine liberté de conscience dans ses états, article dont le pour et le contre peut être soutenu en général, et par la politique, et par la religion.

Il n'avait que cinquante-deux ans lorsqu'il mourut,

le 28 janvier 1725, d'une rétention d'urine, causée par un abcès dans le col de la vessie. Il souffrit d'extrêmes douleurs pendant douze jours, et ne se mit au lit que dans les trois derniers. Il quitta la vie avec tout le courage d'un héros et toute la piété d'un chrétien. Comme il avait déclaré par édit, trois ans auparavant, qu'il était maître de disposer de sa succession, il la laissa à la Czarine, sa veuve, qui fut reconnue par tous les ordres de l'état, souveraine impératrice de Russie. Il avait toujours eu pour elle une vive passion, qu'elle avait justifiée par un mérite rare, par une intelligence capable d'entrer dans toutes ses vues, et de les seconder, par une intrépidité presque égale à la sienne, par une inclination bienfaisante, qui ne demandait qu'à connaître des malheureux pour les soulager.

La domination de l'impératrice Catherine est encore affermie par la profonde vénération que tous les sujets du Czar avaient conçue pour lui. Ils ont honoré sa mort de larmes sincères; toute sa gloire leur avait été utile. Si Auguste se vantait d'avoir trouvé Rome de brique et de la laisser de marbre, on voit assez combien, à cet égard, l'empereur romain est inférieur à celui de la Russie. On vient de lui frapper des médailles où il est appelé Pierre-le-Grand ; et sans doute le nom de grand lui sera confirmé par le consentement des étrangers, nécessaire pour ratifier ces titres d'honneur donnés par des sujets à leur maître.

Son caractère est assez connu par tout ce qui a été dit; on ne peut plus qu'y ajouter quelques particularités des plus remarquables. Il jugeait indigne de lui toute la pompe et tout le faste qui n'eût fait qu'environner sa personne, et il laissait au prince Menzicou représenter par la magnificence du favori la grandeur du maître. Il l'avait chargé des dehors brillans, pour ne se réserver que les fonctions laborieuses. Il les poussait à tel point, qu'il allait lui-même aux incendies qui sont en Moscovie très communs, et font beaucoup de ravage, parce que les maisons y sont ordinairement de bois. Il avait créé des officiers obligés à porter du secours; il avait pris une de ces charges; et pour donner l'exemple, il montait au haut des maisons en feu, quel que fût le péril; et ce que nous admirerions ici dans un officier subalterne, était pratiqué par l'empereur. Aussi les incendies sont-ils aujourd'hui beaucoup plus promptement éteints. Nous devons toujours nous souvenir de ne pas prendre pour règles de nos jugemens des mœurs aussi délicates, pour ainsi dire, et aussi adoucies que les nôtres; elles condamneraient trop vite des mœurs plus fortes et plus vigoureuses. Il n'était pas exempt d'une certaine dureté naturelle à toute sa nation, et à laquelle l'autorité absolue ne remédiait pas. Il s'était corrigé des excès du vin, très ordinaires en Moscovie, et dont les suites peuvent être terribles dans celui à qui on ne résiste jamais. La Czarine savait l'adoucir, s'opposer à propos aux emportemens de sa colère, ou fléchir sa sévérité; et il jouissait de ce rare bonheur, que le dangereux pouvoir de l'amour sur lui, ce pouvoir qui a déshonoré tant de grands hommes, n'était employé qu'à le rendre plus grand. Il a publié avec toutes les pièces originales la malheureuse histoire du prince Alexis, son fils; et la confiance avec laquelle il a fait l'univers juge de sa conduite, prouve assez qu'il ne se reprochait rien. Les traits éclatans de clémence à l'égard de personnes moins chères et moins importantes, font voir aussi que sa sévérité pour son fils dut être nécessaire. Il savait parfaitement honorer le mérite; ce qui était l'unique moyen d'en faire naître dans ses états, et de l'y multiplier. Il ne se contentait pas d'accorder des bienfaits, de donner des pensions, faveurs indispensables et absolument dues selon les desseins qu'il avait formés; il marquait par d'autres voies une considération plus flatteuse pour les personnes, et quelquefois il la marquait même encore après la mort. Il fit faire des funérailles magnifiques à Areskins, son premier médecin, et y assista portant une torche allumée à la main. Il a fait le même honneur à deux Anglais, l'un contre-amiral de sa flotte, l'autre interprète des langues.

Nous avons dit en 1716 (*page* 124), qu'ayant consulté sur ses grands desseins l'illustre Leibnitz, il lui avait donné un titre d'honneur et une pension considérable qui allaient chercher dans son cabinet un savant étranger, à qui l'honneur d'avoir été consulté eût suffi. Le Czar a composé lui-même des traités de marine, et l'on augmentera de son nom la liste peu nombreuse des souverains qui ont écrit. Il se divertissait à travailler au tour; il a envoyé de ses ouvrages à l'empereur de la Chine, et il a eu la bonté d'en donner un à d'Onsembray, dont il jugea le cabinet digne d'un si grand ornement. Dans les divertissemens qu'il prenait avec sa cour, tels que quelques relations nous les ont exposés, on peut trouver des restes de l'ancienne Moscovie; mais il lui suffisait de se relâcher l'esprit, et il n'avait pas le temps de mettre beaucoup de soins à rafiner sur les plaisirs. Cet art vient assez tôt de lui-même après les autres.

Sa vie ayant été assez courte, ses projets, qui avaient besoin d'une longue suite d'exécution ferme et soutenue, auraient péri presque en naissant; et tout serait retombé par son propre poids dans l'ancien chaos, si l'impératrice Catherine n'avait succédé à la couronne. Pleinement instruite de toutes les vues de Pierre-le-Grand, elle en a pris le fil, et le suit; c'est toujours lui qui agit par elle. Il lui avait particulièrement recommandé, en mourant, de protéger les étrangers, et de les attirer. Delisle, astronome de cette académie, vient de partir pour Pétersbourg, engagé par les grâces de l'impératrice. Nicolas et Daniel Bernoulli, fils de Jean, dont le nom sera immortel dans les mathématiques, l'ont devancé de quelques mois; et ils ont été devancés aussi par le célèbre Herman, dont nous avons de si beaux ouvrages. Quelle colonie pour Pétersbourg! La sublime géométrie des infiniment petits va pénétrer avec ces grands géomètres dans un pays où les élémens d'Euclide étaient absolument inconnus il y a vingt-cinq ans. Nous ne parlerons point des autres sujets de l'académie de Pétersbourg; ils se feront assez connaître, excités et favorisés comme ils le seront par l'autorité souveraine. Le Danemarck a eu une reine qu'on a nommée la Sémiramis du nord; il faudra que la Moscovie trouve quelque nom aussi glorieux pour son impératrice.

ÉLOGE

DE LITTRE.

Alexis Littre naquit le 21 juillet 1658 à Cordes en Albigeois. Son père, marchand de cette petite ville, eut douze enfans, qui vécurent tous; et il ne fut soulagé d'aucun d'eux par l'église.

Rien ne donne une meilleure éducation qu'une petite fortune, pourvu qu'elle soit aidée de quelque talent. La force de l'inclination, le besoin de parvenir, le peu de secours même, aiguisent le désir et l'industrie, et mettent en œuvre tout ce qui est en nous. Littre joignit à ces avantages un caractère très sérieux, très appliqué, et qui n'avait rien de jeune que le pouvoir de soutenir beaucoup de travail. Sans tout cela, il n'eût pas subsisté dans ses études, qu'il fit à Villefranche en Rouergue, chez les pères de la doctrine. Une grande économie n'eût pas suffi; il fallut qu'il répétât à d'autres écoliers plus riches et plus paresseux, ce qu'on venait presque dans l'instant de leur enseigner à tous, et il en tirait la double utilité de vivre plus commodément, et de savoir mieux. La promenade eût été une débauche pour lui. Dans les temps où il était libre, il suivait un médecin chez ses malades, et au retour il s'enfermait pour écrire les raisonnemens qu'il avait entendus.

Ses études de Villefranche finies, il se trouva un petit fonds pour aller à Montpellier, où l'attirait la grande réputation des écoles de médecines; et il fit si bien, qu'il fut encore en état de venir de là à Paris, il y a plus de quarante-deux ans.

Sa plus forte inclination était pour l'anatomie : mais de toutes les inclinations qui ont une science pour objet, c'est la plus difficile à satisfaire. Les sortes de livres qui seuls enseignent sûrement l'anatomie, ceux qu'il faut le plus étudier, sont rares, et on ne les a pas sous sa main en un si grand nombre, ni dans les temps qu'on voudrait. Un certain sentiment, confus à la vérité, mais très fort, et si général qu'il peut passer pour naturel, fait respecter les cadavres humains, et la France n'est pas à et égard autant au-dessus de la superstition chinoise que les anatomistes le désireraient. Chaque famille veut que son mort n'ait plus qu'à jouir de ses obsèques, et ne souffre point qu'il soit sacrifié à l'instruction publique ; seulement permettra-t-elle en quelques occasions qu'il le soit à son intérêt particulier. La police restreint extrêmement la permission de disséquer des morts; et ceux à qui elle l'accorde pour l'utilité commune, en sont beaucoup plus jaloux que cette utilité ne demanderait. Quand on n'est pas de leur nombre, on ne fait guère de grands progrès en anatomie qui ne soient en quelque sorte illégitimes : on est réduit à frauder les lois, et à ne s'instruire que par artifice, par surprise, à force de larcins toujours un peu dangereux, et qui ne sont jamais assez fréquens. Littre étant à Paris éprouva les inconvéniens de son amour pour l'anatomie. Il est vrai qu'il eut un temps assez tranquille, grâce à la liaison qu'il fit avec un chirurgien de la salpêtrière, qui avait tous les cadavres de l'hôpital à sa disposition. Il s'enferma avec lui pendant l'hiver de 1684, qui heureusement fut fort long et fort froid, et ils disséquèrent ensemble plus de deux cents cadavres. Mais le savoir qu'il acquit par là, le grand nombre d'étudians qui coururent à lui, excitèrent des envieux qui le traversèrent. Il se réfugia dans le temple, où de plus grands criminels se mettent quelquefois à l'abri des priviléges du lieu. Il crut y pouvoir travailler en sûreté avec la permission du grand-prieur de Vendôme : mais un officier subalterne, avec qui il n'avait pas songé à prendre les mesures nécessaires, permit qu'on lui enlevât le trésor qu'il tenait caché dans cet asile, un cadavre qui l'occupait alors. Cet enlèvement se fit avec une pompe insultante : on triomphait d'avoir arrêté les progrès d'un jeune homme qui n'avait pas droit de devenir si habile.

Il essuya encore, en vertu d'une sentence de la Reynie, lieutenant de police, obtenue par les chirurgiens, un second affront, si c'en était un, du moins une seconde perte aussi douloureuse. Il fut souvent réduit à se rabattre sur les animaux, et principalement sur les chiens, qui sont les plus exposés au scalpel, lorsqu'il n'a rien de mieux à faire.

Malgré ses malheurs, et peut-être par ses malheurs mêmes, sa réputation croissait, et les écoliers se multipliaient. Ils n'attendaient point de lui les grâces du discours, ni une agréable facilité de débiter son savoir ; mais une exactitude scrupuleuse à démontrer, une extrême timidité à conjecturer, de simples faits bien vus. De plus ils s'attachaient à lui par la part qu'il leur donnait à la gloire de ses découvertes, dès qu'ils le méritaient, ou pour avoir heureusement aperçu quelque chose de nouveau, ou pour avoir eu quelque idée singulière et juste.

Ce n'était point qu'il affectât de mettre leur vanité dans ses intérêts : il n'était pas si fin, ni si adroit; il ne songeait qu'à leur rendre loyalement ce qui leur était dû.

Content de Paris et de sa fortune, il y avait plus de quinze ans qu'il n'avait donné de ses nouvelles à sa famille. Ceux qui l'ont connu croiront aisément que les affections communes, le sang, le nom n'avaient pas beaucoup de pouvoir sur lui, et qu'il se tenait isolé de tout sans se faire violence. Ses parens le pressèrent fort de retourner s'établir à Cordes : mais quelle proposition pour quelqu'un qui pouvait demeurer à Paris, et qui surtout avait aussi peu de besoin de parenté! Il continua donc ici sa forme de vie ordinaire. Pour s'instruire toujours de plus en plus, il assistait à toutes les conférences qu'on tenait sur les matières qui l'intéressaient, il se trouvait aux pansemens des hôpitaux, il suivait les médecins dans leurs visites; enfin il fut reçu docteur régent de la faculté de Paris.

L'éloquence lui manquait absolument; un simple anatomiste peut s'en passer, mais un médecin ne le peut guère. L'un n'a que des faits à découvrir et à exposer aux yeux : mais l'autre, éternellement obligé de conjecturer sur des matières très douteuses, l'est aussi d'appuyer ses conjectures par des raisonnemens assez solides, ou qui du moins rassurent et flattent l'imagination effrayée; il doit quelquefois parler presque sans autre but que de parler, car il a le malheur de ne traiter avec les hommes que dans le temps précisément où ils sont plus faibles et plus enfans que jamais. Cette puérilité de la maladie règne principalement dans le grand monde, et surtout dans une moitié de ce grand monde qui occupe plus les médecins, qui sait mieux les mettre à la mode, et qui a souvent plus besoin d'être amusée que guérie. Un médecin peut agir plus raisonnablement avec le peuple : mais en général, s'il n'a pas le don de la parole, il faut presque qu'il ait en récompense celui des miracles.

Aussi ne fut-ce qu'à force d'habileté que Littre réussit dans cette profession; encore ne réussit-il que parmi ceux qui se contentaient de l'art de la médecine dénué de celui du médecin. Sa vogue ne s'étendit point jusqu'à la cour, ni jusqu'aux femmes du monde. Son laconisme peu consolant n'était d'ailleurs réparé ni par sa figure, ni par ses manières.

Feu du Hamel, qui ne jugeait pas les hommes par la superficie, ayant passé dans la classe des anatomistes au renouvellement de 1699, nomma Littre, docteur en médecine, pour son élève, titre qui se donnait alors, et qu'on a eu la délicatesse d'abolir, quoique personne ne le dédaignât. On connut bientôt Littre dans la compagnie, non par son empressement à se faire connaître, à dire son sentiment, à combattre celui des autres, à étaler un savoir imposant, quoiqu'inutile; mais par sa circonspection à proposer ses pensées, par son respect pour celles d'autrui, par la justesse et la précision des ouvrages qu'il donnait, par son silence même.

En 1702, n'étant encore monté qu'au grade d'associé, il lui passa par les mains une maladie où l'on peut dire, sans sortir de la plus exacte simplicité historique, qu'il fit un chef-d'œuvre de chirurgie et de médecine[1]. Nous n'en pouvons donner ici qu'une idée

[1] *Voyez* les Mémoires de 1702, pag. 241 et suiv.

très légère et très éloignée de ce que demanderait la justice due à Littre. La merveille grossirait infiniment par les détails que nous supprimerons.

Une femme qui n'avait nuls signes de grossesse, accablée d'ailleurs d'un grand nombre de différentes incommodités très cruelles, réduite à un état déplorable, et presque entièrement désespérée, jetait par les selles du pus, du sang, des chairs pourries, des cheveux, et enfin il vint un os que l'on reconnut sûrement pour être le bras d'un fœtus d'environ six mois. Ce fut alors que Littre la vit, appelé par la curiosité. Il trouva, en introduisant son doigt *index* dans l'anus, qu'à la plus grande distance où ce doigt pût aller, l'intestin *rectum* était percé d'un trou par où sortaient les matières extraordinaires ; que ce trou était large d'environ un pouce et demi, et que l'ouverture en était alors exactement bouchée en dehors par la tête du fœtus qui y appliquait sa face : aussi ne sortait-il plus rien que de naturel. Il conçut qu'un fœtus s'était formé dans la trompe ou dans l'ovaire de ce côté-là ; qu'il avait rompu la poche qui le renfermait ; qu'il était tombé dans la cavité du ventre, y était mort, s'y était pourri ; qu'un de ses bras dépouillé de chair, et détaché du reste du squelette par la corruption, avait percé l'intestin, et était sorti par la plaie. Quelques autres os eussent pu sortir de même, supposé que la mère eût pu vivre, et attendre pendant tout le temps nécessaire ; mais les quatre grands os du crâne ne pouvaient jamais sortir par une ouverture de beaucoup trop petite. Tout condamnait donc la mère à la mort ; elle ne pouvait nullement soutenir une incision au ventre, presque sûrement mortelle pour la personne la plus saine.

Littre osa imaginer comme possible de faire passer les quatre os du crâne par la petite plaie de l'intestin. Il inventa des ciseaux d'une construction nouvelle, car aucun instrument connu de chirurgie n'était convenable. Avec ces ciseaux introduits par le fondement jusqu'à la plaie de l'intestin, il allait couper le crâne en parties assez petites pour passer par l'ouverture, et il les tirait avec d'autres ciseaux qui ne coupaient point, inventés aussi par lui. On juge bien que cette opération se devait répéter bien des fois, et dans certains intervalles, pour ménager les forces presque éteintes de la malade; que de plus il fallait s'y conduire avec une extrême dextérité, pour n'adresser qu'au fœtus des instrumens tranchans et très fins qui eussent pu la blesser mortellement. Littre disposait sur une table les morceaux du crâne déjà tirés, afin de voir ce qui lui manquait encore, et ce qui lui restait à faire. Enfin, il eut la joie de voir tout heureusement tiré, sans que sa main se fût jamais égarée, ni eût porté le moindre coup aux parties de la mère. Cependant il s'en fallait beaucoup que tout ne fût fait; l'intestin était percé d'une plaie très considérable; le long séjour d'un fœtus pourri dans la cavité du ventre, ce qui y restait encore de ses chairs fondues, y avait produit une corruption capable elle seule de causer la mort. Il vint à bout de la corruption par des injections qu'il fit encore d'une manière particulière; il lava, il nettoya, ou plutôt il ranima tout; il referma même la plaie; et la malade, qui, après avoir été naturellement fort grasse, n'avait plus que des os absolument décharnés, reprit jusqu'à son premier embonpoint. On a dit même qu'elle était redevenue grosse.

Cette cure coûta à Littre quatre mois de soins les plus assidus et les plus fatigans, d'une attention la plus pénible, et d'une patience la plus opiniâtre. Il n'était pourtant pas animé par l'espoir de la récompense : tout le bien de la malade, tout le bien de son mari, qui n'était qu'un simple ouvrier en instrumens de mathématiques, n'y auraient pas suffi. L'extrême singularité du cas avait piqué sa curiosité; de plus, la confiance que sa malade avait prise en lui l'attachait à elle : il croyait avoir contracté avec elle un engagement indispensable de la secourir, parce qu'elle n'espérait qu'en son secours. Lorsqu'il a raconté toute cette histoire en 1702, il ne s'y est donné simplement que la gloire d'avoir marché sans guide, et usé de beaucoup de précautions et de ménagemens. Du reste, loin de vouloir s'emparer de toute notre admiration, il la tourna lui-même sur les ressources imprévues de la nature. Un autre aurait bien pu éloigner cette idée, même sans penser trop à l'éloigner.

Il fut choisi pour être médecin du Châtelet. Le grand agrément de cette place pour lui était de lui fournir des accidens rares, et plus d'occasions de disséquer.

Il a toujours été d'une assiduité exemplaire à l'académie, fort exact à s'acquitter des travaux qu'il lui devait, si ce n'est qu'il s'en affranchit les trois ou quatre dernières années de sa vie, parce qu'il perdait la vue de jour en jour; mais il ne se relâcha point sur l'assiduité. Alors il se mit à garder dans les assemblées un silence dont il n'est jamais sorti : il paraissait un disciple de Pythagore, quoiqu'il pût toujours parler en maître sur les matières qui l'avaient occupé. On le voyait plongé dans une mélancolie profonde, qu'il eût été inutile de combattre, et dont on ne pouvait que le plaindre.

Le premier février 1725, il fut frappé d'apoplexie, et mourut le 3, sans avoir eu aucune connaissance dans tout cet espace de temps. Cependant cette mort subite ne l'avait pas surpris; quinze jours auparavant, il avait fait de son propre mouvement ses dévotions à sa paroisse.

Ceux d'entre les gens de bien qui condamnent tant les spectacles, l'auraient trouvé bien net sur cet article : jamais il n'en avait vu aucun. Il n'y a pas de mémoire qu'il se soit diverti. Il n'avait de sa vie songé au mariage; et ceux qui l'ont vu de plus près prétendent que les raisons de conscience n'avaient jamais dû être assez pressantes pour l'y porter. Presque tous les hommes ne songent qu'à étendre leur sphère, et à y faire entrer tout ce qu'ils peuvent d'étranger : pour lui, il avait réduit la sienne à n'être guère que lui seul. Il avait fait, de sa main, plusieurs préparations anatomiques que des médecins ou chirurgiens anglais et hollandais vinrent acheter de lui quelque temps avant sa mort, lorsqu'il n'en pouvait plus faire usage. Les étrangers le connaissaient mieux que ne faisait une partie d'entre nous; il arrive quelquefois qu'ils nous apprennent le mérite de nos propres concitoyens, que nous négligions, peut-être parce que leur modestie leur nuisait de près.

Il a laissé son légataire universel M. Littre, son neveu, lieutenant-général de Cordes.

ÉLOGE

DE HARTSOEKER.

Nicolas Hartsoeker naquit à Goude en Hollande, le 26 mars 1656, de Christian Hartsoëker, ministre remontrant, et d'Anne Vander-My. Cette famille était ancienne dans le pays de Drente, qui est des Provinces-Unies.

Son père eut sur lui les vues communes des pères; il le fit étudier pour le mettre dans sa profession, ou dans quelque autre également utile; mais il ne s'attendait pas que ses projets dussent être traversés par où ils le furent, par le ciel et par les étoiles, que le jeune homme considérait avec beaucoup de plaisir et de curiosité. Il allait chercher dans les almanachs tout ce qu'ils rapportaient sur ce sujet; et ayant entendu dire à l'âge de douze ou treize ans que tout cela s'apprenait dans les mathématiques, il voulut donc étudier les mathématiques; mais son père s'y opposait absolument. Ces sciences ont eu jusqu'à présent si peu de réputation d'utilité, que la plupart de ceux qui s'y sont appliqués ont été des rebelles à l'autorité de leurs parens. Nos éloges en ont fourni plusieurs exemples.

Le jeune Hartsoëker amassa en secret le plus d'argent qu'il put; il le dérobait aux divertissemens qu'il eût pris avec ses camarades : enfin, il se mit en état d'aller trouver un maître de mathématiques, qui lui promit de le mener vite, et lui tint parole. Il fallut cependant commencer par les premières règles d'arithmétique ; il n'avait de l'argent que pour sept mois, et il étudiait avec toute l'ardeur que demandait un fonds si court. De peur que son père ne découvrît par la lumière qui était dans sa chambre toutes les nuits, qu'il les passait à travailler, il étendait devant sa fenêtre les couvertures de son lit, qui ne lui servaient plus qu'à cacher qu'il ne dormait pas.

Son maître avait des bassins de fer, dans lesquels il polissait assez bien des verres de six pieds de foyer, et le disciple en apprit la pratique. Un jour qu'en badinant et sans dessein il présentait un fil de verre à la flamme d'une chandelle, il vit que le bout de ce fil s'arrondissait ; et comme il savait déjà qu'une boule de verre grossissait les objets placés à son foyer, et qu'il avait vu chez Leuvenhoeck des microscopes dont il avait remarqué la construction, il prit la petite boule qui s'était formée et détachée du reste du fil, et il en fit un microscope, qu'il essaya d'abord sur un cheveu. Il fut ravi de le trouver bon, et d'avoir l'art d'en faire à si peu de frais.

Cette invention de voir contre le jour de petits objets transparens par le moyen de petites boules de verre, est due à Leuvenhoech ; et Hudde, bourgmestre d'Amsterdam, grand mathématicien, a dit à Hartsoëker qu'il était étonnant que cette découverte eût échappé à tous tant qu'ils étaient de géomètres et de philosophes, et eût été réservée à un homme sans lettres, tel que Leuvenhoech. Apparemment il voulait relever le génie de l'ignorant, ou réprimer l'orgueil des savans sur les découvertes fortuites.

Hartsoëker, âgé alors de dix-huit ans, s'occupa beaucoup de ses microscopes. Tout ce qui pouvait y être observé, l'était. Il fut le premier à qui se dévoila le spectacle du monde le plus imprévu pour les physiciens, même les plus hardis en conjectures; ces petits animaux jusques-là invisibles, qui doivent se transformer en hommes, qui nagent en une quantité prodigieuse dans la liqueur destinée à les porter, qui ne sont que dans celle des mâles, qui ont la figure de grenouilles naissantes, de grosses têtes et de longues queues, et des mouvemens très vifs. Cette étrange nouveauté étonna l'observateur, il n'en osa rien dire. Il crut même que ce qu'il voyait pouvait être l'effet de quelque maladie, et il ne suivit point l'observation.

Vers la fin de 1674, en 1675 et 1676, son père l'envoya étudier en littérature, en grec, en philosophie, en anatomie, sous les plus habiles professeurs de Leyde et d'Amsterdam. Ses maîtres en philosophie étaient des cartésiens aussi entêtés de Descartes, que les scolastiques précédens l'avaient été d'Aristote. On n'avait fait dans ces écoles que changer d'esclavage. Hartsoëker devint cartésien à outrance, mais il s'en corrigea dans la suite. Il faut admirer toujours Descartes, et le suivre quelquefois.

Hartsoëker alla en 1677 de Leyde à Amsterdam, ayant dessein de passer en France pour y achever ses études. Il reprit les observations du microscope, interrompues depuis deux ans, et revit ces animaux qui lui avaient été suspects. Alors il eut la hardiesse de communiquer son observation à son maître de mathématiques, et à un autre ami. Ils s'en assurèrent tous trois ensemble. Ils virent de plus ces mêmes animaux sortis d'un chien, et de la même figure à peu près que les animaux humains. Ils virent ceux du coq et du pigeon, mais comme des vers ou des anguilles. L'observation s'affermissait et s'étendait, et les trois confidens de ce secret de la nature ne doutaient presque plus que tous les animaux ne naquissent par des métamorphoses invisibles et cachées, comme toutes les espèces de mouches et de papillons viennent de métamorphoses sensibles et connues.

Ces trois hommes seuls savaient quelle liqueur renfermait les animaux; et quand on les faisait voir à d'autres, on leur disait que c'était de la salive, quoique certainement elle n'en contienne point. Comme Leuvenhoech a écrit dans quelques unes de ses lettres qu'il avait vu dans de la salive une infinité de petits animaux, on pourrait le soupçonner d'avoir été trompé par le bruit qui s'en était répandu. Il n'aura peut-être pas voulu ne point voir ce que d'autres voyaient, lui qui était en possession des observations microscopiques les plus fines, et à qui tous les objets invisibles appartenaient.

L'illustre Huyghens étant venu à la Haye pour rétablir sa santé, entendit parler des animaux de la salive qu'un jeune homme faisait voir à Rotterdam, et il marqua beaucoup d'envie d'en être convaincu par ses propres yeux. Aussitôt Hartsoëker, ravi d'entrer en liaison avec ce grand homme, alla à la Haye. Il lui confia et à quelques autres personnes ce que c'était que la liqueur où nageaient les animaux : car à mesure que l'observation s'établissait, la timidité et les scrupules diminuaient naturellement : de plus, la beauté de la découverte serait demeurée trop imparfaite, et les conséquences philosophiques qui en pouvaient naître demandaient que le mystère cessât. Huyghens, qui avait promis très obligeamment à Hartsoëker des lettres de recommandation pour son voyage de Paris, fit encore mieux, et l'amena avec lui à Paris, où il revint en 1678. Le nouveau venu alla voir d'abord l'observatoire, les hôpitaux, les savans : il ne lui était pas inutile de pouvoir citer le nom de Huyghens. Celui-ci fit mettre alors dans le Journal des Savans, qu'il avait fait avec un microscope de nouvelle invention des observations très curieuses, et principalement celle de petits animaux; et cela sans parler de Hartsoëker. Le bruit en fut fort grand parmi ceux qui s'intéressent à ces sortes de nouvelles ; et Hartsoëker ne résista point à la tentation de dire que le nouveau microscope venait de lui, et qu'il était le premier auteur des observations. Le silence en cette occasion était au-dessus de l'humanité. Huyghens était vivant, d'un rare mérite, et par conséquent il avait des ennemis. On anima Hartsoëker à revendiquer son bien, par un mémoire qui paraîtrait dans le Journal. Il ne savait pas encore assez de français pour le composer; différentes plumes le servirent, et chacune lança son trait contre Huyghens.

L'auteur du journal fut trop sage pour publier cette pièce, et il la renvoya à Huyghens. Celui-ci fit à Hartsoëker une réprimande assez bien méritée, selon Hartsoëker lui-même, qui l'a écrite. Il lui dit qu'il ne se prenait pas à lui d'une pièce qu'il voyait bien qui partait de ses ennemis, et qu'il s'offrait à dresser lui-même pour le journal un mémoire où il lui rendrait toute la justice qu'il désirerait. Hartsoëker y consentit, honteux du procédé de Huyghens, et heureux d'en être quitte à si bon marché. L'importance dont il lui était de se faire connaître, l'amour de ce qu'on a trouvé, sa jeunesse, de mauvais conseils donnés avec chaleur, surtout l'aveu ingénu de sa faute dont nous ne tenons l'histoire que de lui, peuvent lui servir d'excuses assez légitimes.

Il se confirmait de plus en plus dans la découverte des petits animaux primitifs, qu'il trouva toujours dans toutes les espèces sur lesquelles il put étendre ses expériences. Il imagina qu'ils devaient être répandus dans l'air où ils voltigeaient; que tous les animaux visibles les prenaient tous confusément, ou par la respiration, ou avec les alimens; que de là ceux qui convenaient à chaque espèce allaient se rendre dans les parties des mâles propres à les renfermer ou à les nourrir, et qu'ils passaient ensuite dans les femelles, où ils trouvaient des œufs, dont ils se saisissaient pour s'y développer. Selon cette idée, quel nombre prodigieux d'animaux primitifs de toutes les espèces! Tout ce qui respire, tout ce qui se nourrit, ne respire qu'eux, ne se nourrit que d'eux. Il semble cependant qu'à la fin leur nombre viendrait nécessairement à diminuer, et que les espèces ne seraient pas toujours également fécondes. Peut-être cette difficulté aura-t-elle contribué à faire croire à Leibnitz que les animaux primitifs ne périssaient point, et qu'après s'être dépouillés de l'enveloppe grossière, de cette espèce de masque qui en faisait, par exemple, des hommes, ils subsistaient vivans dans leur première forme, et se remettaient à voltiger dans l'air jusqu'à ce que des accidens favorables les fissent de nouveau redevenir hommes.

Hartsoéker demeura à Paris jusqu'à la fin de 1679. Il retourna en Hollande, où il se maria. Il revint à Paris, seulement pour le faire voir pendant quelques semaines à sa femme, qui goûta tant ce séjour, qu'ils y revinrent en 1684, et y furent quatorze années de suite, les plus agréables, au rapport de Hartsoëker, qu'il ait passées en toute sa vie.

Les verres de télescopes, qui avaient été sa première occupation, lui donnèrent beaucoup d'accès à l'observatoire, où il n'y en avait que de Campani, excellens à la vérité, mais pas assez grands. Hartsoëker en fit un qu'il porta à feu Cassini, et il se trouva très mauvais. Un second ne valut pas mieux; enfin un troisième fut passable. Cette persévérance, qui partait du fonds de connaissances qu'il se sentait, fit prédire à Cassini que ce jeune homme, s'il continuait, réussirait infailliblement. La prédiction fut peut-être elle-même la cause de son accomplissement; le jeune homme encouragé fit de bons verres de toutes sortes de grandeurs, et enfin un de 600 pieds de foyer, dont il n'a jamais voulu se défaire à cause de sa rareté. Il eut l'avantage de gagner l'amitié de Cassini, qui seule eût été une preuve de mérite.

Sur ces verres d'un si long foyer, il dit un jour à feu Varignon et à l'abbé de Saint-Pierre, qui l'allèrent voir, qu'il ne croyait pas possible de les travailler dans des bassins; mais qu'en faisant des essais sur des morceaux de diverses glaces faites pour être plates, on en trouvait qui avaient une très petite courbure sphérique, et par conséquent un long foyer; qu'il avait même trouvé un foyer de 1200 pieds; que cela dépendait en partie d'un peu de courbure insensible dans les tables de fer poli, sur lesquelles on étend le verre fondu, ou de la manière dont on chargeait les glaces pour les polir les unes contre les autres ; que ces essais étaient plus longs que difficiles : mais il ne voulut point s'expliquer plus à fond.

En 1694, il fit imprimer à Paris, où il était, son premier ouvrage, l'*Essai de dioptrique*. Il y donne cette science démontrée géométriquement et avec clarté ; tout ce qui appartient aux foyers des verres sphériques, car il rejette les autres figures comme inutiles ; tout ce qui regarde l'augmentation des objets, le rapport des objectifs et des oculaires, les ouvertures qu'il faut laisser aux lunettes, le *champ* qu'on peut leur donner, le différent nombre de verres qu'on peut y mettre. Il y joint pour l'art de tailler les verres, et sur les conditions que leur matière doit avoir, une pratique qui lui appartenait en partie, et dont cependant il ne dissimule rien. Le titre de son livre eût été rempli, quand il n'eût donné rien de plus ; mais il va beaucoup plus loin. Un système général de la réfraction et ses expériences le conduisent à la différente réfrangibilité des rayons, propriété que Newton avait trouvée plusieurs années auparavant, et sur laquelle il avait fondé son ingénieuse théorie des couleurs, l'une des plus belles découvertes de la physique moderne. Hartsoëker prétend du moins avoir avancé le premier, que la différente réfrangibilité venait de la différente vitesse, qui effectivement en paraît être la véritable cause ; et parce qu'elle était inconnue, il a donné comme un paradoxe inouï en dioptrique, que l'angle de la réfraction ne dépende pas de la seule inégalité de résistance des deux milieux. Plus le rayon a de vitesse, moins il se rompt.

L'essai de dioptrique est même un essai de physique

générale. Il y pose les premiers principes tels qu'il les conçoit, deux uniques élémens. L'un est une substance parfaitement fluide, infinie, toujours en mouvement, dont aucune partie n'est jamais entièrement détachée de son tout; l'autre, ce sont de petits corps différens en grandeur et en figure, parfaitement durs et inaltérables, qui nagent confusément dans ce grand fluide, s'y rencontrent, s'y assemblent, et deviennent les différens corps sensibles. Avec ces deux élémens il forme tout, et tire de cette hypothèse jusqu'à la pesanteur et à la dureté des corps composés. Ailleurs il en a tiré aussi le ressort.

Un assez grand nombre de phénomènes de physique générale qu'il explique, l'amènent à la formation du soleil, des planètes, et même des comètes. Il conçoit que les comètes sont des taches du soleil, assez massives pour avoir été chassées impétueusement hors de ce grand globe de feu : elles s'élèvent jusqu'à une certaine distance, et retombent ensuite dans le soleil, qui les absorbe de nouveau et les dissout, ou les repousse encore hors de lui, s'il ne les dissout pas. On tâche présentement à aller plus loin sur la théorie des comètes, et ce ne sont plus des générations fortuites.

L'histoire des découvertes faites dans le ciel par les télescopes, appartenait asséz naturellement à la dioptrique. Hartsoëker la donne accompagnée de ses réflexions sur tant de singularités nouvelles et imprévues. Il finit par les observations du microscope, et l'on peut juger que les petits animaux qui se transforment en tous les autres, n'y sont pas oubliés.

Cet ouvrage lui attira l'estime des savans, et l'amitié de quelques uns, comme l'abbé Gallois, qui conserva toujours pour lui les mêmes sentimens. Le P. Malebranche et le marquis de l'Hôpital, qui reconnurent qu'il était bon géomètre, voulurent le gagner à la nouvelle géométrie des infiniment petits dont ils étaient pleins; mais il la jugeait peu utile pour la physique à laquelle il s'était dévoué. Il dédaignait assez par la même raison les profondeurs de l'algèbre, qui, selon lui, ne servaient à quelques savans qu'à leur procurer la gloire d'être inintelligibles pour la plupart du monde. Il est vrai qu'en ne regardant la géométrie que comme instrument de la physique, il pouvait souvent n'avoir pas besoin que l'instrument fût si fin: mais la géométrie n'est pas un pur instrument; elle a par elle-même une beauté sublime, indépendante de tout usage. S'il ne voulait pas, comme il l'a dit aussi, se laisser détourner de la physique, il avait raison de craindre les charmes de la géométrie nouvelle.

Animé par le succès de sa dioptrique, il publia, deux ans après, ses *Principes de physique* à Paris. Là, il expose avec plus d'étendue le système qu'il avait déjà donné en raccourci; et y joignant sur les différens sujets auxquels son titre l'engage, un grand nombre, soit de ses pensées particulières, soit de celles qu'il adopte, il forme un corps de physique assez complet, parce qu'il y traite presque de tout, et assez clair parce qu'il évite les grands détails, qui, en approfondissant les matières, les obscurcissent pour une grande partie des lecteurs.

Au renouvellement de l'académie en 1699, temps où il était retourné en Hollande avec sa famille, il fut nommé associé étranger: c'était le fruit de la réputation qu'il laissait à Paris. Quelques temps après, il fut aussi agrégé à la société royale de Berlin; et l'on peut remarquer que dans tous les ouvrages qu'il a imprimés depuis, il ne s'est paré ni de ces titres d'honneur, ni d'aucun autre. Il a toujours mis simplement et à l'antique *par Nicolas Hartsoëker;* bien différent de ceux qui rassemblent le plus de titres qu'ils peuvent, et qui croient augmenter leur mérite à force d'enfler leur nom.

Le feu Czar étant allé à Amsterdam pour ses grands desseins, dont nous admirons aujourd'hui les suites, demanda aux magistrats de cette ville quelqu'un qui pût l'instruire, et lui ouvrir le chemin des connaissances qu'il cherchait. Ils firent venir de Rotterdam Hartsoëker, qui n'épargna rien pour se montrer digne de ce choix, et de l'honneur d'avoir un tel disciple. Le Czar, qui prit beaucoup d'affection pour lui, voulut l'emmener en Moscovie: mais ce pays était trop éloigné, et de mœurs trop différentes; l'incertitude des événemens encore trop grande, une famille trop difficile à transporter. Messieurs d'Amsterdam, pour le dédommager en quelque sorte des dépenses qu'il avait été obligé de faire pendant sa demeure auprès du Czar, lui firent dresser une petite espèce d'observatoire sur un des bastions de leur ville. Ils savaient bien que c'était là le récompenser magnifiquement, quoiqu'à peu de frais.

Il entreprit dans cet observatoire un grand miroir ardent composé de pièces rapportées, pareil à celui dont quelques uns prétendent qu'Archimède se servit. Le Landgrave de Hesse-Cassel alla le voir travailler; et pour lui faire un honneur encore plus marqué, il alla chez lui. Comme les savans sont ordinairement trop heureux que les princes daignent les admettre à leur faire la cour, les histoires n'oublient pas les visites rendues aux savans par les princes ; elles honorent les uns et les autres, et peut-être également.

Dans le même temps, le feu électeur Palatin, Jean-Guillaume, avait jeté les yeux sur Hartsoeker, pour se l'attacher : mais, ce qui est rare, le philosophe résistait aux sollicitations de l'électeur ; et, ce qui est plus rare encore, l'électeur persévéra pendant trois ans ; et enfin, en 1704, le philosophe se résolut à s'engager dans une cour. Il fut le premier mathématicien de S. A. E., et en même temps professeur honoraire en philosophie dans l'université d'Heidelberg.

Ce n'est pas assez pour un savant attaché à un prince, d'en recevoir régulièrement, et magnifiquement même, si l'on veut, ces récompenses indispensables que reçoivent sans distinction tous ses autres officiers : il lui en faut de plus délicates ; il faut que le prince ait du goût pour les talens et pour les connaissances du savant, il faut qu'il en fasse usage ; et plus cet usage est fréquent et éclairé en même temps, plus le savant est bien payé. Hartsoeker eut ce bonheur avec son maître, qui avait beaucoup d'inclination pour la physique, et s'y appliquait plus sérieusement qu'en prince.

Le physicien prétendait même être obligé au prince d'une observation singulière, qui le fit changer de sentiment sur une matière importante. L'électeur lui apprit la reproduction merveilleuse des jambes d'écrevisse[1]. Sur cela, Hartsoeker, qui ne put concevoir que

---

[1] *Voyez* l'Histoire de 1712, pag. 35 et suiv.

cette reproduction de parties perdues ou retranchées, qui est sans exemple dans tous les animaux connus, s'exécutât par le seul mécanisme, imagina qu'il y avait dans les écrevisses une âme *plastique* ou *formatrice*, qui savait leur refaire de nouvelles jambes; qu'il devait y en avoir une pareille dans les autres animaux, et dans l'homme même; et parce que la fonction de ces âmes plastiques n'est pas de reproduire des membres perdus, il leur donna celle de former les petits animaux qui perpétuent les espèces. Ce seraient là les *natures plastiques* de M. Cudworth, qui ont eu de célèbres partisans, si ce n'était que celles-ci agissent sans connaissance, et que celles de M. Hartsoëker sont intelligentes. Ce nouveau système lui plut tant qu'il se rétracta hautement de la première pensée qu'il avait eue sur les petits animaux, et la traita lui-même de *bizarre* et d'*absurde*, termes que la plus grande sincérité d'un auteur n'emploie guère. Quant aux terribles objections qui se présentent bien vite contre les âmes plastiques, il ne se les dissimule pas; et poussé par lui-même aux dernières extrémités, il avoue de bonne foi qu'il ne sait pas de réponse. Il semble qu'il vaudrait autant n'avoir point fait de système, que d'être si promptement réduit à en venir là. Il ne s'agit que d'avouer son ignorance un peu plus tôt.

Il rassembla les discours préparés qu'il avait tenus à l'électeur, et en forma deux volumes, qui parurent en 1707 et 1708 sous le titre de *Conjectures physiques*, dédiés au prince pour qui ils avaient été faits. Cet ouvrage est dans le même goût que les *Essais de physique*, dont il ne se cache pas de répéter quelquefois des morceaux en propres termes, aussi bien que de l'*Essai de dioptrique;* car à quoi bon cette délicatesse de changer de tours et d'expressions, quand on ne change pas de pensées ?

Du Palatinat, il fit des voyages dans quelques autres pays de l'Allemagne, ou pour voir les savans, ou pour étudier l'histoire naturelle, surtout les mines. A Cassel, il trouva un verre ardent du Landgrave, fait par Tschirnhaus, de la même grandeur que celui qu'avait feu le duc d'Orléans, et tout pareil. Il répéta les expériences de Homberg, et n'eut pas le même succès à l'égard de la vitrification de l'or, dont nous avons parlé en 1702 (*pag.* 34) et en 1717 (*pag.* 30). Il est le philosophe hollandais aux objections duquel Homberg répondait en 1707. Il ne s'en est point désisté, et a toujours soutenu que ce qui se vitrifiait n'était point l'or, mais une matière sortie du charbon qui soutenait l'or dans le foyer, et mêlée peut-être avec quelques parties hétérogènes de l'or. Il niait même la vitrification d'aucun métal au verre ardent; jamais il n'avait seulement pu parvenir à celle du plomb, quelque temps qu'il y eût employé. Il est triste qu'un grand nombre d'expériences délicates soient encore incertaines. Serait-ce donc trop prétendre, que de vouloir du moins avoir des faits bien constans ?

Le Landgrave de Hesse-Cassel dit un jour à Hartsoeker, qu'il aurait bien souhaité le trouver peu content de la cour Palatine. Il répéta deux fois ce discours que Hartsoëker ne voulait pas entendre; et enfin, le prenant par la main, il lui dit : *Je ne sais si vous me comprenez.* Hartsoeker, obligé de répondre, l'assura de son respect, de sa reconnaissance, et en même temps d'une fidélité inviolable pour l'électeur. Un refus si noble à des avances si flatteuses dut le faire regretter davantage par le Landgrave.

Il alla à la cour d'Hanovre, où Leibnitz, ami né de tous les savans, le présenta à l'électeur, aujourd'hui roi d'Angleterre, et à la princesse électorale, si célèbre par son goût et par ses lumières. Il reçut un accueil très favorable; la renommée de Leibnitz rendait témoignage à son mérite.

L'électeur Palatin ayant entendu parler avec admiration du miroir ardent de Tschirnhaus, demanda à Hartsoëker s'il en pourrait faire un pareil. Celui-ci aussitôt en fit jeter trois dans la verrerie de Neubourg, de la plus belle matière qu'il fut possible. Il les eut bientôt mis dans leur perfection, et l'électeur lui en donna le plus grand, qui a trois pieds cinq pouces rhinlandiques de diamètre, et que deux hommes ont de la peine à transporter. Il est de neuf pieds de foyer, et ce foyer est parfaitement rond, et de la grandeur d'un louis d'or. Le miroir du Palais-Royal n'est pas si grand.

En 1710, il publia un volume intitulé : *Eclaircissemens sur les conjectures physiques.* Ce sont des réponses à des objections, dont il a dit depuis que la plupart étaient de Leibnitz. Dans cet ouvrage, il devient un homme presque entièrement différent de ce qu'il avait été jusqu'alors. Il n'avait jamais attaqué personne; ici il est un censeur très sévère; et c'est principalement sur les volumes donnés tous les ans par l'académie, que tombe sa censure. Il est vrai qu'il a souvent déclaré qu'il ne critiquait que ce qu'il estimait, et qu'il se tiendrait honoré de la même marque d'estime. L'académie qui ne se croit nullement irréprehensible, ne fut point offensée : elle le traita toujours comme un de ses membres, sujet seulement à quelque mauvaise humeur; et les particuliers attaqués ne voulurent point interrompre le cours de leurs occupations, pour travailler à des réponses qui le plus souvent sont négligées du public, et tout au plus soulagent un peu la vanité des auteurs.

Les *Eclaircissemens sur les conjectures physiques* eurent une *suite* assez ample, qui parut en 1712. L'auteur y étend beaucoup plus loin qu'il n'avait encore fait, le système des âmes plastiques. Dans l'homme, l'âme raisonnable donne les ordres; et une âme *végétative*, qui est la plastique, intelligente et plus intelligente que la raisonnable même, exécute dans l'instant; et non-seulement exécute les mouvemens volontaires, mais prend soin de toute l'économie animale, de la circulation des liqueurs, de la nutrition, de l'accrétion, etc.: opérations trop difficiles pour n'être l'effet que du seul mécanisme. Mais, dit-on aussitôt, cette âme raisonnable, cette âme végétative, c'est nous-mêmes : et comment faisons-nous tout cela sans en savoir rien? Hartsoëker répond par une comparaison qui du moins est assez ingénieuse : un sourd est seul dans une chambre, et il y a dans des chambres voisines des gens destinés à le servir. On lui a fait comprendre que quand il voudrait manger, il n'avait qu'à frapper avec un bâton; il frappe, et aussitôt des gens viennent qui apportent des plats. Comment peut-il concevoir que ce bruit qu'il n'a pas entendu, et dont il n'a pas l'idée, les a fait venir?

Après cela on s'attend assez à une âme végétative intelligente dans les bêtes, qui en paraissent effectivement assez dignes. On ne sera pas même trop surpris qu'il y en ait une dans les plantes, où elle réparera, comme dans les écrevisses, les parties perdues; aura attention à ne les laisser sortir de terre que par la tige; tiendra cette tige toujours verticale; fera enfin tout ce que le mécanisme n'explique pas commodément. Mais Hartsoëker ne s'en tient pas là. A ce nombre prodigieux d'intelligences répandues partout, il en ajoute qui président aux mouvemens célestes, et qu'on croyait abolies pour jamais. Ce n'est pas là le seul exemple qui fasse voir qu'aucune idée de la philosophie ancienne n'a été assez proscrite pour devoir désespérer de revenir dans la moderne.

Cette *suite des éclaircissemens* contient, outre plusieurs morceaux de physique destinés à l'usage de l'électeur, différens morceaux particuliers, qui sont presque tous des critiques qu'il fait de plusieurs auteurs célèbres, ou des réponses à des critiques qu'on lui avait faites. Surtout il répond à des journalistes dont il n'était pas content : ce sont des espèces de juges fort sujets à être pris à partie.

L'électeur Palatin mourut en 1716. Hartsoëker ne quitta point la cour Palatine, tant que l'électrice veuve, princesse de la maison de Médicis, née avec le goût héréditaire de protéger les sciences, et à laquelle il était fort attaché, demeura en Allemagne. Mais elle se retira en Italie au bout d'un an, après avoir fait ses adieux en princesse, avec des libéralités qu'elle répandit sur ses anciens courtisans. Hartsoëker n'y fut pas oublié. Dès que le Landgrave de Hesse le vit libre, il recommença à lui faire l'honneur de le solliciter : mais il se crut déjà trop avancé en âge pour prendre de nouveaux engagemens; il avait assez vécu dans une cour, et quelques agrémens qu'un philosophe y puisse avoir, il ne peut s'empêcher de sentir qu'il est dans un climat étranger. Il se transporta avec toute sa famille à Utrecht.

Ce fut là qu'il fit imprimer en 1722 un *Recueil de pièces de physique*, toutes détachées les unes des autres. Le titre annonce ensuite que le principal dessein est de faire voir *l'invalidité* du système de Newton, de ce système fondé sur la plus sublime géométrie; ou étroitement incorporé avec elle, adopté par tous les philosophes de toute une nation aussi éclairée que l'Anglaise, admiré même, et du moins respecté par ceux qui ne l'adoptent pas. Hartsoëker, sans user de petits ménagemens peu philosophiques, entre en lice avec courage, et se déclare nettement contre ces grands espaces vides où se meuvent les planètes, obligées à décrire des courbes par des gravitations ou attractions mutuelles. Il y trouve des inconvéniens qu'il ne peut digérer; et quoiqu'il ne soit rien moins que cartésien, il aime mieux ramener les tourbillons de Descartes. L'idée en est effectivement très naturelle; et de plus les mouvemens de toutes les planètes, tant principales que subalternes, dirigés en même sens, mais principalement le rapport invariable de toutes les distances à toutes les révolutions, indiquent assez fortement que tous les corps célestes qui composent le système solaire, sont assujétis à suivre le cours d'un même fluide. Il faut convenir néanmoins que les comètes qui se meuvent en tous sens, devraient trouver dans ce grand fluide une résistance qui diminuerait beaucoup leur mouvement propre, et pourrait même ne leur laisser à la fin que le mouvement général du tourbillon. Hartsoëker tâche à se tirer de cette grande difficulté par son système particulier des comètes, qui n'est pas lui-même sans difficulté.

Dans ce même recueil, il attaque trois dissertations, sur lesquelles de Mairan étant encore en province, et avant que d'être de l'académie des sciences, avait, en trois années consécutives, remporté le prix à l'académie de Bordeaux. De Mairan répondit dans le Journal des Savans en 1722. Il y convient en véritable savant de quelques fautes réelles, et par là il acquiert le droit d'être cru sur sa parole à l'égard de celles dont il ne convient pas. Hartsoëker dit dans sa préface que s'il eût eu les autres pièces, qui dans les années suivantes avaient remporté le prix de Bordeaux, il y aurait fait aussi ses remarques; il prétendait apparemment faire entendre par là qu'il n'en voulait point personnellement à de Mairan, ni à aucun auteur particulier plus qu'à tout autre : mais il peut paraître que ce discours marque quelque inclination à reprendre, et même un peu de dessein formé. Il proteste souvent, et avec un grand air de sincérité, qu'il ne prétend donner que de simples conjectures : il serait donc assez raisonnable de laisser celles des autres en paix; elles ont toutes un droit égal de se produire au jour, et souvent n'en ont guère de se combattre.

Nous passerons sous silence le reste de ce recueil : deux dissertations envoyées à l'académie pour le prix qu'elle propose tous les ans, l'une sur le principe, l'autre sur les lois du mouvement; un discours sur la peste, où il prend après le P. Kircher l'hypothèse des insectes; un traité des passions, etc. Mais nous en exceptons une pièce, à cause du grand et fameux adversaire qu'elle a pour objet, Bernoulli, dont Hartsoëker avait attaqué le sentiment sur la lumière du baromètre, exposé dans l'histoire de 1701[1].

Bernoulli fit soutenir à Bâle sur ce sujet une thèse, où l'on ne ménageait pas Hartsoëker, qui s'en ressentit vivement. Il ramasse de tous côtés les armes qui pouvaient servir sa colère ; et comme il était accusé d'en vouloir toujours aux plus grands hommes, tels que Huyghens, Leibnitz, Newton, il se justifie par en parler plus librement que jamais, peut-être pour faire valoir sa modération passée. Surtout Leibnitz, qui n'entre dans la querelle qu'à cette occasion et très incidemment, n'en est pas traité avec plus d'égard ; et son *harmonie préétablie*, ses *monades*, et quelques autres pensées particulières, sont rudement qualifiées. On croirait que les philosophes devraient être plus modérés dans leurs querelles que les poètes, les théologiens plus que les philosophes ; cependant tout est assez égal.

Après que Hartsoëker se fut établi à Utrecht, il entreprit un cours de physique auquel il a beaucoup travaillé. Il y a fait de plus un extrait entier des lettres de Leuvenhoeck, parce qu'il trouvait que dans ce livre beaucoup d'observations rares et curieuses se perdaient dans un tas de choses inutiles, qui empêcheraient peut-être qu'on ne se donnât la peine de les y aller déterrer. On doit être bien obligé à ceux qui sont capables de produire, quand ils veulent bien donner leur temps à rendre les productions d'autrui plus utiles au public.

Son application continuelle au travail altéra enfin sa santé, qui jusque-là s'était bien soutenue. Peu de temps

[1] Pag. 1 et suiv.

avant sa mort, sur quelques reproches qui lui étaient revenus de la manière dont il en avait usé à l'égard de l'académie, il voulut se justifier par une espèce d'apologie qu'il n'a pu achever entièrement. On s'imagine bien sur quoi elle roule : tout ce qu'il y dit est vrai, et il ne reste rien à lui reprocher; qu'une chose dont on ne peut le convaincre ; c'est que l'on sent dans ses critiques plus de plaisir que de besoin de critiquer : mais ce serait pousser la délicatesse trop loin, que de donner du poids à un sentiment qui peut être incertain et trompeur.

Il mourut le 10 décembre 1725. Il était vif, enjoué, officieux, d'une bonté et d'une facilité dont de faux amis ont abusé assez souvent. Ces qualités, qui s'accordent si peu avec un fonds critique, naturellement chagrin et malfaisant, sont peut-être sa meilleure apologie.

ÉLOGE

DE DELISLE.

Guillaume Delisle naquit à Paris, le dernier février 1675, de Claude Delisle, homme très célèbre par sa grande connaissance de l'histoire et de la géographie, et qui les enseignait dans Paris avec beaucoup de succès à tous ceux qui, faute de loisir, ou pour s'épargner de la peine, ou pour aller plus vite, avaient besoin d'un maître. Tous les jeunes seigneurs de son temps, et heureusement son temps a été très long, ont appris de lui. Feu le duc d'Orléans fut son disciple; et comme il se connaissait dès lors en hommes, il conserva toujours pour lui une bienveillance particulière. Delisle n'était pas de ces maîtres ordinaires, qui n'en savent qu'autant qu'il faut pour débiter à un écolier ce qu'il ne savait pas; il possédait à fond les sciences dont il faisait profession, et je l'ai assez connu pour assurer que la candeur de son caractère était telle, qu'il n'eût osé enseigner ce qu'il n'eût su que superficiellement.

Le père reconnut bientôt dans son fils toutes les dispositions qu'il pouvait souhaiter, et il était impossible que l'éducation manquât à la nature. Delisle presque enfant, à l'âge de huit ou neuf ans, avait déjà dressé et dessiné lui-même sur l'histoire ancienne des cartes que Fréret a vues, car il est bon d'avoir pour cette espèce de prodige un témoin illustre par une grande érudition. Ce fut vers la géographie que Delisle tourna toutes ses études, déterminé de ce côté-là par son inclination, aidé de toutes les connaissances, et conduit avec toute l'affection d'un père.

Communément on n'a guère d'idée de ce que c'est qu'une carte géographique, et de la manière dont elle se fait. Pour peu qu'on lise, on voit assez la différence d'une histoire à une autre du même sujet, et on juge les historiens : mais on ne regarde pas de si près à des cartes de géographie, on ne les compare point, on croit assez qu'elles sont toutes à peu près la même chose, que les modernes ne sont qu'une répétition des anciennes; et si dans l'usage on en préfère quelques unes, c'est sur la foi d'une réputation dont on n'a pas examiné les fondemens. Les besoins ordinaires ne demandent pas dans les cartes une grande exactitude. Il est vrai que pour celles qui appartiennent à la navigation, il en faut une qui ne peut être trop parfaite : mais il n'y a que les navigateurs qui sentent cette nécessité, il y va de leur vie.

Si lorsqu'un géographe entreprend de faire une carte de l'Europe, par exemple, il avait devant lui un gros recueil d'observations astronomiques bien exactes de la longitude et de la latitude de chaque lieu, la carte serait bientôt faite; tout viendrait s'y placer de soi-même à l'intersection d'un méridien et d'un parallèle connus. Jamais cette carte n'aurait besoin de correction, à moins qu'il n'arrivât des changemens physiques, qu'elle ne garantissait pas. Mais on a jusqu'ici très peu d'observations des longitudes des lieux. On ne peut guère en avoir que depuis que feu Cassini a calculé les mouvemens des satellites de Jupiter, et que l'on observe à l'académie des éclipses fixes par les planètes; car avant cela on n'avait pour les longitudes que des éclipses de lune, qui sont rares, qui jusqu'à l'invention des lunettes n'étaient pas assez bien observées, et qui même encore aujourd'hui ne donnent pas aisément des déterminations assez précises. On a toujours pu observer les latitudes, et les observations pourraient être en grande quantité; mais il faut des observateurs, et il n'y en a que depuis environ deux cents ans, et en très petit nombre, semés dans quelques villes principales de l'Europe. On n'a donc pour la carte qu'on en ferait que quelques points déterminés sûrement par observation astronomique; et où prendre tous les autres en nombre infini? On ne peut avoir recours qu'aux mesures itinéraires, aux distances des lieux, répandues en une infinité d'histoires, de voyages, de relations, d'écrits de toutes espèces, mais peu exactement; et, ce qui est encore pis, différemment presque dans tous. Il faut peser l'autorité de cette multitude de différens titres, et on ne le peut qu'avec le secours de beaucoup d'autres connaissances subsidiaires; il faut accorder les contradictions qui ne sont qu'apparentes; il faut faire un choix bien raisonné, quand elles sont réelles. Enfin les mesures comme les lieues, qui varient tant, non-seulement d'un état à un autre, mais d'un petit pays du même état à un autre voisin, doivent être si bien connues du géographe, qu'il les puisse comparer toutes entre elles, et les rapporter à une mesure commune, telle que la lieue commune de France. Tout cela est d'un détail immense, et capable de lasser la patience la plus opiniâtre. On ne plaindrait pas ceux qui emploieraient autant de temps et de travail à quelque théorie brillante, et peut-être inutile; ils seraient récompensés et par le plaisir de la production, et par un certain éclat qui frapperait le public.

Les parties des cartes qui représentent les mers, ou seulement les côtes, ont encore leurs difficultés particulières. On ne peut trop ramasser, trop comparer de journaux de pilotes et de routiers; les distances y sont marquées selon les rumbs de vents, auxquels on ne peut se fier s'ils ont été pris sans la boussole, et qu'il faut corriger si la variation de l'aiguille n'a pas été alors connue, ou ne l'a pas été exactement. Quelle ennuyeuse et fatigante discussion! Il faut être bien né géographe pour s'y engager.

Aussi n'avait-on pas pris jusqu'à présent toutes les peines nécessaires, et peut-être ne savait-on pas même assez bien toutes celles qu'il y avait à prendre. Nicolas

Sanson a été dans le siècle passé le plus fameux de nos géographes ; cette science lui doit beaucoup : cependant ses cartes étaient fort imparfaites, soit par la faute de son siècle, soit par la sienne. Il n'avait pas encore assez d'observations, et il n'avait pas assez approfondi ni assez recherché. Lorsque le temps amena de nouvelles connaissances, il aima mieux les négliger que de corriger ses premiers ouvrages par les derniers, et de mettre entre eux une discordance qui le blessait. La source de son Nil fut toujours sous le tropique du Capricorne, à 35 degrés de distance de sa véritable position, parce qu'il en avait cru Ptolomée qui en avait jugé ainsi. Sa Chine, sa Tartarie, sa terre d'Yeço s'obstinaient à demeurer mal placées et mal disposées contre le témoignage de relations indubitables.

Delisle vint dans le temps où tout semblait annoncer que la géographie allait changer de face. Le zèle de la religion et l'amour des richesses, principes bien opposés, s'accordaient à augmenter tous les jours le nombre des découvertes dans les climats lointains ; et l'astronomie, beaucoup plus parfaite que jamais, fournissait de nouveau les longitudes par les satellites de Jupiter, d'autant plus sûrement que les lieux étaient plus éloignés. Plusieurs points de la terre prenaient enfin des places qu'ils ne pouvaient plus perdre, et auxquelles les autres devaient s'assujétir.

A la fin de 1699, Delisle, âgé de vingt-cinq ans, donna ses premiers ouvrages ; une mappemonde, quatre cartes des quatre parties de la terre, et deux globes, l'un céleste, l'autre terrestre, dédiés à S. A. R. feu le duc d'Orléans ; le tout, et principalement les globes, avaient été faits sous les yeux et sous la direction de feu Cassini, ce qui seul aurait répondu de la bonté et de l'exactitude du travail.

L'ouverture du siècle présent se fit donc à l'égard de la géographie par une terre presque nouvelle que Delisle présenta. La Méditerranée, cette mer si connue de tout temps par les nations les plus savantes, toujours couverte de leurs vaisseaux, traversée de tous les sens possibles par une infinité de navigateurs, n'avait que huit cent soixante lieues d'occident en orient, au lieu de onze cent soixante qu'on lui donnait; erreur presque incroyable. L'Asie était pareillement raccourcie de cinq cents lieues ; le position de la terre d'Yeço changée de dix-sept cents. Une infinité d'autres corrections moins frappantes et moins sensibles ne surprenaient que les yeux savans ; encore Delisle avait-il jugé à propos de respecter jusqu'à un certain point les préjugés établis, et de n'user pas à toute rigueur du droit que lui donnaient ses découvertes : tant le faux s'attire d'égards par cette ancienne possession où il se trouve toujours.

Le globes et les cartes eurent une approbation générale , et un homme qui avait le titre de géographe du roi, voulut en partager le fruit par une mappemonde en quatre feuilles qu'il publia aussitôt après, fort semblable à ce qui venait de paraître. Delisle, muni d'un privilége, se plaignit en justice d'avoir été entièrement copié, à l'exception des fautes qu'on avait mises dans la nouvelle mappemonde, ou par ignorance, ou pour déguiser le larcin. Le conseil d'état privé du roi nomma deux experts en cette matière, où il y en a peu, feu Sauveur, et Chevalier, tous deux de cette académie. Le détail de l'exactitude scrupuleuse qu'ils apportèrent à cette affaire est imprimé ; ils se convainquirent parfaitement que l'adversaire de Delisle était un plagiaire. L'arrêt du conseil fut conforme à leur avis, mais le procès dura six ans. Delisle perdit à s'assurer ce qui lui était dû, une grande partie de ces six années, qu'il eût employées entières à s'enrichir utilement pour le public. Il usa généreusement de sa victoire ; il avait droit par l'arrêt de faire casser les planches du géographe condamné : il lui en laissa tout ce qui n'appartenait pas précisément à la géographie, des ornemens assez agréables, des cartouches recherchés, qui pouvaient faire ailleurs l'effet de prévenir et d'amuser les yeux de la plupart du monde.

La Méditerranée, plus courte de plus d'un quart qu'on ne l'avait cru jusques-là, avait fort étonné, et quelques uns ne se rendaient pas encore aux observations astronomiques. Delisle, pour ne laisser aucun doute, entreprit de mesurer toute cette mer, en détail et par parties, sans employer ces observations, mais seulement les portulans et les journaux de pilotes, tant de routes faites de cap en cap en suivant les terres, que de celles qui traversaient d'un bout à l'autre ; et tout cela évalué avec toutes les précautions nécessaires réduit et mis ensemble, s'accordait à donner à la Méditerranée la même étendue que les observations astronomiques dont on voulait se défier.

Il devait publier une *Introduction à la géographie*, dans laquelle il eût rendu compte de tous les changemens dont il était auteur. Il ne l'a point publiée, occupé par d'autres travaux, et cependant on s'était accoutumé peu à peu à prendre en lui une confiance qui eût pu le dispenser de ce grand appareil de preuves. Il est vrai qu'en plusieurs occasions particulières il en avait donné qui marquaient tant de capacité et d'exactitude, tout ce qui sortait de ses mains était si bien d'accord avec ce qui en était déjà sorti, que cette confiance du public ne pouvait passer pour une grâce.

Peut-être penserait-on que l'extrême difficulté des discussions géographiques, et le peu d'apparence que des critiques s'y embarquent, donnent à un géographe une liberté assez ample de régler bien des choses à son gré. Mais sur les matières les moins maniées par le gros des savans, il y a toujours, du moins si on prend toute l'Europe, un petit nombre de gens à craindre, et qui n'attendent qu'un sujet de censure, même léger. D'ailleurs un véritable savant prend un amour pour l'objet perpétuel de ses recherches, et se fait à cet égard une conscience qui ne lui permet pas d'imposer. On pouvait compter que Delisle était singulièrement dans cette disposition, il avait la candeur de son père.

Des mappemondes, des cartes générales de l'Europe, de l'Asie, de l'Afrique, de l'Amérique, ne sont que des ébauches de la représentation de la terre. Les cartes particulières demandent une nouvelle étude, et une étude d'autant plus pénible qu'elles sont plus particulières. L'objet croît toujours à mesure qu'il est regardé de plus près, et il y faut voir ce qu'on n'y considérait pas auparavant. Le nombre des matériaux nécessaires devient toujours plus accablant pour le géographe; et s'il se pique de précision, tous ceux qu'il peut recouvrer lui sont nécessaires.

Encore une difficulté qui n'appartient guère qu'à la géographie, c'est d'être fort changeante. Je ne parle pas des changemens physiques, ils sont peu considérables. Que les mers s'éloignent de leurs rivages, ou gagnent sur les terres, que de grandes rivières se fassent d'autres embouchures, qu'il naisse de nouvelles îles, un médiocre savoir embrasse sans peine ce petit nombre d'événemens rares; mais les limites civiles des royaumes, des provinces, des gouvernemens, des diocèses, sont sujettes à de grandes variations dans certains intervalles de temps, et de plus la langue de la géographie change presque absolument;. tout prend de nouveaux noms, et c'est malheureusement dans les siècles les plus ténébreux, les plus dépourvus de bons auteurs. Il n'y a personne qui n'en sache un petit nombre d'exemples : mais qu'est-ce que ce petit nombre, en comparaison de ce qu'un géographe en doit savoir? Les conquêtes des Barbares du nord dans l'Europe, celles des Arabes et des Tartares dans l'Asie, défigurèrent les anciens noms, ou les effacèrent, et leur en substituèrent d'autres; et Ptolomée ne reconnaîtrait qu'à peine aujourd'hui sur nos cartes l'empire Romain.

Delisle a embrassé la géographie dans toute son étendue; il l'a suivie dans toutes ses branches, et l'a prouvé au public par des cartes de toutes les espèces, qui sont au nombre de quatre-vingt-dix. Nous en indiquerons seulement quelques unes de chaque sorte, qui serviront d'exemples.

Une carte intitulée : *Le monde connu aux anciens*, et celle de l'Italie et de la Grèce, etc. Nous avons rapporté en 1714 [1] qu'il avait fait voir combien les mesures itinéraires des Romains étaient justes et conformes aux observations astronomiques qu'on a eues depuis, et

[1] Pag. 80 et suiv.

combien l'Italie et la Grèce étaient différentes de ce qu'elles paraissaient sur toutes les autres cartes. Par là se justifiaient certaines choses que les anciens avaient avancées, et que les modernes rendaient par leur faute trop absurdes et trop incroyables.

Une carte des évêchés d'Afrique, qui a paru au devant d'une nouvelle édition d'Optat de Milève. Elle avait toutes les difficultés de la géographie ancienne et de la géographie la plus particulière : car il y avait en Afrique plus de six cents évêchés, dont une partie n'était que de gros bourgs, et même des châteaux ; et il n'y a pas jusqu'à leurs noms qu'il ne soit souvent très mal aisé de déterminer sûrement.

Une carte de l'empire Grec du moyen âge, tirée de la description qu'en fit l'empereur Constantin Porphyrogenète dans le dixième siècle. C'est là plus que partout ailleurs qu'on trouve une langue toute nouvelle. L'empire est divisé en *thèmes*, expression inouie jusques-là ; et tout est une espèce d'énigme qui semble faite pour le supplice des géographes. Après cela il ne faut presque pas compter d'autres cartes du moyen âge, comme celle du diocèse de Toul, nommé alors *Civitas Leucorum*.

Une carte de la Perse absolument nouvelle et très détaillée. On y retrouvait enfin ce grand pays, qui jusques-là n'avait ressemblé ni aux histoires des anciens, ni aux relations des modernes. On n'avait point encore la véritable étendue ou figure de la mer Caspienne, que l'on doit aux conquêtes et aux découvertes du feu Czar[1] : mais Delisle en avait approché, autant qu'il

---

[1] *Voyez* l'Histoire de 1725, pag. 121 et suiv.

était possible, par ses seules conjectures, et par son art singulier de mettre en œuvre et de combiner tous ses différens matériaux.

Une carte d'Artois pour mettre au devant des Commentaires de Maillart sur la coutume de cette province. Qui croirait que dans les cartes d'un petit pays si proche de nous et si connu, il y avait des rivières omises, et en récompense d'autres supposées; quarante villages créés, ou du moins transportés de si loin, et avec des noms tellement défigurés, qu'ils ne pouvaient être reconnus par ceux qui demeuraient sur les lieux?

Delisle entra dans l'académie, en 1702, élève en astronomie du grand Cassini; quoiqu'il ne fût ni ne voulût être observateur : mais on compta que l'usage qu'il savait faire des observations lui devait tenir lieu de celles qu'il ne faisait pas ; et quoique dans le plan de l'académie il n'y eût point de place de géographe, on lui en laissa occuper une, qui, selon les apparences, devait redevenir après lui place d'astronome, faute d'un géographe tel que lui. Il passa ensuite au grade d'associé : mais le plus glorieux événement de sa vie a été d'être appelé pour montrer la géographie au roi. Alors il commença à faire des cartes uniquement par rapport à l'étude que ce jeune prince ferait de l'histoire. Il en dressa une générale du monde en 1720, où les cartes générales par où il avait débuté en 1700 étaient déjà rectifiées, tant parce qu'il avait acquis de nouvelles lumières, que parce qu'il avait acquis aussi plus de hardiesse à ne point ménager les préjugés ordinaires, et en même temps plus d'autorité. Les auteurs, ainsi que ceux qui gouvernent, doivent un peu se régler sur l'opinion qu'ils sentent que l'on a d'eux.

La carte de la fameuse retraite des dix mille, nécessaire pour entendre l'histoire que Xénophon en a écrite, parut en 1721. Elle lui produisait une difficulté très considérable, qu'il ne pouvait lever que par une supposition hardie, que nous avons déjà exposée au public[1]. Quelquefois les savans ne sont pas fâchés de se trouver dans ces sortes de détroits, d'où ils ne peuvent sortir qu'à force de savoir.

Dès l'an 1718, il fut honoré par brevet du titre de premier géographe du roi, que personne n'avait encore porté, ni ne porte encore après lui. Sa Majesté y joignit une pension.

Il avait entrepris plusieurs ouvrages pour le roi, une carte de l'empire d'Alexandre, dont il rendait l'étendue beaucoup moindre, et par conséquent plus vraisemblable par ce même principe paradoxe, dont il se servait pour la retraite des dix mille; l'empire des Perses sous Darius; l'empire Romain dans sa plus grande étendue; la France selon toutes ses différentes divisions, tant sous les Romains que sous les trois races de ses rois. Toutes ces cartes, particulièrement destinées à l'histoire, et aux histoires les plus intéressantes, étaient des secours et des avantages qui de l'éducation du roi devaient passer à celle des particuliers : mais ces travaux, quoiqu'apparemment fort avancés, ne sont pas finis.

On croit aussi qu'il a fort avancé une carte de la Terre-Sainte, théâtre des plus grands événemens qui aient jamais été, et qui puissent jamais être. Il y travaillait depuis long-temps avec un soin si scrupuleux

---

[1] *Voyez* l'Histoire de 1721, pag. 78 et suiv.

et si difficile à contenter, qu'il semble que la religion y eût part. Il joignit à la Terre-Sainte l'Égypte, pays très fameux et très peu connu.

Il ne paraissait presque plus d'histoire ou de voyage, que l'on ne voulût orner d'une carte de Delisle. Ces sortes de modes prouvent du moins les grandes réputations. Il avait promis une carte à l'abbé de Vertot pour son histoire de Malte qui allait paraître : il la finit le 25 janvier 1726 au matin ; et étant sorti l'après-dînée, il fut frappé dans la rue d'une apoplexie, dont il mourut le même jour sans avoir repris connaissance.

Quoique le nom d'un savant ait bien du chemin à faire pour aller jusqu'aux oreilles des têtes couronnées, et même seulement jusqu'à celle de son maître, le nom de Delisle avait frappé les puissances étrangères. Le roi de Sardaigne, alors roi de Sicile, fit examiner par d'habiles gens la carte de la Sicile publiée par cet auteur, et elle fut trouvée si exacte et si correcte, que Sa Majesté l'honora d'une lettre accompagnée d'un présent que la lettre rendait presque inutile. L'ambassadeur qui lui remit l'un et l'autre, avait ordre en même temps de faire tous ses efforts pour l'engager à passer dans les états de ce prince, où il aurait tous les avantages et tous les agrémens qu'il demanderait : mais l'amour de la patrie le retint, et peut-être aussi l'espérance qu'elle n'aurait pas l'ingratitude assez ordinaire à toute patrie. D'autres puissances lui ont fait les mêmes sollicitations. Le Czar allait le voir familièrement pour lui donner quelques remarques sur la Moscovie, et plus encore pour connaître chez lui, mieux que partout ailleurs, son propre empire.

Deux de ses frères, tous deux de cette académie, et

astronomes, ont été appelés à Pétersbourg. Un autre avait pris l'histoire pour son partage. Il est rare qu'un père savant ait quatre fils qui le soient aussi, et avec succès. Cette inclination n'a pas coutume de se communiquer tant, et encore moins le génie.

ÉLOGE

DE MALEZIEU.

Nicolas de Malezieu naquit à Paris en 1650, de Nicolas de Malezieu, écuyer, seigneur de Bray, et de Marie des Forges, originaire de Champagne. Il était encore au berceau lorsqu'il perdit son père, et il demeura entre les mains d'une mère qui avait beaucoup d'esprit ; elle ne fut pas long-temps à s'apercevoir que cet enfant méritait une bonne éducation. Il la prévenait même, et dès l'âge de quatre ans, il avait appris à lire et à écrire presque sans avoir eu besoin de maître. Il n'avait que douze ans quand il finit sa philosophie au collége des jésuites à Paris. De là il voulut aller plus loin, parce qu'il entendait parler d'une philosophie nouvelle qui faisait beaucoup de bruit. Il s'y appliqua sous Rohaut, et en même temps aux mathématiques dont elle emprunte perpétuellement le secours, qu'elle se glorifie d'emprunter.

Ces mathématiques, qui souffrent si peu qu'on se partage entre elles et d'autres sciences, lui permettaient cependant les belles-lettres, l'histoire, le grec, l'hébreu, et même la poésie, plus incompatible encore avec elles que tout le reste. Toutes les sortes de sciences se présentent à un jeune homme né avec de l'esprit ; mille hasards les font passer en revue sous ses yeux, et c'est quelque inclination particulière, ou plutôt quelque talent naturel, source de l'inclination, qui le détermine à un choix : on préfère ce que l'on sent qui promet plus de succès. De Malezieu ne fit point de choix, et il embrassa tout ; tout l'attirait également, tout lui promettait un succès égal.

Feu l'évêque de Meaux le connut à peine âgé de vingt ans, et il n'eut pas besoin de sa pénétration pour sentir le mérite du jeune homme. Ce n'était point un mérite enveloppé qui perçât difficilement au travers d'un extérieur triste et sombre ; sa facilité à entendre et à retenir lui avait épargné ces efforts et cette pénible contention, dont l'habitude produit la mélancolie ; les sciences étaient entrées dans son esprit comme dans leur séjour naturel, et n'y avaient rien gâté ; au contraire, elles s'étaient parées elles-mêmes de la vivacité qu'elles y avaient trouvée. M. de Meaux prit dès lors du goût pour sa conversation et pour son caractère.

Des affaires domestiques l'appelèrent en Champagne. Comme il était destiné à plaire aux gens de mérite, il entra dans une liaison étroite avec M. de Vialart, évêque de Châlons, aussi connu par la beauté de son esprit que par la pureté de ses mœurs ; et il se fortifia par ce commerce dans des sentimens de religion et de piété qu'il a conservés toute sa vie. Il se maria à vingt-trois ans avec demoiselle Françoise Faudelle de Faveresse ; et quoiqu'amoureux, il fit un bon mariage. Il passa dix ans en Champagne dans une douce solitude, uniquement occupé de deux passions heureuses ; car on juge bien que les livres en était une. C'est un bonheur pour les savans que leur réputation doit amener à Paris, d'avoir eu le loisir de se faire un bon fonds dans le repos d'une province : le tumulte de Paris ne permet pas assez qu'on fasse de nouvelles acquisitions, si ce n'est celle de la manière de savoir.

Le feu roi ayant chargé le duc de Montauzier et l'évêque de Meaux de lui chercher des gens de lettres propres à être mis auprès du duc du Maine, qui avait déjà le savant Chevreau pour précepteur, ils jetèrent les yeux sur de Malezieu et de Court. Tous deux furent nommés par le roi, et une seconde fois en quelque sorte par le public, lorsqu'il les connut assez. Il se trouvait entre leurs caractères toute la ressemblance, et de plus toute la différence qui peuvent servir à former une grande liaison ; car on se convient aussi par ne se pas ressembler. L'un vif et ardent, l'autre plus tranquille et toujours égal, il se réunissaient dans le même goût pour les sciences, et dans les mêmes principes d'honneur, et leur amitié n'en faisait qu'un seul homme en qui tout se trouvait dans un juste degré. Ils rencontrèrent dans le jeune prince des dispositions d'esprit et de cœur, si heureuses et si singulières, qu'on ne peut assurer qu'ils lui aient été fort utiles, principalement à l'égard des qualités de l'âme, qu'ils n'eurent guère que l'avantage de voir de plus près et avec plus d'admiration. Le roi les admettait souvent dans son particulier à la suite du duc du Maine, lorsqu'il n'était question que d'amusement ; et ces occasions si flatteuses étaient extrêmement favorables pour faire briller la vivacité, le génie et les ressources de génie de Malezieu.

La cour rassemblait alors un assez grand nombre de gens illustres par l'esprit; Racine, Despréaux, la Bruyère, Malezieu, de Court : M. de Meaux était à la tête. Ils formaient une espèce de société particulière, d'autant plus unie qu'elle était plus séparée de celle des illustres de Paris, qui ne prétendaient pas devoir reconnaître un tribunal supérieur, ni se soumettre aveuglément à des jugemens, quoique revêtus de ce nom si imposant de jugemens de la cour. Du moins avaient-ils une autorité souveraine à Versailles, et Paris même ne se croyait pas toujours assez fort pour en appeler.

M. le Prince, M. le duc, le prince de Conti, qui brillaient beaucoup aussi par l'esprit, mais qui ne doivent être comptés qu'à part, honoraient Malezieu de leur estime et de leur affection. Il devenait l'ami de quiconque arrivait à la cour avec un mérite éclatant. Il le fut, et très particulièrement de l'abbé de Fénelon, depuis archevêque de Cambray, et il n'en conserva pas moins l'amitié de M. de Meaux, lorsque ces deux grand prélats furent brouillés par une question subtile et délicate, qui ne pouvait guère être une question que pour d'habiles théologiens. On dit même que ces deux respectables adversaires le prirent souvent pour arbitre de plusieurs articles de leurs différends. Soit qu'il s'agît des procédés ou du fond, quelle idée n'avaient-ils pas ou de ses lumières, ou de sa droiture?

Quand le duc du Maine se maria, Malezieu entra dans une nouvelle carrière. Une jeune princesse, avide de savoir, et propre à savoir tout, trouva d'abord dans sa maison celui qu'il lui fallait pour apprendre tout, et elle ne manqua pas de se l'attacher particulièrement, par ce moyen infaillible que les princes ont toujours en leur disposition, par l'estime qu'elle lui fit sentir. Souvent, pour lui faire connaître les bons auteurs de l'antiquité, que tant de gens aiment mieux admirer que lire, il lui a traduit sur-le-champ, en présence de toute sa cour, Virgile, Térence, Sophocle, Euripide; et depuis ce temps là les traductions n'ont plus été nécessaires que pour une partie de ces auteurs. Il serait fort du goût de cette académie, que nous parlassions aussi des sciences plus élevées où elle voulut être conduite par le même guide; mais nous craindrions de révéler les secrets d'une si grande princesse. Il est vrai qu'on devinera bien les noms de ces sciences, mais on ne devinera pas jusqu'où elle y a pénétré.

Malezieu eut encore auprès d'elle une fonction très différente, et qui ne lui réussissait pas moins. La princesse aimait à donner chez elle des fêtes, des divertissemens, des spectacles; mais elle voulait qu'il y entrât de l'idée, de l'invention, et que la joie eût de l'esprit. Malezieu occupait ses talens moins sérieux à imaginer ou à ordonner une fête, et lui-même y était souvent acteur. Les vers sont nécessaires dans les plaisirs ingénieux; il en fournissait qui avaient toujours du feu, du bon goût, et même de la justesse, quoiqu'il n'y donnât que fort peu de temps, et ne les traitât, s'il le faut dire, que selon leur mérite. Les impromptus lui étaient assez familiers, et il a beaucoup contribué à établir cette langue à Sceaux, où le génie et la gaieté produisent assez souvent ces petits enthousiasmes soudains. En même temps il était chef des conseils du duc du Maine, à la place de d'Aguesseau et de Ficubet, conseillers d'état, qui étaient morts; il était chancelier de Dombes, premier magistrat de cette souveraineté. L'esprit même d'affaires ne s'était pas refusé à lui.

En 1696 feu le duc de Bourgogne étant venu en âge d'apprendre les mathématiques, madame de Maintenon porta le roi à confier cette partie de son éducation à Malezieu, tandis qu'il donnerait à Sauveur les deux autres enfans de France. Malezieu, assez délicat pour craindre qu'un si grand honneur ne s'accordât pas parfaitement avec l'attachement inviolable qu'il devait à M. et à madame du Maine, et rassuré par eux-mêmes sur ce scrupule, demanda du moins en grâce, que pour mieux marquer qu'il ne sortait point de son ancien engagement, il lui fût permis de ne point recevoir d'appointemens du roi.

Parmi tous les élémens de géométrie qui avaient paru jusques-là, il choisit ceux de M. Arnaud, comme les plus clairs et les mieux digérés, pour en faire le fond des leçons qu'il donnerait au duc de Bourgogne. Seulement il fit à cet ouvrage quelques additions et quelques retranchemens. Il remarqua bientôt que le jeune prince, qui surmontait avec une extrême vivacité les difficultés d'une étude si épineuse, *tombait aussi quelquefois dans l'inconvénient de vouloir passer à côté, quand il ne les emportait pas d'abord.* Pour le fixer davantage, il lui proposa d'*écrire de sa main au commencement d'une leçon ce qui lui avait été enseigné la veille.* Toutes ces leçons, écrites par le prince pendant le cours de quatre ans, et précieusement rassemblées, ont fait un corps que Boissière, bibliothécaire du duc du Maine, fit imprimer, en 1715, sous le titre d'*Elémens de géométrie de Monseigneur le duc de Bourgogne*. L'éditeur les dédie au prince même qui en est l'auteur, et n'oublie pas tout ce qui est dû au savant maître de géométrie. Il y a à la fin du livre quelques problèmes qui n'appartiennent point à des élémens résolus par la méthode analytique, et qui, selon toutes les apparences, sont de Malezieu. Il est dit sur ce sujet, qu'Archimède et les grands géomètres anciens *ont dû avoir notre analyse ou quelque méthode équivalente, parce qu'il est moralement impossible qu'ils eussent suivi, sans s'égarer, des routes aussi composées que celles qu'ils proposent*. Mais par là on leur ôte la force merveilleuse qui a été nécessaire pour suivre sans s'égarer, des routes si tortueuses, si longues et si embarrassées ; et cette force compense le mérite moderne d'avoir découvert des chemins sans comparaison plus courts et plus faciles. On veut que, pour causer plus d'admiration, ils aient caché leur secret, quoiqu'en le révélant ils eussent causé une admiration du moins égale, et qu'ils eussent en même temps infiniment avancé les sciences utiles. On veut qu'ils aient été tous également fidèles à garder ce secret, également jaloux d'une gloire qu'ils pouvaient changer contre une autre, également indifférens pour le bien public.

Au renouvellement de l'académie en 1699, Malezieu fut un des honoraires, et en 1701 il entra à l'académie française. On ne sera pas étonné qu'il fût citoyen de deux états si différens.

Il faisait, dans sa maison de Chatenay, près de Sceaux, des observations astronomiques selon la même méthode qu'elles se font à l'observatoire, où il les avait apprises de Cassini et de Maraldi, ses amis particuliers, et il les communiquait à l'académie. Une personne du plus haut rang avait part à ses observations, aussi bien qu'à celles qu'il faisait avec le microscope, dont nous avons rapporté la plus singulière en 1718[1]. S'il n'eût pas été assez savant, il eût été obligé de le devenir toujours de plus en plus pour faire sa cour, et pour suivre les progrès de qui prenait ses instructions.

Son tempérament robuste et de feu, joint à une vie réglée, lui a valu une longue santé, qui ne s'est démentie que vers les soixante-seize ans; encore n'a-ce été que par un dépérissement lent, et presque sans douleur. Il mourut d'apoplexie le 4 mars 1727, dans la soixante-dix-septième année de son âge, et la cinquante-quatrième d'un mariage toujours heureux, où l'estime et la tendresse mutuelles n'avaient point été altérées. La double louange qui en résulte sera toujours très-rare, même dans d'autres siècles que celui-ci.

Il a laissé cinq enfans vivans, trois garçons, dont l'aîné est évêque de Lavaur, le second brigadier des armées du roi, et lieutenant-général d'artillerie, et le troisième capitaine de carabiniers; et deux filles, dont l'une est mariée à M. de Messimy, premier président du parlement de Dombes, et l'autre au comte de Guiry, lieutenant-général du pays d'Aunis, et mestre de camp de cavalerie.

[1] Pag. 9.

ÉLOGE

DE NEWTON.

Isaac Newton naquit le jour de Noël V. S. de l'an 1642, à Volstrope, dans la province de Lincoln. Il sortait de la branche aînée de Jean Newton, chevalier baronnet, seigneur de Volstrope. Cette seigneurie était dans la famille depuis près de deux cents ans. Messieurs Newton s'y étaient tranportés de Westby dans la même province de Lincoln; mais ils étaient originaires de Newton dans celle de Lancastre. La mère de Newton, nommée Anne Ascough, était aussi d'une ancienne famille. Elle se remaria après la mort de son premier mari, père de Newton.

Elle mit son fils, âgé de douze ans, à la grande école de Grantham, et l'en retira au bout de quelques années, afin qu'il s'accoutumât de bonne heure à prendre connaissance de ses affaires, et à les gouverner lui-même. Mais elle le trouva si peu occupé de ce soin, si distrait par les livres, qu'elle le renvoya à Grantham pour y suivre son goût en liberté. Il le satisfit encore mieux en passant de là au collége de la Trinité dans l'université de Cambridge, où il fut reçu en 1660, à l'âge de dix-huit ans.

Pour apprendre les mathématiques, il n'étudia point Euclide, qui lui parut trop clair, trop simple, indigne de lui prendre du temps; il le savait presque avant que de l'avoir lu, et un coup-d'œil sur l'énoncé des théorèmes les lui démontrait. Il sauta tout d'un coup à des livres tels que la géométrie de Descartes et les optiques de Kepler. On lui pourrait appliquer ce que Lucain a dit du Nil, dont les anciens ne connaissaient point la source, *qu'il n'a pas été permis aux hommes de voir le Nil faible et naissant.* Il y a des preuves que Newton avait fait à vingt-quatre ans ses grandes découvertes en géométrie, et posé les fondemens de ses deux célèbres ouvrages, les *principes* et l'*optique.* Si des intelligences supérieures à l'homme ont aussi un progrès de connaissances, elles volent tandis que nous rampons; elles suppriment des milieux que nous ne parcourons qu'en nous trainant, lentement et avec effort, d'une vérité à une autre qui y touche.

Nicolas Mercator, né dans le Holstein, mais qui a passé sa vie en Angleterre, publia en 1668 sa *logarithmotechnie*, où il donnait par une suite ou série infinie la quadrature de l'hyperbole. Alors il parut pour la première fois dans le monde savant une suite de cette espèce, tirée de la nature particulière d'une courbe, avec un art tout nouveau et très délié. L'illustre Barrow, qui était à Cambridge, où était Newton, âgé de vingt-six ans, se souvint aussitôt d'avoir vu la même théorie dans les écrits du jeune homme, non pas bornée à l'hyperbole, mais étendue par des formules générales à toutes sortes de courbes, même mécaniques, à leurs quadratures, à leurs rectifications, à leurs centres de gravité, aux solides formés par leurs révolutions, aux surfaces de ces solides : de sorte que quand les déterminations étaient possibles, les suites s'arrêtaient à un certain point, ou si elles ne s'arrêtaient pas, on en avait les sommes par règles; que si les déterminations précises étaient impossibles, on en pouvait toujours approcher à l'infini, supplément le plus heureux et le plus subtil que l'esprit humain pût trouver à l'imperfection de ses connaissances. C'était une grande richesse pour un géomètre de posséder une théorie si féconde et si générale; c'était une gloire encore plus grande d'avoir inventé une théorie si surprenante et si ingénieuse : et Newton, averti par le livre de Mercator que cet habile homme était sur la voie, et que d'autres s'y pourraient mettre en le suivant, devait naturellement se presser d'étaler ses trésors pour s'en assurer la véritable propriété qui consiste dans la découverte. Mais il se contenta de la richesse, et ne se piqua point de la gloire. Il dit lui-même dans une lettre du *Commercium epistolicum*, *qu'il avait cru que son secret était entièrement trouvé par Mercator, ou le serait par d'autres, avant qu'il fût d'un âge assez mûr pour composer.* Il se laissait enlever sans regret ce qui avait dû lui promettre beaucoup de gloire, et le flatter des plus douces espérances de cette espèce; et il attendait l'âge convenable pour composer ou pour se donner au public, n'ayant pas attendu celui de faire les plus grandes choses. Son manuscrit sur les suites infinies fut simplement communiqué à Collins et à mylord Brounker, habiles en ces matières, et encore ne le fut-il que par Barrow, qui ne lui permettait pas d'être tout-à-fait aussi modeste qu'il l'eût voulu.

Ce manuscrit, tiré en 1669 du cabinet de l'auteur, porte pour titre : *Méthode que j'avais trouvée autrefois, etc.* Et quand cet *autrefois* ne serait que trois ans, il aurait donc trouvé à vingt-quatre ans toute la belle théorie des suites. Mais il y a plus : ce même manuscrit contient et l'invention et le calcul des *fluxions* ou infiniment petits, qui ont causé une si grande contestation entre Leibnitz et lui, ou plutôt entre l'Allemagne et l'Angleterre. Nous en avons fait l'histoire en 1716 [1] dans l'éloge de Leibnitz ; et quoique ce fût l'éloge de Leibnitz, nous y avons si exactement gardé la neutralité d'historien, que nous n'avons présentement rien de nouveau à dire pour Newton. Nous avons marqué expressément *que Newton était certainement inventeur, que sa gloire était en sûreté, et qu'il n'était question que de faire savoir si Leibnitz avait pris de lui cette idée*. Toute l'Angleterre en est convaincue, quoique la société royale ne l'ait pas prononcé dans son jugement, et l'ait tout au plus insinué. Newton est constamment le premier inventeur, et de plusieurs années le premier. Leibnitz, de son côté, est le premier qui ait publié ce calcul ; et s'il l'avait pris de Newton, il ressemblait du moins au Prométhée de la fable, qui déroba le feu aux dieux pour en faire part aux hommes.

En 1687, Newton se résolut enfin à se dévoiler et à révéler ce qu'il était : les *Principes mathématiques de la philosophie naturelle* parurent. Ce livre, où la plus profonde géométrie sert de base à une physique toute nouvelle, n'eut pas d'abord tout l'éclat qu'il méritait, et qu'il devait avoir un jour. Comme il est écrit très savamment, que les paroles y sont fort épargnées, qu'assez souvent les connaissances y naissent rapidement des principes, et qu'on est obligé à suppléer de soi-même tout l'entre-deux, il fallait que le public eût le loisir de l'entendre. Les grands géomètres n'y parvin-

[1] Pag. 109 et suiv.

rent qu'en l'étudiant avec soin ; les médiocres ne s'y embarquèrent qu'excités par le témoignage des grands : mais enfin, quand le livre fut suffisamment connu, tous ces suffrages qu'il avait gagnés si lentement éclatèrent de toutes parts, et ne formèrent qu'un cri d'admiration. Tout le monde fut frappé de l'esprit original qui brille dans l'ouvrage ; de cet esprit créateur, qui dans toute l'étendue du siècle le plus heureux, ne tombe guère en partage qu'à trois ou quatre hommes pris dans toute l'étendue des pays savans.

Deux théories principales dominent dans les *principes mathématiques*, celle des forces centrales, et celle de la résistance des milieux au mouvement, toutes deux presque entièrement neuves, et traitées selon la sublime géométrie de l'auteur. On ne peut plus toucher ni à l'une ni à l'autre de ces matières, sans avoir Newton devant les yeux, sans le répéter ou sans le suivre ; et si on veut le déguiser, quelle adresse pourra empêcher qu'il ne soit reconnu ?

Le rapport trouvé par Kepler entre les révolutions des corps célestes et leurs distances à un centre commun de ces révolutions, règne constamment dans tout le ciel. Si l'on imagine, ainsi qu'il est nécessaire, qu'une certaine force empêche ces grands corps de suivre pendant plus d'un instant leur mouvement naturel en ligne droite d'occident en orient, et les retire continuellement vers un centre, il suit de la règle de Kepler, que cette force qui sera centrale, ou plus particulièrement *centripète*, aura sur un même corps une action variable selon les différentes distances à ce centre, et cela dans la raison renversée des carrés de ces distances ; c'est-à-dire, par exemple, que si ce corps était deux fois plus éloigné du centre de sa révolution, l'action de la force centrale sur lui en serait quatre fois plus faible. Il paraît que Newton est parti de là pour toute sa physique du monde pris en grand. Nous pouvons supposer aussi ou feindre qu'il a d'abord considéré la lune, parce quelle a la terre pour centre de son mouvement.

Si la lune perdait toute l'impulsion, toute la tendance qu'elle a pour aller d'occident en orient en ligne droite; et qu'il ne lui restât que la force centrale qui la porte vers le centre de la terre, elle obéirait donc uniquement à cette force, en suivrait uniquement la direction, et viendrait en ligne droite vers le centre de la terre. Son mouvement de révolution étant connu, Newton démontre par ce mouvement, que dans la première minute de sa descente elle décrirait 15 pieds de Paris. Sa distance de la terre est de 60 demi-diamètres de la terre : donc si la lune était à la surface de la terre, sa force serait augmentée selon le carré de 60, c'est-à-dire qu'elle serait 3600 fois plus puissante, et que la lune dans une minute décrirait 3600 fois 15 pieds.

Maintenant, si l'on suppose que la force qui agissait sur la lune soit la même que celle que nous appelons pesanteur dans les corps terrestres, il s'ensuivra du système de Galilée, que la lune, qui à la surface de la terre parcourait 3600 fois quinze pieds en une minute, devrait parcourir aussi quinze pieds dans la première soixantième partie, ou dans la première seconde de cette minute. Or, on sait par toutes les expériences, et on n'a pu les faire qu'à très petites distances de la surface de la terre, que les corps pesans tombent de quinze pieds dans la première seconde de leur chute.

Ils sont donc, quand nous éprouvons la durée de leurs chutes, dans le même cas précisément que si ayant fait autour de la terre, avec la même force centrale que la lune, la même révolution, et à la même distance, ils se trouvaient ensuite tout près de la surface de la terre ; et s'ils sont dans le cas où serait la lune, la lune est dans le même cas où ils sont, et n'est retirée à chaque instant vers la terre que par la même pesanteur. Une conformité si exacte d'effets, ou plutôt cette parfaite identité, ne peut venir que de celle des causes.

Il est vrai que dans le système de Galilée, qu'on a suivi ici, la pesanteur est constante, et que la force centrale de la lune ne l'est pas dans la démonstration même qu'on vient de donner. Mais la pesanteur peut bien ne paraître constante, ou, pour mieux dire, elle ne le paraît dans toutes nos expériences, qu'à cause que la plus grande hauteur d'où nous puissions voir tomber des corps, n'est rien par rapport à la distance de 1500 lieues où ils sont tous du centre de la terre. Il est démontré qu'un boulet de canon tiré horizontalement, décrit dans l'hypothèse de la pesanteur constante une parabole terminée à un certain point par la rencontre de la terre ; mais que s'il était tiré d'une hauteur qui pût rendre sensible l'inégalité d'action de la pesanteur, il décrirait au lieu de la parabole une ellipse, dont le centre de la terre serait un des foyers, c'est-à-dire qu'il ferait exactement ce que fait la lune.

Si la lune est pesante à la manière des corps terrestres, si elle est portée vers la terre par la même force qui les y porte, si, selon l'expression de Newton, elle pèse sur la terre, la même cause agit dans tout ce merveilleux assemblage de corps célestes : car toute la nature est une ; c'est partout la même disposition, partout des ellipses décrites par des corps dont le mouvement se rapporte à un corps placé dans des foyers. Les satellites de Jupiter pèsent sur Jupiter comme la lune sur la terre, les satellites de Saturne sur Saturne, toutes les planètes ensemble sur le soleil.

On ne sait point en quoi consiste la pesanteur, et Newton lui-même l'a ignoré. Si la pesanteur agit par impulsion, on conçoit qu'un bloc de marbre qui tombe, peut être poussé vers la terre sans que la terre soit aucunement poussée vers lui ; et en un mot tous les centres auxquels se rapportent les mouvemens causés par la pesanteur, pourront être immobiles. Mais si elle agit par attraction, la terre ne peut attirer le bloc de marbre, sans que ce bloc n'attire aussi la terre. Pourquoi cette vertu attractive serait-elle plutôt dans certains corps que dans d'autres ? Newton pose toujours l'action de la pesanteur réciproque dans tous les corps, et proportionnelle seulement à leurs masses ; par là il semble déterminer la pesanteur à être réellement une attraction. Il n'emploie à chaque moment que ce mot pour exprimer la force active des corps ; force, à la vérité, inconnue, et qu'il ne prétend pas définir ; mais si elle pouvait agir aussi par impulsion, pourquoi ce terme plus clair n'aurait-il pas été préféré ? Car on conviendra qu'il n'était guère possible de les employer tous deux indifféremment ; ils sont trop opposés. L'usage perpétuel du mot d'attraction, soutenu d'une grande autorité, et peut-être aussi de l'inclination qu'on croit sentir à Newton pour la chose même, familiarise du moins les lecteurs avec une idée proscrite par les cartésiens, et dont tous les autres philosophes avaient ratifié la condamnation ; il faut être présentement sur ses gardes pour ne lui pas imaginer quelque réalité : on est exposé au péril de croire qu'on l'entend.

Quoi qu'il en soit, tous les corps, selon Newton, pèsent les uns sur les autres, ou s'attirent en raison de leurs masses ; et quand ils tournent autour d'un centre commun, dont par conséquent ils sont attirés, et qu'ils attirent, leurs forces attractives varient dans la raison renversée des carrés de leurs distances à ce centre ; et si tous ensemble avec leur centre commun tournent autour d'un autre centre commun à eux et à d'autres, ce sont encore de nouveaux rapports qui font une étrange complication. Ainsi chacun ds cinq satellites de Saturne pèse sur les quatre autres, et les quatre autres sur lui ; tous les cinq pèsent sur Saturne, et Saturne sur eux : le tout ensemble pèse sur le soleil, et le soleil sur ce tout. Quelle géométrie a été nécessaire pour débrouiller ce chaos de rapports ! Il paraît téméraire de l'avoir entrepris ; et on ne peut voir sans étonnement que d'une théorie si abstraite, formée de plusieurs théories particulières, toutes très difficiles à manier, il naisse nécessairement des conclusions toujours conformes aux faits établis par l'astronomie.

Quelquefois même ces conclusions semblent deviner des faits auxquels les astronomes ne se seraient pas attendus. On prétend depuis un temps, et surtout en Angleterre, que quand Jupiter et Saturne sont entre eux dans leur plus grande proximité, qui est de 165 millions de lieues, leurs mouvemens ne sont plus de la même régularité que dans le reste de leurs cours ; et le système de Newton en donne tout d'un coup la cause qu'aucun autre système ne donnerait. Jupiter et Saturne s'attirent plus fortement l'un l'autre, parce qu'ils sont plus proches; et par là, la régularité du reste de leur cours est sensiblement troublée. On peut aller jusqu'à déterminer la quantité et les bornes de ce déréglement.

La lune est la moins régulière des planètes; elle échappe assez souvent aux tables les plus exactes, et fait des écarts dont on ne connaît point les principes. Halley, que son profond savoir en mathématiques n'empêche pas d'être bon poète, dit dans des vers latins, qu'il a mis au devant des *principes* de Newton, que la *lune jusques-là ne s'était point laissée assujétir au frein des calculs, et n'avait été domptée par aucun astronome;* mais qu'elle l'est enfin dans le nouveau système. Toutes les bizarreries de son cours y deviennent d'une nécessité qui les fait prédire; et il est difficile qu'un système où elles prennent cette forme, ne soit qu'un système heureux, surtout si on ne les regarde que comme une petite partie d'un tout, qui embrasse avec le même succès une infinité d'autres explications. Celle du flux et du reflux s'offre si naturellement par l'action de la lune sur les mers, combinée avec celle du soleil, que ce merveilleux phénomène semble en être dégradé.

La seconde des deux grandes théories sur lesquelles roule le livre des *principes*, est celle de la résistance des milieux au mouvement, qui doit entrer dans les principaux phénomènes de la nature, tels que les mouvemens des corps célestes, la lumière, le son. Newton établit à son ordinaire sur une très profonde géométrie ce qui doit résulter de cette résistance, selon toutes les causes qu'elle peut avoir, la densité du milieu, la vitesse du corps mu, la grandeur de sa surface ; et il arrive enfin à des conclusions qui détruisent les tourbillons de Descartes, et renversent ce grand édifice céleste qu'on aurait cru inébranlable. Si les planètes se meuvent autour du soleil dans un milieu quel qu'il soit, dans une matière éthérée qui remplit tout, et qui, quelque subtile quelle soit, n'en résistera pas moins, ainsi qu'il est démontré, comment les mouvemens des planètes n'en sont-ils pas perpétuellement et même promptement affaiblis ? Surtout comment les comètes traversent-elles les tourbillons librement en tous sens, quelquefois avec des directions de mouvemens contraires aux leurs, sans en recevoir nulle altération sensible dans leurs mouvemens, de quelque longue durée qu'ils puissent être ? Comment ces torrens immenses et d'une rapidité presque incroyable n'absorbent-ils pas en peu d'instans tout le mouvement particulier d'un corps qui n'est qu'un atôme par rapport à eux, et ne le forcent-ils pas à suivre leur cours ?

Les corps célestes se meuvent donc dans un grand vide, si ce n'est que leurs exhalaisons et les rayons de lumière, qui forment ensemble mille entrelacemens différens, mêlent un peu de matière à des espaces immatériels presque infinis. L'attraction et le vide, bannis de la physique de Descartes, et bannis pour jamais selon les apparences, y reviennent ramenés par Newton, armés d'une force toute nouvelle dont on ne les croyait pas capables, et seulement peut-être un peu déguisés.

Les deux grands hommes qui se trouvent dans une si grande opposition, ont eu de grands rapports. Tous deux ont été des génies du premier ordre, nés pour dominer sur les autres esprits, et pour fonder des empires. Tous deux géomètres excellens, ont vu la nécessité de transporter la géométrie dans la physique. Tous deux ont fondé leur physique sur une géométrie qu'ils ne tenaient presque que de leurs propres lumières. Mais l'un, prenant un vol hardi, a voulu se placer à la source de tout, se rendre maître des premiers principes par quelques idées claires et fondamentales, pour n'avoir plus qu'à descendre aux phénomènes de la nature comme à des conséquences nécessaires. L'autre, plus timide ou plus modeste, a commencé sa marche par s'appuyer sur les phénomènes pour remonter aux principes inconnus, résolu de les admettre, quels que les pût donner l'enchaînement des conséquences. L'un part de ce qu'il entend nettement pour trouver la cause de ce qu'il voit; l'autre part de ce qu'il voit pour en trouver la cause, soit claire, soit obscure. Les principes évidens de l'un ne le conduisent pas toujours aux phénomènes tels qu'ils sont, les phénomènes ne conduisent pas toujours l'autre à des principes assez évidens. Les bornes qui dans ces deux routes contraires ont pu arrêter deux hommes de cette espèce, ce ne sont pas les bornes de leur esprit, mais celles de l'esprit humain.

En même temps que Newton travaillait à son grand ouvrage des *principes*, il en avait un autre entre les mains, aussi original, aussi neuf, moins général par son titre, mais aussi étendu par la manière dont il devrait traiter un sujet particulier. C'est l'*Optique* ou *Traité de la lumière et des couleurs*, qui parut pour la première fois en 1704. Il avait fait pendant le cours de trente années les expériences qui lui étaient nécessaires.

L'art de faire des expériences porté à un certain degré, n'est nullement commun. Le moindre fait qui s'offre à nos yeux, est compliqué de tant d'autres faits qui le composent ou le modifient, qu'on ne peut sans une extrême adresse démêler tout ce qui y entre, ni même sans une sagacité extrême soupçonner tout ce qui peut y entrer. Il faut décomposer le fait dont il s'agit, en d'autres qui ont eux-mêmes leur composition ; et quelquefois, si l'on n'avait bien choisi sa route, on s'engagerait dans des labyrinthes d'où l'on ne sortirait pas. Les faits primitifs et élémentaires semblent nous avoir été cachés par la nature avec autant de soin que les causes ; et quand on parvient à les voir, c'est un spectacle tout nouveau et entièrement imprévu.

L'objet perpétuel de *l'optique* de Newton est l'anatomie de la lumière. L'expression n'est point trop hardie, ce n'est que la chose même. Un très petit rayon de lumière qu'on laisse entrer dans une chambre parfaitement obscure, mais qui ne peut être si petit qu'il ne soit encore un faisceau d'une infinité de rayons, est divisé, disséqué, de façon que l'on a les rayons élémentaires qui le composaient séparés les uns des autres, et teints chacun d'une couleur particulière, qui, après cette séparation, ne peut plus être altérée. Le blanc dont était le rayon total avant la dissection, résultait du mélange de toutes les couleurs particulières des rayons primitifs. La séparation de ces rayons était si difficile, que quand Mariotte l'entreprit sur les premiers bruits des expériences de Newton, il la manqua, lui qui avait tant de génie pour les expériences, et qui a si bien réussi sur tant d'autres sujets.

On ne séparerait jamais les rayons primitifs et colorés, s'ils n'étaient de leur nature tels qu'en passant par le même lieu, par le même prisme de verre, ils se rompent sous différens angles, et par là se démêlent quand ils sont reçus à des distances convenables. Cette différente réfrangibilité des rayons rouges, jaunes, verts, bleus, violets, et de toutes les couleurs intermédiaires en nombre infini, propriété qu'on n'avait jamais soupçonnée, et à laquelle on ne pouvait guère être conduit par aucune conjecture, est la découverte fondamentale du traité de Newton. La différente réfrangibilité amène la différente réflexibilité. Il y a plus : les rayons qui tombent sous le même angle sur une surface, s'y rompent et réfléchissent alternativement; espèce de jeu qui n'a pu être aperçu qu'avec des yeux extrêmement fins et bien aidés par l'esprit. Enfin, et sur ce point seul, la première idée n'appartient pas à Newton; les rayons qui passent près des extrémités d'un corps sans le toucher, ne laisse pas de s'y détourner de la ligne droite, ce qu'on appelle *inflexion*. Tout cela ensemble forme un corps d'*optique* si neuf, qu'on pourra désormais regarder cette science comme presque entièrement due à l'auteur.

Pour ne pas se borner à des spéculations qu'on traite quelquefois injustement d'oisives, il a donné dans cet ouvrage l'invention et le dessin d'un télescope par réflexion, qui n'a été bien exécuté que long-temps après. On a vu ici que ce télescope n'ayant que deux pieds et demi de longueur, faisait autant d'effet qu'un bon télescope ordinaire de huit ou neuf pieds; avantage très-considérable, et dont apparemment on connaîtra mieux encore à l'avenir toute l'étendue.

Une utilité de ce livre, aussi grande peut-être que celle qu'on tire du grand nombre de connaissances nouvelles dont il est plein, est qu'il fournit un excellent modèle de l'art de se conduire dans la philosophie expérimentale. Quand on voudra interroger la nature par les expériences et les observations, il la faudra interroger, comme Newton, d'une manière aussi adroite et aussi pressante. Des choses qui se dérobent presque à la recherche pour être trop déliées, il les sait réduire à souffrir le calcul, et un calcul qui ne demande pas seulement le savoir des bons géomètres, mais encore plus une dextérité particulière. L'application qu'il fait de sa géométrie a autant de finesse que sa géométrie a de sublimité.

Il n'a pas achevé son *optique*, parce que des expériences dont il avait encore besoin furent interrompues, et qu'il n'a pu les reprendre. Les pierres d'attente qu'il a laissées à cet édifice imparfait, ne pourront guère être employées que par des mains aussi habiles que celles du premier architecte. Il a du moins mis sur la voie, autant qu'il a pu, ceux qui voudront continuer son ouvrage, et même il leur trace un chemin pour passer de l'optique à une physique entière. Sous la forme de *doutes* ou de *questions à éclaircir*, il propose un grand nombre de vues qui aideront les philosophes à venir, ou du moins feront l'histoire toujours curieuse des pensées d'un grand philosophe.

L'attraction domine dans ce plan abrégé de physique. La force, qu'on appelle *dureté* des corps, est l'attraction mutuelle de leurs parties, qui les serre les unes contre les autres ; et si elles sont de figure à se pouvoir toucher par toutes leurs faces sans laisser d'interstices, les corps sont parfaitement durs. Il n'y a de cette espèce que de petits corps primordiaux et inaltérables, élémens de tous les autres. Les fermentations ou effervescences chimiques, dont le mouvement est si violent, qu'on les pourrait quelquefois comparer à des tempêtes, sont des effets de cette puissante attraction, qui n'agit entre les petits corps qu'à de petites distances.

En général, il conçoit que l'attraction est le principe agissant de toute la nature, et la cause de tous les mouvemens. Car si une certaine quantité de mouvemens une fois imprimés par les mains de Dieu ne faisait ensuite que se distribuer différemment selon les lois du choc, il paraît qu'il périrait toujours du mouvement par les chocs contraires sans qu'il en pût renaître, et que l'univers tomberait assez promptement dans un repos qui serait la mort générale de tout. La vertu de l'attraction toujours subsistante, et qui ne s'affaiblit point en s'exerçant, est une ressource perpétuelle d'action et de vie. Encore peut-il arriver que les effets de cette vertu viennent enfin à se combiner de façon que le système de l'univers se déréglerait, *et qu'il demanderait*, selon Newton, *une main qui y retouchât*.

Il déclare bien nettement qu'il ne donne cette attraction que pour une cause qu'il ne connaît point, et dont seulement il considère, compare et calcule les effets ; et pour se sauver du reproche de rappeler les *qualités occultes* des scolastiques, il dit qu'il n'établit que des qualités *manifestes* et très sensibles par les phénomènes : mais qu'à la vérité les causes de ces qualités sont *occultes*, et qu'il en laisse la recherche à d'autres philosophes. Mais ce que les scolastiques appelaient qualités occultes n'étaient-ce pas des causes? Ils voyaient bien aussi les effets. D'ailleurs ces causes occultes que Newton n'a pas trouvées, croyait-il que d'autres les trouvassent? S'engagera-t-on avec beaucoup d'espérance à les chercher?

Il mit à la fin de *l'optique* deux traités de pure géométrie, l'un de la *quadrature des courbes*, l'autre un *dénombrement des lignes* qu'il appelle du *troisième ordre*. Il les en a retranchés depuis, parce que le sujet en était trop différent de celui de l'optique; et on les a imprimés à part en 1711 avec une *analyse par les équations infinies*, et *la méthode différentielle*. Ce ne serait plus rien dire que d'ajouter ici qu'il brille dans tous ses ouvrages une haute et fine géométrie qui lui appartient entièrement.

Absorbé dans ces spéculations, il devait naturellement être indifférent pour les affaires, et incapable de les traiter. Cependant lorsqu'en 1687, année de la publication de ses *principes*, les priviléges de l'université de Cambridge, où il était professeur en mathématiques dès l'an 1669, par la démission de Barrow en sa faveur, furent attaqués par le roi Jacques II, il fut un des plus zélés à les soutenir, et son université le nomma pour être un de ses délégués pardevant la cour de *haute-commission*. Il en fut aussi le membre représentant dans le parlement de *convention* en 1688, et il y tint séance jusqu'à ce qu'il fût dissous.

En 1696, le comte de Halifax, chancelier de l'Échiquier, et grand protecteur des savans, car les seigneurs anglais ne se piquent pas de l'honneur d'en faire peu de cas, et souvent le sont eux-mêmes, obtint du roi

Guillaume de créer Newton *garde des monnaies* ; et dans cette charge il rendit des services importans à l'occasion de la grande refonte qui se fit en ce temps là. Trois ans après il fut *maître de la monnaie*, emploi d'un revenu très considérable, et qu'il a possédé jusqu'à sa mort.

On pourrait croire que sa charge de la Monnaie ne lui convenait que parce qu'il était excellent géomètre et physicien : et en effet cette matière demande souvent des calculs difficiles, et quantité d'expériences chimiques ; et il a donné des preuves de ce qu'il pouvait en ce genre, par sa *table des essais des monnaies étrangères*, imprimée à la fin du livre du docteur Arbuthnott. Mais il fallait que son génie s'étendît jusqu'aux affaires purement politiques, et où il n'entrait nul mélange des sciences spéculatives. A la convocation du parlement de 1701, il fut choisi de nouveau membre de cette assemblée pour l'université de Cambridge. Après tout, c'est peut-être une erreur de regarder les sciences et les affaires comme si incompatibles, principalement pour les hommes d'une certaine trempe. Les affaires politiques bien entendues se réduisent elles-mêmes à des calculs très fins, et à des combinaisons délicates, que les esprits accoutumés aux hautes spéculations saisissent plus facilement et plus sûrement, dès qu'ils sont instruits des faits, et fournis des matériaux nécessaires.

Newton a eu le bonheur singulier de jouir pendant sa vie de tout ce qu'il méritait, bien différent de Descartes qui n'a reçu que des honneurs posthumes. Les Anglais n'en honorent pas moins les grands talens, pour être nés chez eux. Loin de chercher à les rabaisser par des critiques injurieuses, loin d'applaudir à l'envie qui les attaque, ils sont tous de concert à les élever; et cette grande liberté, qui les divise sur les points les plus importans, ne les empêche point de se réunir sur celui là. Ils sentent tous combien la gloire de l'esprit doit être précieuse à un état ; et qui peut la procurer à leur patrie, leur devient infiniment cher.

Tout les savans d'un pays qui en produit tant, mirent Newton à leur tête par une espèce d'acclamation unanime : ils le reconnurent pour chef et pour maître; un rebelle n'eût osé s'élever, on n'eût pas souffert même un médiocre admirateur. Sa philosophie a été adoptée par toute l'Angleterre; elle domine dans la société royale, et dans tous les excellens ouvrages qui en sont sortis, comme si elle était déjà consacrée par le respect d'une longue suite de siècles. Enfin, il a été révéré au point que la mort ne pouvait plus lui produire de nouveaux honneurs : il a vu son apothéose. Tacite qui a reproché aux Romains leur extrême indifférence pour les grands hommes de leur nation, eût donné aux Anglais la louange tout opposée. En vain les Romains se seraient-ils excusés sur ce que le grand mérite leur était devenu familier; Tacite leur eût répondu que le grand mérite n'était jamais commun, ou que même il faudrait, s'il était possible, le rendre commun par la gloire qui y serait attachée.

En 1703, Newton fut élu président de la société royale, et l'a été sans interruption jusqu'à sa mort pendant vingt-trois ans; exemple unique, et dont on n'a pas cru devoir craindre les conséquences.

La reine Anne le fit chevalier en 1705; titre d'honneur qui marque du moins que son nom était allé jusqu'au trône, où les noms les plus illustres en ce genre ne parviennent pas toujours.

Il fut plus connu que jamais à la cour sous le roi George. La princesse de Galles, aujourd'hui reine d'Angleterre, avait assez de lumières et de connaissances pour interroger un homme tel que lui, et pour ne pouvoir être satisfaite que par lui. Elle a souvent dit publiquement qu'elle se tenait heureuse de vivre de son temps, et de le connaître. Dans combien d'autres siècles et dans combien d'autres nations aurait-il pu être placé sans y retrouver une princesse de Galles?

Il avait composé un ouvrage de chronologie ancienne, qu'il ne songeait point à publier : mais cette princesse, à qui il en confia les vues principales, les trouva si neuves et si ingénieuses, qu'elle voulut avoir un précis de tout l'ouvrage, qui ne sortirait jamais de ses mains, et qu'elle posséderait seule. Elle le garde encore aujourd'hui avec tout ce qu'elle a de plus précieux. Il s'en échappa cependant une copie : il était difficile que la curiosité, excitée par un morceau singulier de Newton, n'usât de toute son adresse pour pénétrer jusqu'à ce trésor; et il est vrai qu'il faudrait être bien sévère pour la condamner. Cette copie fut apportée en France par celui qui était assez heureux pour l'avoir, et l'estime qu'il en faisait l'empêcha de la garder avec le dernier soin. Elle fut vue, traduite, et enfin imprimée.

Le point principal du système chronologique de Newton, tel qu'il paraît dans cet extrait qu'on a de lui, est de rechercher, en suivant avec beaucoup de subtilité quelques traces assez faibles de la plus ancienne astronomie grecque, quelle était au temps de

Chiron le centaure la position du colure des équinoxes par rapport aux étoiles fixes. Comme on sait aujourd'hui que ces étoiles ont un mouvement en longitude d'un degré en soixante-douze ans, si on sait une fois qu'au temps de Chiron le colure passait par certaines fixes, on saura, en prenant leur distance à celles par où il passe aujourd'hui, combien de temps s'est écoulé depuis Chiron jusqu'à nous. Chiron était du fameux voyage des Argonautes, ce qui en fixera l'époque, et nécessairement ensuite celle de la guerre de Troie, deux grands événemens d'où dépend toute l'ancienne chronologie. Newton les met de cinq cents ans plus proches de l'ère chrétienne, que ne font ordinairement les autres chronologistes. Le système a été attaqué par deux savans Français. On leur reproche en Angleterre de n'avoir pas attendu l'ouvrage entier, et de s'être pressés de critiquer. Mais cet empressement même ne fait-il pas honneur à Newton? Ils se sont saisis le plus promptement qu'ils ont pu de la gloire d'avoir un pareil adversaire. Ils en vont trouver d'autres en sa place. Le célèbre Halley, premier astronome du roi de la Grande-Bretagne, a déjà écrit pour soutenir toute l'astronomique du système: son amitié pour l'illustre mort, et ses grandes connaissances dans la matière, doivent le rendre redoutable. Mais enfin, la contestation n'est pas terminée : le public, peu nombreux, qui est en état de juger, ne l'a pas encore fait; et quand il arriverait que les plus fortes raisons fussent d'un côté, et de l'autre le nom de Newton, peut-être ce public serait-il quelque temps en suspens, et peut-être serait-il excusable.

Dès que l'académie des sciences, par le règlement de

1699, put choisir des associés étrangers, elle ne manqua pas de se donner Newton. Il entretint toujours commerce avec elle, en lui envoyant tout ce qui paraissait de lui. C'étaient ses anciens travaux, ou qu'il faisait réimprimer, ou qu'il donnait pour la première fois. Depuis qu'il fut employé à la Monnaie, ce qui était arrivé déjà quelque temps auparavant, il ne s'engagea plus dans aucune entreprise considérable de mathématiques ni de philosophie. Car, quoique l'on pût compter pour une entreprise considérable la solution du fameux problème des *trajectoires*, proposé aux Anglais comme un défi par Leibnitz pendant sa contestation avec eux, et recherché bien soigneusement pour l'embarras et la difficulté, ce ne fut presque qu'un jeu pour Newton. On assure qu'il reçut ce problème à quatre heures du soir, revenant de la Monnaie fort fatigué, et ne se coucha point qu'il n'en fût venu à bout. Après avoir servi si utilement dans les connaissances spéculatives toute l'Europe savante, il servit uniquement sa patrie dans des affaires dont l'utilité était plus sensible et plus directe, plaisir touchant pour tout bon citoyen : mais tout le temps qu'il avait libre ; il le donnait à la curiosité de son esprit, qui ne se faisait point une gloire de dédaigner aucune sorte de connaissance, et savait se nourrir de tout. On a trouvé de lui, après sa mort, quantité d'écrits sur l'antiquité, sur l'histoire, sur la théologie même si éloignée des sciences par où il est connu. Il ne se permettait, ni de passer des momens oisifs sans s'occuper, ni de s'occuper légèrement et avec une faible attention.

Sa santé fut toujours ferme et égale jusqu'à l'âge de quatre-vingts ans, circonstance très essentielle du rare bonheur dont il a joui. Alors il commença à être incommodé d'une incontinence d'urine ; encore dans les cinq années suivantes qui précédèrent sa mort, eût-il de grands intervalles de santé, ou d'un état fort tolérable, qu'il se procurait par le régime et par des attentions dont il n'avait pas eu besoin jusques-là. Il fut obligé de se reposer de ses fonctions à la Monnaie sur M. Conduitt, qui avait épousé une de ses nièces ; il ne s'y résolut que parce qu'il était bien sûr de remettre en bonnes mains un dépôt si important et si délicat. Son jugement a été confirmé depuis sa mort par le choix du roi, qui a donné cette place à Conduitt. Newton ne souffrit beaucoup que dans les derniers vingt jours de sa vie. On jugea sûrement qu'il avait la pierre et qu'il n'en pouvait revenir. Dans des accès de douleur si violens que les gouttes de sueur lui en coulaient sur le visage, il ne poussa jamais un cri, ni ne donna aucun signe d'impatience ; et dès qu'il avait quelques momens de relâche, il souriait et parlait avec sa gaieté ordinaire. Jusques-là il avait toujours lu ou écrit plusieurs heures par jour. Il lut les gazettes le samedi 18 mars V. S. au matin, et parla long-temps avec le docteur Méad, médecin célèbre. Il possédait parfaitement tous ses sens et tout son esprit ; mais le soir il perdit absolument la connaissance, et ne la reprit plus ; comme si les facultés de son âme n'avaient été sujettes qu'à s'éteindre totalement, et non pas à s'affaiblir. Il mourut le lundi suivant 20 mars, âgé de quatre-vingt-cinq ans.

Son corps fut exposé sur un lit de parade dans la chambre de Jérusalem, endroit d'où l'on porte au lieu de leur sépulture les personnes du plus haut rang, et quelquefois les têtes couronnées. On le porta dans l'abbaye de Westminster, le poêle étant soutenu par milord grand-chancelier, par les ducs de Montrose et Roxburgh, et par les comtes de Pembrocke, de Sussex et de Maclesfield. Ces six pairs d'Angleterre qui firent cette fonction solennelle, font assez juger quel nombre de personnes de distinction grossirent la pompe funèbre. L'évêque de Rochester fit le service, accompagné de tout le clergé de l'église. Le corps fut enterré près de l'entrée du chœur. Il faudrait presque remonter chez les anciens Grecs, si l'on voulait trouver des exemples d'une aussi grande vénération pour le savoir. La famille de Newton imite encore la Grèce de plus près par un monument qu'elle lui a fait élever, et auquel elle a employé une somme considérable.

Le doyen et le chapitre de Westminster ont permis qu'on le construisît dans un endroit de l'abbaye qui a souvent été refusé à la plus haute noblesse. La patrie et la famille ont fait éclater pour lui la même reconnaissance, que s'il les avait choisies.

Il avait la taille médiocre, avec un peu d'embonpoint dans ses dernières années, l'œil fort vif et fort perçant; la physionomie agréable et vénérable en même temps, principalement quand il ôtait sa perruque, et laissait voir une chevelure toute blanche, épaisse et bien fournie. Il ne se servit jamais de lunettes, et ne perdit qu'une seule dent pendant toute sa vie. Son nom doit justifier ces petits détails.

Il était né fort doux, et avec un grand amour pour la tranquillité. Il aurait mieux aimé être inconnu, que de voir le calme de sa vie troublé par ces orages littéraires que l'esprit et la science attirent à ceux qui s'élèvent trop. On voit par une de ses lettres du *Commer-*

cium epistolicum, que son traité d'optique étant prêt à imprimer, des objections prématurées qui s'élevèrent lui firent abandonner alors ce dessein. *Je me reprocherais*, dit-il, *mon imprudence de perdre une chose aussi réelle que le repos, pour courir après une ombre.* Mais cette ombre ne lui a pas échappé dans la suite; il ne lui en a pas coûté son repos qu'il estimait tant, et elle a eu pour lui autant de réalité que ce repos même.

Un caractère doux promet naturellement de la modestie, et on atteste que la sienne s'est toujours conservée sans altération, quoique tout le monde fût conjuré contre elle. Il ne parlait jamais ou de lui ou des autres; il n'agissait jamais d'une manière à faire soupçonner aux observateurs les plus malins le moindre sentiment de vanité. Il est vrai qu'on lui épargnait assez le soin de se faire valoir; mais combien d'autres n'auraient pas laissé de prendre encore un soin dont on se charge si volontiers, et dont il est si difficile de se reposer sur personne! Combien de grands hommes généralement applaudis ont gâté le concert de leurs louanges en y mêlant leurs voix.

Il était simple, affable, toujours de niveau avec tout le monde. Les génies du premier ordre ne méprisent point ce qui est au-dessous d'eux, tandis que les autres méprisent même ce qui est au-dessus. Il ne se croyait dispensé, ni par son mérite, ni par sa réputation, d'aucun des devoirs du commerce ordinaire de la vie: nulle singularité, ni naturelle, ni affectée : il savait n'être, dès qu'il le fallait, qu'un homme du commun.

Quoiqu'il fût attaché à l'église anglicane, il n'eût pas persécuté les non-conformistes pour les y ramener. Il jugeait les hommes par les mœurs, et les vrais non-conformistes étaient pour lui les vicieux et les méchans. Ce n'est pas cependant qu'il s'en tînt à la religion naturelle : il était persuadé de la révélation ; et parmi les livres de toute espèce qu'il avait sans cesse entre les mains, celui qu'il lisait le plus assidûment était la bible.

L'abondance où il se trouvait, et par un grand patrimoine et par son emploi, augmentée encore par la sage simplicité de sa vie, ne lui offrait pas inutilement les moyens de faire du bien. Il ne croyait pas que donner par son testament, ce fût donner : aussi n'a-t-il point laissé de testament, et il s'est dépouillé toutes les fois qu'il a fait des libéralités ou à ses parens, ou à ceux qu'il savait dans quelque besoin. Les bonnes actions qu'il a faites dans l'une et l'autre espèce, n'ont été ni rares, ni peu considérables. Quand la bienséance exigeait de lui en certaines occasions de la dépense et de l'appareil, il était magnifique sans aucun regret et de très bonne grâce. Hors de là, tout ce faste qui ne paraît quelque chose de grand qu'aux petits caractères, était sévèrement retranché, et les fonds réservés à des usages plus solides. Ce serait effectivement un prodige qu'un esprit accoutumé aux réflexions, nourri de raisonnemens, et en même temps amoureux de cette vaine magnificence.

Il ne s'est point marié, et peut-être n'a-t-il pas eu le loisir d'y penser jamais ; abîmé d'abord dans des études profondes et continuelles pendant la force de l'âge, occupé ensuite d'une charge importante, et même de sa grande considération, qui ne lui laissait sentir ni vide dans sa vie, ni besoin d'une société domestique.

Il a laissé en biens meubles environ 32,000 livres sterlings, c'est-à-dire, sept cent mille livres de notre monnaie. Leibnitz son concurrent mourut riche aussi, quoique beaucoup moins, et avec une somme de réserve assez considérable[1]. Ces exemples rares, et tous deux étrangers, semblent mériter qu'on ne les oublie pas.

ÉLOGE

DU P. REYNEAU.

Charles Reyneau naquit à Brissac, diocèse d'Angers, en 1656, de Charles Reyneau, maître chirurgien, et de Jeanne Chauveau. Il entra dans l'Oratoire à Paris, âgé de vingt ans, car nous ne savons rien de tout le temps qui a précédé; mais il est presque absolument impossible de se tromper en jugeant de ce premier temps inconnu par tout le reste de sa vie. Des inclinations d'une certaine force, toutes parfaitement d'accord entre elles, vivement marquées dans toutes les actions d'un grand nombre d'années, exemptes de tout mélange qui les altérât, ont dû être non-seulement toujours dominantes, mais toujours les seules ; et ces inclinations étaient en lui l'amour de l'étude et une extrême piété.

Ses supérieurs l'envoyèrent professer la philosophie à Toulon, ensuite à Pezenas. C'était entièrement la philosophie nouvelle. Ce que les plus attachés à l'an-

---

[1] *Voyez* l'Histoire de 1716, page 128.

cienne scolastique tâchent encore d'en conserver, tient de jour en jour moins de place chez eux-mêmes.

Le P. Reyneau ne pouvait être cartésien, ou, si l'on veut, philosophe moderne, sans être un peu géomètre; mais on le détermina encore plus puissamment de de ce côté-là, en lui donnant les mathématiques à professer à Angers en 1683.

Tous les motifs imaginables se réunissaient à l'animer dans cette fonction; son goût pour ces sciences, le plaisir naturel à tout homme de répandre et de communiquer son goût, le désir d'être utile aux autres, si puissant sur un cœur bien fait, celui de bien remplir un devoir que lui avait imposé la religion par la bouche de ses supérieurs, peut-être même l'amour de la gloire, pourvu qu'il ne s'en aperçût pas. Il se rendit familier tout ce que la géométrie moderne, si féconde et déjà si immense, a produit de découvertes ingénieuses et de hautes spéculations. Il fit plus; il entreprit pour l'usage de ses disciples de mettre en un même corps les principales théories répandues dans Descartes, dans Leibnitz, dans Newton, dans les Bernoulli, dans les actes de Leipsick, dans les mémoires de l'académie, en un grand nombre de lieux peut-être moins connus; trésors trop dispersés, et qui par là sont moins utiles. De là est né le livre de l'*Analyse démontrée*, qu'il publia en 1708, après avoir professé vingt-deux ans à Angers.

On ne pourrait pas fondre ensemble tous les historiens, ou tous les chronologistes, ou même tous les physiciens; ils sont trop contraires, trop hétérogènes les uns aux autres; ce sont des métaux qui ne s'allient point: mais tous les géomètres sont homogènes, et leurs idées ne peuvent refuser de s'unir. Cependant on ne doit pas penser que l'union en soit aisée. Les géomètres inventeurs ne sont arrivés de toutes parts qu'à des vérités ; mais à une infinité de vérités différentes, parties de différentes sources, qui ont tenu des cours différens : et il s'agit de les rassembler, en leur donnant à toutes des sources communes, et, pour ainsi dire, un même lit, où elles puissent toutes également couler. Quand elles sont amenées à ce nouvel état, le public destiné à en profiter, en profite davantage ; et s'il doit plus d'admiration au premier travail, à celui des inventeurs, il doit plus de reconnaissance au second. Il a été plus particulièrement l'objet de l'un que de l'autre.

L'analyse du P. Reyneau porte le titre de *Démontrée*, parce qu'il y démontre plusieurs méthodes qui ne l'avaient pas été par leurs auteurs, ou du moins pas assez clairement ou assez exactement ; car il arrive quelquefois en ces matières qu'on est bien sûr de ce qu'on ne pourrait pourtant pas démontrer à la rigueur, et plus souvent qu'on se réserve des secrets, et qu'on se fait une gloire d'embarrasser ceux qu'il ne faudrait qu'instruire.

Quoique le succès des meilleurs livres de mathématiques soit fort tardif, par le petit nombre de lecteurs, et par la lenteur extrême dont les suffrages viennent les uns après les autres, on a rendu une assez prompte justice à l'*Analyse démontrée*, parce que tous ceux qui l'ont prise pour guide dans la géométrie moderne, ont senti qu'ils étaient bien conduits : aussi est-il établi présentement, du moins en France, qu'il faut commencer par là, et marcher par ces routes, quand on veut aller loin ; et le P. Reyneau est devenu le premier maître, l'Euclide de la haute géométrie.

Après avoir donné des leçons à ceux qui étaient déjà géomètres jusqu'à un certain point, il voulut en donner aussi à ceux qui ne l'étaient encore aucunement. Il s'abaissait en quelque sorte; mais ce qui le dédommageait bien, il se rendait plus généralement utile. Il fit paraître en 1714 sa *Science du calcul*. Le censeur royal, juge excellent et reconnu pour très incorruptible, dit dans l'approbation de cet ouvrage, que, *quoiqu'il y en ait déjà plusieurs sur ces matières, on avait besoin de celui-là où tout est traité avec toute l'étendue nécessaire, et avec toute l'exactitude et toute la clarté possible.* En effet, dans toutes les parties de mathématiques il y a beaucoup de bons livres qui en traitent à fond, et on se plaint que l'on n'a pas de bons élémens, même pour la simple géométrie. Cela ne viendrait-il point de ce que, pour faire de bons élémens, il faudrait savoir beaucoup plus que le livre ne contiendra? Ceux qui ne savent guère que ce qu'il doit contenir, se pressent de faire des élémens; mais ils ne savent pas assez. Ceux qui savent assez dédaignent de faire des élémens; ils brilleront davantage dans d'autres entreprises. Le savoir et la modestie du P. Reyneau s'accordaient pour le rendre propre à ce travail. Il n'a paru encore que le premier volume in-4° de cette *Science du calcul*. On a trouvé dans ses papiers une grande partie de ce qui doit composer le second : mais cela demande encore les soins d'un ami intelligent et zélé ; et cet ami sera le P. de Mazière, son confrère, déjà connu par un prix qu'il a remporté dans cette académie.

Lorsque par le règlement de 1716 cette compagnie eut de nouveaux membres sous le titre d'associés libres, le père Reyneau fut aussitôt de ce nombre. Nous pouvons nous faire honneur de son assiduité à nos assemblées : il aimait la retraite, et par goût, et par principe de piété ; il lui était d'ailleurs survenu une assez grande difficulté d'entendre ; cependant il ne manquait guère de venir ici, et il fallait qu'il comptât bien d'en remporter toujours quelque chose qui le payât. On a pu remarquer qu'il était également curieux de toutes les différentes matières qui se traitent dans l'académie, et qu'il leur donnait également une attention qui lui coûtait.

Il fut obligé dans ses dernières années de se ménager sur le travail ; et enfin, après s'être toujours affaibli pendant quelque temps, il mourut le 24 février 1728.

Sa vie a été la plus simple et la plus uniforme qu'il soit possible : l'étude, la prière, deux ouvrages de mathématiques en sont tous les événemens. Il fallait qu'il fût beaucoup plus que modeste, pour dire, comme il a fait quelquefois, qu'on avait bien de la patience de le souffrir dans l'Oratoire ; et qu'apparemment c'était en considération d'un frère qu'il a dans la même congrégation, et qui s'est acquitté avec succès de différens emplois : discours qui ne pouvait être que sincère dans la bouche d'un homme trop éclairé pour croire que l'humilité chrétienne consistât en des paroles. Jamais personne n'a plus craint que lui d'incommoder les autres ; et, près de mourir, il refusait les soins d'un petit domestique, qu'il aurait peut-être gêné. Il se tenait fort à l'écart de toute affaire, encore plus de toute intrigue ; et il comptait pour beaucoup cet avantage si peu recherché, de n'être de rien. Seulement il se mêlait d'encourager au travail, et de conduire, quand il le fallait, de jeunes gens à qui il trouvait du talent pour les mathématiques; et il ne recevait guère de visites que de ceux avec qui il ne perdait pas son temps, parce qu'ils avaient besoin de lui. Aussi avait-il peu de liaisons, peu de commerce. Ses principaux amis ont été le P. Malebranche, dont il adoptait tous les principes, et M. le chancelier. Nous ne craignons point de mettre ces deux noms au même rang : la première dignité du royaume est si peu nécessaire au chancelier pour l'illustrer, qu'on peut ne le traiter que de grand homme.

ÉLOGE

DU MARÉCHAL DE TALLARD.

CAMILLE D'HOSTUN naquit le 14 février 1652, de Roger d'Hostun, marquis de la Beaume, et de Catherine de Bonne, fille et unique héritière d'Alexandre de Bonne d'Auriac, vicomte de Tallard. Sa naissance le destinait à la guerre, et encore plus son inclination. Il entra dans le service aussitôt qu'il put y entrer : il fut mestre de camp du régiment des Cravattes en 1668, c'est-à-dire à l'âge de seize ans; et en 1672 il suivit le roi à la campagne de Hollande. Nous supprimons un détail trop militaire des différentes actions où il se trouva pendant le cours de cette guerre, des blessures qu'il reçut : nous ne rapporterons qu'un trait qui prouvera combien sa valeur, et même sa capacité dans le commandement furent connues de bonne heure, et estimées par le meilleur juge que l'on puisse nommer. Turenne le choisit en 1674 pour commander le corps de bataille de son armée aux combats de Mulhausen et de Turkeim.

Dans la guerre suivante, qui commença en 1688, il eut presque toujours non-seulement des commandemens particuliers pendant les hivers, mais des corps d'armée séparés sous ses ordres seuls pendant les étés. Il commandait l'hiver en 1690 dans les pays situés entre l'Alsace, la Sarre, la Moselle et le Rhin, lorsqu'il conçut le dessein, presque téméraire, de passer le Rhin sur la glace, pour mettre à contribution le Bergstrat et le Rhingau, et y réussit. Il fut fait lieutenant-général en 1693.

Après cette guerre, terminée en 1697, l'Europe se voyait sur le point de retomber dans un trouble du moins aussi grand, par la mort de Charles II, roi d'Espagne. Toutes les cours étaient pleines de prétentions, de projets, d'espérances, de craintes, et toutes auraient souhaité qu'une heureuse négociation eût pu prévenir l'embrâsement général dont on était menacé. Ce fut pour cette négociation, qui demandait les vues les plus pénétrante* et la plus fine dextérité, que le roi nomma le comte de Tallard seul. Il l'envoya en Angleterre ambassadeur extraordinaire, chargé de ses pleins pouvoirs et de ceux du Dauphin, pour y traiter de ses droits à la succession d'Espagne avec l'empereur, le roi Guillaume et les états-généraux. Un homme de guerre fit tout ce qu'on aurait attendu de ceux qui ne se sont exercés que dans les affaires du cabinet, et qui s'y sont exercés avec le plus de succès. Il conclut un traité de partage en faveur du prince de Bavière en 1698 : mais ce prince étant mort peu de temps après, tout changea de face ; l'habileté politique du comte de Tallard fut mise à une épreuve toute nouvelle, et il vint à bout de conclure un second traité. Le roi lui en marqua son entière satisfaction, en le faisant chevalier de ses ordres, et gouverneur du comté de Foix.

On ne sait que trop que la sage prévoyance des négociations fut inutile. Après la mort du roi d'Espagne, arrivée en 1700, la guerre se ralluma l'année suivante. Les ennemis ayant assiégé Keyservert en 1702, le comte de Tallard, qui commandait un corps destiné à agir sur le Rhin, leur en fit durer le siége pendant cinquante jours de tranchée ouverte. Souvent pour ces chicanes de guerre bien conduites, il faut plus d'activité, plus de vigilance, plus d'habileté que pour des actions plus brillantes. Il chassa aussi les Hollandais du camp de Mulheim où ils s'étaient établis, et soumit Traerbach à l'obéissance du roi.

Il avait passé par toutes les occasions qui pouvaient prouver ses talens dans le métier de la guerre, et par tous les grades qui devaient les récompenser, à l'exception d'un seul ; il l'obtint de la justice du roi au commencement de 1703, et fut fait maréchal de France. A peine était-il revêtu de cette dignité, qu'il vola au secours de Traerbach, que le prince héréditaire de Hesse assiégeait avec toutes ses forces ; et il conserva à la France cette conquête qu'elle lui devait.

Dans la même année, il commanda l'armée d'Allemagne sous l'autorité du duc de Bourgogne ; et après avoir tenu long-temps les ennemis en suspens sur ses desseins, il forma le siége de Brisac, et prit cette importante place. Le prince étant parti de l'armée, le maréchal de Tallard entreprit le siége de Landau, place non moins considérable que Brisac. Les ennemis, forts de 30,000 hommes, marchèrent pour secourir Landau ; et le maréchal ayant laissé une partie de son armée au siége, alla avec l'autre leur livrer bataille dans la plaine de Spire, et les défit. Il leur prit trente pièces de canon et plus de 4000 prisonniers. Landau, qui se rendit le même jour, et la soumission de tout le Palatinat, furent les fruits incontestables de la victoire.

Les états ne peuvent pas plus que les particuliers se flatter d'une prospérité durable. L'année 1704 mit fin à cette longue suite d'avantages remportés jusques-là par nos armes, et la fortune de la France changea. Une armée française, qui sous la conduite du maréchal de Villars avait pénétré dans le cœur de l'Allemagne, commandée ensuite par les maréchaux de Tallard et de Marsi, sous l'autorité de l'électeur de Bavière, fut absolument défaite à Hochstet, le maréchal de Tallard blessé, pris et conduit en Angleterre, où il fut détenu sept ans. Le roi opposa ses faveurs aux disgrâces de la fortune ; et peu de mois après la bataille d'Hochstet, il nomma le maréchal de Tallard gouverneur de Franche-Comté, pour l'assurer qu'il ne jugeait pas de lui par cet événement ; consolation la plus flatteuse qu'il pût recevoir, et qui cependant devait encore augmenter la douleur de n'avoir pas en cette occasion servi heureusement un pareil maître. Quand il fut revenu d'Angleterre, le roi le fit duc en 1712, et ensuite pair de France en 1715.

Mais ces grands titres, quoique les premiers de l'état, sont presque communs en comparaison de l'honneur que le roi lui fit en le nommant par son testament pour être du conseil de régence. Ce testament n'eut pas d'exécution, et Tallard fut quelque temps oublié : mais cette place, qui lui avait été destinée, lui fut bientôt après rendue par le duc d'Orléans, et d'autant plus glorieusement, que ce grand prince si éclairé paraissait en quelque sorte se rendre au besoin qu'on avait du maréchal de Tallard. Enfin, sitôt que le roi eut pris en 1726 la résolution de gouverner par lui-même son royaume, il appela ce maréchal à son conseil suprême, en qualité de ministre d'état.

Comblé de tant d'honneurs capables de remplir la plus vaste ambition, il désira d'être de cette académie; il ne lui restait plus d'autre espèce de mérite à prouver, que le goût des sciences. Il entra honoraire dans la compagnie en 1723, et l'année suivante nous l'eûmes à notre tête en qualité de président. Après avoir commandé des armées, il ne négligea aucune des fonctions d'un commandement si peu brillant par rapport à l'autre, et s'appliqua avec soin à tout ce qui lui en était nouveau.

Il avait une constitution assez ferme, et il parvint à l'âge de soixante-seize ans avec une santé qui n'avait été guère altérée ni par les travaux du corps, ni par ceux de l'esprit, ni par toute l'agitation des divers événemens de sa vie. Il mourut le 29 mars 1728.

Il avait épousé en 1667 Marie-Catherine de Grollée de Dorgeoise de la Tivolière. Il en a eu deux fils dont l'aîné fut tué à la bataille d'Hochstet, et le second est le duc de Tallard; et une fille, qui est la marquise de Sassenage.

ÉLOGE

DU P. SÉBASTIEN TRUCHET.

Jean Truchet naquit à Lyon en 1657, d'un marchand fort homme de bien, dont la mort le laissa encore très jeune entre les mains d'une mère pieuse aussi, qui le chérissait tendrement, et ne négligea rien pour son éducation. Dès l'âge de dix-sept ans il entra dans l'ordre des Carmes, et prit le nom de Sébastien ; car cet ordre est de ceux où l'on porte le renoncement au monde, jusqu'à changer son nom de baptême. Il n'a été connu que sous celui de frère ou de père Sébastien ; et il le choisit par affection pour sa mère, qui se nommait Sébastiane.

Ceux qui ont quelque talent singulier, peuvent l'ignorer quelque temps, et ils en sont d'ordinaire avertis par quelque petit événement, par quelque hasard favorable. Un homme destiné à être un grand mécanicien, ne pouvait être placé par le hasard de la naissance dans un lieu où il en fût ni plus promptement, ni mieux averti qu'à Lyon. Là était le fameux cabinet de Servière, gentilhomme d'une ancienne noblesse, qui, après avoir long-temps servi, mais peu utilement pour sa fortune, parce qu'il n'avait songé qu'à bien servir, s'était retiré couvert de blessures, et avait employé son loisir à imaginer et à exécuter lui-même un grand nombre d'ouvrages de tours nouveaux, de différentes horloges, de modèles d'inventions propres pour la guerre ou pour les arts. Il n'y avait rien de plus célèbre en France que ce cabinet, rien que les voyageurs et les étrangers eussent été plus honteux de n'avoir pas vu. Ce fut là que le P. Sébastien s'aperçut de son génie pour la mécanique. La plupart des pièces de Servière étaient des énigmes dont il s'était réservé le secret : le jeune homme devinait la construction, le jeu, l'artifice ; et sans doute l'auteur était mieux loué par celui qui devinait, et dès-là sentait le prix de l'invention, que par une foule d'admirateurs, qui, ne devinant rien, ne sentaient que leur ignorance, ou tout au plus la surprise d'une nouveauté.

Les supérieurs du P. Sébastien l'envoyèrent à Paris au collège royal des Carmes de la place Maubert, pour y faire ses études en philosophie et en théologie. Il n'y eut guère que la physique qui fut de son goût, toute scolastique qu'elle était, toute inutile, toute dénuée de pratique ; mais enfin elle avait quelque rapport éloigné aux machines. Il leur donnait tout le temps que ses devoirs laissaient en sa disposition, et peut-être, sans s'en apercevoir, leur en abandonnait-il quelque petite partie que les autres études eussent pu réclamer. Le moyen que le devoir et le plaisir fassent entre eux des partages si justes ?

Charles II, roi d'Angleterre, avait envoyé au feu roi deux montres à répétition, les premières qu'on ait vues en France. Elles ne pouvaient s'ouvrir que par un secret ; précaution des ouvriers anglais pour cacher la nouvelle construction, et s'en assurer d'autant plus la gloire et le profit. Les montres se dérangèrent, et furent remises entre les mains de Martineau, horloger du roi, qui n'y put travailler faute de les savoir ouvrir. Il dit à Colbert, et c'est un trait de courage digne d'être remarqué, qu'il ne connaissait qu'un jeune Carme capable d'ouvrir les montres; que s'il n'y réussissait pas, il fallait se résoudre à les renvoyer en Angleterre. Colbert consentit qu'il les donnât au P. Sébastien, qui les ouvrit assez promptement, et de plus les raccommoda sans savoir qu'elles étaient au roi, ni combien était important par ces circonstances l'ouvrage dont on l'avait chargé. Il était déjà habile en horlogerie, et ne demandait que des occasions de s'y exercer. Quelques temps après il vient de la part de Colbert un ordre au P. Sébastien de le venir trouver à sept heures du matin d'un jour marqué : nulle explication sur le motif de cet ordre; un silence qui pouvait causer quelque terreur. Le P. Sébastien ne manqua pas à l'heure; il se présente interdit et tremblant : le ministre, accompagné de deux membres de cette académie, dont Mariotte était l'un, le loue sur les montres, et lui apprend pour qui il a travaillé; l'exhorte à suivre son grand talent pour les mécaniques, surtout à étudier les hydrauliques, qui devenaient nécessaires à la magnificence du roi, lui recommande de travailler sous les yeux de ces deux académiciens, qui le dirigeront; et pour l'animer davantage, et parler plus dignement en ministre, il lui donne 600 livres de pension, dont la première année, selon la coutume de ce temps là, lui est payée le même jour. Il n'avait alors que dix-neuf ans; et de quel désir de bien faire dut-il être enflammé ! Les princes ou les ministres qui ne trouvent pas des hommes en tout genre, ou ne savent pas qu'il faut des hommes, ou n'ont pas l'art d'en trouver.

Le P. Sébastien s'appliqua à la géométrie absolument nécessaire pour la théorie de la mécanique. Que le génie le plus heureux pour une certaine adresse d'exécution, pour l'invention même, ne se flatte pas d'être en droit d'ignorer et de mépriser les principes de théorie, qui ne sauraient que trop bien s'en venger. Mais après cela, le géomètre a encore beaucoup à apprendre pour être un vrai mécanicien; il faut que la connaissance des différentes pratiques des arts, et cela est presque immense, lui fournisse dans les occasions des idées et des expédiens; il faut qu'il soit instruit des qualités des métaux, des bois, des cordes, des ressorts, enfin de toute la *matière machinale*, si l'on peut inventer cette expression à l'exemple de *matière médicinale*; il faut que de tout ce qu'il emploiera dans ses ouvrages, il en connaisse assez la nature, pour n'être pas trompé par des accidens physiques imprévus qui déconcerteraient les entreprises. Le P. Sébastien, loin de rien négliger de ce qui pouvait lui être utile par rapport aux machines, allait jusqu'au superflu, s'il y en peut avoir; il étudiait l'anatomie, il travaillait assidûment en chimie dans le laboratoire de Homberg, ou plutôt dans celui de feu le duc d'Orléans, dont le commerce était si flatteur par sa bonté naturelle, et l'approbation si précieuse par ses grandes lumières.

Selon l'ordre que le P. Sébastien avait reçu d'abord de Colbert de s'attacher aux hydrauliques, il posséda à fond la construction des pompes et la conduite des eaux : il a eu part à quelques aquéducs de Versailles, et il ne s'est guère fait ou projeté en France pendant sa vie de grands canaux de communication de rivières, pour lesquels on n'ait du moins pris ses conseils; et l'on ne doit pas seulement lui tenir compte de ce qui a été exécuté sur ses vues, mais encore de ce qu'il a empêché qui ne le fût sur des vues fausses, quoiqu'il ne reste aucune trace de cette sorte de mérite. En général le travail d'esprit que demandent ces entreprises, est assez ingrat : c'est un bonheur rare que le projet le mieux pensé vienne à son entier accomplissement ; une infinité d'inconvéniens et d'obstacles étrangers se jettent à la traverse. Nous commençons à sentir depuis un temps combien sont avantageuses les communications des rivières ; et cependant nous aurons bien de la peine à faire dans l'étendue de la France ce que les Chinois, moins instruits que nous en mécanique, et qui ne connaissent pas l'usage des écluses, ont fait dans l'étendue de leur état presque cinq fois plus grande.

La pratique des arts, quoique formée par une longue expérience, n'est pas toujours aussi parfaite à beaucoup près qu'on le pense communément. Le P. Sébastien a travaillé à un grand nombre de modèles pour différentes manufactures : par exemple, pour les proportions des filières des tireurs d'or de Lyon, pour le blanchissage des toiles à Senlis, pour les machines des monnaies de France ; travaux peu brillans, et qui laissent périr en moins de rien le nom des inventeurs, mais par cet endroit là même réservés aux bons citoyens.

Sur la réputation du P. Sébastien, Gunterfield, gentilhomme suédois, vint à Paris lui redemander, pour ainsi dire, ses deux mains, qu'un coup de canon lui avait emportées : il ne lui restait que deux moignons au-dessus du coude. Il s'agissait de faire deux mains artificielles, qui n'auraient pour principe de leur mouvement que celui de ces moignons, distribué par des fils à des doigts qui seraient flexibles. On assure que l'officier suédois fut renvoyé au P. Sébastien par les plus habiles anglais, peu accoutumés cependant à reconnaître aucune supériorité dans notre nation. Une entreprise si difficile, et dont le succès ne pouvait être qu'une espèce de miracle, n'effraya pas tout-à-fait le P. Sébastien. Il alla même si loin, qu'il osa exposer ici aux yeux de l'académie et du public *ses études*, c'est-à-dire, ses essais, ses tentatives, et différens morceaux déjà exécutés, qui devaient entrer dans le dessein général. Mais feu Monsieur eut alors besoin de lui pour le canal d'Orléans, et l'interrompit dans un travail qu'il abandonna peut-être sans beaucoup de regret. En partant, il remit le tout entre les mains d'un mécanicien, dont il estimait le génie, et qu'il connaissait propre à suivre ou à rectifier ses vues. C'est Duquet, dont l'académie a approuvé différentes inventions. Celui-ci mit la main artificielle en état de se porter au chapeau de l'officier suédois, de l'ôter de dessus sa tête, et de l'y remettre. Mais cet étranger ne put faire un assez long séjour à Paris, et se résolut à une privation dont il avait pris peu à peu l'habitude. Après tout cependant on avait trouvé de nouveaux artifices, et passé les bornes où l'on se croyait renfermé. Peut-être se trompera-t-on plutôt en se défiant trop de l'industrie humaine qu'en s'y fiant trop.

Feu le duc de Lorraine étant à Paris *incognito*, fit l'honneur au P. Sébastien de l'aller trouver dans son couvent, et il vit avec beaucoup de plaisir le cabinet curieux qu'il s'était fait. Dès qu'il fut de retour dans ses états, où il voulait entreprendre différens ouvrages, il le demanda au duc d'Orléans, régent du royaume, qui accorda avec joie au prince son beau-frère un homme qu'il aimait, et dont il était bien aise de favoriser la gloire. Son voyage en Lorraine, la réception et l'accueil qu'on lui fit renouvelèrent presque ce que l'histoire grecque raconte sur quelques poètes ou philosophes célèbres qui allèrent dans les cours. Les savans doivent d'autant plus s'intéresser à ces sortes d'honneurs rendus à leurs pareils, qu'ils en sont aujourd'hui plus désaccoutumés.

Le feu czar Pierre-le-Grand honora aussi le P. Sébastien d'une visite qui dura trois heures. Ce monarque né dans une barbarie si épaisse, et avec tant de génie, créateur d'un peuple nouveau, ne pouvait se rassasier de voir dans le cabinet de cet habile homme tant de modèles de machines, ou inventées ou perfectionnées par lui; tant d'ouvrages, dont ceux qui n'étaient pas recommandables par une grande utilité, l'étaient au moins par une extrême industrie. Après la longue application que ce prince donna à cette espèce d'étude, il voulut boire, et ordonna au P. Sébastien, qui s'en défendit le plus qu'il put, de boire après lui dans le même verre, où il versa lui-même le vin, lui à qui le despotisme le plus absolu aurait pu persuader que le commun des hommes n'était pas de la même nature qu'un empereur de Russie : on peut même penser qu'il fit naître exprès une occasion de mettre le P. Sébastien de niveau avec lui.

Ceux d'entre les seigneurs français qui ont eu du goût et de l'intelligence pour les mécaniques, ont voulu être en liaison particulière avec un homme qui les possédait si bien. Il a imaginé pour le duc de Noailles, lorsqu'il faisait la guerre en Catalogne, de nouveaux canons qui se portaient plus aisément sur les montagnes, et se chargeaient avec moins de poudre; il a fait des mémoires pour le duc de Chaulnes, sur un canal de Picardie. Il a été appelé pour cette partie aux études des trois enfans de France, petits-fils du feu roi, et il a souvent travaillé pour le roi même. C'est lui qui a inventé la machine à transporter de gros arbres tout entiers sans les endommager; de sorte que du jour au lendemain Marly changeait de face, et était orné de longues allées arrivées de la veille.

Ses tableaux mouvans ont été encore un des ornemens de Marly : il les fit sur ce qu'on en avait exposé de cette espèce au public, et que le feu roi lui demanda s'il en ferait bien de pareils. Il s'y engagea, et enchérit beaucoup sur cette merveille dans deux tableaux qu'il présenta à Sa Majesté.

Le premier, que le roi appela son petit opéra, changeait cinq fois de décoration à un coup de sifflet; car ces tableaux avaient aussi la propriété d'être résonnans ou sonores. Une petite boule qui était au bas de la bordure, et que l'on tirait un peu, donnait le coup de sifflet, et mettait tout en mouvement, parce que tout était réduit à un seul principe. Les cinq actes du petit opéra étaient représentés par des figures qu'on pouvait regarder comme les vraies pantomimes des anciens ; elles ne jouaient que par leurs mouvemens ou leurs gestes, qui exprimaient les sujets dont il s'agissait. Cet opéra recommençait quatre fois de suite sans qu'il fût besoin de remonter les ressorts; et si l'on voulait arrêter le cours d'une représentation à quelque instant que ce fût, on le pouvait par le moyen d'une petite détente cachée dans la bordure : on avait aussitôt un tableau ordinaire et fixe ; et si on retouchait la petite boule, tout reprenait où il avait fini. Ce tableau long de seize pouces six lignes sans la bordure, et haut de treize pouces quatre lignes, n'avait qu'un pouce trois lignes d'épaisseur pour renfermer toutes les machines. Quand on les voyait désassemblées, on était effrayé de leur nombre prodigieux et de leur extrême délicatesse. Quelle avait dû être la difficulté de les travailler toutes dans la précision nécessaire, et de lier ensemble une longue suite de mouvemens, tous dépendans d'instrumens si minces et si fragiles? N'était-ce pas imiter d'assez près le mécanisme de la nature dans les animaux, dont une des plus surprenantes merveilles est le peu d'espace qu'occupent un grand nombre de machines ou d'organes qui produisent de grands effets?

Le second tableau, plus grand et encore plus ingénieux, représentait un paysage où tout était animé. Une rivière y coulait ; des tritons, des sirènes, des dauphins nageaient de temps en temps dans une mer qui bornait l'horison ; on chassait, on pêchait, des soldats allaient monter la garde dans une citadelle élevée sur une montagne ; des vaisseaux arrivaient dans un port, et saluaient de leur canon la ville : le P. Sébastien lui-même était là qui sortait d'une église pour aller remercier le roi d'une grâce nouvellement obtenue ; car le roi y passait en chassant avec sa suite. Cette grâce était quarante pièces de marbre qu'il donnait aux Carmes de la place Maubert pour leur grand autel. On dirait que le P. Sébastien eût voulu rendre vraisemblable le fameux bouclier d'Achille pris à la lettre, ou ces statues à qui Vulcain savait donner du mouvement, et même de l'intelligence.

En même temps que le roi donna à l'académie le règlement de 1699, il nomma le P. Sébastien pour un des honoraires. Son titre ne l'obligeait à aucun travail réglé, et d'ailleurs il était fort occupé au dehors : cependant outre quelques ouvrages qu'il nous a donnés, comme son élégante machine du système de Galilée pour les corps pesans, ses combinaisons des carreaux mi-parties, qui ont excité d'autres savans à cette recherche, il a été souvent employé par l'académie pour l'examen des machines, qu'on ne lui apportait qu'en trop grand nombre. Il en faisait très promptement l'analyse et le calcul, et même sans analyse et sans calcul il aurait pu s'en fier au coup-d'œil, qui en tout genre n'appartient qu'aux maîtres, et non pas même à tous. Ses critiques n'étaient pas seulement accompagnées de toute la douceur nécessaire, mais encore d'instructions et de vues qu'il donnait volontiers : il n'était point jaloux de garder pour lui seul ce qui faisait sa supériorité.

Les dernières années de sa vie se sont passées dans des infirmités continuelles, et enfin il mourut le 5 février 1729.

Il arrive quelquefois que des talens médiocres, de faibles connaissances, que l'on ne compterait pour rien dans des personnes obligées par leur état à en avoir du moins de cette espèce, brillent beaucoup dans ceux que leur état n'y oblige pas. Ces talens, ces connaissances font fortune par n'être pas à leur place ordinaire. Mais le P. Sébastien n'en a pas été plus estimé comme mécanicien ou comme ingénieur, parce qu'il était religieux. Quand il ne l'eût pas été, sa réputation n'y aurait rien perdu. Son mérite personnel en a même paru davantage; car, quoique fort répandu au dehors, presque incessamment dissipé, il a toujours été un très bon religieux, très fidèle à ses devoirs, extrêmement désintéressé, doux, modeste, et, selon l'expression dont se servit feu le prince, en parlant de lui au roi, *aussi simple que ses machines.* Il conserva toujours dans la dernière rigueur tout l'extérieur convenable à son habit : il ne prit rien de cet air que donne le grand commerce du monde, et que le monde ne manque pas de désapprouver, et de railler dans ceux mêmes à qui il l'a donné, quand ils ne se sont pas faits pour l'avoir. Et comment eût-il manqué aux bienséances d'un habit qu'il n'a jamais voulu quitter, quoique des personnes puissantes lui offrissent de l'en défaire par leur crédit, en se servant de ces moyens que l'on a su rendre légitimes? Il ne prêta point l'oreille à des propositions qui en auraient apparemment tenté beaucoup d'autres, et il préféra la contrainte et la pauvreté où il vivait, à une liberté et à des commodités qui eussent inquiété sa délicatesse de conscience.

ÉLOGE

DE BIANCHINI.

François Bianchini naquit à Vérone le 13 décembre 1662, de Gaspard Bianchini et de Cornélie Vialetti.

Il embrassa l'état ecclésiastique ; et l'on pourrait

croire que des vues de fortune, plus sensées et encore mieux fondées en Italie que partout ailleurs, l'y déterminèrent, s'il n'avait donné dans tout le cours de sa vie des preuves d'une sincère piété. Il fut reçu docteur en théologie : mais il ne se contenta pas des connaissances qu'exige ce grade; il voulut posséder à fond toute la belle littérature, et non-seulement les livres écrits dans les langues savantes, mais aussi les médailles, les inscriptions, les bas-reliefs, tous les précieux restes de l'antiquité; trésors assez communs en Italie pour prouver encore aujourd'hui son ancienne domination.

Après avoir amassé des richesses de ce genre presque prodigieuses, il forma le dessein d'une histoire universelle, conduite depuis la création du monde jusqu'à nos jours, tant profane qu'ecclésiastique; mais l'une de ces parties toujours séparée de l'autre, et séparée avec tant de scrupule, qu'il s'était fait une loi de n'employer jamais dans la profane rien de ce qui n'était connu que par l'ecclésiastique. La chronologie ou de simples annales sont trop sèches; ce ne sont que des parties de l'histoire mises véritablement à leur place, mais sans liaison, et isolées. *Un air de musique* (c'est lui-même qui parle), *est sans comparaison plus aisé à retenir que le même nombre de notes qui se suivraient sans faire un chant.* D'un autre côté, l'histoire, qui n'est pas continuellement appuyée sur la chronologie, n'a pas une marche assez réglée ni assez ferme. Il voulait que la suite des temps et celle des faits se développassent toutes deux ensemble avec cet agrément que produisent, même aux yeux, la disposition industrieuse et la mutuelle dépendance des parties d'un corps organisé.

Il avait imaginé une division des temps facile et commode, quarante siècles depuis la création jusqu'à Auguste, seize siècles d'Auguste à Charles V, chacun de ces seize siècles partagé en cinq vingtaines d'années ; de sorte que dans les huit premiers, de même que dans les huit derniers, il y a quarante de ces vingtaines comme quarante siècles dans la première division, régularité de nombres favorable à la mémoire. Au milieu des seize siècles comptés depuis Auguste, se trouve justement Charlemagne, époque des plus illustres. Le hasard semblait s'être souvent trouvé d'accord avec les intentions de Bianchini. Il avait imaginé de plus, de mettre à la tête de chaque siècle de la quarantaine par où il ouvrait ce grand théâtre, et ensuite à la tête de chaque vingtaine d'années, la représentation de quelque monument qui eût rapport aux principaux événemens qu'on allait voir : c'était la décoration particulière de chaque scène, non pas un ornement inutile, mais une instruction sensible donnée aux yeux et à l'imagination par tout ce qui nous reste de plus rare et de plus curieux.

Il publia en 1697 la première partie de ce grand dessein. Elle devait contenir les quarante premiers siècles de l'histoire profane ; mais il se trouva que le volume aurait été d'une grosseur difforme, et il n'y entra que trente-deux siècles, qui finissent à la ruine du grand empire d'Assyrie. Le titre est : *La istoria universale provata con monumenti, et figurata con simboli degli Antichi.* Bianchini, occupé d'autres travaux qui lui sont survenus, n'a point donné de suite. Mais cette partie n'est pas seulement suffisante pour donner une haute idée de tout l'ouvrage ; elle en est le morceau qui eût été le plus considérable, par la difficulté et l'obscurité des matières à éclaircir : là précisément où elle se termine, le jour allait commencer à paraître, et à conduire les pas de l'historien.

Si d'un grand palais ruiné on en trouvait tous les débris confusémnt dispersés dans l'étendue d'un vaste terrain, et qu'on fût sûr qu'il n'en manquât aucun, ce serait un prodigieux travail de les rassembler tous, ou du moins sans les rassembler, de se faire, en les considérant, une idée juste de toute la structure de ce palais. Mais s'il manquait des débris, le travail d'imaginer cette structure serait plus grand, et d'autant plus grand, qu'il manquerait plus de débris; et il serait fort possible que l'on fît de cet édifice différens plans qui n'auraient presque rien de commun entre eux. Tel est l'état où se trouve pour nous l'histoire des temps les plus anciens. Une infinité d'auteurs ont péri ; ceux qui nous restent ne sont que rarement entiers : de petits fragmens, et en grand nombre, qui peuvent être utiles, sont'épars çà et là dans des lieux fort écartés des routes ordinaires, où l'on ne s'avise pas de les aller déterrer. Mais ce qu'il y a de pis, et qui n'arriverait pas à des débris matériels, ceux de l'histoire ancienne se contredisent souvent; et il faut ou trouver le secret de les concilier, ou se résoudre à faire un choix qu'on peut toujours soupçonner d'être un peu arbitraire. Tout ce que des savans du premier ordre, et les plus originaux, ont donné sur cette matière, ce sont différentes combinaisons de ces matériaux d'antiquités, et il y a encore lieu à des combinaisons nouvelles, soit que tous les matériaux n'aient pas été employés, soit qu'on en puisse faire un assemblage plus heureux, ou seulement un autre assemblage.

Il paraît que Bianchini les a ramassés de toutes parts avec un extrême soin, et les a mis en œuvre avec une industrie singulière. Les siècles qui ont précédé le déluge, vides dans l'histoire profane que l'on traite ici, et à laquelle on interdit le secours de l'histoire sainte, sont remplis par l'invention des arts les plus nécessaires, et l'on en rapporte tout ce que les anciens en ont dit de plus certain, ou imaginé de plus vraisemblable. Il est aisé de voir quels sujets suivent le déluge. Partout c'est un grand spectacle raisonné, appuyé non-seulement sur les témoignages que le savoir peut fournir, mais encore sur des réflexions tirées de la nature des choses, et fournies par l'esprit seul, qui donne la vie à ce grand amas de faits inanimés. Rien n'est mieux manié que les établissemens des premiers peuples en différens pays, leurs transmigrations, leurs colonies, l'origine des monarchies ou des républiques, les navigations, ou de marchands ou de conquérans; et sur ce dernier article, Bianchini fait toujours grand cas de ce qu'il appelle la *Thalassocratie*, l'empire ou du moins l'usage libre de la mer. En effet, l'importance de cette thalassocratie connue et sentie dès les premiers temps, l'est aujourd'hui plus que jamais; et les nations de l'Europe s'accordent assez à penser qu'elles acquièrent plus de véritable puissance en s'enrichissant par un commerce tranquille, qu'en agrandissant leurs états par des conquêtes violentes. Selon Bianchini, ce n'était point du ravissement d'Hélène qu'il s'agissait entre les Grecs et les Troyens : c'était de la navigation de la mer Égée et du Pont-Euxin, sujet beaucoup plus raisonnable et plus intéressant; et la guerre ne se termina point par la prise de Troie, mais par un traité de commerce. Cela est même assez fondé sur l'antiquité : mais de là l'auteur se trouve conduit à un paradoxe plus surprenant ; c'est que l'Iliade n'est qu'une pure histoire, allégorisée dans le goût oriental. Ces dieux, tant reprochés à Homère, et qui pourraient l'empêcher d'être reconnu pour divin, sont pleinement justifiés par un seul mot : ce ne sont point des dieux, ce sont des hommes ou des nations. Sesostris, roi de l'Ethiopie orientale ou Arabie, avait conquis l'Egypte, toute l'Asie mineure, une partie de la grande Asie ; et après sa mort, les rois ou princes qu'il avait rendu tributaires, secouèrent peu à peu le joug. Le Jupiter d'Homère est celui des successeurs de Sesostris, qui régnait au temps de la guerre de Troie ; il ne commande qu'à demi aux dieux, c'est-à-dire aux princes ses vassaux, et il ne les empêche pas de prendre parti pour les Grecs ou pour les Troyens, selon leurs intérêts et leurs passions. Junon est la Syrie, appelée *blanche*, alliée de l'Ethiopie orientale, mais avec quelque dépendance ; et cette Syrie est caractérisée par les *bras blancs* de Junon. Minerve est la savante Egypte ; Mars, une ligue de l'Arménie, de la Colchide, de la Thrace et de la Thessalie, et ainsi des autres. A la faveur de cette allégorie, Homère se retrouve divin ; il faut avouer cependant qu'il l'était déjà, quoiqu'on ne la connût point.

Après tout ce qui vient d'être dit, on ne s'attendrait point que Bianchini fût un grand mathématicien. Naturellement le génie des vérités mathématiques et celui de la profonde érudition sont opposés ; ils s'excluent l'un l'autre, ils se méprisent mutuellement : il est rare de les avoir tous deux, et alors même il est presque impossible de trouver le temps de satisfaire à tous les deux. Bianchini les posséda pourtant ensemble, et les porta loin. Il eut une occasion heureuse de donner en même temps des preuves incontestables de l'un et de l'autre. Lorsqu'au commencement de ce siècle il fut question à Rome de l'affaire du calendrier dont nous avons parlé en 1700[1] et 1701[2], et que le pape Clément XI eut fait une congrégation sur ce sujet, Bianchini, qu'il en avait nommé secrétaire, fit deux ouvrages qui avaient rapport et à cette grande affaire et à sa nouvelle dignité, et où la mathématique se liait nécessairement avec l'érudition la plus recherchée. Il les publia en 1703 sous ces titres : *De calendario et cyclo Cæsaris, ac de canone Paschali sancti Hippolyti martyris, dissertationes duæ.* Telle est la nature de ces ouvrages, qu'on les défigurerait trop, si on voulait en donner une idée : tout lecteur en sentira le prix, pourvu qu'il soit assez savant pour les bien lire. Nous rapporterons seulement que l'auteur s'est attaché à défendre le canon pascale de saint Hippolyte, que le grand Scaliger avait hardiment traité de *puéril*, et qui, par les remarques de Bianchini, se trouve être le plus bel ouvrage qu'on ait fait en ce genre jusqu'à la réformation du calendrier sous Grégoire XIII. Ce devait être un double plaisir pour un savant et pour un catholique zélé, qu'une victoire remportée en cette matière sur Scaliger.

Bianchini fut purement mathématicien dans la construction du grand Gnomon qu'il fit dans l'église des Chartreux de Rome, pareil à celui que le grand Cassini avait fait dans Saint-Pétrone de Bologne. Il en vient

[1] Pag. 127 et suiv., seconde édition.
[2] Pag. 105 et suiv., seconde édition.

de naître un troisième dans Saint-Sulpice de Paris, par les soins d'un pasteur qui songe à tout, et on en finit actuellement à l'observatoire un quatrième. Ces Gnomons ne sont que des grands quarts de cercle, mais plus justes à proportion de leur grandeur, et ce plus de justesse paie assez tous les soins presque incroyables de leur construction. Clément XI fit frapper une médaille du Gnomon des Chartreux, et Bianchini publia une ample dissertation *De Nummo et Gnomone Clementino*.

Il partageait continuellement sa vie entre les recherches d'antiquité et les recherches de mathématiques, surtout celles d'astronomie. Tantôt astronome, et tantôt antiquaire, il observait ou les cieux ou d'anciens monumens avec des yeux éclairés de la lumière propre à chaque objet, ou plutôt il savait prendre des yeux différens selon ses différens objets. Nous ne donnerons pour exemple de cette remarque alternative, que ses deux derniers ouvrages imprimés à une année l'un de l'autre. Le premier en 1727, *Camera ed Inscrizioni Sepolcrali de Liberti, Servi, ed Ufficiali della Casa di Augusto*, etc. Le second en 1728, *Hesperi et Phosphori nova phænomena, sive observationes circa planetam Veneris*.

On découvrit en 1726, hors de Rome, sur la voie Appienne un bâtiment souterrain consistant en trois grandes salles, dont les murs étaient percés dans toute leur étendue de niches pareilles à celles que l'on fait dans les colombiers, afin que les pigeons s'y logent. Elles étaient remplies le plus souvent de quatre urnes cinéraires, et accompagnées d'inscriptions, qui marquaient le nom et la condition des personnes dont on voyait les cendres : tous étaient ou esclaves ou affranchis de la maison d'Auguste, et principalement de celle de Livie. L'édifice était magnifique, tout de marbre, avec des ornemens de mosaïque d'un bon goût. Bianchini ne manqua pas de sentir toute la joie d'un antiquaire, et de se livrer avec transport à sa curiosité. Il pensa lui en coûter la vie : il allait tomber de quarante pieds de haut dans ces ruines, et il fit, pour se retenir, un effort violent dont il fut long-temps fort incommodé; ce qui interrompit les observations qu'il faisait en même temps sur Vénus. Il s'enfermait donc le jour dans le colombier sépulcral et souterrain, et la nuit il montait dans son observatoire. Il a donné une description exacte de ce colombier, et toutes les recherches savantes qu'on peut faire à l'occasion des inscriptions, surtout l'explication d'un grand nombre de noms d'offices, qui sont sans doute d'une excellente latinité, vu le siècle, mais d'une latinité presque perdue aujourd'hui. En joignant le nombre des morts de ce grand tombeau à ceux d'un autre tout pareil découvert précédemment, et qui n'était non plus que pour la maison d'Auguste, Bianchini en trouve 6000, sans tous ceux qui devaient être dispersés en une infinité d'autres lieux plus éloignés de Rome. Ce grand nombre n'étonne plus, dès que l'on voit, par plusieurs charges rapportées dans les inscriptions, combien le service était divisé en petites parties. Telle esclave n'était employée qu'à peser la laine que filait l'impératrice, une autre à garder ses boucles d'oreilles, une autre son petit chien.

Les observations de Bianchini sur Vénus nous intéressent davantage. Vénus est très difficile à observer autant et de la manière qu'il le faudrait pour en apprendre tout ce que la curiosité astronomique demanderait. Comme le cercle de sa révolution autour du soleil est enfermé dans celui de la terre, on ne la voit ni quand elle est entre le soleil et nous, parce qu'alors son hémisphère obscur est tourné vers nous; ni quand le soleil est entre nous et elle, parce qu'alors il la cache ou l'efface. Il ne reste que le temps où elle n'est ni dans l'une ni dans l'autre de ces deux parties opposées de son cours, et où même elle en est à un certain éloignement. Ces temps, qui précèdent le lever du soleil ou suivent son coucher, sont courts, parce que Vénus ne s'écarte pas beaucoup du soleil; encore en faut-il nécessairement perdre une bonne demi-heure pour attendre que Vénus soit assez dégagée des rayons de cet astre. Mercure, qui étant plus proche du soleil est encore plus dans le cas de ces difficultés, échappe presque entièrement aux astronomes.

Cassini étant encore en Italie s'était appliqué en 1666 et 1667 à découvrir les taches de Vénus, pour déterminer par leur moyen son mouvement diurne ou de rotation, si elle en avait un. Il vit des taches à la vérité, et même une partie plus luisante, qui fait le même effet par rapport au mouvement de rotation; il crut que ce mouvement pouvait être de vingt-trois heures, si cependant ce n'en était pas un de libration, tel que celui qu'on attribue à la lune, car les plus grands hommes sont les moins hardis à affirmer. Le peu de durée que pouvait avoir chacune de ses observations, lui rendait le tout assez incertain, et depuis ce temps là il paraît avoir abandonné cette planète. Ensuite Huyghens, qui avait découvert l'anneau de Saturne et un de ses satellites, chercha inutilement des taches dans Vénus; il n'y vit qu'une lumière parfaitement égale. Nous avons dit en 1700 [1], que de la Hire y avait vu de grandes inégalités en saillie, qui pouvaient être des montagnes; ce qui ne s'accorde ni avec Cassini, ni avec Huyghens, et ne prouve que la difficulté du sujet. En dernier lieu, le P. Briga, jésuite, professeur en mathématiques au collège de Florence, qui travaillait à un grand ouvrage sur Vénus, avait invité tous les observateurs de sa connaissance et en Europe et à la Chine, à chercher les taches de cette planète avec leurs meilleurs télescopes; et tous lui avaient répondu qu'ils y avaient perdu leurs peines.

De plus, il manquait à la théorie de Vénus que sa parallaxe fût connue par observation immédiate; elle n'était que tirée par des conséquences ou des circuits, toujours moins sûrs que l'observation. On sait que la parallaxe d'une planète est la différence entre les deux lieux du ciel où on la rapporte vue du centre de la terre, ou vue d'un point de la surface; ce qui donne la grandeur dont le demi-diamètre de la terre serait vu de cette planète, et la distance de la planète à la terre.

Ce fut par la recherche de la parallaxe de Vénus que Bianchini commença. Il voulut tenter d'y appliquer l'ingénieuse méthode trouvée par feu Cassini pour la parallaxe de Mars, et expliquée en 1706 [2]. Elle consiste à comparer à une étoile fixe extrêmement proche de la planète dont on cherche la parallaxe, le mouvement de cette planète, et cela pendant un temps assez long. On n'aurait pas vu assez long-temps Vénus prise le matin

---

[1] Pag. 121, seconde édition.
[2] Pag. 97 et suiv.

ou le soir; mais avec des lunettes on la peut voir en plein jour et dans le méridien, quelquefois même à l'œil nu, et alors on avait le temps nécessaire. Mais on ne voit pas ainsi les fixes, à moins cependant qu'elles ne soient de la première grandeur, et c'était un pur bonheur d'en trouver quelqu'une extrêmement proche de Vénus vue en plein jour et au méridien. Bianchini espéra, sur la foi des tables du mouvement de Vénus, que le 3 juillet 1716 elle se trouverait dans le méridien à peu près avec *Régulus*, ou le *cœur du lion*; et en effet, il vit ces deux astres dans la même ouverture de sa lunette. Il répéta l'observation les trois jours suivans; et après s'en être bien assuré, il trouva par la méthode de Cassini, et vérifia encore par une autre voie, que la parallaxe de Vénus était de vingt-quatre secondes. Nous supprimons toutes les attentions fines et délicates qu'il apporta; le mérite n'en serait senti que par les astronomes, et les astronomes supposeront aisément qu'il ne les oublia pas dans une recherche si nouvelle et si importante.

Il ne faut pourtant pas compter pour absolument sûres les vingt-quatre secondes de la parallaxe de Vénus; elles en donneraient quatorze pour celle du soleil, qui, selon Cassini, n'est que de dix, et, selon de la Hire, de six, et ces deux noms sont d'un grand poids. C'est plutôt la manière de trouver la parallaxe de Vénus, qui est enfin trouvée par Bianchini, que ce n'est cette parallaxe même. Il voulait recommencer ses observations en 1724; où Vénus se devait retrouver en passant par le méridien dans la même position à peu près à l'égard de Régulus, position unique et précieuse. Mais il n'eut plus alors le même lieu pour observer, et il n'en put avoir d'autre qui y fût propre. Eh! quel déplaisir de dépendre tant d'un certain concours de circonstances étrangères! Comme Vénus ne revenait avec Régulus qu'au bout de huit ans, il se flatta de reprendre son travail en 1732; mais sa vie ne s'est pas étendue jusques-là.

Il fut plus heureux dans l'observation encore plus importante des taches de Vénus, qu'il fit en 1726. Ce n'était pas la faute de ceux qui ne les avaient point vues, ou les avaient mal vues : ils ne se servaient que de verres de cinquante ou soixante pieds de foyer, qui n'étaient pas suffisans. Campani et Divini, les plus excellens ouvriers en ce genre, en avaient fait de cent et de cent vingt pieds; mais la difficulté était de manier des tuyaux de cette énorme longueur, qui se courbaient toujours très-sensiblement vers le milieu. Huyghens avait ingénieusement imaginé le moyen de se passer de tuyau; mais il restait encore tant d'embarras et d'incommodités qu'on aurait apparemment abandonné l'invention, si Bianchini n'eût trouvé le secret de remédier à tout. Il vint à Paris en 1712, et fit voir à l'académie sa machine, qui parut simple, portative, maniable, et expéditive au-delà de tout ce qu'on eût osé espérer. L'académie a cru qu'elle en devait la description au public, et elle l'a donnée dans ses mémoires de 1713 [1]. Il était dans l'ordre que l'auteur en recueillît le fruit. Il vit très sûrement les taches de Vénus prise dans toutes les situations où elle le peut être et dans toute la variété, quoique assez bornée, de ces situations. Ces taches, vues par les grands verres qu'il em-

[1] Pag. 299 et suiv.

ployait, ne sont que comme les taches de la lune vues à l'œil nu; et si celles-ci sont des mers, les autres en seront aussi. Il conseille à ceux qui voudront bien voir les taches de Vénus, de s'accoutumer auparavant à regarder avec attention celles de la lune, à bien suivre leurs contours, et à les distinguer les unes des autres. L'œil préparé par cet apprentissage, en sera plus habile et plus savant, quand il se transportera sur Vénus.

Bianchini en distingua assez nettement les taches pour y établir vers le milieu du disque sept mers, qui se communiquent par quatre détroits, et vers les extrémités deux autres mers sans communication avec les premières. Des parties qui semblaient se détacher du contour de ces mers, il les appela promontoires, et en compta huit. Comme il avait un droit de propriété sur ce grand globe presque tout nouveau, et dû à ses veilles, il imposa des noms à ces mers, à ces détroits, à ces promontoires; et à l'exemple tant des anciens Grecs qui ont mis dans le ciel leurs héros, que des astronomes modernes qui ont rempli la lune de philosophes et de savans, il favorisa qui il voulut de ces espèces d'apothéoses, toujours cependant avec un choix judicieux. Il avait reçu des grâces du roi de Portugal, et il donna son nom à la première mer. Pour ces autres grands pays dont il disposait, il les partagea entre les généraux portugais les plus illustres par leurs conquêtes dans les deux Indes, et entre les plus célèbres navigateurs qui ont ouvert le chemin à ces conquêtes. Galilée et Cassini se trouvent là, non pas tant par l'amour de Bianchini pour sa patrie, que parce que ces deux grands hommes, qui n'ont jamais navigué, ont été aussi utiles à la navigation et à la connaissance du globe terrestre que Colomb, Vespuce et Magellan. L'académie des sciences et le nouvel institut de Bologne ont aussi leur place dans Vénus. Les principaux domaines des savans ne sont point exposés à la jalousie des autres hommes.

Nous avons dit en plusieurs endroits de nos histoires, et principalement en 1701 [1], quelle est la méthode dont on se sert pour découvrir par les taches d'une planète, et par les circonstances de leur mouvement, l'axe de la rotation, et sa position sur le plan de l'orbite que la planète décrit. Parce que Vénus est une planète inférieure, on ne saurait voir son disque entièrement éclairé du soleil: il y a toujours sur ce disque une ligne qui sépare la partie obscure d'avec l'éclairée, et est une portion d'un cercle qui, vu du soleil, séparait les deux hémisphères, l'un éclairé, l'autre obscur. Le plan de ce cercle est toujours perpendiculaire à une ligne tirée du centre du soleil à celui de Vénus, et cette ligne est nécessairement dans le plan de l'orbite de Vénus ou de son écliptique particulière. C'est par rapport à la ligne de la dernière illumination sur le disque de la planète, que Bianchini observait le mouvement des taches et l'inclinaison de la ligne de ce mouvement: par là il parvint à déterminer que l'axe de la rotation de Vénus était incliné de quinze degrés à son orbite ou écliptique.

Lorsque l'axe de rotation d'une planète est perpendiculaire à son orbite, comme l'est presque celui de Jupiter, cette planète a toujours le soleil dans son équateur, et ses deux pôles éclairés en même temps;

---

[1] Pag. 101 et suiv., seconde édition.

elle jouit d'un équinoxe perpétuel, et chacune de ses parties n'a jamais que la même saison. Si au contraire l'axe de rotation est infiniment incliné sur l'orbite, c'est-à-dire couché dans son plan, la planète n'a un équinoxe que deux fois dans son année; ses deux pôles ont alternativement le soleil vertical, et chacune de ses parties a la plus grande inégalité de saisons qu'il soit possible. L'axe de Vénus est si incliné sur son orbite, qu'il s'en faut peu qu'elle ne soit dans ce dernier cas; et l'on ne connaît point de planète qui à cet égard diffère tant de Jupiter.

Cassini avait cru, ou plutôt soupçonné que la rotation de Vénus était de vingt-trois heures. Il voyait d'un jour à l'autre une certaine partie du disque avancée d'une certaine quantité, et il jugeait qu'elle s'était ainsi avancée après une révolution entière du globe, qui par conséquent n'aurait pas duré ving-quatre heures. Cela était fort possible; mais il l'était aussi que le globe n'eût pas fait une révolution entière, qu'il en eût seulement continué une dont la lenteur aurait été nécessairement assez grande. On n'avait point d'exemple d'une lenteur pareille dans aucune rotation de planète; mais, quoique peu vraisemblable, elle n'a pas laissé de se trouver vraie, et Bianchini a déterminé la rotation de Vénus de vingt-quatre jours huit heures. Selon le système de Mairan, rapporté en cette année 1729 [1], cette lenteur de la rotation de Vénus est en partie une suite de la grande inclinaison de l'axe.

Enfin, une découverte très remarquable de Bianchini est celle du parallélisme constant de l'axe de Vé-

[1] Pag. 51 et suiv.

nus sur son orbite, pareil à celui que Copernic fut obligé de donner à la terre. Ce qu'il avait imaginé et supposé pour le besoin de son système est maintenant vérifié dans toutes les planètes dont on connaît la rotation : nulle variété à cet égard, tandis que tout le reste varie ; et Copernic a eu la gloire de deviner ce qui fait aujourd'hui une des principales clefs de l'astronomie physique. Cependant Bianchini craint que ce parallélisme de Vénus et quelques autres points où la bonne astronomie le jette indispensablement, ne paraissent trop favorables à Copernic, et il a toujours grand soin d'avertir que tout cela peut s'accorder avec Tycho. Ces précautions sont nécessaires aux compatriotes de Galilée ; une petite différence de climat en mettrait apparemment dans leur style.

L'ouvrage sur les phénomènes de Vénus fait mention d'une méridienne que Bianchini voulait tracer dans toute l'étendue de l'Italie, à l'exemple de la méridienne de la France, unique jusqu'à présent. Pendant l'espace de huit années il avait employé tous les intervalles de ses autres travaux à faire tous les préparatifs nécessaires pour ce grand dessein ; mais il n'a pas vécu assez pour en commencer seulement l'exécution.

Nous nous arrêtons là, en avouant que nous lui faisons tort de nous y arrêter ; mais la raison même qui nous y oblige tourne à sa gloire. *Les vies des papes, par Anastase le bibliothécaire*, dont il a donné une nouvelle édition en trois tomes *in-fol.*, enrichie d'une infinité de recherches très savantes, sont un trop grand ouvrage qui nous mènerait trop loin, surtout après ceux du même genre dont nous avons rendu compte ; et plusieurs ouvrages moins considérables seulement par le volume sont en trop grand nombre. Il y en a même quelques uns qui sont des pièces d'éloquence; et l'on dit qu'il embrassait jusqu'à la poésie. Il se trouve en effet dans son style, quand les occasions s'en présentent, une force et une beauté d'expression, des figures, des comparaisons, qui sentent le génie poétique.

L'académie le mit dès l'an 1700 dans le petit nombre de ses associés étrangers.

Il mourut d'une hydropisie le 2 mars 1729. On lui trouva un cilice, qui ne fut découvert que par sa mort; et toute sa vie, par rapport à la religion, avait été conforme à cette pratique secrète. La facilité, la candeur de ses mœurs étaient extrêmes, et encore plus, s'il se peut, son ardeur à faire plaisir. Il n'était jamais engagé dans aucune étude si intéressante pour lui, dans aucun travail dont la continuation fût si indispensable et l'interruption si nuisible, qu'il n'abandonnât tout dans le moment avec joie pour rendre un service.

Son mérite a été bien connu, et l'on pourrait dire récompensé, si l'on s'en rapportait à sa modestie. Il a eu deux canonicats dans deux des principales églises de Rome. Il a été camérier d'honneur de Clément XI, et prélat domestique de Benoît XIII. Outre le secrétariat de la congrégation du calendrier, Clément XI lui donna par une bulle une intendance générale sur toutes les antiquités de Rome auxquelles il était défendu de toucher sans sa permission. Il aurait pu aspirer plus haut dans un pays où l'on sait qu'il faut quelquefois décorer la pourpre elle-même par les talens et par le savoir; l'exemple récent du cardinal Noris l'autorisait à prendre des vues si élevées et si flatteuses : mais on assure que sa modération naturelle et la religion l'en préservèrent toujours.

ÉLOGE

DE MARALDI.

Jacques-Philippe Maraldi naquit le 21 août 1665 à Perinaldo, dans le comté de Nice, lieu déjà honoré par la naissance du grand Cassini. Il fut fils de François Maraldi et d'Angela-Catherine Cassini, sœur de ce fameux astronome.

Après qu'il eut fini avec distinction le cours des études ordinaires, son goût naturel le porta aux sciences plus élevées, aux mathématiques ; et il y avait fait tant de progrès à l'âge de vingt-deux ans, que son oncle, établi en France depuis plusieurs années, l'y appela en 1687 pour cultiver lui-même ses talens, et les faire connaître dans un pays où l'on avait eu un soin singulier d'en rassembler de toutes parts. Sans doute Cassini, étranger et circonspect comme il était, ne se fût pas chargé d'un neveu dont il n'eût pas beaucoup espéré, et qui lui aurait été plus reproché que tout autre qu'il eût mis à la même place.

Dès les premiers temps que Maraldi se mit à observer le ciel, il conçut le dessein de faire un catalogue des étoiles fixes. Ce catalogue est la pièce fondamentale de tout l'édifice de l'astronomie. Les fixes, qui à la vérité ont un mouvement, mais d'une extrême lenteur, et d'une quantité présentement bien connue, et qui d'ailleurs ne changent point de situation entre elles, sont prises pour des points immobiles auxquels ont rapport tous les mouvemens qui sont au-dessous d'elles, ceux des planètes et des comètes ; et par là il est de la dernière importance de connaître exactement et le nombre et la position de ces points lumineux qui régleront tout. Non-seulement les télescopes ont prodigieusement enrichi le ciel de fixes, auparavant invisibles; mais la simple vue, plus attentive et mieux dirigée, en a porté le nombre beaucoup au-delà de celui que les anciens avaient prétendu déterminer à peu près, et c'est proprement de nos jours qu'il n'est presque plus permis de les compter. Mais que ne peut la curiosité ingénieuse et opiniâtre? On les compte, ou du moins on leur assigne à toutes leurs places dans leurs constellations. Le catalogue de Bayer est celui dont les astronomes se servent le plus ordinairement, et auquel ils semblent être convenus de donner leur confiance : mais Maraldi crut pouvoir porter la précision et l'exactitude au-delà de celles de tous les catalogues connus, et il se détermina courageusement à en faire un nouveau.

Quelques efforts d'esprit que l'on fasse, et quelque assiduité que l'on y donne, on est trop heureux quand il n'en coûte que de demeurer dans son cabinet. Ces veilles, que les savans et les poètes mêmes ont tant de soin de faire valoir, prises dans le sens le plus littéral, ne sont pas des veilles en comparaison de celles qui se font en plein air et en toutes saisons pour étudier le ciel. Le géomètre le plus laborieux mène presque une vie molle au prix d'un astronome également occupé de sa science. Surtout quand on a entrepris un catalogue des fixes, on n'a point trop de toutes les nuits de l'année : les seules que l'on ait de relâche sont celles où le ciel est trop couvert; encore se plaint-on de cette grâce de la nature. Aussi Maraldi altéra-t-il beaucoup sa santé par un si long et si rude travail ; il en contracta de fréquens maux d'estomac, dont il s'est toujours ressenti, parce qu'il ne put pas s'empêcher d'en entretenir toujours la cause.

Cependant il communiquait assez facilement ce qui lui avait tant coûté. De son ouvrage, qui n'est encore que manuscrit, il en a détaché des positions d'étoiles, dont quelques auteurs avaient besoin; par exemple, Delisle, pour son globe céleste; Manfredi pour ses éphémérides; Izaac Broukner pour le globe dont il a été parlé en 1725 [1].

Son catalogue n'était pas seulement sur le papier ; il était tellement gravé dans sa tête, qu'on ne lui pouvait désigner aucune étoile quoique presque imperceptible à la vue, qu'il ne dît sur-le-champ la place qu'elle occupait dans sa constellation. Puisque les étoiles ont été appelées dans les livres saints *l'armée du ciel*, on pourrait dire que Maraldi connaissait toute cette armée, comme Cyrus connaissait la sienne.

Quelquefois de petites comètes, et qui durent peu, ne sont pas reconnues pour comètes, parce qu'on les prend pour des étoiles de la constellation où elles paraissent; et cela, faute de savoir assez de quel assemblage d'étoiles cette constellation est composée. Peut-

---

[1] Pag. 103 et 104.

être croit-on que ce ne serait pas un grand malheur d'ignorer une comète si petite et de si peu de durée, qu'elle ne devait pas dans la suite se faire remarquer. Mais les astronomes n'en jugent pas ainsi. Ils ont tous aujourd'hui une extrême ardeur pour le système des comètes, qui fait à notre égard les dernières limites du système entier de l'univers; et ils ne veulent rien perdre de tout ce qui peut conduire à en avoir quelque connaissance; tout sera mis à profit. Il était difficile que des phénomènes célestes échappassent à Maraldi : la plus petite nouveauté dans le ciel frappait aussitôt des yeux si accoutumés à ce grand objet. Ceux qui observaient en même lieu que lui, et qui auraient pu être jaloux des premières découvertes, avouent que le plus souvent c'est lui qui en a eu l'honneur.

La construction du catalogue, des observations, soit journalières, soit rares, et dont le temps se fait beaucoup attendre, comme celles des phases de l'anneau de Saturne, des déterminations de retours d'étoiles fixes, qui disparaissent quelquefois, des applications adroites des méthodes données par Cassini, des vérifications de théories dont il est important de s'assurer, des corrections d'autres théories qui peuvent recevoir plus d'exactitude ; voilà tous les événemens de la vie de Maraldi : nos histoires en sont pleines, et ont fait d'avance une grande partie de son éloge.

Il travailla sous Cassini en 1700 à la prolongation de la fameuse méridienne jusqu'à l'extrémité méridionale du royaume, et eut beaucoup de part à ce grand ouvrage. De là il alla en Italie ; et comme alors on travaillait à Rome sur la grande affaire du calendrier dont nous avons parlé en 1700[1] et 1701[2] le pape Clément XI profita de l'heureuse occasion d'y employer un astronome formé par Cassini. Il donna entrée à Maraldi dans les congrégations qui se tenaient sur ce sujet. Bianchini, lié d'une grande amitié avec Cassini, ne manqua pas de s'associer son neveu dans la construction d'une grande méridienne qu'il traçait pour l'église des Chartreux de Rome, à l'imitation de celle de Saint-Petrone, de Bologne, tracée par celui qu'ils reconnaissaient tous deux pour leur maître.

En 1718, Maraldi alla avec trois autres académiciens terminer la grande méridienne du côté du septentrion. A ces voyages près, il a passé sa vie, depuis son arrivée à Paris, renfermé dans l'observatoire; ou plutôt il l'a passée tout entière renfermé dans le ciel, d'où ses regards et ses recherches ne sortaient point.

Il se délassait pourtant quelquefois; il prenait des divertissemens. Il faisait des observations physiques sur des insectes, sur des pétrifications curieuses, sur la culture des plantes, partie de la botanique à laquelle il serait temps que l'on songeât autant qu'on a fait jusqu'ici à la nomenclature, qui n'est qu'un préliminaire. Ce n'est pas que ce préliminaire soit fini: s'il doit l'être jamais, ce ne sera que dans plusieurs siècles; mais on l'a mis en état de permettre que l'on aille désormais plus avant. Nous avons rendu compte en 1712[3] de la plus importante observation terrestre de Maraldi: c'est celle des abeilles, qui, malgré l'agrément naturel du sujet, a demandé un travail très fatigant par la longue

[1] Pag. 127, seconde édition.
[2] Pag. 103, seconde édition.
[3] Pag. 5 et suiv.

assiduité de plusieurs années, et par l'extrême difficulté de bien voir tout ce qui se passait dans ce merveilleux petit état.

Il ne restait plus à Maraldi, pour achever son catalogue des fixes, que d'en déterminer quelques unes vers le zénith et vers le nord; et dans ce dessein, il venait de placer un quart de cercle mural sur le haut de la terrasse de l'observatoire, lorsqu'il tomba malade. Il employa le seul remède auquel il eût confiance, une diète austère : il s'en était toujours bien trouvé ; mais nul remède ne réussit toujours. Il mourut le premier décembre 1729.

Son caractère était celui que les sciences donnent ordinairement à ceux qui en font leur unique occupation, du sérieux, de la simplicité, de la droiture ; mais ce qui n'est pas si commun, c'est le sentiment de la reconnaissance porté au plus haut point, tel qu'il l'avait pour son oncle. Il voulait le veiller lui-même dans ses maladies, et il y apportait le soin le plus attentif et la plus tendre inquiétude : Cassini avait en lui un second fils. L'impression des bienfaits redouble de force, quand il part d'un homme à qui les indifférens mêmes ne pourraient refuser de la vénération.

ÉLOGE

DE VALINCOUR.

Jean-Baptiste-Henri du Trousset de Valincour naquit le premier mars 1653, de Henri du Trousset et de Marie du Pré. Sa famille était noble et honorable, originaire de Saint-Quentin en Picardie. Ayant perdu son père à l'âge de six ou sept ans, il demeura entre les mains d'une mère propre à remplir seule tous les devoirs de l'éducation de ses enfans.

Il ne brilla point dans ses classes : ce latin et ce grec qu'on y apprend n'étaient pour lui que des sons étrangers dont il chargeait sa mémoire, puisqu'il le fallait : mais ses humanités finies, s'étant trouvé un jour seul à la campagne avec un Térence pour tout amusement, il le lut d'abord avec assez d'indifférence, et ensuite avec un goût qui lui fit bien sentir ce que c'était que les belles-lettres. Il n'avait point été piqué de cette vanité si naturelle de surpasser ses compagnons d'étude, sans savoir à quoi il était bon de les surpasser : mais il fut touché de la valeur réelle et solide, jusques-là inconnue, de ce qu'on avait proposé à leur émulation. Déjà sa raison seule avait droit de le remuer.

Il répara avec ardeur la nonchalance du temps passé; il se mit à se nourrir avidement de la lecture des bons auteurs anciens et modernes. Il lui échappa quelques petits ouvrages en vers, fruits assez ordinaires de la jeunesse de l'esprit, qui est alors en sa fleur, s'il en doit avoir une. Valincour ne regardait pas ses vers assez sérieusement pour en faire parade, ni même pour les désavouer. Il a conservé jusqu'à la fin l'habitude de cette langue qu'il ne parlait qu'à l'oreille de quelques amis, et en badinant.

La fameuse princesse de Clèves ayant paru, ouvrage d'une espèce qui ne peut naître qu'en France, et ne peut même y naître que rarement, Valincour en donna une critique en 1678, non pour s'opposer à la juste admiration du public, mais pour lui apprendre à ne pas admirer jusqu'aux défauts, et pour se donner le plaisir d'entrer dans des discussions fines et délicates. Ce dessein intéressait le censeur à faire valoir lui-même, comme il a fait, les beautés au travers desquelles il avait su démêler les imperfections. Au lieu de la bile ordinaire, il répand dans son discours une gaieté agréable ; et peut-être seulement pourrait-on croire qu'il va quelquefois jusqu'au ton de l'ironie, qui, quoique léger, est moins respectueux pour un livre d'un si rare mérite, que le ton d'une critique sérieuse et bien placée.

On répondit avec autant d'aigreur et d'amertume, que si on avait eu à défendre une mauvaise cause. Valincour ne répliqua point. Les honnêtes gens n'aiment point à s'engager dans ces sortes de combats trop désavantageux pour ceux qui ont les mains liées par de bonnes mœurs et par les bienséances ; et le public lui-même, malgré sa malignité, se lasse bientôt de ce spectacle. Après avoir vu une ou deux joûtes, il laisse les deux champions se battre sur l'arène sans témoins.

Un homme de mérite n'est pas destiné à n'être qu'un critique, même excellent, c'est-à-dire habile seulement à relever les défauts dans les productions d'autrui, impuissant à produire de lui-même. Aussi Valincour se tourna-t-il bien vite d'un autre côté plus convenable à ses talens et à son caractère. Il donna en 1681 *la vie de François de Lorraine, duc de Guise*, petit morceau d'histoire qui remplit tout ce qu'on demande à un bon historien ; des recherches qui, quoique faites avec beaucoup de soin, et prises quelquefois dans des sources éloignées, ne passent point les bornes d'une raisonnable curiosité ; une narration bien suivie et animée, qui conduit naturellement le lecteur, et l'intéresse toujours; un style noble et simple, qui tire ses ornemens du fond des choses, ou les tire d'ailleurs bien finement; nulle partialité pour le héros, qui pouvait cependant inspirer de la passion à son écrivain.

Un avertissement de l'imprimeur, à la tête de ce petit livre, annonce d'autres ouvrages du même genre, et sans doute de la même main; mais Valincour n'eut pas le loisir de les finir. L'illustre évêque de Meaux, qui ordinairement fournissait aux princes les gens de mérite dans les lettres dont ils avaient besoin, le fit entrer en 1685 chez le comte de Toulouse, amiral de France. Ce ne fut encore qu'en qualité de gentilhomme attaché à sa suite : mais quelque temps après, le secrétariat général de la marine étant venu à vaquer, il fut donné à Valincour. Le prince le fit aussi secrétaire de ses commandemens; et quand S. A. S. eut le gouvernement de Bretagne, ce fut encore un nouveau fonds de travail pour le secrétaire, dont les occupations se multipliaient à proportion des dignités de son maître. Ses anciennes études l'avaient préparé, sans qu'il y pensât, à des fonctions si importantes; les nouvelles connaissances dont il eut besoin, entrèrent plus aisément et se placèrent mieux dans un esprit où elles en trouvaient déjà d'autres, qu'elles n'eussent fait dans un esprit entièrement vide.

Lorsqu'en 1704, l'amiral gagna la bataille de Malaga contre les flottes anglaise et hollandaise jointes ensemble, Valincour, qui n'était point officier de marine, et ne prétendait nullement aux récompenses militaires, fut toujours à ses côtés, jusqu'à ce qu'il eût reçu une blessure à la jambe de l'éclat d'un coup de canon qui tua un page. Cet attachement si fidèle, porté jusqu'aux occasions où il était si périlleux et en même temps tout-à-fait inutile, avait pour objet un maître qui savait se faire aimer, et dont la justice et la droiture feraient un mérite et un nom à un homme du commun. Aussi Valincour a-t-il été honoré de la même confiance et des mêmes bontés sans interruption, sans trouble, sans essuyer aucun orage de cour, sans en craindre; et cela, pendant quarante-cinq ans. Cependant il n'était point flatteur : un prince du même sang lui rend hautement ce témoignage. Il est vrai qu'il avait un art de dire la vérité; mais enfin il osait la dire, et l'adresse ne servait qu'à rendre le courage utile. Peu à peu la nécessité d'employer cette adresse diminue, et les droits de l'homme de bien se fortifient toujours.

Tout le temps que les emplois de Valincour lui laissaient libre, était donné à des études de son goût, et principalement à celles qui avaient rapport à ses emplois; car son devoir déterminait assez son goût. La marine tient à la physique, et encore plus essentiellement aux mathématiques; et il ne manqua pas d'ajouter aux belles-lettres, qui avaient été sa première passion, ces sciences plus élevées et plus abstraites. Ainsi il se trouva en état de remplir dignement une place d'honoraire, à laquelle l'académie le nomma en 1721. Il était de l'académie française dès 1699. Je l'ai vu dans l'une et dans l'autre; j'ai été témoin de sa conduite et de ses sentimens. Il ne croyait pas que ce fût assez de voir son nom écrit dans les deux listes; qu'il en retirerait toujours, sans y rien mettre du sien, l'honneur qui lui en pouvait revenir; que tout le reste lui devait être indifférent; et que des titres qui par eux-mêmes laissent une grande liberté, laissaient jusqu'à celle de ne prendre part à rien. Il avait pour ces compagnies une affection sincère, une vivacité peu commune pour leurs intérêts; et en effet, une académie est une espèce de patrie nouvelle, que l'on est d'autant plus obligé d'aimer qu'on l'a choisie : mais il faut convenir que ces obligations délicates ne sont pas pour tout le monde.

Il avait travaillé toute sa vie à se faire dans une maison de campagne qu'il avait à Saint-Cloud, et où il se retirait souvent, une bibliothèque choisie. Elle montait à 6 ou 7,000 volumes, lorsqu'elle fut entièrement consumée il y a près de cinq ans par le feu qui prit à la maison. Ses recueils, fruits de toutes ses lectures, des mémoires importans sur la marine, des ouvrages ou ébauchés ou finis; tout périt en même temps, et il en fut le spectateur. La philosophie, qui aurait été plus rigide sur une perte de bien, lui permettait d'être sensiblement affligé de celle d'un trésor amassé par elle-même, et où il se complaisait; mais son courage ne se démentit point. *Je n'aurais guère profité de mes livres*, disait-il, *si je ne savais pas les perdre*. Il était encore soutenu par une philosophie bien supérieure, par la religion, dont il fut toujours vivement pénétré.

Vers la fin de sa vie, il fut de temps en temps attaqué de diverses maladies, qui le mirent encore à de plus grandes épreuves. Enfin il mourut le 4 janvier 1730, âgé de soixante-dix-sept ans.

On s'apercevait aisément dans son commerce ordinaire qu'il était plein de bonnes lectures. Il en ornait volontiers sa conversation et ses lettres, mais à propos, avec nouveauté, avec grâces, conditions nécessaires et peu observées. Un certain sel qu'il avait dans l'esprit l'eût rendu fort propre à la raillerie; mais il s'est toujours défendu courageusement d'un talent dangereux pour qui le possède, injuste à l'égard des autres.

Il a été ami particulier de la plupart de ceux qui ont brillé dans les lettres, et principalement de Racine et Despréaux; et par cette raison il fut choisi, après la mort de Racine, pour être associé à Despréaux dans le travail ou le dessein de l'histoire du feu roi. Apparemment sa liaison avec ce grand satirique lui fit adopter quelques uns de ses jugemens, tels que celui qu'il portait contre le premier de nos poètes lyriques, jugement insoutenable sur le Parnasse, et recevable seulement dans un tribunal infiniment plus respectable, où le satirique lui-même n'eût pas d'ailleurs trouvé son compte. Cependant Valincour ne se laissa point emporter à l'excessive chaleur que mirent ses amis dans des disputes littéraires, qui ont fait assez de bruit. Il continua de vivre en amitié avec ceux qui refusaient l'adoration aux anciens; il négocia même des réconciliations, et donna des exemples rares de modération et d'équité, quoique dans une bagatelle. Mais il n'a pas eu seulement des amis dans les lettres; il en a eu dans les premières places de l'état, non pas simplement comme un homme d'esprit dont la conversation peut délasser, mais comme un homme d'un grand sens à qui on peut parler d'affaires. Il ne s'est jamais fait valoir de ces commerces si flatteurs et si dangereux pour la vanité : il les cachait autant qu'il était possible; et ce qu'il cachait encore avec plus de soin, c'est l'usage qu'il en a fait toutes les fois que la justice ou le mérite ont eu besoin de son crédit.

Il n'était point marié et jouissait d'un revenu considérable. Sa famille publie hautement sa générosité pour elle et ses bienfaits toujours prévenans : mais elle craindrait d'offenser sa vertu, et d'aller contre ses intentions, si elle révélait ce qu'il a fait d'ailleurs par des motifs plus élevés.

ÉLOGE
DE DU VERNEY.

Guichard-Joseph du Verney naquit à Fleurs en Forez, le 5 août 1648, de Jacques du Verney, médecin de la même ville, et d'Antoinette Pittre. Ses classes faites, il étudia en médecine à Avignon pendant cinq ans, et en partit en 1667 pour venir à Paris où il se sentait appelé par ses talens.

A peine arrivé dans cette grande ville, il alla chez le fameux abbé Bourdelot, qui tenait des conférences de gens de lettres de toutes les espèces. Il leur fit une anatomie du cerveau, et d'autres ensuite chez Denys, savant médecin, où l'on s'assemblait aussi. Il démontrait ce qui avait été découvert par Stenon, Swammerdam, Graaf, et les autres grands anatomistes ; et il eut bientôt une réputation.

Outre ses connaissances, déjà grandes et rares par rapport à son âge, ce qui contribua beaucoup à le mettre promptement en vogue, ce fut l'éloquence avec laquelle il parlait sur ces matières. Cette éloquence n'était pas seulement de la clarté, de la justesse, de l'ordre, toutes les perfections froides que demandent les sujets dogmatiques, c'était un feu dans les expressions, dans les tours, et jusques dans la prononciation, qui aurait presque suffi à un orateur. Il n'eût pas pu annoncer indifféremment la découverte d'un vaisseau, ou un nouvel usage d'une partie; ses yeux en brillaient de joie, et toute sa personne s'animait. Cette chaleur ou se communique aux auditeurs, ou du moins les préserve d'une langueur involontaire qui aurait pu les gagner. On peut ajouter qu'il était jeune et d'une figure assez agréable. Ces petites circonstances n'auront lieu, si l'on veut, qu'à l'égard d'un certain nombre de dames, qui furent elles-mêmes curieuses de l'entendre.

A mesure qu'il parvenait à être plus à la mode, il y mettait l'anatomie, qui, renfermée jusques-là dans les écoles de médecine, ou à Saint-Côme, osa se produire dans le beau monde, présentée de sa main.

Je me souviens d'avoir vu des gens de ce monde-là qui portaient sur eux des pièces sèches préparées par lui, pour avoir le plaisir de les montrer dans les compagnies : surtout celles qui appartenaient aux sujets les plus intéressans. Les sciences ne demandent pas à conquérir l'univers; elles ne le peuvent ni ne le doivent; elles sont à leur plus haut point de gloire, quand ceux qui ne s'y attachent pas, les connaissent assez pour en sentir le prix et l'importance.

Il entra en 1676 dans l'académie, qui ne comptait encore que dix années depuis son établissement. On crut réparer par lui la perte que la compagnie avait faite de Gayent et Pecquet, tous deux habiles anatomistes, mais le dernier plus fameux par la découverte du réservoir du chyle, et du canal thorachique. Du caractère dont était du Verney, il n'avait pas besoin de grands motifs pour prendre beaucoup d'ardeur. Il se mit à travailler à l'histoire naturelle des animaux, qui faisait alors une partie des occupations de l'académie, et il tient beaucoup de place dans l'histoire latine de du Hamel.

Quand ceux qui étaient chargés de l'éducation du dauphin, aïeul du roi, songèrent à lui donner des connaissances de physique, on fit l'honneur à l'académie de tirer de son corps ceux qui auraient cette fonction ; et ce furent Roëmer pour les expériences générales, et du Verney pour l'anatomie. Celui-ci préparait les parties à Paris, et les transportait à Saint-Germain ou à Versailles. Là, il trouvait un auditoire redoutable ; le dauphin environné du duc de Montausier, de l'évêque de Meaux, de Huet, depuis évêque d'Avranches, de Cordemoy, qui tous, en ne comptant pour rien les titres, quoiqu'ils fassent toujours leur impression, étaient fort savans, et fort capables de juger même de ce qui leur eût été nouveau. Les démonstrations d'anatomie réussirent si bien auprès du jeune prince, qu'il offrit quelquefois de ne point aller à la chasse si on les lui pouvait continuer après son dîner.

Ce qui avait été fait chez lui, se recommençait chez M. de Meaux avec plus d'étendue et de détail. Il s'y assemblait de nouveaux auditeurs, tels que le duc de Chevreuse, le P. de la Chaise, Dodart, tous ceux que leur goût y attirait, et qui se sentaient dignes d'y paraître. Du Verney fut de cette sorte pendant près d'un an l'anatomiste des courtisans, connu de tous, et presque ami de ceux qui avaient le plus de mérite. Ses succès de Paris l'avaient porté à la cour, et il en revint à

Paris avec ce je ne sais quoi de plus brillant que donnent les succès de la cour.

Les fatigues de son métier, très pénible par lui-même, et plus pénible pour lui que pour tout autre, lui causèrent un mal de poitrine si violent, qu'on lui crut un ulcère au poumon. Il en revint cependant, bien résolu à se ménager davantage à l'avenir. Mais comment exécuter cette résolution? Comment résister à mille choses qui s'offraient, et qui forçaient ses regards et ses recherches à se tourner de leur côté? Comment leur refuser ses nuits, même après les jours entiers? Souvent l'anatomie ne souffre pas de délais; mais quand elle en eût souffert, en pouvait-il prendre?

En 1679, il fut nommé professeur d'anatomie au jardin royal, et il alla en Basse-Bretagne pour y faire des dissections de poissons, envoyé dans cette vue avec la Hire, qui devait avoir d'autres occupations. Ils furent envoyés tous deux l'année suivante sur la côte de Bayonne pour les mêmes desseins. Il entra dans une anatomie toute nouvelle; mais il ne put qu'ébaucher la matière; et depuis son retour la seule structure des ouies de la carpe lui coûta plus de temps que tous les poissons qu'il avait étudiés dans ses deux voyages.

Il mit les exercices anatomiques du jardin royal sur un pied où ils n'avaient pas encore été. On vit avec étonnement la foule d'écoliers qui s'y rendaient, et on compta en une année jusqu'à cent quarante étrangers. Plusieurs d'entre eux, retournés dans leur pays, ont été de grands médecins, de grands chirurgiens, et ils ont semé dans toute l'Europe le nom et les louanges de leur maître. Sans doute ils ont souvent fait valoir son autorité, et se sont servis du fameux *il l'a dit*. Nous avons rapporté dans l'éloge de Lemery¹, qu'il faisait ici en même temps des cours de chimie avec le même éclat. Une nation qui aurait pris sur les autres une certaine supériorité dans les sciences, s'apercevrait bientôt que cette gloire ne serait pas stérile, et qu'il lui en reviendrait des avantages aussi réels que d'une marchandise nécessaire et précieuse, dont elle ferait seule le commerce.

Il publia en 1683 son *Traité de l'organe de l'ouïe*, qui fut traduit en latin dès l'année suivante, et imprimé à Nuremberg. Cette traduction a été insérée dans la bibliothèque anatomique de Manget. On sera surpris que ce soit là le seul qu'ait donné du Verney, vu le long temps qu'il a vécu depuis ; mais quand on le connaîtra bien, on sera surpris au contraire qu'il l'ait donné. Jamais il ne se contentait pleinement sur un sujet, et ceux qui ont quelque idée de la nature le lui pardonneront. Il faisait d'une partie qu'il examinait, toutes les coupes différentes qu'il pouvait imaginer : pour la voir de tous les sens, il employait toutes les injections; et cela demande déjà un temps infini, ne fût-ce qu'en tentatives inutiles. Mais il arrivait ce qui arrive presque toujours, des discussions poussées dans un grand détail ; elles ne lèvent guère une difficulté, sans en faire naître une autre : cette nouvelle difficulté qu'on veut suivre, produit aussi sa difficulté incidente, et on se trouve engagé dans un labyrinthe. De plus, un premier travail qui aurait voulu être continué, est interrompu par un autre, que quelques circonstances, ou, si l'on veut, la simple curiosité, rendent indispensable. Une connaissance acquise comme par hasard, aura une

¹ *Voyez* l'Histoire de 1715, pag. 74 et 75.

espèce d'effet rétroactif, qui détruira ou modifiera beaucoup des connaissances précédentes qu'on croyait absolument sûres. Ajoutez à ce fonds d'embarras que produit la nature de l'anatomie, une peur de se méprendre, une frayeur des jugemens du public, qui ne peut guère être excessive, et l'on concevra sans peine qu'un très habile anatomiste peut n'avoir pas imprimé. Il faut pourtant avouer qu'un trop grand amour de la perfection, ou une trop grande délicatesse de gloire, feront perdre au public une infinité de vues et d'idées, qui, pour être d'une certaine utilité, n'auraient pas eu besoin d'une entière certitude, ou d'une précision parfaite.

Du Verney fut assez long-temps le seul anatomiste de l'académie, et ce ne fut qu'en 1684 qu'on lui joignit Mery[1]. Ils n'avaient rien de commun qu'une extrême passion pour la même science, et beaucoup de capacité; du reste presque entièrement opposés, surtout à l'égard des talens extérieurs. Si l'on pouvait quelquefois craindre que par le don de la parole du Verney n'eût la facilité de tourner les faits selon ses idées, on était sûr que Mery ne pouvait que se renfermer dans une sévère exactitude des faits, et que l'un eût tenu en respect l'éloquence de l'autre. Le grand avantage des compagnies résulte de cet équilibre des caractères. On remarqua que du Verney prit un nouveau feu par cette espèce de rivalité. Elle n'éclata jamais davantage que dans la fameuse question de la circulation du sang du fœtus dont nous avons tant parlé. Elle le conduisit à examiner d'autres sujets qui pouvaient y avoir rapport, la circulation dans les amphi-

[1] *Voyez* l'Histoire de 1712, page 130.

bies, tels que la grenouille; car le fœtus, qui vit d'abord sans respirer l'air, et ensuite en le respirant, est une espèce d'amphibie. Ceux-là le conduisaient à d'autres animaux approchans, sans être amphibies, comme le crapaud; et enfin aux insectes, qui font un genre à part, et offrent un spectacle tout nouveau.

Aussi excellait-il dans l'anatomie comparée, qui est l'anatomie prise le plus en grand qu'il soit possible, et dans une étendue où peu de gens la peuvent embrasser. Il est vrai que pour nous, et pour nos besoins, la structure du corps humain paraîtrait suffire; mais on le connaît mieux quand on connaît aussi toutes les autres machines faites à peu près sur le même dessin. Après celles-là il s'en présente d'autres d'un dessin fort différent : il y aura moins d'utilité à les étudier à cause de la grande différence; mais par cette raison là même la curiosité sera plus piquée, et la curiosité n'a-t-elle pas ses besoins?

Dans les premiers temps de ses exercices du jardin royal, il faisait et les démonstrations des parties qu'il avait préparées, et les discours qui expliquaient les usages, les maladies, les cures, et résolvaient les difficultés. Mais sa faiblesse de poitrine, qui se faisait toujours sentir, ne lui permit pas de conserver les deux fonctions à la fois. Un habile chirurgien choisi par lui, faisait sous lui les démonstrations, et il ne lui restait plus que les discours, dans lesquels il avait de la peine à se renfermer. C'est lui qui a le premier enseigné en ce lieu-là l'ostéologie et les maladies des os.

De son cabinet, où il avait étudié des cadavres ou des squelettes, il allait dans les hôpitaux de Paris, où il étudiait ceux dont les maux avaient rapport à l'anatomie. Si la machine du corps disséquée et démontrée présente encore tant d'énigmes très difficiles et très obscures, à plus forte raison la machine vivante, où tout est sans comparaison moins exposé à la vue, plus enveloppé, plus équivoque. C'était là qu'il appliquait sa théorie aux faits, et qu'il apprenait même ce que la seule théorie ne lui eût pas appris. En même temps il était d'un grand secours, et aux malades, et à ceux qui en étaient chargés. Quoiqu'il fût docteur en médecine, il évitait de s'engager dans aucune pratique de médecine ordinaire, quelque honorable, quelque utile qu'elle pût être : il prévoyait qu'un cas rare de chirurgie, une opération singulière, lui aurait causé une distraction indispensable; et il s'acquittait assez envers le public de son devoir de médecin, non-seulement par les instructions générales qu'il donnait sur toute l'anatomie, mais par l'utilité dont il était dans les occasions particulières.

Loin d'avoir rien à se reprocher sur cet article, il ne se reprochait que d'être trop occupé de sa profession. Il craignait que la religion, dont il avait un sentiment très vif, ne lui permît pas un si violent attachement, qui s'emparait de toutes ses pensées et de tout son temps. L'auteur de la nature, qu'il admirait et révérait sans cesse dans ses ouvrages si bien connus de lui, ne lui paraissait pas suffisamment honoré par ce culte savant, toujours cependant accompagné du culte ordinaire le plus régulier. L'âge qui s'avançait, les infirmités qui augmentaient, contribuaient peut-être à ce scrupule, sans lui donner pourtant le pouvoir de s'y livrer entièrement.

Les mêmes raisons l'empêchèrent pendant plusieurs années de paraître à l'académie. Il demanda à être vétéran, et sa place fut remplie par Petit, docteur en médecine. Il paraissait avoir oublié l'académie, lorsque tout d'un coup il se réveilla à l'occasion de la réimpression de l'histoire naturelle des animaux, à laquelle il avait eu anciennement beaucoup de part. Il reprit à quatre-vingts ans des forces, de la jeunesse, pour revenir dans nos assemblées, où il parla avec toute la vivacité qu'on lui avait connue, et qu'on n'attendait plus. Une grande passion est une espèce d'ame immortelle à sa manière, et presque indépendante des organes.

Il ne perdait aucun des intervalles que lui laissaient des souffrances qui redoublaient toujours, et qui le mirent plusieurs fois au bord du tombeau. Il revoyait avec Vinslow son traité de l'oreille, dont il voulait donner une seconde édition, que se serait bien sentie des acquisitions postérieures. Il avait entrepris un ouvrage sur les insectes, qui l'obligeait à des soins très pénibles. Malgré son grand âge, par exemple, il passait des nuits dans les endroits les plus humides du jardin, couché sur le ventre, sans oser faire aucun mouvement, pour découvrir les allures, la conduite des limaçons, qui semblent en vouloir faire un secret impénétrable. Sa santé en souffrait, mais il aurait encore plus souffert de rien négliger. Il mourut le 10 septembre 1730, âgé de quatre-vingt-deux ans.

Il était en commerce avec les plus grands anatomistes de son temps, Malpighi, Ruysch, Pitcarne, Bidloo, Boerhaave. J'ai vu les lettres qu'il en avait reçues; et je ne puis m'empêcher d'en traduire ici une de Pitcarne, écrite en latin, datée de l'an 1712, à cause de son caractère singulier.

Très illustre du Verney, voici ce que t'écrit un homme

qui te doit beaucoup, et qui te rend grâce de ces discours divins qu'il a entendus de toi à Paris il y a trente ans. Je te recommande Thomson, mon ami, et Ecossais. Je t'enverrai bientôt mes dissertations où je résoudrai ce problème : Une maladie étant donnée, trouver le remède. *A Edimbourg, etc.* Celui qui s'élevait à de pareils problèmes, et dont effectivement le nom est devenu si célèbre, se faisait honneur de se reconnaître pour disciple de du Verney. On voit de plus par des lettres de 1698, que lui qui aurait pu instruire parfaitement dans l'anatomie un frère qu'il avait, il l'envoyait d'Angleterre à Paris, pour y étudier sous le plus grand maître.

En général, il paraît par toutes ces lettres, que la réputation de du Verney était très brillante chez les étrangers, non-seulement par la haute idée qu'ils remportaient de sa capacité, mais par la reconnaissance qu'ils lui devaient de ses manières obligeantes, de l'intérêt qu'il prenait à leurs progrès, de l'affection dont il animait ses leçons. Ceux qui lui adressaient de nouveaux disciples, ne lui demandaient pour eux que ce qu'ils avaient éprouvé eux-mêmes. Ils disent tous que son traité de l'ouïe leur a donné une envie extrême de voir les traités des quatre autres sens qu'il avait promis dans celui-là. Ils l'exhortent souvent à faire part à tout le public de ses richesses, qu'il ne peut plus tenir cachées après les avoir laissé apercevoir dans ses discours du jardin royal. Ils le menacent du péril de se les voir enlever par des gens peu scrupuleux ; et on lui cite même un exemple où l'on croit le cas déjà arrivé ; mais il a toujours été ou peu sensible à ce malheur, ou trop irrésolu à force de savoir.

On lui donne assez souvent dans ces lettres une première place entre tous les anatomistes. Il est vrai que dans ce qu'on écrit à un homme illustre, il y entre d'ordinaire du compliment : on peut mettre à un haut rang celui qui n'est pas à un rang fort haut; mais on n'ose pas mettre au premier rang celui qui n'y est pas : la louange est trop déterminée, et on ne pourrait sauver l'honneur de son jugement.

Il est du devoir de l'académie de publier un bienfait qu'elle a reçu de lui. Il lui a légué par son testament toutes ses préparations anatomiques, qui sont et en grand nombre, et de la perfection qu'on peut imaginer. Cela joint à tous les squelettes d'animaux rares, que la compagnie a depuis long-temps dans une salle du jardin royal, composera un grand cabinet d'anatomie, moins estimable encore par la curiosité que par l'utilité dont il sera dans les recherches de ce genre.

ÉLOGE

DU COMTE MARSIGLI.

Louis-Ferdinand Marsigli naquit à Bologne le 10 juillet 1658, du comte Charles-François Marsigli, issu d'une ancienne maison Patricienne de Bologne, et de la comtesse Marguerite Cicolani. Il fut élevé par ses parens selon qu'il convenait à sa naissance ; mais il se donna à lui-même, quant aux lettres, une éducation bien supérieure à celle que sa naissance demandait. Il alla dès sa première jeunesse chercher tous les plus illustres savans d'Italie ; il apprit les mathématiques de

Geminiano Montanari et d'Alphonse Borelli, l'anatomie de Marcel Malpighi, l'histoire naturelle des observations que son génie lui fournissait dans ses voyages.

Mais ils eussent été trop bornés, s'ils se fussent renfermés dans l'Italie. Il alla à Constantinople en 1679, avec le Bayle que Venise y envoyait. Comme il se destinait à la guerre, il s'informa, mais avec toute l'adresse et les précautions nécessaires, de l'état des forces Ottomanes, et en même temps il examina en philosophe le Bosphore de Thrace et ses fameux courans. Il écrivit sur l'un et l'autre de ces deux sujets. Le traité du Bosphore parut à Rome en 1681, dédié à la reine Christine de Suède, et c'est le premier qu'on ait de lui. L'autre intitulé : *Del incremento, e decremento dell' imperio Ottomano*, doit paraître présentement imprimé à Amsterdam, avec une traduction française.

Il revint de Constantinople dès l'an 1680, et peu de temps après, lorsque les Turs menaçaient d'une irruption en Hongrie, il alla à Vienne offrir ses services à l'empereur Léopold, qui les accepta. Il lui fut aisé de prouver combien il était au-dessus d'un simple soldat, par son intelligence dans les fortifications et dans toute la science de la guerre. Il fit, avec une grande approbation des généraux, des lignes et des travaux sur le Raab, pour arrêter les Turcs; et il en fut récompensé par une compagnie d'infanterie en 1683, quand les ennemis parurent pour passer cette rivière. Ce fut là qu'après une action assez vive, il tomba blessé et presque mourant entre les mains des Tartares, le 2 juillet, jour de la Visitation. Ce n'est pas sans raison que nous ajoutons le nom de cette fête à la date du jour. Il a fait de sa captivité une relation, où il a bien senti que l'art

n'était point nécessaire pour la rendre touchante. Le
sabre toujours levé sur sa tête, la mort toujours présente à ses yeux, des traitemens plus que barbares,
qui étaient une mort de tous les momens, feront frémir les plus impitoyables ; et l'on aura seulement de la
peine à concevoir comment sa jeunesse, sa bonne constitution, son courage, la résignation la plus chrétienne, ont pu résister à une si affreuse situation. Il se
crut heureux d'être acheté par deux Turcs, frères et
très pauvres, avec qui il souffrit encore beaucoup, mais
plus par leur misère que par leur cruauté ; il comptait
qu'ils lui avaient sauvé la vie. Ces maîtres, si doux, le
faisaient enchaîner toutes les nuits à un pieu planté au
milieu de leur chétive cabane, et un troisième Turc,
qui vivait avec eux, était chargé de ce soin.

Enfin, car nous supprimons beaucoup de détails,
quoique intéressans, il trouva moyen de donner de ses
nouvelles en Italie, et de se faire racheter ; et le jour
de sa liberté fut le 25 mars 1684, jour de l'Annonciation. Ses réflexions sur ces deux dates de sa captivité
et de sa délivrance font la plus remarquable partie de
son éloge, puisqu'elles découvrent en lui un grand
fonds de piété. Il conçut, et ce sont ici ses paroles, que
dans deux jours, où l'auguste protectrice des fidèles est
particulièrement honorée, elle lui avait obtenu deux
grâces du ciel : l'une consistait à le punir salutairement
de ses fautes passées, l'autre à faire cesser la punition.

Remis en liberté, il alla à Bologne se montrer à ses
concitoyens, qui avaient pleuré sa mort, et qui versèrent d'autres larmes en le revoyant ; et après avoir joui
de toutes les douceurs d'une pareille situation, il retourna à Vienne se présenter à l'empereur, et reprendre

ses emplois militaires. Il fut chargé de fortifier Strigonie et quelques autres places, et d'ordonner les travaux nécessaires pour le siége de Bude que méditaient les impériaux. Il eut part à la construction d'un pont sur le Danube ; ce qui lui donna occasion d'observer les ruines d'un ancien pont de Trajan sur ce même fleuve. Il fut fait colonel en 1689.

En cette même année, l'empereur l'envoya deux fois à Rome, pour faire part aux papes Innocent XI et Alexandre VIII, des grands succès des armées chrétiennes, et des projets formés pour la suite.

Lorsqu'après une longue guerre, funeste aux chrétiens mêmes qui en remportaient l'avantage, l'empereur et la république de Venise d'une part, et de l'autre la Porte, vinrent à songer à la paix, et qu'il fut question d'établir les limites entre les états de ces trois puissances, le comte Marsigli fut employé par l'empereur dans une affaire si importante, et comme un homme de guerre qui connaissait ce qui fait une bonne frontière, et comme un savant bien instruit des anciennes possessions, et comme un habile négociateur qui saurait faire valoir des droits. Se trouvant sur les confins de la Dalmatie vénitienne, il reconnut à quelque distance de là une montagne, au pied de laquelle habitaient les deux Turcs dont il avait été esclave. Il fit demander dans le pays turc s'ils vivaient encore, et heureusement pour lui ils se retrouvèrent. Il eut le plaisir de se faire voir à eux environné de troupes qui lui obéissaient ou le respectaient, et le plaisir encore plus sensible de soulager leur extrême misère, et de les combler de présens. Il crut leur devoir encore sa rançon, parce que l'argent qu'ils en avaient reçu leur avait été enlevé par le commandant turc, sous ce prétexte extravagant, que leur esclave était un fils ou un proche parent du roi de Pologne, qu'ils auraient dû envoyer au grand-seigneur. Il fit encore plus pour eux, persuadé presque que c'étaient des libérateurs généreux, qui pour son seul intérêt l'avaient tiré des mains des Tartares. L'emploi qu'il avait pour régler les limites le mettant à portée d'écrire au grand-visir, il lui demanda pour un de ces deux Turcs un timariot, bénéfice militaire, et en obtint un beaucoup plus considérable que celui qu'il demandait. Sa générosité fut sentie par ce visir, comme on aurait pu souhaiter qu'elle le fût par le premier ministre de la nation la plus polie et la plus exercée à la vertu.

Les différentes opérations d'une guerre très vive, suivies de toutes celles qui furent nécessaires pour un réglement de limites, devaient suffire pour occuper un homme tout entier. Cependant au milieu de tant de tumulte, d'agitation, de fatigues, de périls, Marsigli fit presque tout ce qu'aurait pu faire un savant qui aurait voyagé tranquillement pour acquérir des connaissances. Les armes à la main, il levait des plans, déterminait des positions par les méthodes astronomiques, mesurait la vitesse des rivières, étudiait les fossiles de chaque pays, les mines, les métaux, les oiseaux, les poissons, tout ce qui pouvait mériter les regards d'un homme qui sait où il les faut porter. Il allait jusqu'à faire des épreuves chimiques et des anatomies. Le temps bien ménagé est beaucoup plus long que n'imaginent ceux qui ne savent guère que le perdre. Le métier de la guerre a des vides fréquens, et quelquefois considérables, abandonnés ou à une oisiveté entière, ou à des plaisirs qu'on se rend témoignage d'avoir bien mérités. Ces vides n'en étaient point pour le comte Marsigli; il les donnait à un autre métier presque aussi noble, à celui de philosophe et d'observateur, il les remplissait comme aurait fait Xénophon. Il amassa un grand recueil, non-seulement d'écrits, de plans, de cartes, mais encore de curiosités d'histoire naturelle.

La succession d'Espagne ayant rallumé en 1701 une guerre qui embrasa l'Europe, l'importante place de Brisac se rendit par capitulation à feu le duc de Bourgogne le 6 septembre 1703, après treize jours de tranchée ouverte. Le comte d'Arco y commandait, et sous lui Marsigli, parvenu alors au grade de général de bataille. L'empereur persuadé que Brisac avait été en état de se défendre, et qu'une si prompte capitulation s'était faite contre les règles, nomma des juges pour connaître de cette grande affaire. Ils prononcèrent le 4 février 1704 une sentence, par laquelle le comte d'Arco était condamné à avoir la tête tranchée, ce qui fut exécuté le 18 du même mois; et le comte Marsigli à *être déposé de tous honneurs et charges, avec la rupture de l'épée.* Un coup si terrible lui dut faire regretter l'esclavage chez les Tartares.

Il est presque impossible que de pareils coups fassent la même impression sur le coupable et sur l'innocent : l'un est terrassé, malgré lui-même, par le témoignage de sa conscience; l'autre en est soutenu et relevé. Il alla à Vienne pour se jeter aux pieds de l'empereur, et lui demander la révision du procès; mais il ne put en huit mois approcher de Sa Majesté impériale, grâce en effet très difficile à obtenir du prince le plus juste, à cause des conséquences ou dangereuses, ou tout au

moins désagréables. Il eut donc recours au public, et
remplit l'Europe d'un grand mémoire imprimé pour sa
justification. Par bonheur pour lui, un anonyme, et
ce ne fut qu'un anonyme, y répondit ; ce qui lui donna
lieu de lever jusqu'aux moindres scrupules que son apologie aurait pu laisser. Le fond en est que long-temps
avant le siége de Brisac, il avait représenté très instamment que la place ne pourrait se défendre, et il le fait
voir par les états de la garnison, des munitions de
guerre, etc., pièces dont on ne lui a pas contesté la
vérité. On lui avait refusé, sous prétexte d'autres besoins, tout ce qu'il avait demandé de plus nécessaire et
de plus indispensable. Il n'était point le commandant,
et il n'avait fait que se ranger à l'avis entièrement unanime du conseil de guerre. Mais cette grande briéveté,
à laquelle nous sommes obligés de réduire ses raisons,
lui fait tort ; et il vaut mieux nous contenter de dire
que le public, qui sait si bien faire entendre son jugement sans le prononcer en forme, ne souscrivit pas
à celui des commissaires impériaux. Les puissances
mêmes alliées de l'empereur, intéressées par conséquent
à la conservation de Brisac, reconnurent l'innocence
du comte Marsigli, et la Hollande nommément permit qu'on en rendît témoignage dans des écrits qui furent publiés. Parmi tous ces suffrages favorables nous
en avons encore un à compter, qui n'est à la vérité que
celui d'un particulier ; mais ce particulier est le maréchal de Vauban, dont l'autorité aurait pu être opposée,
s'il l'eût fallu, à celle de toute l'Europe, comme l'autorité de Caton à celle des dieux. Sur le fond de toute
cette affaire, il parut généralement qu'on avait voulu
au commencement d'une grande guerre donner un

exemple effrayant de sévérité, dont on prévoyait les besoins dans beaucoup d'autres occasions pareilles. La morale des états se résout pour de si grands intérêts à hasarder le sacrifice de quelques particuliers.

Marsigli envoya toutes ses pièces justificatives à l'académie, comme à un corps dont il ne voulait pas perdre l'estime, et il est remarquable dans la lettre qu'il lui écrivit, qu'après avoir parlé en peu de mots de sa malheureuse situation, il ne pense plus qu'à des projets d'ouvrages, et les expose assez au long, principalement l'idée qu'il avait d'établir le véritable cours de la ligne des montagnes, qui commence à la mer Noire, va parallèlement au Danube jusqu'au mont Saint-Gotard, et continue jusqu'à la Méditerranée.

Dans l'impression de ses apologies, il met pour vignette une espèce de devise singulière qui a rapport à son aventure. C'est une première lettre de son nom, qui porte de part et d'autre entre ses deux jambes les deux tronçons d'une épée rompue avec ces mots : *fractus integro*. Eût-il imaginé, eût-il publié cette représentation affligeante, s'il se fût cru flétri? et n'eût-il pas cru l'être, si la voix publique ne l'eût pleinement rassuré?

Il chercha sa consolation dans les sciences, dont il s'était heureusement ménagé le secours, sans prévoir qu'il lui dût être un jour si nécessaire. Ce qui n'avait été pour lui qu'un lieu de plaisance devint un asile. Il conserva la pratique d'étudier par les voyages, dont il avait contracté l'habitude, et c'est réellement la meilleure pour l'histoire naturelle, qui était son grand objet. Il alla en Suisse, où la nature se présente sous un aspect si différent de tous les autres; et ce pays l'intéressait particulièrement, parce qu'il voulait faire un traité de la structure organique de la terre, et que les montagnes sont peut-être des espèces d'os de ce grand corps. Il vint ensuite à Paris, où il ne trouva pas moins de quoi exercer sa curiosité, quoique d'une manière différente. De là il parcourut la France, et s'arrêta à Marseille pour étudier la mer.

Étant un jour sur le port, il reconnut un galérien turc pour être celui qui l'attachait toutes les nuits au pieu dont nous avons parlé. Ce malheureux, frappé d'un effroi mortel, se jeta à ses pieds pour implorer sa miséricorde, qui ne devait consister qu'à ne pas ajouter de nouvelles rigueurs à sa misère présente. Marsigli écrivit au comte de Pontchartrain pour le prier de demander au roi la liberté de ce Turc, et elle fut accordée. On le renvoya à Alger, d'où il manda à son libérateur qu'il avait obtenu du bacha des traitemens plus doux pour les esclaves chrétiens. Il semble que la fortune imitât un auteur de roman, qui aurait ménagé des rencontres imprévues et singulières en faveur des vertus de son héros.

Le comte Marsigli fut rappelé de Marseille en 1709 par les ordres du pape Clément XI, qui dans les conjonctures d'alors crut avoir besoin de troupes, et lui en donna le commandement, tant l'affaire de Brisac lui avait laissé une réputation entière, car la valeur et la capacité les plus réelles n'auraient pas suffi; il faut toujours dans de semblables choix compter avec l'opinion des hommes. Quand ce commandement fut fini par le changement des conjonctures, le pape voulut retenir Marsigli auprès de lui par l'offre des emplois militaires les plus importans dont il disposât; et même, pour n'épargner aucun moyen, par l'offre de la prélature qui aurait pu le relever si glorieusement, et le porter à un rang si haut : mais il refusa tout pour aller reprendre en Provence les délicieuses recherches qu'il y avait commencées. Il en envoya à l'académie en 1710 une assez ample relation dont nous avons rendu compte[1], et la belle découverte des fleurs du corail y est comprise. Cet ouvrage a été imprimé à Amsterdam en 1715 sous le titre d'*Histoire physique de la mer*. Des affaires domestiques le rappelèrent à Bologne, et là il commença l'exécution d'un dessein qu'il méditait depuis longtemps, digne d'un homme accoutumé au grand pendant tout le cours de sa vie.

Entre toutes les villes d'Italie, Bologne est célèbre par rapport aux sciences et aux arts. Elle a une ancienne université pareille aux autres de l'Europe, une académie de peinture, de sculpture et d'architecture, nommée *Clémentine*, parce qu'elle a été établie par Clément XI; enfin une académie des sciences, qui s'appelle l'académie des *inquiets*, nom assez convenable aux philosophes modernes, qui n'étant plus fixés par aucune autorité, cherchent et chercheront toujours. Le comte Marsigli voulut encore orner de ce côté-là sa patrie, quoique déjà si ornée. Il avait un fonds très riche de toutes les différentes pièces qui peuvent servir à l'histoire naturelle, d'instrumens nécessaires aux observations astronomiques ou aux expériences de chimie, de plans pour les fortifications, de modèles de machines, d'antiquités, d'armes étrangères, etc.; le tout non-seulement acquis à grands frais, mais trans-

[1] *Voyez* l'Histoire de 1710, pag. 23, 48 et 69.

porté encore à plus grands frais, de différens lieux éloignés jusqu'à Bologne : et il en fit une donation au sénat de cette ville par un acte authentique du 11 janvier 1712, en formant un corps qui eût la garde de tous les fonds donnés, et qui en fît à l'avantage du public l'usage réglé par les conditions du contrat. Il nomma ce corps l'*Institut des sciences et des arts de Bologne*. Sans doute il eut des difficultés à vaincre de la part des compagnies plus anciennes, différens intérêts à concilier ensemble, des caprices même à essuyer; mais il n'en reste plus de traces, et c'est autant de perdu pour sa gloire, à moins qu'on ne lui tienne compte de ce qu'il n'en reste plus de traces. Il subordonna son institut à l'université, et le lia aux deux académies. De cette nouvelle disposition faite avec toute l'habileté requise, et tous les ménagemens nécessaires, il en résulte certainement que la physique et les mathématiques ont aujourd'hui dans Bologne des secours et des avantages considérables qu'elles n'y avaient jamais eus, et dont le fruit doit se communiquer par une heureuse contagion.

Le sénat donna à l'institut un palais tel que le demandaient les grands fonds reçus de Marsigli, qu'il fallait distribuer en différens appartemens, selon les sciences.

Dans ce palais habitent six professeurs, chacun dans le quartier de la science qui lui appartient. On croit voir l'Atlantide du chancelier Bacon exécutée, le songe d'un savant réalisé. Il sera facile de juger qu'on n'a pas oublié un observatoire. Il est occupé par Eustachio Manfredi, astronome de l'institut, si ce n'est pas lui faire tort que de le désigner par cette seule qualité, lui qui allie aux mathématiques les talens qui leur sont le plus opposés.

L'institut s'ouvrit, en 1714, par une harangue du P. Hercule Corazzi, religieux Olivétan, mathématicien de la nouvelle compagnie. Le comte Marsigli, qui n'avait pas voulu permettre que son nom parût dans aucun monument public, ne put échapper aux justes louanges de l'orateur. Comment séparer le fondateur d'avec la fondation? Les louanges refusées savent bien revenir avec plus de force, et il est peut-être aussi modeste de leur laisser leur cours naturel, en ne les prenant que pour ce qu'elles valent.

En 1715, l'académie des sciences ayant proposé au roi, selon sa règle, pour une place vacante d'associé étranger, deux sujets, qui furent le duc d'Escalonne, grand d'Espagne, et Marsigli, le roi ne voulut point faire de choix entre eux, et il ordonna que tous deux seraient de l'académie, parce que la première place d'associé étranger qui vaquerait ne serait point remplie. N'eût-il pas sans hésiter donné la préférence à un homme du mérite et de la dignité du duc d'Escalonne, pour peu qu'il fût resté de tache au nom de son concurrent, et cette tache n'eût-elle pas été de l'espèce la plus odieuse aux yeux de ce grand prince? Marsigli était aussi de la société royale de Londres, et de celle de Montpellier. Ce n'était pas un honneur à négliger pour les différentes académies, que de compter parmi leurs membres le fondateur d'une académie.

Elle l'occupait toujours; et il se livrait volontiers à toutes les idées qui lui venaient sur ce sujet, quelques soins et quelques dépenses qu'elles demandassent. Il mit sur pied une imprimerie, qui devait être fournie non-seulement de caractères latins et grecs, mais encore hébreux et arabes, et il fit venir de Hollande des ouvriers habiles pour les fondre. Il eut des raisons pour ne pas donner ce grand fonds à l'institut directement, mais aux pères dominicains de Bologne, à condition que tous les ouvrages qui partiraient de l'institut seraient imprimés en remboursant seulement les frais. Il donna à cette imprimerie le nom d'imprimerie de Saint-Thomas-d'Aquin, dont il invoquait la protection pour cet établissement et pour tout l'institut. Le protecteur était bien choisi; car saint Thomas, dans un autre siècle et dans d'autres circonstances, était Descartes. Nous passons sous silence des processions, où il voulait que l'on portât huit bannières, qui auraient représenté les principaux événemens de la vie du saint, et auxquelles on jugea à propos de substituer la châsse de ses reliques. La dévotion d'Italie prend assez souvent une forme qui n'est guère de notre goût d'aujourd'hui.

Ce qui en sera certainement davantage, c'est l'établissement qu'il fit d'un tronc dans la chapelle de l'institut, pour le rachat des Chrétiens, et principalement de ses compatriotes esclaves en Turquie. Il n'oublia rien pour animer cette charité; il se souvenait de ses malheurs utilement pour les autres malheureux. Par le même souvenir il ordonna une procession solennelle de l'institut tous les vingt-cinq ans, le jour de l'Annonciation. Ces fêtes, ces cérémonies fondées sur la piété, pouvaient aussi avoir une politique sensée et légitime; elles liaient l'institut à la religion et en assuraient la durée.

Il manquait encore à la collection de l'histoire naturelle, dont l'institut était en possession, quantité de choses des Indes; car ce qui y dominait c'était l'Europe, et il jugea qu'il ne pouvait avoir promptement ces curiosités qu'en les allant chercher en Angleterre et en Hollande. Il s'embarqua à Livourne pour Londres, quoique dans un âge déjà fort avancé; et il alla de Londres à Amsterdam finir ses savantes emplètes. Là, il donna à imprimer son grand ouvrage du *Cours du Danube*, dont il parut à la Haye en 1726 une édition magnifique en six volumes in-folio, et il négocia avec les libraires un nombre de bons livres destinés à son institut. Quand toutes ses nouvelles acquisitions furent rassemblées dans Bologne, il en fit sa donation en 1727.

Tout cela fini, tous ses projets heureusement terminés, il imita en quelque sorte Solon, qui après avoir été le législateur de son pays, et n'ayant plus de bien à lui faire, s'en exila. Il alla en 1728 retrouver sa retraite de Provence, pour y reprendre ses recherches de la mer, et suivre en liberté ce génie d'observation qui le possédait. Mais il eut en 1729 une légère attaque d'apoplexie, et les médecins le renvoyèrent dans l'air natal. Il ne fit qu'y languir jusqu'au premier novembre 1730, qu'une seconde attaque l'emporta. Tout Bologne fit parfaitement son devoir pour un pareil citoyen, qui, à l'exemple des anciens Romains, avait uni en même degré les lettres et les armes, et donné tant de preuves d'un amour singulier pour sa patrie.

ÉLOGE
DE GEOFFROY.

Etienne-François Geoffroy naquit à Paris, le 13 février 1672, de Mathieu-François Geoffroy, marchand apothicaire, ancien échevin et ancien consul, et de Louise de Vaux, fille d'un chirurgien célèbre en son temps. Le bisaïeul paternel de Geoffroy avait été aussi premier échevin de Paris, et alors on ne choisissait que des bourgeois d'ancienne famille et d'une réputation bien nette, espèce de noblesse qui devrait bien valoir celle dont la preuve ne consiste que dans les filiations.

Si nous disions que l'éducation d'un jeune homme a été telle, que quand il fut en physique, il se tenait chez son père des conférences réglées, où Cassini apportait ses planisphères, le P. Sébastien ses machines, Joblot ses pierres d'aimant; où du Verney faisait ses dissections, et Homberg des opérations de chimie ; où se rendaient du moins par curiosité plusieurs autres savans fameux, et de jeunes gens qui portaient de beaux noms ; qu'enfin ces conférences parurent si bien entendues et si utiles, qu'elles furent le modèle et l'époque de l'établissement des expériences de physique dans les colléges : sans doute on croirait qu'il s'agissait de l'éducation d'un fils de ministre, destiné pour le moins aux grandes dignités de l'église. Cependant tout cela fut fait pour le jeune Geoffroy, que son père ne destinait qu'à lui succéder dans sa profession. Mais il savait combien de connaissances demande la pharmacie embrassée dans toute son étendue ; il l'aimait, et par goût, et parce qu'elle lui réussissait fort ; et il croyait ne pouvoir mieux faire que de fournir à son fils les moyens de poursuivre avec plus d'avantage la carrière où lui-même aurait vieilli.

Après cette première étude de physique générale, Geoffroy fit des cours particuliers de botanique, de chimie et même d'anatomie, quoique cette science ne fût pas de son objet principal. Il s'en écartait encore davantage dans ses heures de délassement, où l'on est le maître de choisir ses plaisirs. Il tournait, il travaillait des verres de lunettes ; il exécutait des machines en petit ; il apprenait l'italien de l'abbé Roselli, si connu par le roman de l'*Infortuné Napolitain*.

En 1692, son père l'envoya à Montpellier, pour y apprendre la pharmacie chez un habile apothicaire, qui de son côté envoya son fils à Paris chez Geoffroy ; échange bien entendu, puisque l'un et l'autre de ces jeunes gens, en laissant dans la maison paternelle ce qu'il était bien sûr d'y retrouver toujours, allait chercher dans une maison étrangère ce qu'il n'eût pas trouvé chez lui.

Geoffroy suivit les plus habiles professeurs de la fameuse école de Montpellier ; et il vit presque naître alors dans cette ville un grand nom qui s'est toujours accru depuis, et qui par lui-même, et sans nul secours étranger, s'est élevé à la première place. Avant que de revenir à Paris, Geoffroy voyagea dans les provinces méridionales du royaume, et alla voir les ports de l'Océan ; car il embrassait aussi ce qui n'était que de pure curiosité. Il en eût été peut-être bien puni à Saint-Malo, où il se trouva enfermé en 1693, dans le temps du bombardement des Anglais, si la terrible machine infernale, qui menaçait d'abîmer tout, n'eût manqué son effet. Le comte de Tallard, depuis duc, pair et maréchal de France, ayant été nommé au commencement de 1698 à l'ambassade extraordinaire d'Angleterre, il choisit Geoffroy, qui n'était point médecin, pour avoir soin de sa santé; et il ne crut point que cette confiance, donnée au mérite dépourvu de titre, fût trop hardie. Geoffroy, qui savait voyager, ne manqua pas de profiter du séjour de Londres; il gagna l'amitié de la plupart des illustres d'un pays qui en produit tant, et principalement celle du chevalier Sloane; et en moins de six mois il devint leur confrère par une place qu'ils lui donnèrent dans la société royale.

De là, il passa en Hollande, où il vit d'autres savans, fit d'autres observations, acquit de nouvelles connaissances. Il se présenta encore à lui l'occasion de faire un voyage agréable, celui d'Italie, où il alla en 1700 avec l'abbé de Louvois, en qualité de son médecin, selon le langage de Geoffroy; en qualité d'ami, selon le langage de cet abbé; car ils avaient tous deux le mérite de ne pas parler de même.

Le grand objet de Geoffroy était l'histoire naturelle et la matière médicinale, et il était d'autant plus obligé à porter ses vues de ce côté là, que son père avait dessein de lui laisser sa place et son établissement. Dès 1693 il avait subi l'examen pour la pharmacie, et fait son chef-d'œuvre : cependant ce n'était point là le fond de son intention ; il voulait être médecin, et n'osait le déclarer. Il faisait des études équivoques qui convenaient également au plan de son père et au sien : telle était la matière médicinale, qu'un habile apothicaire ne saurait trop connaître, et que souvent un habile médecin ne connait pas assez.

Enfin, quand le temps fut venu de ne pouvoir plus soutenir la dissimulation, et de prendre un parti décisif, il se déclara, et le père se rendit. Il avait destiné à la médecine son second fils, qui est aujourd'hui l'un des chimistes de cette académie; celui-là prit la pharmacie au lieu de son aîné. Cette légère transposition dut être assez indifférente au père : mais enfin ce n'était pas là son premier projet; et il apprit combien la nature, qu'il n'avait pas assez consultée sur ses enfans, est jalouse de ses droits.

Geoffroy se mit donc sur les bancs de médecine, et fut reçu bachelier en 1702. Sa première thèse fut extrêmement retardée, parce que Fagon, premier médecin, qui devait y présider, et qui avait coutume de commettre pour la présidence, voulut présider en personne, honneur qui se fit acheter par des délais. Geoffroy, qui avait fait sa thèse lui-même, quoique, selon l'usage établi, elle dût être l'ouvrage du président, avait choisi cette question : *si le médecin est en même temps un mécanicien chimiste?* On sent assez qu'il avait intérêt de conclure pour l'affirmative, au hasard de ne pas comprendre tous les médecins dans sa définition. Il composa pareillement ses deux autres thèses de bachelier, et à plus forte raison celles dont il fut président, après avoir été reçu docteur en 1704. Il prenait toujours des sujets utiles ou intéressans. Celle où il demandait *si l'homme a commencé par être ver*, piqua tellement la curiosité des dames, et des dames du plus haut rang, qu'il fallut la traduire en français, pour les initier dans des mystères dont elles n'avaient point la théorie. On assure que toutes les thèses sorties de sa main n'ont pas seulement été regardées dans nos écoles comme des traités presque complets sur les sujets choisis, mais quelles se sont trouvées plus au goût des étrangers qu'un grand nombre d'autres, où ils se plaignent que le soin dominant a été celui de l'élégance du style et de la belle latinité.

Il ne se pressa point de se jeter dans la pratique dès qu'il en eut le droit; il s'enferma pendant dix ans dans son cabinet, et il voulut être sûr d'un grand fonds de connaissances avant que de s'en permettre l'usage. Les médecins ont entre eux ce qu'ils appellent les bons principes; et puisqu'ils sont les bons, ils ne sont pas ceux de tout le monde. Les confrères de Geoffroy conviennent qu'il les possédait parfaitement. Son caractère doux, circonspect, modéré, et peut-être même un peu timide, le rendait fort attentif à écouter la nature, à ne la pas troubler par des remèdes, sous prétexte de l'aider, et à ne l'aider qu'à propos et autant qu'elle le demandait. Une chose singulière lui fit tort dans les commencemens; ils s'affectionnait trop pour ses malades, et leur état lui donnait un air triste et affligé qui les alarmait; on en reconnut enfin le principe, et on lui sut gré d'une tendresse si rare et si chère à ceux qui souffrent.

Persuadé qu'un médecin appartient également à tous les malades, il ne faisait nulle différence entre les bonnes pratiques et les mauvaises, entre les brillantes et les obscures. Il ne recherchait rien et ne rejetait rien. De là, il est aisé de conclure que ce qui dominait dans le nombre de ses pratiques, c'étaient les obscures ou les mauvaises, et d'autant plus que ses premiers engagemens lui étaient sacrés, et qu'il n'eût pas voulu les rompre ou s'en acquitter légèrement pour courir aux occasions les plus flatteuses qui seraient survenues. D'ailleurs, souverainement éloigné de tout faste, il n'était point de ceux qui savent aider à leur propre réputation, et qui ont l'art de suggérer tout bas à la renommée ce qu'ils veulent qu'elle répète tout haut avec ses cent bouches. Cependant le vrai avait percé à la longue, et Geoffroy était bien connu dans les grandes affaires de médecine : ceux qui s'étaient saisis des premiers postes, l'appelaient presque toujours en consultation; il était celui dont tous les autres voulaient emprunter les lumières. Cicéron conclut que les Romains étaient le plus vaillant peuple du monde, de ce que chaque peuple se donnait le premier rang pour la valeur, et accordait toujours le second aux Romains.

En 1709, le roi lui donna la place de professeur en médecine au collége royal, vacante par la mort de Tournefort. Il entreprit de dicter à ses auditeurs toute l'histoire de la matière médicinale, sur laquelle il avait depuis long-temps amassé de grandes provisions. Tout le règne minéral a été expédié, c'est-à-dire tous les minéraux qui sont en usage dans la médecine, et c'est ce qu'on a jusqu'à présent sur ce sujet de plus recherché, de plus certain et de plus complet. Il en était au règne végétal; et comme il suivait l'ordre alphabétique, il en est resté à la *mélisse*, qui, quoiqu'assez avancée dans l'alphabet, laisse après elle un grand vide, et beaucoup de regret aux curieux de ces sortes de matières. Il n'avait point touché au règne animal;

mais du moins tout ce qu'il a dicté s'est trouvé en très bon ordre dans ses papiers, et on espère que sa famille le donnera au public.

Fagon, qui était toujours demeuré titulaire de la charge de professeur en chimie au jardin royal, la faisait exercer par quelqu'un qu'il choisissait. Saint-Yon, à qui il avait donné cet emploi, n'ayant pu le remplir en 1707 à cause de ses infirmités, Geoffroy eut sa place, et s'en acquitta si bien, que dans la suite Fagon se démit absolument de la charge en sa faveur. Cela arriva en 1712. Fagon, pour mettre en œuvre Geoffroy tout entier, lui demanda qu'aux leçons ordinaires de chimie il en joignît sur la matière médicinale, ce qui dans une même séance ajoutait deux heures, et quelquefois trois, à deux autres heures déjà employées. Geoffroy y consentit, emporté par son zèle, et sans doute aussi par un certain sentiment de gloire qui agit et qui doit agir sur les âmes les plus éloignées de la vanité. Il était soutenu par le plaisir de voir que de si longues séances, loin de rebuter les auditeurs, ne les rendaient que plus assidus et plus attentifs; mais enfin il consulta trop peu les intérêts de sa santé, qui était naturellement faible, et qui en souffrit.

La faculté de médecine, qui se choisit tous les deux ans un chef, qu'on appelle doyen, crut en 1726 se trouver dans des circonstances où il lui en fallait un qui, quoique digne de l'être, ne fît aucun ombrage à sa liberté, et qui aimât mieux sa compagnie que sa place. Geoffroy fut élu : mais comme tous les membres d'une république ne sont pas également républicains, quelques uns attaquèrent son élection par des irrégularités prétendues, et lui-même aurait été volontiers de leur parti; mais l'élection fut confirmée par le jugement de la cour.

Ses deux années de décanat finies, il fut continué ; et cela par les suffrages mêmes qui auparavant lui avaient été contraires. On sentait un nouveau besoin qu'on avait de lui. Il s'était élevé un procès entre les médecins et les chirurgiens, espèce de guerre civile qui divisait les citoyens d'un même état; et il fallait ou du zèle pour la soutenir, ou de la douceur pour la terminer; et même en la soutenant, il fallait toujours de la douceur avec le zèle. On lui fit un honneur singulier : il y a sous le doyen un censeur qui est son lieutenant, et ce censeur est toujours le doyen qui vient de sortir de place. On supprima le titre de censeur pour les deux années du nouveau décanat de Geoffroy, et on le laissa le maître de choisir ceux qu'il voudrait pour l'aider. Ces témoignages d'estime de la part de sa compagnie, qu'il n'aurait pas recherchés par ambition, il les sentit vivement par un principe de reconnaissance d'autant plus fort, qu'on est plus dégagé de passions tumultueuses. Il se livra sans ménagement aux travaux extraordinaires du second décanat, qui, joints à ceux qu'exigeaient sa profession et ses différentes places, ruinèrent absolument sa santé, et au commencement de 1730 il tomba accablé de fatigues. Il eut cependant le courage de mettre la dernière main à un ouvrage que ses prédécesseurs doyens avaient jugé nécessaire, mais qu'ils n'avaient pas fini : c'est un recueil des médicamens composés les plus usités, que les pharmaciens doivent tenir toujours prêts.

Nous ne l'avons point encore représenté comme académicien, parce que nos histoires imprimées font foi qu'il n'a pas rempli ce devoir avec moins d'exactitude que les autres, si ce n'est dans les quatre dernières années, où le décanat était une dispense assez légitime. Il donna en 1718 un système singulier, et une table des affinités ou rapports des différentes substances de chimie. Ces affinités firent de la peine à quelques uns, qui craignirent que ce ne fussent des attractions déguisées, d'autant plus dangereuses que d'habiles gens ont déjà su leur donner des formes séduisantes : mais enfin, on reconnut qu'on pouvait passer par-dessus ce scrupule, et admettre la table de Geoffroy, qui, bien entendue et amenée à toute la précision nécessaire, pouvait devenir une loi fondamentale des opérations de chimie, et guider avec succès ceux qui travaillent.

Il était entré dans cette compagnie dès l'an 1699, et il est mort le 6 janvier 1731.

ÉLOGE
DE RUYSCH.

Frédéric Ruysch naquit à la Haye le 23 mars 1638, de Henry-Ruysch, secrétaire des états-généraux, et d'Anne Van-Berghem. La famille des Ruysch était d'Amsterdam, où depuis 1365 elle avait continuellement occupé les premières magistratures jusqu'en 1576, que la guerre contre l'Espagne apporta du changement à sa fortune.

Ruysch se destina à la médecine; et il commença par s'appliquer à la matière médicinale, aux plantes, aux animaux ou parties d'animaux, aux minéraux qui y appartiennent, aux opérations de chimie, aux dissections anatomiques ; et de tout cela il se fit de bonne heure un cabinet déjà digne des regards et de l'attention des connaisseurs. Il était tout entier à ce qu'il avait entrepris ; peu de sommeil avec beaucoup de santé ; point de ces amusemens inutiles qui passent pour des délassemens nécessaires ; nul autre plaisir que son travail : et quand il se maria en 1661, ce fut en grande partie pour être entièrement soulagé des soins domestiques ; ce qui lui réussit assez aisément dans le pays où il vivait.

En ce temps là vint à Leyde un anatomiste assez fameux, nommé Bilsius, que le roi d'Espagne avait envoyé professer à Louvain. Ce docteur traitait avec très peu de considération ceux qui avaient jusques-là le plus brillé dans cette science, et préférait de beaucoup et hautement ses découvertes aux leurs, principalement sur ce qui regarde le mouvement de la bile, de la lymphe, du chyle, de la graisse. Del Boé ou Sylvius et Van-Horne, professeurs à Leyde, qui auraient voulu réprimer la vanité de cet étranger, crurent ne le pouvoir sans le secours du jeune Ruysch, qui avait donné plus de temps qu'eux à des dissections fines et délicates. De la Haye, où il demeurait, il venait à Leyde leur apporter ses préparations, et leur mettre en main de quoi étonner Bilsius, et il retournait bien vite à la Haye pour travailler à de nouvelles préparations destinées au même usage.

Après avoir fourni en secret des armes contre Bilsius, il vint enfin à se battre avec lui à visage découvert ; car ceux qu'il avait aidés n'avaient pas prétendu le tenir toujours caché. Il avait dit que la résistance qu'il sentait en soufflant les vaisseaux lymphatiques d'un certain sens, lui faisait croire qu'il s'y trouvait des valvules, quil n'avait pourtant pas encore vues, et il n'était pas le seul qui eût eu cette pensée. Bilsius nia ces valvules avec la dernière assurance, et même avec mépris pour ceux qui les jugeaient seulement possibles. Ruysch fit si bien par son adresse singulière, qu'il les découvrit, et au nombre de plus de deux mille, et les démontra à la grande satisfaction de ceux qui étaient bien aises de voir confondre des décisions téméraires et superbes. L'adversaire, qui, se tenant bien sûr qu'il ne verrait pas, avait promis de se rendre s'il voyait, fit effectivement tout son possible pour ne pas voir; et quand il y fut forcé, il se sauva par un endroit qu'on n'avait pas prévu : il dit qu'il connaissait bien ces valvules, mais qu'il n'avait pas jugé à propos de le déclarer. Ruysch, dans un très petit volume qu'il donna en 1665, et qui est le premier des siens, a fait l'histoire détaillée de cette contestation, où le vaincu, qui pouvait l'être sans honte et même avec honneur, trouva moyen de l'être honteusement.

Ruysch fut dès l'an 1664 docteur en médecine dans l'université de Leyde; et il eut presque aussitôt après une occasion qui n'était que trop décisive, de prouver combien il méritait cette dignité. La peste ravagea la Hollande, et il se dévoua aux pestiférés de la Haye, sa patrie; début qui, quelque glorieux qu'il soit, ne sera pas envié.

Mais sa grande occupation, celle qui a rendu son nom si célèbre, a été de porter l'anatomie à une perfection jusques-là inconnue. On s'était long-temps contenté des premiers instrumens, qui s'étaient d'abord offerts comme d'eux-mêmes, et qui ne servaient guère qu'à séparer des parties solides dont on observait la structure particulière, ou la disposition qu'elles avaient entre elles. Reynier Graaf, ami intime de Ruysch, fut le premier qui, pour voir le mouvement du sang dans les vaisseaux, et les routes qu'il suit pendant la vie, inventa une nouvelle espèce de seringue, par où il injectait dans les vaisseaux une matière colorée qui marquait tout le chemin qu'elle faisait, et par conséquent celui du sang. Cette nouveauté fut d'abord approuvée; mais ensuite on l'abandonna, parce que la matière injectée s'échappait continuellement, et que l'injection devenait bientôt inutile.

Jean Swammerdam remédia au défaut de l'invention de Graaf. Il pensa très heureusement qu'il fallait prendre une matière chaude, qui en se réfroidissant à mesure qu'elle coulait dans les vaisseaux, s'y épaissît de sorte qu'arrivée à leur extrémité elle cessât de couler; ce qui demande, comme on voit, une grande précision, tant pour la nature particulière de la matière qu'on emploiera, que pour le juste degré de feu qu'il faudra lui donner, et le plus ou moins de force dont on la poussera. Par ce moyen, Swammerdam rendait visibles pour la première fois les artères et les veines capillaires de la face; mais il ne suivit pas lui-même bien loin sa nouvelle invention. Une grande piété, qui vint à l'occuper entièrement, l'en empêcha, et ne le rendit pourtant pas assez indifférent sur son secret, pour en faire part à Ruysch, son ami, qui était extrêmement curieux.

Il le chercha donc de son côté, et le trouva pour le

moins; car il y a beaucoup d'apparence que ce qu'il trouva était encore plus parfait que ce qu'avait fait Swammerdam lui-même. Les parties étaient injectées de façon que les dernières ramifications des vaisseaux, plus fines que des fils d'araignées, devenaient visibles; et, ce qui est encore plus étonnant, ne l'étaient pas quelquefois sans microscope. Quelle devait être la matière assez déliée pour pénétrer dans de pareils canaux, et en même temps assez solide pour s'y durcir?

On voyait de petites parties qui ne s'aperçoivent ni dans le vivant, ni dans le mort tout frais.

Des cadavres d'enfans étaient injectés tout entiers; l'opération n'eût guère été possible dans les autres. Cependant en 1666, il entreprit par ordre des étatsgénéraux le cadavre déjà fort gâté de Guillaume Bercley, vice-amiral anglais, tué à la bataille donnée le 11 juin, entre les flottes d'Angleterre et de Hollande, et on le renvoya en Angleterre, traité comme aurait pu l'être le plus petit cadavre. Les états-généraux récompensèrent ce travail d'une manière digne d'eux, et du travail même.

Tout ce qui était injecté conservait sa consistance, sa molesse, sa flexibilité, et même s'embellissait avec le temps, parce que la couleur en devenait plus vive jusqu'à un certain point.

Les cadavres, quoique avec tous leurs viscères, n'avaient point de mauvaise odeur; au contraire, ils en prenaient une agréable, quand même ils eussent senti fort mauvais avant l'opération.

Tout se garantissait de la corruption par le secret de Ruysch. Une fort longue vie lui a procuré le plaisir de ne voir aucune de ses pièces se gâter par les ans, et de ne pouvoir fixer de terme à leur durée. Tous ces morts sans dessèchement apparent, sans rides, avec un teint fleuri et des membres souples, étaient presque des ressuscités : ils ne paraissaient qu'endormis, tout prêts à parler quand ils se réveilleraient. Les momies de Ruysch prolongeaient en quelque sorte la vie, au lieu que celles de l'ancienne Égypte ne prolongeaient que la mort.

Quand ces prodiges commencèrent à faire du bruit, ils trouvèrent, selon une loi bien établie de tout temps, beaucoup d'incrédules ou de jaloux. Ils détruisaient par quantité de raisonnemens les faits qu'on leur avançait : quelques uns disaient en propres termes, qu'*ils se laisseraient plutôt crever les yeux, que de croire de pareilles fables*. A tous leurs discours, Ruysch répondit simplement : *venez, et voyez*. Son cabinet était toujours prêt à leur parler, et à raisonner avec eux. Ces deux mots étaient devenus son refrain perpétuel, son cri de guerre.

Un professeur de médecine lui écrivit bien gravement qu'il ferait mieux de renoncer à toutes ces nouveautés, et de s'attacher à l'ancienne doctrine si solidement établie, et qui renfermait tout. Comme le novateur ne se rendait point, le docteur redoubla ses lettres ; et il lui dit enfin que tout ce qu'il faisait dérogeait à la dignité de professeur. Ruysch répondit : *venez, et voyez*.

Il a caché le nom de ce professeur si délicat sur cette dignité ; mais il n'a pas ménagé de même ceux de Rau et de Bidloo, célèbres tous les deux dans l'anatomie, et qui s'étaient hautement déclarés contre lui, Bidloo surtout. Celui-ci se vantait d'avoir, et même avant Ruysch, le secret de préparer et de conserver les cadavres; et sur cela Ruysch lui demande pourquoi donc il n'a pas vu telles et telles choses, pourquoi il a gâté ses tables anatomiques par des fautes qu'il lui marque, etc. Jusques-là tout est dans les règles, et Ruysch paraît avoir tout l'avantage : mais il faut avouer qu'il en perd une partie pour la forme, quand sur ce que Bidloo l'avait traité de boucher subtil, il répondit qu'il aimait mieux être *lanio subtilis* que *leno famosus*. Le jeu de mots latins peut l'avoir tenté ; mais c'était aller trop rudement aux mœurs de son adversaire, dont il ne s'agissait point. Il est vrai aussi qu'on ne sait quel nom donner à Bidloo, lorsqu'il s'emporte jusqu'à appeler Ruysch *le plus misérable des anatomistes*. Sera-ce donc toujours un écueil pour la vertu des hommes, qu'un simple combat d'esprit ou de savoir ?

Après un premier feu, quelquefois cependant assez long, essuyé de la part de l'ignorance ou de l'envie, la vérité demeure ordinairement victorieuse. Comment eût-on fait pour ne pas sentir à la fin les avantages de l'invention de Ruysch ? Les sujets nécessaires pour les dissections, et que la superstition populaire rend toujours très rares, périssaient en peu de jours entre les mains des anatomistes, et lui il savait les rendre d'un usage éternel. L'anatomie ne portait plus avec elle ce dégoût et cette horreur, qui ne pouvaient être surmontés que par une extrême passion. On ne pouvait auparavant faire les démonstrations qu'en hiver : les étés les plus chauds y étaient devenus également propres, pourvu que les jours fussent également clairs. Enfin, l'anatomie, aussi bien que l'astronomie, était parvenue à offrir aux hommes des objets tout nouveaux, dont la vue leur paraissait interdite.

Et comme dans l'une et l'autre de ces sciences il est impossible de mieux voir sans découvrir, on ne sera pas surpris que Ruysch ait beaucoup découvert. Nous en renvoyons le détail à ses ouvrages : une artère bronchiale inconnue aux plus grands scrutateurs du poumon ; le périoste des osselets de l'organe de l'ouïe qui paraissaient nus ; les ligamens des articulations de ces osselets ; la substance corticale du cerveau uniquement composée de vaisseaux infiniment ramifiés, et non pas glanduleuse, comme on le croyait ; plusieurs autres parties qui passaient pareillement pour glanduleuses, réduites à n'être que des tissus de vaisseaux, toujours simples dans chacune, et qui ne différaient que par leur longueur, leur diamètre ; les courbes décrites dans leur cours ; la distance de l'extrémité de ce cours à l'origine du mouvement de la liqueur ; différences d'où devaient naître les différentes secrétions ou filtrations, etc. Cependant il faut avouer, et il l'avouait sans peine, qu'il n'avait pas tout vu. Quelquefois il tombe dans des difficultés où il ne feint point d'avoir recours, soit à la volonté de Dieu, qui opère sans mécanisme, soit au dessein qu'il a eu de nous cacher le mécanisme. Un premier voile qui couvrait l'Isis des Égyptiens, a été enlevé depuis un temps ; un second, si l'on veut, l'est aussi de nos jours ; un troisième ne le sera pas, s'il est le dernier.

Ruysch, outre les fonctions de médecin et de professeur en anatomie, avait encore été chargé par les bourgmestres d'Amsterdam, où était son domicile, de l'inspection de tous ceux qui avaient été tués ou blessés dans les querelles particulières, pour en faire son rapport aux juges. De plus, par des vues d'un bon gouver-

nement, on avait créé pour lui une place de professeur
ou maître des sages-femmes, qui souvent n'étaient pas
assez instruites. Elles se hâtaient, par exemple, de
tirer, et même avec violence, le placenta lorsqu'il tar-
dait à venir; et elles aimaient mieux le mettre en pièces, ce qui causait souvent la mort. Il leur apprit,
quoiqu'avec peine, à l'attendre sans impatience, où à
n'aider que doucement à sa sortie, parce qu'un muscle
orbiculaire qu'il avait découvert au fond de la matrice
le poussait naturellement en dehors, et pouvait même
suffire pour le chasser entièrement.

Il est aisé de juger combien dans ses différentes fonctions il lui tombait entre les mains de faits remarquables, et avec quel soin s'en emparait un homme si curieux de ramasser, et si habile à conserver.

Enfin, il était profeseur en botanique; et l'on peut
bien croire qu'il ne démentait point dans cette occupation son caractère naturel. Le grand commerce des
Hollandais lui fournissait des plantes de tous les climats
de l'univers. Il les disséquait avec la même adresse que
les animaux; et dégageant entièrement leurs vaisseaux
de la pulpe ou parenchyme, il montrait à découvert
tout ce qui faisait leur vie. Les animaux et les plantes
étaient également embaumés, et sûrs de la même durée.

Son cabinet, où tout allait se rassembler, devint si
abondant et si riche, qu'on l'eût pris pour le trésor savant d'un souverain. Mais non content de la richesse
et de la rareté, il voulut encore y joindre l'agrément,
et égayer le spectacle. Il mêlait des bouquets de plantes
et des coquillages à de tristes squelettes, et animait le
tout par des inscriptions ou des vers pris des meilleurs
poètes latins.

C'était pour les étrangers une des plus grandes merveilles des Pays-Bas, que ce cabinet de Ruysch. Les savans seuls l'admiraient dignement; tout le reste voulait seulement se vanter de l'avoir vu. Les généraux d'armée, les ambassadeurs, les princes, les électeurs, les rois y venaient comme les autres, et ces grands titres prouvent du moins la grande célébrité. Quand le Czar Pierre Ier vint en Hollande pour la première fois en 1698, il fut frappé, transporté à cette vue. Et en effet, quelle surprise et quel plaisir pour un génie naturellement avide du vrai, qu'un pareil spectacle, où il n'avait point été conduit par degrés! Il baisa avec tendresse le corps d'un petit enfant encore aimable, et qui semblait lui sourire. Il ne pouvait sortir de ce lieu, ni se lasser d'y recevoir des instructions, et il dînait à la table très frugale de son maître pour passer les journées entières avec lui. A son second voyage en 1717, il acheta le cabinet, et l'envoya à Pétersbourg, présent des plus utiles qu'il pût faire à la Moscovie, qui se trouvait tout d'un coup et sans peine en possession de ce qui avait coûté tant de travaux à un des plus habiles hommes des nations savantes.

Aussitôt après, Ruysch, âgé de soixante-dix-neuf ans, recommença courageusement un cabinet nouveau. Sa santé toujours ferme le lui permettait; le goût et l'habitude l'y obligeaient. Ce second travail devait même lui être plus facile et plus agréable que le premier. Il ne perdait plus de temps en tâtonnemens et en épreuves, il était sûr de ses moyens et du succès. D'ailleurs des choses rares, qui autrefois lui auraient échappé, ou qu'il n'aurait obtenues qu'avec peine, venaient alors s'offrir d'elles-mêmes à lui.

En 1727 il fut choisi par cette académie pour être un de ses associés étrangers. Il était membre aussi de l'académie Léopoldine des curieux de la nature, et de la société royale d'Angleterre.

Il eut le malheur en 1728 de se casser l'os de la cuisse par une chute. Il ne pouvait plus guère marcher sans être soutenu par quelqu'un, mais du reste il n'en fut pas moins sain de corps et d'esprit jusqu'en 1731, qu'il perdit en peu de temps toute sa vigueur qui s'était maintenue sans altération sensible. Il mourut le 22 février, âgé de plus de quatre-vingt-douze ans, et n'ayant eu sur une si longue carrière qu'environ un mois d'infirmité. Peu de temps avant sa mort, il avait fini le catalogue de son second cabinet qu'il avait rendu fort ample en quatorze ans. Beaucoup de grands hommes n'ont pas assez vécu pour voir la fin des contradictions injustes et désagréables qu'ils s'étaient attirées par leur mérite, et leur nom seul a joui des honneurs qui leur étaient dûs. Pour lui il en a joui en personne, grâce à sa bonne constitution qui l'a fait survivre à l'envie.

Il a donné un grand nombre d'ouvrages, ses seize épitres problématiques, les trois décades de ses *adversaria anatomico-medico-chirurgica*, ses onze *trésors*, etc. Tout cela est le produit d'une très longue vie, dont tous les momens ont été occupés du même objet : faits nouveaux, observations rares, réflexions de théorie, remarques de pratique, tout est écrit d'un style simple et concis, dont toutes les paroles signifient, et qui n'a pour but que l'instruction sans étalage. Le plus souvent, en parlant de ses découvertes, il ne se regarde que comme l'instrument dont il a plu à Dieu de se servir pour manifester au genre humain des vérités utiles ;

et ce ton si humble et si chrétien ne peut être suspect dans un homme qui n'était obligé à le prendre, ni par son état, ni par l'exemple des autres auteurs de découvertes.

Encore une singularité de ses ouvrages. Il a publié ses *adversaria* en hollandais et en latin sur deux colonnes, l'un étant la traduction de l'autre. Il y a des matières qu'il n'est permis qu'aux physiciens de traiter sans enveloppe et dans les termes propres. Quand il les traite, ce n'est qu'en latin, et on s'aperçoit d'un vide dans la colonne hollandaise. Il n'a pas voulu présenter des images dangereuses à ceux ou à celles qui n'en avaient pas besoin.

ÉLOGE

DU PRÉSIDENT DE MAISONS.

Jean-René de Longueil naquit à Paris le 15 juillet 1699, de Claude de Longueil, marquis de Maisons, président du parlement, et de Charlotte Roque de Varangeville.

On sait que la maison de Longueil est distinguée par son ancienneté, tant dans l'épée que dans la robe, et plus encore par les dons de l'esprit qui s'y sont assez perpétués pour lui donner un caractère général, et former en faveur du nom une prévention agréable.

Le jeune de Maisons, à cause de la délicatesse de sa santé, fut élevé dans la maison paternelle. On assure qu'à douze ans il ne trouvait plus de difficultés dans les poètes Latins, et sentait toutes les beautés des Français; car à quoi sert d'entendre avec beaucoup de peine des auteurs dans une langue étrangère, quand on ne sait pas juger, comme il arrive souvent, de ceux qu'on lit dans la langue que l'on parle? La partie de l'éducation qui regarde le goût, extrêmement négligée jusqu'ici, ne le fut pas à l'égard de M. de Maisons. On pourrait lui reprocher de s'être fait un goût trop sévère : mais le plaisir de critiquer peut être pardonné à la grande jeunesse.

A l'âge de quatorze ans il fit un cours de physique, mais de vraie physique, et il y entra avec cette ardeur qui annonce le génie. Il se plaisait à faire lui-même les expériences, ce qui instruit beaucoup plus que de les laisser faire à des gens plus exercés, et d'en être simple spectateur. On est obligé d'entrer dans des détails dont l'importance et les suites ne sont bien connues que de ceux qui y ont prêté leurs mains.

On le mit à quinze ans dans la jurisprudence, qui devait être son grand objet, et il embrassa l'étude d'une manière à contenter une famille accoutumée à fournir de bons sujets pour une importante place. Ce fut alors qu'il perdit son père, magistrat très considéré, et dans sa compagnie, et dans le public, et à qui il n'a manqué qu'une plus longue vie pour monter encore à une plus haute considération. Le feu roi eut la bonté de réparer autant qu'il se pouvait le malheur du fils, et il lui accorda la charge de président du parlement, *dans l'espérance*, lui dit-il, *qu'il le servirait avec la même fidélité qu'avaient fait ses ancêtres*. Cette grâce a une époque remarquable; elle fut la dernière d'un si long règne.

La régence ne fut pas moins favorable à de Maisons.

Il eut, par grâce singulière, voix et séance à sa place de président dès l'âge de dix-huit ans.

Il travailla à mériter tout ce qu'il avait obtenu, et le mérita en effet par son application aux affaires, par la pénétration qu'il y faisait déjà paraître, par une droiture inflexible dans l'administration de la justice.

Cependant il conservait toujours du goût pour la physique. Ceux à qui il n'est permis de prendre les sciences que pour le délassement ou pour l'ornement, ne peuvent choisir ni des délassemens plus nobles, ni des ornemens qui siéent mieux. Il se fit à Maisons un jardin de plantes rares, et un laboratoire de chimie, dignes tous les deux d'un lieu où tout ce qui n'aurait pas été magnifique aurait eu fort mauvaise grâce. Il est sorti du jardin le seul café que l'on sache qui ait encore pu venir à maturité en France, et on assure qu'il n'a pas moins de parfum que celui de Moka. De Maisons a fait lui-même dans le laboratoire le bleu de Prusse, le plus parfait que l'on ait encore dans cette espèce de couleur. Il avait aussi depuis peu fait préparer des lieux pour les expériences de Newton sur la lumière, qui ne sont pas aisées à répéter, et qui peut-être eussent été poussées plus loin. Nous ne nous intéressons pas tant à son cabinet de médailles, quoique très curieux ; mais nous ne laissons pas de bien connaître tout le prix de l'étendue et de la variété de ses connaissances.

Avec tous les droits qu'il avait par rapport à nous, il désira d'être un de nos honoraires, et il le fut vers la fin d'août 1726. Le roi le nomma président de l'académie pour l'année 1730. Il marqua par un redoublement d'assiduité, qu'il ne regardait pas ce titre comme un vain titre d'honneur, et il le marqua encore mieux dans les occasions où il fut question de quelque intérêt général de la compagnie. Alors un corps ne peut guère se mouvoir par lui-même : toute son action, toute sa vie réside dans son chef, et le nôtre s'acquitta de ses fonctions avec une ardeur et un zèle qui nous firent bien sentir l'avantage de le posséder. Il prenait une habitude qui lui devait être utile dans des fonctions pareilles, et plus importantes, auxquelles il était destiné, mais dont il a été privé par une fin trop prompte.

Il mourut de la petite-vérole le 13 septembre 1731, ne laissant qu'un fils de la fille unique de d'Angervilliers, secrétaire d'état.

ÉLOGE

DE CHIRAC.

Pierre Chirac naquit en 1650 à Conques en Rouergue, de Jean Chirac et de Marie Rivet, bourgeois de cette petite ville, et dont la fortune était fort étroite. Quoique fils unique, il n'eut point de meilleur parti à prendre après ses études, que de se destiner à l'église, qui lui parut une ressource presque absolument nécessaire. En étudiant la théologie, il ne laissa pas de s'appliquer par curiosité à la philosophie de Descartes, qui avait déjà pénétré jusques dans le Rouergue. Quand il s'en fut rempli autant qu'il l'avait pu sans aucun secours, il crut pouvoir sortir de Conques, et il alla à Montpellier, où cette même philosophie, naissante aussi, commençait à remuer les esprits. Il fut bientôt connu dans cette ville, quoique accoutumée depuis long-temps à la science et au mérite.

Chicoineau, chancelier et juge de l'université de Montpellier, prit chez lui en 1678 Chirac, qu'il regardait déjà comme grand physicien, pour lui confier la direction des études de deux de ses fils qu'il destinait à la médecine. Il fut si content du maître qu'il leur avait donné, qu'il voulut songer solidement à ce qui pouvait lui convenir; et comme il lui trouvait peu de véritable vocation pour l'état dont il portait l'habit, et d'ailleurs beaucoup d'acquis dans la physique, il le détermina à en profiter pour embrasser la profession de médecin.

Chirac devenu membre de la faculté de Montpellier en 1682, y enseigna cinq ans après les différentes parties de la médecine. On sentit bien le prix des leçons qu'il dictait à ses auditeurs. Elles n'avaient pas le sort ordinaire de périr entre les mains de ceux qui s'étaient donné la peine de les écrire : on se les transmettait des uns aux autres, et c'était une faveur; et encore aujourd'hui elles sont un trésor que l'on conserve avec soin. On recueillait avec le même empressement les discours qui en étaient l'explication, toujours plus étendus et encore plus approfondis que les leçons; on rassemblait, on réunissait ce que différentes personnes en avaient retenu, et on travaillait à en faire un corps, tant on était animé par l'espérance d'une grande instruction.

Outre les leçons publiques, Chirac faisait chez lui des cours particuliers, plus instructifs encore pour ses disciples, et même pour lui, à cause de la liberté de la conversation; les étrangers y couraient en foule, et Montpellier se remplissait d'habitans qu'il lui devait.

Quand il fut assez plein de théorie, il se mit dans la pratique. Barbeyrac y tenait alors le premier rang à Montpellier, et son nom vivra long-temps. Chirac le prit pour guide et pour modèle, avec les restrictions néanmoins qu'un grand homme met toujours à l'imitation d'un autre, sans renoncer aux connaissances particulières qu'il pouvait avoir acquises, ni à des vues dont la nouveauté eût peut-être empêché Barbeyrac lui-même d'oser les approuver.

En 1692, le maréchal de Noailles lui donna, de l'avis de Barbeyrac, la place de médecin de l'armée de Roussillon. Il fut en 1693 au siège de Roses, après lequel une dyssenterie épidémique se mit dans l'armée. Le ministre de la guerre lui envoya de Paris de l'ipécacuanha, qui y était encore nouveau, et connu seulement sous le nom de *remède du médecin hollandais*. Il en donna avec opiniâtreté et de toutes les façons, sans en pouvoir tirer aucun bon effet. A la fin, réduit à trouver sa ressource en lui-même, il donna du lait coupé avec la lessive de sarment de vigne, et il eut le plaisir de voir presque tous ses malades guéris.

Quelques années après, il y eut à Rochefort une autre maladie épidémique, qu'on appelle de *Siam*, beaucoup plus cruelle que la dyssenterie, nouvelle dans nos climats, et effrayante par le seul spectacle. Begon, intendant de cette ville, demanda au roi M. Chirac, déjà très célèbre, singulièrement pour les cas extraordinaires. Il eut recours à l'ouverture des cadavres, plus nécessaire que jamais dans un mal inconnu. Il en ouvrit peut-être cinq cents, travail énorme, et qui demandait une violente passion de s'instruire. Il vit le mal dans ses sources, et s'en assura si bien, que comme il crut qu'il en pourrait être attaqué lui-même, il composa un grand mémoire de la manière dont il voulait être traité en ce cas là, et de tout ce qu'il y avait à faire selon les différens accidens dont la maladie était susceptible; car il prévoyait tout, il détaillait tout. Il chargeait de l'exécution un chirurgien seul, en qui il avait pris confiance, et priait instamment Begon de ne pas permettre qu'aucun autre s'en mêlât. Pour l'honneur de Chirac, il fut attaqué de la maladie, traité selon ses ordres, et guéri. Il lui en resta seulement la suite ordinaire, une jaunisse, et sa convalescence fut très longue.

Ce fut pendant ce séjour de Rochefort, où il traita beaucoup de petites-véroles, qu'il découvrit que dans ceux qui en étaient morts, il y avait inflammation de cerveau. Il eût fallu les saigner pour la prévenir, et même saigner du pied, pour faire une diversion ou *révulsion* du sang en en-bas. Mais saigner dans la petite-vérole! saigner du pied, surtout des hommes! quelle étrange pratique! n'en meurt-on pas toujours? Et en effet, la saignée du pied dans les hommes était presque toujours suivie de la mort, parce qu'on n'y avait recours que trop tard, et dans les cas désespérés. Un violent préjugé sur ce sujet bien établi, bien enraciné chez le peuple, ne l'était pas moins chez les médecins, qui de plus ne se voulaient pas laisser renvoyer à l'école. Ils ne l'accusaient que d'ignorance ou de témérité, tandis que le peuple l'accusait d'un dessein formé contre les jours du genre humain. Il soutint courageusement sa pratique, malgré les clameurs qui s'élevaient de toutes parts : ses malades guérissaient, les autres mouraient, du moins en beaucoup plus grand nombre, et il n'était encore guère justifié.

C'est lui qui a réglé aussi, mais avec moins de contradiction, la manière généralement reçue dont on conduit aujourd'hui le remède d'une autre maladie du même nom. Les grands médecins sont ceux dont la pratique fondée sur les principes d'expérience établis, est la plus sûre et la plus heureuse; mais ceux qui établissent solidement de nouveaux principes, sont d'un ordre plus élevé. Les uns portent l'art tel qu'ils le trouvent jusqu'où il peut aller; les autres le portent plus loin qu'il n'allait. Aussi Silva, si bon juge en ces matières, et si intéressé à ne pas souffrir des usurpateurs dans les premiers, a dit *qu'il appartenait à Chirac d'être législateur.*

Après s'être entièrement remis des fatigues et de sa maladie de Rochefort, il avait repris à Montpellier ses anciennes fonctions de professeur et de médecin. Là il eut deux contestations à essuyer, et même plus que des contestations, car elles devinrent des procès en justice. Il s'agissait de la découverte de l'acide du sang avec Vieussens, célèbre docteur de la même faculté, et de la structure des cheveux avec Sorazzi, médecin italien. Ni l'un ni l'autre sujets n'étaient dignes de la chaleur qui s'y mit. On est assez persuadé de son propre mérite, cependant il ne nous rassure pas assez pour nous procurer quelque tranquillité quand on nous attaque. Le nom de Chirac ne laissait pas de croître de jour en jour : les provinces voisines profitaient souvent de la proximité; on l'appelait pour les malades de distinction, et sa réputation contribuait beaucoup à affermir celle de la fameuse école de Montpellier.

En 1706, feu le duc d'Orléans partit pour aller commander l'armée de France en Italie. Il laissait son premier médecin à Paris; et comme il lui en fallait un auprès de sa personne, le comte de Nocé, qui avait fort connu Chirac à Montpellier, le proposa par zèle pour un prince à qui il était infiniment attaché. La voix publique parlait comme lui; le choix fut fait et eut les suites les plus heureuses. Le duc d'Orléans au siége de Turin fut très dangereusement blessé au poignet, et se trouvait sur le point d'en perdre le bras, lorsque Chirac imagina de lui mettre ce bras dans des eaux de Balaruc qu'on fit venir. Ce remède si simple et auquel il eût été si naturel de ne pas penser, produisit une parfaite et prompte guérison presque miraculeuse. Il en a fait l'histoire dans une grande dissertation en forme de thèse *sur les plaies*, ouvrage qui par la solidité et l'abondance de l'instruction, se fait pardonner sans peine une grande négligence de style.

L'année suivante, ce prince mena encore avec lui en Espagne M. Chirac, que la grande réputation qu'il y acquit obligea d'y demeurer encore quelque temps après la campagne finie.

Au retour d'Italie et d'Espagne, il vint à Paris, et il en goûtait fort le séjour. Le duc d'Orléans, qui avait Homberg pour premier médecin, et ne croyait pas que toute autre place fût digne de Chirac, voulut le renvoyer à Montpellier avec toutes les récompenses dues à ses services; il craignait d'ailleurs qu'un homme de ce mérite ne fût pas vu de trop bon œil à Paris, et peut-être à la cour, qui n'avait pas été consultée sur ce choix. Mais Chirac avait trop bien senti les avantages de Paris; il obtint sans peine d'y demeurer, et il acheta le droit d'y exercer la médecine par une des charges de la maison du prince.

Il lui manquait assez de choses presque nécessaires en ce pays-ci. Il parlait peu, sèchement, et sans agrément. Il ne faisait guère aux malades ces explications circonstanciées et détaillées de leurs maux, qu'ils ne sont pas ordinairement capables d'entendre, et qu'ils écoutent pourtant avec une espèce de plaisir. Il leur présentait dans les occasions l'idée désobligeante, quoique vraie, qu'il y avait de la fantaisie et de la vision dans leurs infirmités; il leur niait sans détour jusqu'à leur sentiment même : et combien les femmes principalement en devaient-elles être choquées? Il se prêtait peu aux objections souvent puériles des malades, ou de leurs familles, et on n'arrachait jamais de lui aucune complaisance, aucune modification à ses décisions laconiques. Heureux les malades, quand il avait pris le bon chemin! Il n'était guère consolant, et n'avait presque qu'un même ton pour annoncer les événemens les plus opposés. De plus, il apportait des pratiques nouvelles, et certainement il devait avoir quelques mauvais succès, qui plus certainement encore seraient bien mis en évidence, et bien relevés.

Malgré tout cela, à peine fut-il fixé à Paris, qu'il y eut une vogue étonnante. Sa rue était incommodée de la quantité de carosses qu'on lui envoyait de tous côtés. On peut croire que la nouveauté y avait quelque part, puisque Paris était le lieu de la scène; mais il fallait au fond que de grandes et rares qualités eussent surmonté à ce point là tout ce qui lui était contraire. En effet, il avait ce qu'on appelle *le coup-d'œil*, d'une justesse et d'une promptitude singulière, et peut-être unique. C'était une espèce d'inspiration dont la clarté et la force prouvaient la vérité, du moins pour lui. Par là, le plus difficile étant fait, il formait en lui-même le plan de la cure, et le suivait avec une constance inébranlable, parce qu'il n'aurait pu s'en départir sans agir contre des lumières qui le frappaient si vivement. Ceux qui n'en ont que de moindres ou de moins vives, peuvent n'être pas si constans, et même ne le doivent pas. Les malades prenaient d'autant plus de confiance en lui, qu'ils se sentaient conduits par une main plus ferme; son inflexibilité leur assurait combien il comptait d'avoir pris le bon parti, et ils s'encourageaient par ses rigueurs. Ils voyaient encore que si les occasions le demandaient, il hasardait volontiers pour eux sa propre réputation. Lorsqu'il jugeait nécessaire un de ces coups hardis qui lui étaient particuliers, et que le malade était important, il savait qu'il se rendait responsable de l'événement, et que, s'il était fâcheux, les cris d'une famille puissante soulevaient aussitôt le public contre lui : cependant il ne mollissait point, il ne préférait point la route ordinaire plus périlleuse pour le malade, mais moins pour le médecin ; et il voulait, à quelque prix que ce fût, avoir tout fait pour le mieux.

A la mort de Homberg, qui arriva en 1715, le duc d'Orléans, déjà régent du royaume, le fit son premier médecin, choix presque nécessaire qui lui donnait un nouvel éclat, et eût augmenté, s'il eût été possible, sa grande pratique de Paris. L'année suivante, il entra dans l'académie en qualité d'associé libre, et sans ses occupations continuelles et indispensables, on lui reprocherait d'avoir trop joui des priviléges de ce titre.

En 1718, il succéda à Fagon dans la surintendance

du jardin du roi. Il était à la source des grâces, puisque le prince-régent en était le maître, et qu'il aimait tant à en faire.

En 1720, Marseille fut attaquée d'une maladie d'abord inconnue, mais qui dès sa naissance faisait de grands ravages. Chirac offrit au régent d'y aller, afin que la ville, qui se verrait secourue par le gouvernement, en prît plus de courage pour se secourir elle-même. Son offre ne fut pas acceptée; il proposa en sa place Chicoineau et Verny, célèbres médecins de Montpellier, dont il garantit le savoir, le zèle et l'intrépidité, et les ordres pour leur voyage furent donnés par S. A. R. Chicoineau était le même dont il avait été précepteur, et de plus c'était son gendre; car la fille unique du précepteur était devenue un assez bon parti pour épouser le disciple. Il était juste que la maison par où il avait commencé sa fortune, et qui en avait ouvert la route, en profitât.

Chicoineau et Verny, arrivés à Marseille, trouvèrent la peste, accompagnée de toute la désolation, de toute la consternation, de toutes les horreurs qu'elle a jamais traînées après elle. La ville n'était presque plus habitée que par des cadavres qui jonchaient les rues, ou par des mourans abandonnés qui n'avaient pas eu la force de fuir. Nulles provisions, nuls vivres, nul argent. Chirac fut, pour ainsi dire, le médecin général de Marseille, par le soin assidu dont il veillait à tous ses besoins auprès du régent, par les secours de toute espèce qu'il obtenait pour elle, par toutes les lumières dont il fortifiait celles des habiles gens qu'il y avait fait envoyer. Il procura encore à cette malheureuse ville quatre médecins de Montpellier, et ses amis, qu'il crut dignes d'une commission si honorable et si peu recherchée. Boyer, de qui je tiens cette relation, et qui aujourd'hui pratique avec succès à Paris, fut l'un d'entre eux. Ils rassurèrent d'abord le peuple par l'extrême hardiesse dont ils abordaient les malades, et par l'impunité de cette hardiesse toujours heureuse. Peut-être, et cela ne diminuerait guère la gloire de l'héroïsme, étaient-ils dans le sentiment de Chirac, que la peste ne se communique pas par contagion. Quoi qu'il en soit de cette opinion si paradoxe, il serait difficile qu'elle fût plus dangereuse et plus funeste aux peuples que l'opinion commune.

Chirac avait conçu depuis long-temps une idée qui eût pu contribuer à l'avancement de la médecine. Chaque médecin particulier a son savoir qui n'est que pour lui; il s'est fait, par ses observations et par ses réflexions, certains principes qui n'éclairent que lui. Un autre, et c'est ce qui n'arrive que trop, s'en sera fait de tous différens, qui le jetteront dans une conduite opposée. Non-seulement les médecins particuliers, mais les facultés de médecine semblent se faire un honneur et un plaisir de ne s'accorder pas. De plus, les observations d'un pays sont ordinairement perdues pour un autre. On ne profite point à Paris de ce qui a été remarqué à Montpellier. Chacun est comme renfermé chez soi, et ne songe point à former de société. L'histoire d'une maladie qui aura régné dans un lieu, ne sortira point de ce lieu là, ou plutôt on ne l'y fera pas. Chirac voulait établir plus de communication de lumières, plus d'uniformité dans les pratiques. Vingt-quatre médecins des plus employés de la faculté de Paris auraient composé une académie qui eût été en correspondance avec les médecins de tous les hôpitaux du royaume, et même des pays étrangers qui l'eussent bien voulu. Dans un temps où les pleurésies, par exemple, auraient été plus communes, l'académie aurait demandé à ses correspondans de les examiner plus particulièrement dans toutes les circonstances, aussi bien que les effets pareillement détaillés des remèdes. On aurait fait de toutes ces relations un résultat bien précis, des espèces d'aphorismes, que l'on aurait gardés cependant jusqu'à ce que les pleurésies fussent revenues, pour voir quels changemens ou quelles modifications il faudrait apporter au premier résultat. Au bout d'un temps on aurait eu une excellente histoire de la pleurésie, et des règles pour la traiter aussi sûres qu'il soit possible. Cet exemple fait voir d'un seul coup d'œil quel était le projet, tout ce qu'il embrassait, et quel en devait être le fruit. Le duc d'Orléans l'avait approuvé, et y avait fait entrer le roi; mais il mourut lorsque tout était disposé pour l'exécution.

Par cette mort, que le plus grand nombre sentit douloureusement, Chirac perdait non-seulement un prince de la famille royale, mais encore un premier ministre. Privé de ce maître et de ce protecteur, mais toujours attaché à son auguste maison, il quitta la cour, et commença à se livrer absolument à la ville, qui regarda comme un bien pour elle le malheur d'un si grand médecin. On lui donnait la première place dans sa profession, et les plus illustres de ses confrères y consentaient, sans prétendre même diminuer sa supériorité par l'avantage qu'il avait des années et de l'expérience. Il dominait dans les consultations comme aurait fait Hippocrate; on l'aurait presque dispensé de raisonner, et son autorité seule eût suffi.

Il obtint du roi en 1728 des lettres de noblesse, et enfin en 1730 le plus grand honneur où il pût arriver, la place de premier médecin vacante par la mort de Dodart. Tous les Français zélés pour les jours de leur maître, l'avaient nommé d'une commune voix, et pour cette fois seulement les intrigues de la cour n'eurent rien à faire.

Il attira aussitôt à la cour Chicoineau, son gendre, qui, indépendamment de ce titre, avait pour lui l'histoire de la peste de Marseille, une grande capacité en médecine, employée principalement au service des malades indigens. Le roi le mit auprès des enfans de France.

La nouvelle autorité de Chirac lui réveilla les idées de son académie de médecine. Les fonds nécessaires, article le plus difficile, étaient réglés et assurés; mais quand le dessein fut communiqué à la faculté de Paris, il se trouva beaucoup d'opposition. Elle ne goûtait point que vingt-quatre de ses membres composassent une petite troupe choisie, qui aurait été trop fière de cette distinction, et se serait crue en droit de dédaigner le reste du corps. Les plus employés devaient la former, et les plus employés pouvaient-ils se charger d'occupations nouvelles ? N'était-on pas déjà assez instruit par les voies ordinaires? Enfin, comme il est aisé de contredire, on contredisait, et avec force; et le premier médecin, trop engagé d'honneur pour reculer, persuadé d'ailleurs de l'utilité de son projet, tombait dans l'incertitude de la conduite qu'il devait tenir à l'égard d'un corps respectable. La douceur et la vigueur sont également dangereuses; et il se déterminait pour les partis de vigueur, lorsqu'il fut attaqué de la maladie dont il mourut le premier mars 1732, âgé de quatre-vingt-deux ans. Il avait annoncé lui-même, pour pousser jusqu'au bout la science du pronostic, qu'il n'en pouvait échapper.

Il a laissé une fortune considérable, bien due à un travail aussi long, aussi assidu, aussi pénible, aussi utile à la société. Il lègue par son testament à l'université de Montpellier la somme de trente mille livres, qui seront employées à fonder deux chaires pour deux professeurs; dont l'un fera des leçons d'anatomie comparée; l'autre expliquera le traité de Borelli, *de motu animalium*, et les matières qui y ont rapport.

On peut juger par là combien il estimait l'anatomie; et puisqu'il l'estimait tant, on peut juger qu'il la possédait à fond. Il allait encore plus loin, jusqu'à la chirurgie, et à tous les détails de cet art, dont assez communément les médecins ne s'inquiètent pas. Convaincu qu'ils ne devraient pas regarder les opérations manuelles comme indignes d'eux, et que toute leur gloire est de guérir, il avait obtenu en 1726 l'établissement de six places de médecins-chirurgiens entretenus par le roi, qui seraient reçus gratuitement dans la faculté de Montpellier, à condition qu'ils exerceraient eux-mêmes la chirurgie dans l'hôpital de cette ville. Mais ce dessein, qui à peine commençait à s'exécuter, fut arrêté par des accidens étrangers; et le préjugé contraire à la réunion des deux professions, qui peut-être eût été ébranlé par cet exemple, demeura dans toute sa force. Du moins Chirac l'attaqua toujours par sa conduite autant qu'il le pouvait; il ne manquait pas d'opérer de sa main, lorsqu'il trouvait des malades sans secours, ou avec de mauvais secours. Aussi les plus habiles chirurgiens de Paris l'appelaient dans toutes les grandes occasions, ravis d'avoir un témoin et un juge si éclairé, qui se faisait un honneur d'être alors l'un d'entre eux. C'est à lui que l'on doit M. la Peyronnie, qui était à la veille de prendre ses degrés de docteur en médecine à Montpellier, quand Chirac le détermina à prendre le parti de la chirurgie, qu'il aimait trop pour ne lui pas procurer un si grand sujet. Il accompagna même ses conseils d'une prédiction de ce qui arriverait à son ami, et il a eu le plaisir de la voir accomplie.

ÉLOGE

DE LOUVILLE.

Jacques-Eugène d'Allonville, chevalier de Louville, naquit le 14 juillet 1671, de Jacques d'Allonville, chevalier-seigneur de Louville, et de Catherine de Moyencourt. Il y avait au moins trois cents ans que ses ancêtres possédaient la terre et seigneurie de Louville dans le pays Chartrain.

Il était cadet; il fut destiné à l'église, et on lui en donna l'habit, qui assez souvent accoutume les enfans à croire qu'ils y sont appelés. Pour lui il ne se laissa pas persuader si aisément; et quand il fut question de le tonsurer à sept ans, il attendit le jour de la cérémonie pour déclarer en quatre paroles, avec une fermeté froide, inébranlable et fort au-dessus de son âge, qu'il ne voulait point être ecclésiastique. Il fit ses études d'une manière assez commune, et il ne se distingua que par un caractère plus sérieux et plus sensé que celui de ses pareils, et par son dédain pour leurs divertissemens. Le hasard lui fit tomber entre les mains ce qu'il lui fallait, et qu'il eût cherché, s'il en eût eu quelque idée, les élémens d'Euclide par Henryon. Il n'avait que douze ans, et les lisant seul il les entendit d'un bout à l'autre sans difficulté. C'est de lui que l'on tient ce fait; mais ceux qui l'ont connu n'ont pas hésité à l'en croire sur sa parole.

Sa naissance ne lui laissait plus d'autre parti à prendre que celui de la guerre, qui d'ailleurs s'accordait assez avec son goût pour les mathématiques. Il entra d'abord dans la marine, et se trouva à la bataille de la Hogue en 1690. De là, il passa au service de terre, et fut capitaine dans le régiment du roi à la fin de 1700.

Le marquis de Louville, son frère aîné, gentilhomme de la manche du duc d'Anjou, suivit en Espagne ce prince devenu roi de cette grande monarchie, et bientôt après il fit venir le chevalier dans une cour où toutes sortes d'agrémens l'attendaient. Il les y trouva en effet : il fut brigadier des armées du roi d'Espagne, il eut un brevet d'une pension assez considérable sur l'Assiente, mais qui lui demeura inutile. Au bout de quatre ans il fut obligé, par de malheureux événemens qui ne sont que trop connus, à repasser en France, où il reprit le service. Il fut pris à la bataille d'Oudenarde, absolument dépouillé de tout, et envoyé prisonnier en Hollande; d'où il ne sortit qu'au bout de deux ans qu'il fut échangé. Quand la paix se fit, il avait un brevet de colonel à la suite des dragons de la reine, avec une pension de 4000 livres accordée par le feu roi.

Le peu de temps qu'une vie agitée et tumultueuse lui avait permis jusques-là de donner aux mathématiques, n'avait fait qu'irriter sa passion pour elles; mais on entrait alors dans une paix qui ne pouvait être que longue, et qui lui assurait en même temps et beaucoup de loisir, et une fortune honnête. Naturellement il devait se contenter de cette situation, du moins jusqu'à une nouvelle guerre : cependant il voulut absolument rompre avec tout ce qui n'appartenait pas à son goût dominant; et malgré les remontrances de sa famille et de ses amis, malgré une brèche considérable qu'il faisait à son revenu, il alla avec cette fermeté invincible dont il avait déjà donné un essai en refusant la tonsure, remettre entre les mains du ministre de la guerre son brevet de colonel et les appointemens.

Maître enfin de lui-même, il se dévoua aux mathématiques, et principalement à l'astronomie. Il alla à Marseille en 1713 ou 1714, dans le seul dessein d'y prendre exactement la hauteur du pôle, qui lui était nécessaire pour lier avec plus de sûreté ses observations à celles de Pythéas, anciennes d'environ deux mille ans.

En 1715, il fit le voyage de Londres, exprès pour y voir l'éclipse totale du soleil, et il n'eut point de regret à un contrat de 8000 livres sur la ville, que cette curiosité lui coûta, et qui n'était pas un fort petit objet dans sa fortune.

Il n'y a guère dans Paris d'autre habitation que l'observatoire qui puisse parfaitement convenir à un astro nome. Il lui faut un grand horizon, des lieux d'une disposition particulière, et qu'il ne soit pas obligé de quitter selon les intérêts ou le caprice d'autrui. Le chevalier de Louville, très porté d'ailleurs à la retraite par son caractère, fixa son séjour dans une petite maison de campagne qu'il acheta en 1717 à un quart de lieue d'Orléans : ce lieu s'appelle Carré. La nature lui offrait là tout ce qu'il pouvait désirer de commodités astronomiques, et il sut bien s'y procurer celles qui dépendaient de lui. Il était de l'académie dès 1714, et cette demeure éloignée ne s'accordait pas tout-à-fait avec nos règles ; mais les astronomes sont rares. Il promit d'apporter tous les ans à Paris les fruits de sa retraite, et s'en acquitta régulièrement.

On aura peut-être peine à croire combien dans ce siècle-ci, en France, à trente lieues de Paris, un astronome, avec tout son équipage et ses pratiques ordinaires, fut un spectacle étonnant aux yeux de tout le canton de Carré. Nous ne rapporterions pas ces bagatelles, si elles n'étaient de quelque utilité pour l'histoire des connaissances du genre humain, et si elles ne faisaient voir avec quelle extrême lenteur les nations en corps cheminent vers les vérités les plus simples. Les éclipses de soleil et les comètes, qui effrayaient le peuple de Paris, il n'y a pas cent ans, lui sont devenues indifférentes. Mais encore aujourd'hui les paysans d'auprès d'Orléans ne peuvent pas prendre une autre idée d'un homme qu'ils voient observer le ciel, sinon que c'est un magicien. Quand leurs vignes ont manqué, ils l'en accusent. Un mât de trente ou trente-cinq pieds, qu'il a planté dans son jardin pour y attacher une lunette de trente pieds, est destiné à lui faire voir les étoiles de plus près, et plusieurs l'ont vu se faire *hisser* au haut du mât, et y rester longtemps. Les honnêtes gens du pays, trop éclairés pour donner dans la magie, viennent de toutes parts lui demander quel temps il fera, ou si la récolte sera abondante. Il est vrai que Paris même n'est pas encore bien parfaitement désabusé de faire le même honneur à messieurs de l'observatoire.

Le chevalier de Louville eût été accablé par le nombre excessif de visites qu'une folle curiosité lui amenait, comme s'il eût été un brachmane ou un gymnosophiste ; mais il y mit ordre le mieux qu'il put par la manière dont il savait les recevoir. Il avait établi qu'on pouvait venir dîner avec lui, mais à condition d'y dîner seulement. Quand on arrivait avant l'heure, on prenait un livre dans la bibliothèque pour s'amuser, ou bien on allait se promener dans un jardin assez agréable et bien tenu ; on était le maître : mais lui, il ne sortait de son cabinet que pour se mettre à table ; et le repas fini il rentrait dans ce cabinet, laissant à ses hôtes la même liberté qu'auparavant. On voit assez combien il gagnait de temps par un retranchement si rigoureux et si hardi de toutes les inutilités ordinaires de la société.

Il faisait de ses propres mains, dans ses instrumens astronomiques, tout ce qu'il y avait de plus fin et de plus difficile, tout ce que les plus habiles ouvriers n'osent faire dans la dernière perfection, parce qu'il leur en coûterait un temps et des peines dont on ne pourrait pas se résoudre à leur tenir assez de compte. Pour lui, il ne les épargnait point, fort satisfait d'en être payé par lui-même, si ses observations en étaient plus justes. Nous avons donné, en 1724[1], un exemple assez remarquable de toutes les attentions scrupuleuses et presque vétilleuses qu'il avait apportées à la détermination de la grandeur des diamètres du soleil, point fondamental pour la théorie de cet astre, dont il donna de nouvelles tables imprimées dans le volume de 1720[2]. Nous y avons expliqué les principes de leur construction, qui demandait également et une fine recherche de spéculation, et une grande exactitude de pratique. Les calculs astronomiques, qui ne roulent que sur des *à peu près*, quoique extrêmement approchans, il les voulait amener à être des calculs algébriques exempts de tout tâtonnement. L'astronomie acquérait par là une certaine noblesse, et devenait plus véritablement science. Ce que nous avons dit en 1724[3], sur sa nouvelle méthode de calculer les éclipses, explique suffisamment ses pensées sur ce sujet.

Il en avait une plus singulière et plus sujette à contestation sur l'obliquité de l'écliptique par rapport à l'équateur. Tous les astronomes la posent constante, et il la croyait décroissante, mais seulement d'une minute en cent ans; de sorte que dans un temps très long, qui se détermine aisément, l'écliptique viendrait à se mettre dans le plan de l'équateur, et les deux pôles verraient ensemble le soleil pendant quelques années. De Louville se donna la peine de ramasser de tout côtés, et depuis l'antiquité la plus reculée jusqu'à nous, tout ce qui pouvait appartenir à ce sujet directement ou indirectement; et à quelque exception près, tout

[1] Pag. 82 et suiv.
[2] Pag. 80 et 104.
[3] *Voyez* l'Histoire de 1714, pag. 74 et suiv.

aboutissait à rendre l'obliquité de l'écliptique décroissante, souvent assez juste selon la proportion posée. Il crut même pouvoir prouver dans certaines circonstances heureuses, que ce décroissement [1], qui ne peut être que d'une extrême lenteur, avait été cinq ans précisément des trois secondes qu'il fallait. Il n'ignorait pas que cette grandeur est en astronomie un infiniment petit; mais le soin singulier qu'il mettait à ses observations pouvait justifier une confiance qu'il ne se fût pas permise autrement.

Quoiqu'il parût s'être renfermé dans l'astronomie, il se mêla dans la célèbre question des *forces vives*. Il fut le premier de l'académie qui osât se déclarer contre Leibnitz [2]. Quel nom! quelle autorité! Mais si le géomètre par lui-même est fait pour ne pas déférer aux noms et aux autorités, le caractère de Louville le rendait à cet égard plus géomètre qu'un autre. Il continua en 1728 [3] la même entreprise, et de Mairan se joignit à lui avec une nouvelle théorie. C'était alors l'illustre Bernoulli qu'ils attaquaient. Le procès des *forces vives* n'est pas encore jugé en forme. Il ne faut pas s'attendre qu'il sorte du monde savant une voix générale qui le décide; mais dans la suite du temps les géomètres, que des occasions inévitables forceront à prendre un parti, tomberont dans le bon par l'enchaînement des vérités, et l'autre demeurera oublié. Il y a eu, et il y aura encore de ces décisions sourdes du public.

Au commencement de septembre 1732, le chevalier

[1] *Voyez* l'Histoire de 1714, pag. 68; de 1716, pag. 48; de 1721, pag. 65.

[2] *Voyez* l'Histoire de 1721, pag. 81 et suiv.

[3] *Voyez* l'Histoire de 1728, pag. 73 et suiv.

de Louville eut deux accès de fièvre léthargique qui ne l'étonnèrent point. Il avait coutume de regarder ses maux comme des phénomènes de physique, auxquels il ne s'intéressait que pour en trouver l'explication. Il continuait sa vie ordinaire lorsque la même fièvre revint, et l'emporta le 10 du mois au bout de quarante heures, pendant lesquelles il fut absolument sans connaissance.

Il avait l'air d'un parfait stoïcien, renfermé en lui-même, et ne tenant à rien d'extérieur; bon ami cependant, officieux, généreux, mais sans ces aimables dehors qui souvent suppléent à l'essentiel, ou du moins le font extrêmement valoir. Il était fort taciturne, même quand il était question de mathématiques; et s'il en parlait, ce n'était pas pour faire parade de son savoir, mais pour le communiquer à ceux qui l'en priaient sincèrement. Le savant, qui ne parle que pour instruire les autres, et qu'autant qu'ils veulent être instruits, fait une grâce; au lieu que lorsqu'il ne parle que pour étaler, on lui fait une grâce si on l'écoute. Dans les lectures que Louville faisait à nos assemblées, il ne manquait pas de s'arrêter tout court dès qu'on l'interrompait : il laissait avec un flegme parfait un cours libre à l'objection, et quand il l'avait désarmée ou lassée par son silence, il reprenait tranquillement où il avait quitté : apparemment il faisait ensuite ses réflexions, mais il ne l'avait seulement pas promis. On prétend que ce stoïcien, si austère et si dur, ne laissait pas d'avoir sur sa table, sur ses habillemens, certaines délicatesses, certaines attentions raffinées, qui le rapprochaient un peu des philosophes du parti opposé.

ÉLOGE

DE LAGNY.

Thomas Fantet de Lagny naquit à Lyon, de Pierre Fantet, secrétaire du roi à la chancellerie de Grenoble, et de Jeanne d'Azy, fille d'un docteur en médecine de Montpellier. Il fut élevé dans sa première jeunesse par un oncle paternel, chanoine et doyen de Jouarre, et continua ses études aux grands jésuites de Lyon, toujours le premier de sa classe. Il composait des vers grecs dès la quatrième, lorsqu'à peine ses camarades savaient lire le grec. Il ne saisissait pas seulement mieux que les autres l'instruction générale qu'on leur donnait à tous, il la prévenait souvent, et les leçons qu'il avait reçues lui faisaient deviner celles qui allaient suivre. Il acheta un jour par hasard, ou par instinct, si on veut, l'Euclide du P. Fournier, et l'algèbre de Jacques Pelletier du Mans. Dès qu'il eut vu de quoi il s'agissait dans ces deux livres là, il ne s'occupa plus d'autre chose, mais secrètement. La grande avance qu'il avait dans ses classes, le don de retenir par cœur ce qu'il avait entendu réciter une fois, celui de composer en latin à mesure qu'on lui dictait le sujet de la composition en français, tout cela lui faisait trouver beaucoup de temps pour son plaisir, c'est-à-dire pour cette étude cachée, bien plus dificile que l'autre.

S'il sacrifiait les belles-lettres aux mathématiques,

on peut aisément juger qu'il ne traita pas mieux la philosophie de l'école, au moins celle de ce temps là, d'autant plus insupportable à un esprit géomètre, qu'elle prétend raisonner; au lieu que l'éloquence et la poésie ne prétendent guère que flatter ou remuer l'imagination. La jurisprudence à laquelle on le destinait, car quel est le père qui aimât assez peu ses enfans pour les destiner aux mathématiques? la jurisprudence n'eut pas plus d'attraits pour lui. Après avoir fait trois années de droit à Toulouse, il résista aux promesses les plus flatteuses d'une puissante protection que lui fit M. de Fieubet, premier président de ce parlement, pour l'attacher à son barreau. Il résolut de se livrer entièrement à son goût, et de venir à Paris, où il avait en vue une place dans l'académie des sciences.

Il était déjà digne d'y penser. A l'âge de dix-huit ans, avec les deux livres élémentaires que nous avons nommés, et que l'on ne connaît presque plus, parce que d'autres, plus parfaits et plus instructifs, ont pris leur place, sans aucun autre guide, sans maître, sans un ami à qui il pût seulement parler sur ces matières, il avait jeté les fondemens des grandes théories qu'il a depuis étendues et perfectionnées, d'une nouvelle méthode pour la résolution des équations réductibles du troisième et du quatrième degré de la quadrature du cercle infiniment approchée de la cubature de certaines portions sphériques. Il est vrai que quand il lui fut ensuite permis d'avoir des livres, et qu'après avoir étudié la géométrie il étudia les géomètres, il trouva, peut-être avec autant de joie que de déplaisir, qu'il avait été prévenu, mais seulement en partie, sur quelques unes de ses découvertes. La gloire en était un peu diminuée, mais non pas le mérite; et il apporta toujours à Paris ce fonds qui avait tant produit de lui-même, et qui ne pouvait que devenir plus fécond par les secours étrangers.

Les talens dénués de fortune aspirent tous à Paris; ils s'y rendent presque tous, et s'y unissent les uns aux autres. Il arrive le plus souvent qu'on y trouve toutes les places prises. De Lagny ne put entrer dans l'académie qu'en 1695 : mais parce que son poste pouvait être encore long-temps infructueux, l'abbé Bignon, le protecteur général des lettres, le fit nommer en 1697 professeur royal d'hydrographie à Rochefort. Il se défendit d'abord d'accepter cet emploi, en représentant qu'il n'entendait pas la marine : mais son bienfaiteur, qui sentit bien le prix d'un refus si modeste et si désintéressé, le rassura contre sa prétendue ignorance, et lui garantit qu'il l'aurait bientôt surmontée. Cependant de Lagny, pour une plus grande sûreté, et par un extrême scrupule sur ses devoirs, demanda au roi la permission de faire une campagne sur mer, afin de connaître par lui-même le pilotage. Le roi la lui accorda; et de plus, respectant en quelque sorte un génie né pour de plus grands objets que l'hydrographie, il eut la bonté de lui donner un autre hydrographe, qui travailla sous lui; c'est le même qui dans la suite lui a succédé.

Supérieur à son emploi autant qu'il l'était, il eut tout le temps nécessaire pour de plus hautes spéculations. Il envoyait ses découvertes à l'académie, dont il était toujours membre; mais les circonstances, quoique légères, ont toujours un certain pouvoir dans les choses mêmes qui sembleraient en devoir être les plus indépendantes. On lisait ses mémoires avec moins d'attention que si on les lui avait entendu lire. C'était assez sa coutume de supposer dans un mémoire ce qui était établi dans un autre que l'on n'avait pas : tout était bien lié, mais seulement pour lui, et on suspendait son jugement; on arrêtait l'impression naturelle que chaque partie aurait faite, jusqu'à ce qu'on eût vu le tout ensemble. Il m'a plusieurs fois avoué lui-même que ce tout ensemble, il eût eu bien de la peine à le former. Ses nouvelles idées étaient en trop grand nombre, trop vives, trop impatientes de se placer, pour souffrir un arrangement bien régulier et bien tranquille. Enfin, dans le temps du séjour de M. de Lagny à Rochefort, l'académie commençait à s'occuper beaucoup de la géométrie nouvelle; et tout ce qu'il donnait appartenait à l'ancienne, quoique poussée plus loin : il ne parlait que de choses dont les autres avaient parlé; et quoiqu'il en parlât fort différemment, la curiosité était moins piquée que si les choses elles-mêmes avaient été plus neuves. La nouveauté ne perd guère ses droits sur nous; et il faut convenir qu'elle en avait en cette occasion des plus forts qu'elle puisse jamais avoir.

Lagny, ennuyé de Rochefort, malgré les occupations de sa place, malgré ses études particulières, malgré le plaisir d'y réussir selon ses souhaits, car le moyen qu'il ne se sentît toujours propre à un plus grand théâtre? faisait de temps en temps des voyages à Paris, pour épier les occasions d'y rester. Ce ne fut qu'au commencement de la régence, que feu le duc d'Orléans l'y arrêta, en le faisant sous-directeur de la banque générale, de la même manière à peu près, et par les mêmes motifs que l'on donna en Angleterre la direction de la monnaie de Londres à Newton. On jugea, et là et ici, que la grande science du calcul, ordinairement assez stérile par rapport à l'utilité des états, serait tournée avantageusement vers ce grand objet, et qu'en même temps les deux géomètres à qui elle avait coûté de long travaux, en seraient récompensés par de semblables postes. Tous deux se trouvèrent tout à coup dans une richesse qui leur était nouvelle, transportés du milieu de leurs livres sur des tas d'argent; et tous deux y conservèrent leurs anciennes mœurs, cet esprit de modération et de désintéressement, si naturel à ceux qui ont cultivé les lettres. Mais la fortune de Newton fut durable, et celle de Lagny ne le fut pas : les affaires changèrent en France, la banque cessa, mais avec honneur pour Lagny; tous ses billets furent acquittés, et il laissa dans l'ordre le plus exact tout ce qui avait appartenu à son administration. Le philosophe fut heureux de n'avoir pas perdu dans une situation passagère le goût de simplicité qui lui devait être d'un plus long usage.

Rendu entièrement à l'académie, il ne lui fut pas difficile d'en bien remplir les devoirs. Il se trouvait riche de plus de vingt gros porte-feuilles *in-folio*, pleins de ses réflexions, de ses recherches, de ses calculs, de ses nouvelles théories; il n'avait qu'à y choisir ce qu'il lui plairait, et à l'en détacher. Tout cela tendait principalement à une réforme ou refonte entière de l'arithmétique, de l'algèbre et de la géométrie commune. Il s'était rencontré avec Leibnitz, car les preuves de la rencontre ont été bien faites, sur l'idée singulière d'une arithmétique qui n'aurait que deux chiffres, au lieu que la nôtre en a dix. L'algèbre sans comparaison plus étendue et plus compliquée, et qui l'est d'une manière à effrayer, changeait entièrement de forme entre ses mains; tout se résolvait par des progressions arithmétiques de son invention, qui naissaient des équations proposées; le fameux cas irréductible, ce nœud gordien, cet écueil qui subsistait depuis la naissance de l'algèbre, ou disparaissait, ou n'embarrassait plus. La mesure des angles, dont il faisait une science à part sous le nom de goniométrie, méritait cet honneur par la nouveauté de la théorie qui l'établissait; et de là se tirait une trigonométrie beaucoup plus simple que celle dont on se contente jusqu'à présent, et délivrée de toutes ces tables de sinus, tangentes et sécantes, attirail incommode, toujours borné, quelque vaste qu'il soit, et qui demande qu'on se repose avec une confiance aveugle sur le travail d'autrui. Enfin, un des grands objets de Lagny était sa cyclométrie, ou mesure du cercle. Il la trouvait par des séries ou suites infinies de nombres, telles que leurs sommes, si on eût pu les avoir, l'eussent donnée exactement, ou que du moins chacun de leurs termes, ou les sommes d'un nombre fini de ces termes, la donnaient toujours avec moins d'erreur, de sorte que l'erreur diminuait tant qu'on voulait. Il s'était encore rencontré avec Leibnitz sur une série donnée en cette matière par ce grand géomètre, et qui fit du bruit en son temps: mais, quoique ingénieuse, elle a le défaut d'être trop lente dans tout son cours; au lieu que le mérite de ces sortes de séries consiste à être fort rapides dans leur marche à leur origine, et ensuite si lentes vers leur extrémité, qu'on puisse sans erreur sensible négliger tous leurs derniers termes, quoiqu'en nombre infini. Il avait souverainement l'art de former ces séries avec facilité, de leur donner une certaine élégance dont elles sont susceptibles, et qui est une espèce d'agrément de surérogation; de leur faire prendre enfin, selon les différens besoins, différentes formes sans en altérer le fond. Comme les médiocres géomètres ont souvent le malheur de trouver la quadrature exacte du cercle refusée aux autres, et qu'ils ne manquent pas d'apporter à l'académie leurs magnifiques assertions, Lagny les réprimait dans le moment, en leur faisant voir, par le moyen de ses séries, des quadratures plus exactes que les leurs, et plus exactes à l'infini.

Il avait peut-être mal pris son temps de ne travailler qu'à de nouveaux fondemens du grand édifice de la géométrie, quand on ne songeait presque plus qu'à en construire le comble par la sublime et fine théorie de l'infini. Mais ce comble une fois mis, il semble que les fondemens posés par Lagny conviendraient mieux à tout l'édifice tel qu'il sera alors. Non-seulement toutes les vues qu'il a données se lieraient facilement avec l'infini, elles y percent déjà et y entreraient, quand même il ne l'aurait pas voulu.

Nous avons rendu un compte assez détaillé de ses travaux, à chaque occasion qu'il nous en a donnée dans nos volumes, où il s'agit si souvent de lui. Pour rapporter cependant quelques traits particuliers de son génie, assez courts pour trouver place ici, nous en choisirons deux, sans prétendre qu'ils soient absolument préférables à beaucoup d'autres.

Il a donné à l'académie en 1705[1] l'expression algé-

---

[1] *Voyez* l'Histoire, pag. 99 et suiv.

brique de la série infinie des tangentes de tous les arcs ou angles multipliés d'un premier arc ou angle quelconque connu, et cela d'une manière si simple, qu'il n'avait besoin que de deux propositions très élémentaires d'Euclide. Descartes a dit que ce qu'il avait le plus désiré de savoir dans la théorie des courbes, était la méthode générale d'en déterminer les tangentes qu'il trouva ; et je sais de Lagny qu'il avait eu le même désir de trouver le théorème énoncé, dont il voyait l'utilité extrême pour toute sa goniométrie et sa cyclométrie. La fameuse joie d'Archimède s'est de temps en temps renouvelée chez les géomètres, plus souvent pour la vivacité du sentiment, mais assez souvent aussi pour la beauté et l'importance des découvertes.

La cubature de la sphère, ou la cubature des coins et des pyramides sphériques que l'on démontre égales à des pyramides rectilignes[1] est encore un morceau de Lagny, neuf, singulier, et qui seul prouverait un géomètre. Il l'eût choisi pour orner son tombeau, qui en eût imité plus parfaitement celui d'Archimède, où la sphère entrait aussi.

Quand ses forces baissèrent assez sensiblement, il demanda la vétérance, qu'il avait bien méritée. On faisait alors un recueil général des anciens ouvrages de l'académie ; on jugea à propos d'y faire entrer un grand traité d'algèbre manuscrit qu'il avait fait, beaucoup plus étendu, plus complet et plus neuf que celui qu'il avait publié en 1697. Mais il fallut que ce fût un de ses amis, l'abbé Richer, chanoine de Provins, fort au fait de ces matières, et plein des vues de Lagny, qui se

[1] *Voyez* les Mémoires de 1714, pag. 409.

chargeât du soin de revoir ce traité, d'éclaircir ce qui en avait besoin, de perfectionner l'ordre de tout, et même il y ajouta beaucoup du sien.

Lagny mourut le 12 avril 1734. Dans les derniers momens où il ne connaissait plus aucun de ceux qui étaient autour de son lit, quelqu'un, pour faire une expérience philosophique, s'avisa de lui demander quel était le carré de douze : il répondit dans l'instant, et apparemment sant savoir qu'il répondait, cent quarante-quatre.

Il n'avait point cette humeur sérieuse ou sombre qui fait aimer l'étude, ou que l'étude elle-même produit. Malgré son grand travail, il avait toujours assez de gaieté ; mais cette gaieté était celle d'un homme de cabinet. Elle eut cet avantage, que comme elle était fortifiée par des principes acquis dans ce cabinet même, elle fut indépendante non-seulement d'une plus grande ou moindre fortune, mais encore des événemens littéraires, si sensibles à ceux qui n'ont point d'autres événemens dans leur vie. Il voyait fort tranquillement que la plupart des géomètres, qu'un certain torrent emportait loin de lui dans des régions où il n'avait pas pris la peine de pénétrer, en fussent moins touchés de ce qu'il produisait ; et jamais il ne partit de lui aucun trait, ni de chagrin, ni de malignité contre la nouvelle géométrie. Se fût-il possédé jusqu'à ce point là, si son âme eût reçu quelque atteinte? Nous laissons l'éloge d'une autre qualité de son âme aux regrets de quelques pauvres familles que la médiocrité de sa fortune ne l'empêchait pas de soutenir.

Il a été honoré de l'amitié particulière du chancelier, et du duc de Noailles, aujourd'hui maréchal de France, deux noms qu'il suffit de prononcer.

Le duc d'Orléans lui fit l'honneur de s'aider de ses lumières, et de plusieurs travaux qu'il lui ordonna, lorsqu'il voulut s'instruire à fond sur tout ce qui regarde le commerce, les changes, les monnaies, les banques, les finances du royaume; connaissances qui ne seraient pas moins nécessaires à ceux qui sont à la tête de tout, qu'à ceux mêmes chez qui elles paraissent jusqu'ici presque entièrement renfermées, et qui en savent tirer tant d'utilité.

Lagny a été marié deux fois, et n'a laissé qu'une fille, qui est du premier lit.

ÉLOGE

DE RESSONS.

JEAN-BAPTISTE DESCHIENS DE RESSONS naquit à Châlons en Champagne le 24 juin 1660, de Pierre Deschiens, secrétaire du roi, et de Marie Maurisset. Son père, qui était fort riche, le destina aux emplois qui du moins conservent la richesse : mais la nature le destinait à un autre où le patrimoine est fort exposé, sans compter la vie. A dix-sept ans il se déroba de la maison paternelle pour entrer dans les mousquetaires noirs; il en fut tiré par force, et ne demeura chez son père qu'autant de temps qu'il lui fallut pour ménager une seconde évasion. Il se jeta dans le régiment de Champagne où il eut bientôt une lieutenance, et d'où il fut encore arraché. Enfin, pour finir ce combat perpétuel entre sa famille et lui, en la mettant plus hors de portée de le poursuivre, il alla à Toulon, et y fut reçu dans la marine en 1683 volontaire à brevet.

Cette inclination invincible pour la guerre promettait beaucoup, et elle tint tout ce qu'elle promettait; une valeur signalée, de l'ardeur à rechercher les occasions, de l'amour pour les périls honorables. Il servit avec éclat dans les bombardemens de Nice, Alger, Gênes, Tripoli, Roses, Palamos, Barcelonne, Alicante. Dès l'an 1693, dix ans après son entrée dans la marine, il était parvenu à être capitaine de vaisseau, élévation rapide où la faveur et l'intrigue n'eurent cependant aucune part.

Il y a une infinité de gens de guerre qui sont des héros dans l'action, et hors de là ne font guère de réflexions sur leur métier. En général le nombre des hommes qui pensent est petit, et l'on pourrait dire que tout le genre humain ressemble au corps humain, où le cerveau, et apparemment une très petite partie du cerveau, est tout ce qui pense; tandis que toutes les autres parties, beaucoup plus considérables par leur masse, sont privées de cette noble fonction, et n'agissent qu'aveuglément. Ressons s'était particulièrement adonné à l'artillerie : il ne se contenta pas d'en pratiquer les règles dans toute leur exactitude, il en voulut approfondir les principes, et examiner de plus près tous les détails ; et quand un bon esprit prend cette route en quelque genre que ce soit, il est étonné lui-même de voir combien on a laissé encore à faire à ses recherches et à son industrie. Dans l'art de tirer les bombes, dont tant d'habiles gens se sont mêlés, Ressons compta jusqu'à vingt-cinq défauts de pratique qu'il corrigea avec succès en différentes rencontres[1]. Le duc du Maine, grand-maître de l'artillerie, voulut avoir dans ce corps qu'il commande, un homme qui y convenait si bien. Il le détermina à quitter le service de mer pour celui de terre sur la fin de 1704, et fit créer en sa faveur une dixième charge de lieutenant-général d'artillerie sur terre. A tout ce qui l'animait auparavant, il se joignit ce choix si flatteur, et les bontés d'un si grand prince. Ainsi nous supprimons tout le détail de sa vie militaire pendant la guerre de la succession d'Espagne; il ne pouvait ni manquer d'occasions, ni leur manquer.

Dans les temps de paix, cet homme, qui n'avait respiré que bombardemens, qui ne s'était occupé qu'à faire forger ou à lancer des foudres, faisait ses délices de la culture d'un assez beau jardin qu'il s'était donné. Il avait assurément fait plus de ravages que ces premiers consuls ou dictateurs romains, plus célèbres par leur retour aux fonctions du labourage après leurs triomphes, que par leurs triomphes mêmes. Ces sortes de plaisirs si simples et si peu apprêtés, qu'on ne goûte que dans la solitude, ne peuvent guère être que ceux d'une âme tranquille, et qui ne craint point de se voir et de se reconnaître. Il faut être bien avec ceux avec qui l'on vit, et bien avec soi quand on vit avec soi.

Ressons porta dans son jardin le même esprit d'observation et de recherche dont il avait fait tant d'usage dans l'artillerie; et quand il fut entré en 1716 dans l'académie en qualité d'associé libre, tantôt il nous

[1] *Voyez* les Mémoires de 1716, pag. 19 et suiv.

donna ce que nous avons déjà rapporté sur les bombes, ou de nouvelles manières d'éprouver la poudre [1]; tantôt de nouvelles pratiques d'agriculture, comme celle de garantir les arbres de leur lèpre ou de la mousse [2], alternativement guerrier et laboureur, ou jardinier, toujours citoyen.

Il avait des idées particulières sur le salpêtre; il en tirait de certaines plantes, et prétendait faire une composition meilleure que la commune; et à meilleur marché. On dit que le prince-régent, dont le suffrage ne sera ici compté, si l'on veut, que pour celui d'un habile chimiste, avait assez approuvé ses vues. L'académie, accoutumée aux discussions rigoureuses, lui fit des objections qu'elle savait bien mettre dans toute leur force. Il les essuya avec une douceur qui aurait pu servir d'exemple à ceux qui ne sont que gens de lettres; mais il cessa de s'exposer à des espèces de combats auxquels il n'était pas assez exercé. Il a laissé un ouvrage considérable manuscrit sur le salpêtre et la poudre.

Dans les dernières années de sa vie, il tomba dans un grand affaiblissement, qui ne fut pourtant pendant un temps assez long que celui de ses jambes dont il ne pouvait plus se servir : tout le reste était sain. Il n'avait point attendu l'âge ou les infirmités pour se tourner du côté de la religion; il en était bien pénétré, et je sais de lui-même qu'il avait écrit sur ce sujet. Je ne doute pas que la vive persuasion et le zèle ne fussent ce qui dominait dans cet ouvrage; mais si la religion pou-

---

[1] *Voyez* l'Histoire de 1720, pag. 112.
[2] *Voyez* l'Histoire de 1716, pag. 31.

vait se glorifier de ce que les hommes font pour elle, peut-être tirerait-elle autant de gloire des faibles efforts d'un homme de guerre en sa faveur, que les plus savantes productions d'un théologien. Il mourut le 31 janvier 1735, âgé de soixante-quinze ans, ayant fait tout le chemin qu'un bon officier devait faire par de longs services; seulement peut-être un meilleur courtisan aurait-il été plus loin.

Son caractère était assez bien peint dans son extérieur; cet air de guerre hautain et hardi, qui se prend si aisément, et qu'on trouve qui sied si bien, était surmonté ou même effacé par la douceur naturelle de son âme; elle se marquait dans ses manières, dans ses discours, et jusques dans son ton. A peine toute la bienséance d'un état absolument différent du sien aurait-elle demandé rien de plus.

Il avait épousé Anne-Catherine Berrier, fille de Jean-Babtiste Berrier de la Ferrière, doyen des doyens des maîtres des requêtes, et de marie Potier de Novion. Il en a eu deux enfans.

ÉLOGE

DE SAURIN.

Joseph Saurin naquit en 1659 à Courtaison, dans la principauté d'Orange. Pierre Saurin, ministre calviniste à Grenoble, eut trois garçons, qu'il destina tous trois au ministère, et dont il fut le seul précepteur, depuis l'alphabet jusqu'à la théologie et à l'hébreu.

Joseph était le dernier des trois; et il fut reçu, quoique fort jeune, ministre à Eure en Dauphiné.

Beaucoup d'esprit naturel, et, ce qui est encore plus important, beaucoup de logique naturelle; un caractère vif, ferme, noblement audacieux, et qui rendait l'éloquence plus impérieuse; un extérieur agréable et animé, qui s'accordait au discours, et le soutenait; ce furent les talens qu'il apporta à la prédication, et qui ne manquèrent pas d'être applaudis par son parti, dans un temps principalement où le calvinisme, visiblement menacé d'une ruine prochaine en France, avait besoin plus que jamais d'orateurs véhémens. Saurin ne le fut apparemment que trop; il s'échappa dans un sermon à quelque chose de hardi ou d'imprudent; et il fut obligé de quitter le royaume, et de se retirer à Genève, d'où il passa dans l'état de Berne, qui le reçut avec toutes les distinctions dues à sa grande réputation naissante, et à son zèle pour la cause commune.

Si ses sermons ne lui avaient pas été volés avec d'autres effets qu'ils accompagnaient, nous pourrions parler avec encore plus de sûreté du genre de son éloquence; mais nous savons d'ailleurs quels étaient ses principes sur cette matière. Il rejetait sans pitié tous les ornemens; il ne voulait que le vrai rendu dans toute sa force, exposé avec sa seule beauté naturelle. Une éloquence si sévère est assurément plus chrétienne, plus digne d'hommes raisonnables; mais ne parle-t-on pas toujours à des hommes?

MM. de Berne donnèrent à Saurin, quoiqu'étranger, une cure considérable dans le bailliage d'Yverdun. Il était bien établi dans ce poste, lorsque la révocation de l'édit de Nantes, arrivée en 1686, dispersa dans tous les états protestans presque tous ses confrères Français, fugitifs, errans, incertains du sort qui les attendait. Mais le bonheur dont il jouissait en comparaison d'eux, ou du moins sa tranquillité, ne fut pas de longue durée.

Les questions de la prédestination et de la grâce excitent des divisions et des tempêtes parmi les protestans comme parmi nous. Ils ont comme nous deux systèmes théologiques, l'un plus dur, l'autre plus doux. Le plus dur est le plus ancien chez eux; c'est celui de Calvin, et c'est de là que tous ses sectateurs sont partis d'abord. Mais la raison naturelle résiste trop à ce système; et comme il faut que malgré l'extrême lenteur de son opération elle produise enfin quelque effet, elle a ramené avec le temps un grand nombre de théologiens calvinistes au système le plus doux. Les défenseurs de l'autre ont pour eux l'ancienneté, révérée dans le besoin même chez les novateurs, le nom imposant ou plutôt foudroyant de leur premier chef, et l'autorité de la magistrature assez constante à suivre ses anciennes voies. Ils ont obtenu en Suisse un formulaire absolument dans leur goût, que tous ceux qui y exercent le ministère ecclésiastique sont obligés de signer.

Les théologiens dominans, aussi durs dans la pratique qu'ils l'étaient dans leur théorie, demandèrent la signature du formulaire aux ministres français réfugiés, dont on savait assez que le sentiment n'y était pas conforme, et dont la malheureuse situation méritait quelques ménagemens particuliers. D'abord tous les Français refusèrent de signer : mais il s'agissait de demeurer exclus de toute fonction utile, et le premier emportement de courage céda peu à peu à cette considération bien pesée; tous les jours il se détachait quelqu'un qui allait signer.

Saurin ne fut pas de ce nombre; il éluda la signature par toutes les chicanes à peu près raisonnables qu'il put imaginer pour gagner du temps, résolu, quand il ne pourrait plus se défendre, à quitter une place qui était toute sa fortune, et à se retirer en Hollande. Toutes ses mesures étaient déjà prises pour cette courageuse retraite, lorsqu'un ancien ministre fort accrédité en Suisse, fort son ami, et qui ne voyait qu'avec douleur que la Suisse allait le perdre, trouva l'expédient de lui donner un certificat absolu qu'il avait droit de donner, mais sur une signature qu'on ne verrait point, conçu en des termes dont toute la délicatesse de conscience de Saurin s'accommoderait. Heureusement cet ami était d'un caractère aussi ferme et aussi vigoureux que Saurin lui-même, qui ne se fût pas livré à la conduite d'un homme dont les principes différens des siens lui auraient paru dangereux.

Il demeura donc tranquille dans son état, et ce fut pendant ce temps si convenable qu'il épousa à l'âge de vingt-six ou vingt-sept ans une demoiselle de l'ancienne et noble famille de Crouzas dans le pays de Vaux, bien alliée dans toute la Suisse. Un étranger ne possédant pour tout bien qu'une cure, plus considérable à la vérité que plusieurs autres, mais au fond d'un revenu très médiocre, n'était pas en droit de penser à un pareil mariage; mais son mérite personnel fut compté pour beaucoup. Les pays les plus sensés sont ceux où ce n'est pas là une si grande merveille.

Il n'était en repos que parce qu'il paraissait avoir signé le fatal formulaire. Les modifications secrètes apaisaient sa conscience, mais l'apparence d'une lâcheté blessait sa gloire ; il voulait l'honneur d'avoir eu plus de courage que les autres, et il fit quelques confidences indiscrètes de la manière dont tout s'était passé. Il prêcha même contre le sentiment théologique qu'il n'approuvait pas, et quoiqu'il eût pris des tours extrêmement adroits, on pouvait l'entendre ; et l'on sait combien des ennemis ont l'intelligence fine. Il a réparé ces fautes en les racontant dans un écrit public. C'est le chef-d'œuvre de la plus sincère modestie que d'avouer de l'orgueil, et les imprudences de cet orgueil.

Un orage violent se formait contre lui ; toute la protection qu'il pouvait espérer de l'alliance qu'il avait prise, ne l'aurait pas dérobé aux coups de théologiens inexorables ; il le savait : mais ce n'était pas là sa plus grande peine ; il était dans le fond du cœur fort ébranlé sur la religion qu'il professait. Il en avait fait toute son étude, et toujours dans le dessein de s'y affermir : mais un bon esprit n'est pas autant qu'un autre le maître de penser comme il voudrait ; peut-être aussi avait-il déjà trop souffert d'une autorité ecclésiastique, qui pour n'être que purement humaine, et pour ne prétendre à rien de plus, n'en est pas moins absolue ni moins rigoureuse. Mais une femme estimable qu'il aimait, et dont il était aimé, était un nouveau lien qui l'attachait à cette religion dont il commençait à se désabuser ? Quel parti prendre dans une situation si embarrassante et si cruelle ?

Après bien des agitations qui n'admettaient aucun

confident, bien des irrésolutions qui n'étaient ni éclairées, ni soulagées par un conseil étranger, il se détermina à passer en Hollande, sur un prétexte qui, quoique vrai, trompait sa femme qu'il laissait en Suisse. Les entretiens qu'il eut avec les plus habiles ministres de Hollande, le confirmèrent d'autant moins dans leur parti, qu'ils étaient apparemment moins précautionnés avec un confrère; et enfin il écrivit à l'illustre Bossuet, évêque de Meaux, le dessein ou plutôt le besoin où il était de conférer avec lui sur la religion. Les sauf-conduits nécessaires, car on était alors dans la guerre qui commença en 1688, furent bientôt expédiés, toutes les difficultés du voyage aplanies. Le zèle de ce grand prélat égalait ses lumières, et en peu de temps le voilà tête à tête dans sa maison de Germini avec le jeune ministre calviniste fort instruit, plein de feu dans la dispute, nullement dressé à la politesse d'un monde qu'il n'avait pas encore vu, ne reconnaissant rien de supérieur à lui que la raison, secrètement animé encore, comme on le peut soupçonner, par la gloire de paraître à M. de Meaux une conquête digne de lui. Il se rendit à la fin, et il fit son abjuration entre les mains du vainqueur le 21 septembre 1690, âgé de trente-un ans.

Le secret lui était absolument nécessaire par rapport à sa femme : mais un malheureux hasard le fit découvrir; et dès que la nouvelle en fut portée à Berne, il est aisé de s'imaginer le cri universel qui s'éleva contre lui. De là partirent des bruits qui attaquaient violemment son honneur; et comme ils n'ont pas été appuyés par la conduite qu'il a tenue depuis en France, on peut juger que le zèle de religion produisit alors, ainsi qu'il le fait quelquefois, ce que la religion désapprouve le plus.

Il s'agissait de tirer de Suisse madame Saurin, et, ce qui était incomparablement plus difficile, de la convertir. Le voyage de Saurin déguisé, ses entrevues secrètes avec sa femme, les reproches qu'il eut à soutenir, les larmes qu'il eut à essuyer, l'art qui lui fut nécessaire pour amener seulement la proposition du monde la plus révoltante, le refus absolu qu'on lui fit d'abord de le suivre, les combats de l'amour et du préjugé de religion qui succédèrent à ce premier refus, la victoire de l'amour, encore imparfaite cependant, et suivie de nouveaux combats, enfin une victoire entière, et la résolution désormais ferme de suivre un mari, leur départ bien concerté, la détention du mari sur la frontière, séparé alors de sa femme, détention à laquelle, par le crédit de M. de Meaux, le roi même s'intéressa ; c'est ce que Saurin appelait le *roman de sa vie*. Il n'a pas voulu par cette raison le donner au public dans un grand détail, et nous l'abrégeons encore infiniment en parlant à l'académie des sciences.

Saurin, arrivé à Paris, eut l'honneur d'être présenté par M. de Meaux au roi, qui le reçut avec une extrême bonté, et sur le témoignage du prélat, l'honora aussitôt de ses bienfaits. C'est là où commence la partie de son histoire qui nous intéresse le plus.

Libre désormais, et tranquille dans Paris, il n'eut plus qu'à se déterminer sur le choix d'une occupation ; son esprit et sa fortune en avaient également besoin. Il délibéra entre la géométrie et la jurisprudence ; la géométrie l'emporta. Il sortait d'une théologie toute contentieuse ; il serait tombé dans la jurisprudence, qui l'est encore davantage. Il conçut qu'en se donnant à la géométrie, il habiterait une région où la vérité est moins sujette à se couvrir de nuages, et où sa raison, trop long-temps agitée, jouirait avec sûreté d'un certain repos. De plus, il avait l'esprit naturellement géométrique, et il eût été géomètre jusques dans le barreau.

Dès l'an 1703, c'est-à-dire après douze ans tout au plus d'application aux mathématiques, il s'y trouva assez fort pour oser défendre le système des tourbillons de Descartes contre une objection de l'illustre Huyghens, sous laquelle tous les cartésiens avaient succombé, et qu'ils avaient le déplaisir de voir souvent répétée comme victorieuse. Huyghens avait prouvé que, selon Descartes, les corps pesans auraient dû tendre, non au centre de la terre, comme ils y tendent toujours, mais à différens points de l'axe de la terre; et Saurin démontra fort simplement même, et fort naturellement, qu'ils tendraient toujours au centre. L'objection ne reparaît plus depuis la réponse.

Après ce coup d'essai, il donna encore dans la même année la solution d'un problème proposé par le marquis de l'Hôpital dès 1692 aux géomètres, comme *méritant leur recherche*, et qui certainement n'avait pas été dix ou onze ans sans être tâté, et même bien tourné de tous les sens par les plus habiles, mais inutilement. Saurin étant alors le géomètre de la petite société choisie qui travaillait au journal des savans, ornait ce journal de tout ce qu'il voulait publier dans le genre qui lui appartenait.

Ensuite il se trouva engagé dans la fameuse dispute des infiniment petits; il semblait que, quoique réfugié dans le sein de la géométrie, la controverse allât l'y chercher. Son adversaire était Rolle, le plus profond de nos algébristes, et en même temps subtil, artificieux, fécond en certains stratagêmes, dont on ne croirait pas trop que des sciences démonstratives fussent susceptibles. Avec la bonne cause en main, c'était bien tout ce qu'on pouvait faire que de le suivre de retranchement en retranchement, et de se sauver de tous les piéges qu'il savait tendre sur son chemin. Saurin las d'avoir passé bien du temps à cet exercice, las de ses avantages mêmes, s'adressa à l'académie dont Rolle était membre, pour lui demander une décision, déclarant que si elle ne jugeait pas dans un certain temps, il tiendrait Rolle pour condamné puisque toute la faveur de la compagnie devait être pour lui. L'académie ne jugea entre eux qu'en adoptant Saurin en 1707, et avec des distinctions flatteuses. Il eut l'assurance de ne demeurer que fort peu de temps dans un petit grade par où la rigueur de l'usage établi voulait qu'il passât; et quand il parvint à celui qui lui convenait, il fut préféré à des concurrens dont on ne put s'empêcher de faire l'éloge dans le temps qu'on ne les choisissait pas. La géométrie des infiniment petits n'avait pas besoin d'une décision plus formelle.

Saurin débuta dans l'académie par d'importans mémoires sur les courbes de la plus vite descente; question que les illustres frères Bernoulli avaient chargée à l'envi de difficultés pour s'embarrasser mutuellement, et à plus forte raison ceux qui oseraient toucher après eux à cette matière. Nous en avons rendu un compte assez ample en 1709[1].

Il avait entrepris un traité sur la pesanteur selon le

---

[1] *Voyez* l'Histoire, pag. 68 et suiv.

système cartésien, et il en donna un morceau dans la même année. Il se trouvait en tête le redoutable Newton, et quoique animé par son succès avec Huyghens, il n'en était pas enflé au point d'attaquer sans beaucoup de crainte ce nouvel adversaire. Il propose des vues ingénieuses, mais il ne les donne pas pour démontrées quand elles ne le sont pas; il ne se dissimule rien de ce qui est contre lui, et sauve du moins sa gloire : mais au milieu des difficultés dont il se sent environné, il paraît toujours bien convaincu que les vrais philosophes doivent faire tous leurs efforts pour conserver les tourbillons de Descartes; *sans quoi*, dit-il, *on se trouverait replongé dans les anciennes ténèbres du péripatétisme, dont le ciel veuille nous préserver*. On entend assez qu'il parle des attractions newtoniennes. Eût-on cru qu'il fallût jamais prier le ciel de préserver des Français d'une prévention trop favorable pour un système incompréhensible, eux qui aiment tant la clarté; et pour un système né en pays étranger, eux qu'on accuse tant de ne goûter que ce qui leur appartient?

Le principal et presque l'unique divertissement de Saurin était d'aller tous les jours à un café où s'assemblaient des gens de lettres de toutes les espèces, et là se forma le plus cruel orage qu'il ait jamais essuyé. Nous n'en renouvellerons point l'histoire en détail; elle fut long-temps l'entretien de Paris et des provinces. Il se répandit dans ce café des chansons contre tous ceux qui y venaient, ouvrage digne des trois Furies, si elles ont de l'esprit. On en soupçonna violemment Rousseau, illustre par son talent poétique, et celui-ci en accusa juridiquement Saurin, à qui personne ne pensait, et qui ne faisait point de vers. Cependant sur l'accusation du poète, le géomètre fut arrêté en 1711 pour avoir fait les chansons. Il écrivit de sa prison à des personnes d'un grand crédit, qui protégeaient hautement et vivement Rousseau, des lettres fort touchantes, et où le vrai se faisait bien sentir. Il publia sur le même ton des requêtes adressées au public autant qu'aux juges, des mémoires où il faisait le parallèle de sa vie et de ses mœurs avec la vie et les mœurs de son accusateur; et c'est de là que sont tirées quantité de particularités que nous avons rapportées. Toutes ces pièces sont assez bien écrites et assez bien tournées pour faire beaucoup d'honneur à quelqu'un qui aurait recherché cette gloire. Enfin le parlement termina l'affaire par un arrêt du 7 avril 1712. Saurin fut pleinement justifié, et Rousseau banni à perpétuité du royaume, et condamné à des dépens et dommages très considérables. La France perdit un poète dont le génie et la réputation lui firent encore de grands et de respectables protecteurs dans les pays étrangers, où il pouvait appeler de l'arrêt du parlement.

Cette interruption d'études dans la vie de Saurin, toujours fort cruelle malgré l'événement, fut aussi fort longue, et on ne voit reparaître son nom dans nos volumes annuels qu'en 1716[1]. Un ébranlement violent dure encore après que la cause en a cessé; et une âme long-temps agitée, bouleversée en quelque sorte par de vives passions, ne recouvre pas sitôt la tranquillité nécessaire pour reprendre le fil délié des spéculations mathématiques qu'elle avait entièrement perdu. Saurin les recommença par une question importante, déjà

[1] *Voyez* l'Histoire de 1716, pag. 47 et suiv.

entamée par Rolle, sur la nouvelle méthode des tangentes des courbes. Il faisait voir que l'ingénieuse application qu'en avait faite Bernoulli à un sujet différent en apparence, était plus étendue que n'avait cru Bernoulli lui-même; et il en montrait aux yeux toute l'universalité par certaines colonnes de différentes grandeurs qui répondaient aux différens cas. La géométrie va jusqu'à avoir de l'agrément, quand elle donne de ces sortes de spectacles dont l'ordonnance et pour ainsi dire l'architecture plaisent à l'esprit.

Saurin traita encore cette matière en 1723 [1]; et non-seulement il continuait de répondre à Rolle qu'il était à propos de poursuivre jusqu'au bout, mais il donna des éclaircissemens sur quelques autres points de la nouvelle géométrie, qui n'avaient pas été bien saisis par d'habiles gens; car ce n'a été qu'avec le temps qu'on a appris à bien manier un instrument si fin et si délicat. Ici j'hésite à lui donner un témoignage public de ma reconnaissance, où l'on pourra bien croire que ma vanité aura la principale part. Il annonça à cette occasion, dans les termes les plus obligeans, un ouvrage manuscrit sur *la géométrie à l'infini* qu'il avait entre les mains, et qui fut imprimé quatre ans après en 1727. Il épuisa enfin en 1725 [2] tout ce sujet qu'il avait tant approfondi, et rectifia encore quelques idées d'un bon géomètre.

Les intérêts du système des tourbillons ne lui étaient pas moins chers que ceux de la nouvelle géométrie : mais il procédait partout de bonne foi. Il aurait bien souhaité, pour se débarrasser entièrement d'une terri-

---

[1] *Voyez* les Mémoires, pag. 122.
[2] *Voyez* les Mémoires, pag. 238.

ble objection de Newton, que des fluides plus subtiles eussent eu par eux-mêmes moins de force pour le choc : mais il se convainquit malgré lui par ses propres lumières, que cela n'était pas ; et il en donna en 1718 [1] une démonstration si simple et si naturelle, qu'elle en marquait encore plus combien il avait eu tort. Cependant, et il le savait bien, cette difficulté même pourra être résolue d'ailleurs : d'autres aussi invincibles en apparence ont déjà été surmontées ; tout commence à s'éclaircir, et il est permis de croire que l'univers cartésien, violemment ébranlé et étrangement défiguré, se raffermira et reprendra sa forme.

On n'a eu qu'un échantillon de remarques de Saurin sur l'art de l'horlogerie [2], dont il avait entrepris un examen général. Il avait beaucoup de peine à se contenter lui-même, et par conséquent il expédiait peu, et finissait difficilement. Il n'est pas impossible qu'un peu de paresse ne se cache sous d'honnêtes apparences ; mais c'est dommage qu'il ait abandonné cette entreprise qui demandait beaucoup de finesse d'esprit. Ce sont des ouvriers, mais habiles, qui, conduits moins par des principes scientifiques que par des observations bien faites et des expériences bien suivies, ont formé à la longue un art si merveilleux. Il s'agit maintenant pour les savans de développer ce qu'on peut y avoir mis sans trop savoir qu'on l'y mettait, et de découvrir de la géométrie et de la mécanique où elles ne sont pas visibles pour tous les géomètres et pour tous les mécaniciens.

Nous ne nous arrêterons plus sur quelques morceaux

---

[1] *Voyez* les Mémoires, pag. 191.
[2] *Voyez* l'Histoire de 1720, pag. 106 et suiv.

de géométrie, presque tous dans le goût de recherches fines, que Saurin a semés dans nos volumes, jusqu'à ce qu'enfin il demandât et obtint la vétérance en 1731. Il commençait à ressentir les infirmités de l'âge avancé; il devenait sujet à de fréquens accès de fièvre, qui paraissaient venir de son naturel toujours ardent. Le temps de son repos fut occupé tantôt par des consultations qu'on lui faisait d'ouvrages importans, auquel il avait le loisir de se prêter ; tantôt par de simples lectures dont il laissait le choix à son goût seul, et, si l'on veut, aux caprices de son goût. Pousserons-nous assez loin la sincérité que nous nous sommes toujours prescrite, pour oser dire ici qu'il lisait jusqu'à des romans, et y prenait beaucoup de plaisir? Cependant, si l'on y fait réflexion, on trouvera que cette lecture frivole peut assez accommoder les deux extrémités de la vie ; la jeunesse, infiniment moins touchée du simple vrai que d'un merveilleux toujours passionné ; la viellesse, qui devenue moins sensible au vrai, assez souvent douteux ou peu utile, a besoin d'être réveillée par le merveilleux.

Saurin mourut d'une fièvre léthargique le 29 décembre 1737. Son caractère est déjà presque entièrement représenté dans ce qui a été dit; d'un côté un esprit élevé, lumineux, qui pensait en grand, et ajoutait du sien à toutes les lumières acquises, un grand talent pour toutes les opérations d'esprit et qui n'attendait que son choix pour se déterminer entre elles ; d'un autre côté, du courage, de la vigueur d'âme, qui devaient rendre aussi les passions plus difficiles à maîtriser. Il avait cette noble fierté qui rend impraticables les voies de la fortune, qui sied si bien et est si nuisible, et qui, par conséquent, n'est guère permise qu'à un homme isolé dont la conduite ne tire à conséquence que pour lui. La famille de Saurin a recueilli après sa mort quelque fruit de son nom et de son mérite : mais elle l'aurait peut-être manqué sous un ministre moins persuadé de l'espèce de droit qu'elle avait, et moins sensible à la manière ingénieuse dont il fut appuyé par le fils du défunt. Les soins de Saurin vivant auraient dû naturellement avoir des effets plus considérables. Il ne cherchait pas à se faire beaucoup de liaisons, et jusqu'à sa forme de vie tout s'y opposait; il travaillait toute la nuit, et dormait le jour. Ses principaux amis ont été M. de Meaux, M. de l'Hôpital, le P. Malebranche; on y peut joindre la Motte, digne d'entrer dans une liste si noble et si courte.

ÉLOGE

DE BOERHAAVE.

Herman Boerhaave naquit le dernier de décembre 1668 à Noorhout, près de Leyde, de Jacques Boerhaave, pasteur de ce petit village, et d'Agar Paalder. Sa famille était originaire de Flandres, anciennement établie à Leyde, et d'une fortune très médiocre. Dès l'âge de cinq ans il perdit sa mère, qui laissait encore trois autres enfans. Un an après, le père se remaria, et six nouveaux enfans augmentèrent sa famille. Heureux les pays où le luxe et des mœurs trop délicates n'en font point craindre le nombre! Il arriva encore une chose qui serait assez rare dans d'autres pays et dans d'autres mœurs; la seconde femme devint la mère commune de tous les enfans de son mari, également occupée de tous, tendrement aimée de tous.

Le père, et par un amour naturel, et par une économie nécessaire, était le précepteur des garçons aussi long-temps qu'il pouvait l'être. Il reconnut bientôt dans Herman des dispositions excellentes; et il le destina à remplir une place comme la sienne. Son ambition ne prenait pas un plus grand vol. Il lui avait déjà appris à l'âge de onze ans beaucoup de latin, de grec, de belles-lettres: et dans le même temps qu'il lui formait l'esprit, il avait soin de lui fortifier le corps par quelque exercice modéré d'agriculture; car il fallait que la bonne éducation ne coûtât pas.

Cependant vers l'âge de quatorze ans le jeune Boerhaave fut attaqué d'un ulcère malin à la cuisse gauche; il fut tourmenté pendant près de quatre ans et du mal et des remèdes : enfin, après avoir épuisé tout l'art des médecins et des chirurgiens, il s'avisa de se faire de fréquentes fomentations avec de l'urine où il avait dissous du sel, et il se guérit lui-même; présage, si l'on veut, de l'avenir qui l'attendait.

Cette longue maladie ne nuisit presque pas au cours de ses études. Il avait pour son goût naturel trop d'envie de savoir, et il en avait trop besoin par l'état de sa fortune. Il entra à quatorze ans dans les écoles publiques de Leyde, passait rapidement d'une classe dans une plus élevée, et partout il enlevait les prix. Il n'avait que quinze ans quand la mort de son père le laissa sans secours, sans conseil, sans bien.

Quoique dans ses études il n'eût pour dernier et

principal objet que la théologie, il s'était permis des écarts assez considérables vers une autre science extrêmement différente, vers la géométrie, qu'il aurait presque dû ne connaître que de nom. Peut-être certains esprits faits pour le vrai savent-ils par une espèce d'instinct, qu'il doit y avoir une géométrie qui sera quelque chose de bien satisfaisant pour eux : mais enfin, Boerhaave se sentit forcé à s'y appliquer, sans aucune autre raison que celle du charme invincible qui l'attirait. Heureusement ce fut là pour lui, après la mort de son père, une ressource qu'il n'avait pas prévue. Il trouva moyen de subsister à Leyde, et d'y continuer ses études de théologie, en enseignant les mathématiques à de jeunes gens de condition.

D'un autre côté, la maladie dont il s'était guéri lui fit faire des réflexions sur l'utilité de la médecine, et il entreprit d'étudier les principaux auteurs dans ce genre, à commencer par Hippocrate, pour qui il prit une admiration vive et passionnée. Il ne suivit point les professeurs publics, il prit seulement quelques unes des leçons du fameux Drelincourt; mais il s'attacha aux dissections publiques, et en fit souvent d'animaux en son particulier. Il n'avait besoin que d'apprendre des faits qui ne se devinent point, et qu'on ne sait qu'imparfaitement sur le rapport d'autrui ; tout le reste il se l'apprenait lui-même en lisant.

Sa théologie ne laissait pas d'avancer, et cette théologie c'était le grec, l'hébreu, le chaldéen, la critique de l'ancien et du nouveau testament, les anciens auteurs ecclésiastiques, les commentateurs modernes. Comme on le connaissait capable de beaucoup de choses à la fois, on lui avait conseillé d'allier la médecine à la théologie ; et en effet, il leur donnait la même application, et se préparait à pouvoir remplir en même temps les deux fonctions les plus indispensablement nécessaires à la société.

Mais il faut avouer que, quoique également capable de toutes les deux, il n'y était pas également propre. Le fruit d'une vaste et profonde lecture dans les matières théologiques avait été de lui persuader que la religion très simple au sortir, pour ainsi dire, de la bouche de Dieu, était présentement défigurée par de vaines, ou plutôt par de vicieuses subtilités philosophiques, qui n'avaient produit que des dissentions éternelles, et les plus fortes de toutes les haines. Il voulait faire un acte public sur cette question : *Pourquoi le christianisme, prêché autrefois par des ignorans, avait fait tant de progrès, et en faisait aujourd'hui si peu, prêché par des savans ?* On voit assez où ce sujet, qui n'avait pas été pris au hasard, devait le conduire, et quelle cruelle satire du ministère ecclésiastique en général y était renfermée.

Pouvait-il, avec une façon de penser si singulière, exercer ce ministère tel qu'il le trouvait? Pouvait-il espérer d'amener un seul de ses collègues à son avis? N'était-il pas sûr d'une guerre générale déclarée contre lui, et d'une guerre théologique?

Un pur accident, où il n'avait rien à se reprocher, se joignit apparemment à ces réflexions, et le détermina absolument à renoncer au ministère et à la théologie. Il voyageait dans une barque, où il prit part à une conversation qui roulait sur le Spinosisme. Un inconnu, plus orthodoxe qu'habile, attaqua si mal ce système, que Boerhaave lui demanda s'il avait lu Spinosa. Il fut obligé d'avouer que non : mais il ne pardonna pas à Boerhaave. Il n'y avait rien de plus aisé que de donner pour un zélé et ardent défenseur de Spinosa, celui qui demandait seulement que l'on connût Spinosa quand on l'attaquait ; aussi le mauvais raisonneur de la barque n'y manqua-t-il pas : le public, non-seulement très susceptible, mais avide de mauvaises impressions, le seconda bien, et en peu de temps Boerhaave fut déclaré Spinosiste. Ce Spinosiste cependant a été toute sa vie fort régulier à certaines pratiques de piété, par exemple, à ses prières du matin et du soir. Il ne prononçait jamais le nom de Dieu, même en matière de physique, sans se découvrir la tête ; respect qui à la vérité peut paraître petit, mais qu'un hypocrite n'aurait pas le front d'affecter.

Après son aventure, il se résolut à n'être désormais théologien qu'autant qu'il le fallait pour être bon chrétien, et il se donna entièrement à la médecine. Il n'eut point de regret à la vie qu'il aurait menée, à ce zèle violent qu'il aurait fallu montrer pour des opinions fort douteuses et qui ne méritaient que de la tolérance, à cet esprit de parti dont il aurait dû prendre quelques apparences forcées, qui lui auraient coûté beaucoup et peu réussi.

Il fut reçu docteur en médecine l'an 1693, âgé de vingt-cinq ans, et ne discontinua pas ses leçons de mathématiques, dont il avait besoin, en attendant les malades qui ne viennent pas sitôt. Quand ils commencèrent à venir, il mit en livres tout ce qu'il pouvait épargner, et ne se crut plus à son aise que parce qu'il était plus en état de se rendre habile dans sa profession. Par la même raison qu'il se faisait peu à peu une bibliothèque, il se fit aussi un laboratoire de chimie ; et quoiqu'il ne pût pas se donner un jardin, il étudia beaucoup la botanique.

Si l'on rassemble tout ce qui a été dit jusqu'ici, on sera sans doute étonné de la quantité de connaissances différentes qui s'amassaient dans une seule tête. Que serait-ce donc, si nous osions dire qu'il embrassa jusqu'à la jurisprudence et à la politique? Il y a des esprits à qui tout ce qui peut être su convient, et qu'une grande facilité de compréhension, une mémoire heureuse, une lecture continuelle mettent en état d'apprendre tout. Peut-être ne feront-ils guère qu'apprendre, que savoir ce qui a été su par d'autres : mais ils sauront eux seuls ce qui a été su par un grand nombre d'autres séparément; et il ne leur arrivera pas, comme à ceux du caractère opposé, d'être d'un côté de grands hommes, et de l'autre des enfans.

Sa réputation augmentait assez vite, et sa fortune fort lentement. Un seigneur qui était dans la plus intime faveur de Guillaume III, roi d'Angleterre, le sollicita par de magnifiques promesses à venir s'établir chez lui à la Haye : mais le jeune médecin craignit pour sa liberté, quoique peut-être avec peu de raison, et il refusa courageusement. Les lettres, les sciences forment assez naturellement des âmes indépendantes, parce qu'elles modèrent beaucoup les désirs.

Boerhaave eut dès lors trois amis de grande considération, Jacques Trigland, célèbre professeur en théologie, et MM. Daniel Alphen et Jean Vanden-Berg, tous deux élevés aux premières magistratures qu'ils exerçaient avec beaucoup d'honneur. Ils avaient presque deviné le mérite de Boerhaave, et ce fut pour eux une gloire dont ils eurent lieu dans la suite de se savoir bon gré, et pour lui un sujet de reconnaissance qu'il sentit toujours vivement. Vanden-Berg lui proposa de songer à une place de professeur en médecine dans l'université de Leyde, et l'effraya par cette proposition qu'il jugea aussitôt trop téméraire et trop ambitieuse pour lui; mais cet ami habile et zélé, qui se crut assez fort par son crédit, et encore plus par le sujet pour qui il agirait, entreprit l'affaire, et elle fut faite en 1702.

Devenu professeur public, il fit encore chez lui des cours particuliers, qui sont et plus instructifs, et plus fréquentés, et pour tout dire, plus utiles au maître. Le succès de ces leçons fut tel, que sur un bruit qui courut qu'il devait passer ailleurs, les curateurs de l'université de Leyde lui augmentèrent considérablement ses appointemens, à condition qu'il ne les quitterait point. Leur sage économie savait calculer ce qu'il valait à leur ville par le grand nombre de ses écoliers.

Les premiers pas de sa fortune une fois faits, les suivans furent rapides. On lui donna encore deux places de professeur, l'une en botanique, l'autre en chimie; et les honneurs qui ne sont que des honneurs, comme les rectorats, ne lui furent point épargnés.

Ses fonctions multipliées autant qu'elles pouvaient l'être, attirèrent à Leyde un concours d'étrangers qui aurait presque suffi pour enrichir la ville, et assurément les magistrats ne se repentirent point d'avoir acheté cher l'assurance de posséder toujours un pareil professeur. Tous les états de l'Europe lui fournissaient des disciples, l'Allemagne principalement, et même l'Angleterre, toute fière qu'elle est, et avec justice, de l'état florissant où les sciences sont chez elle.

Quoique le lieu où il tenait chez lui ses cours particuliers de médecine ou de chimie fût assez grand, souvent pour plus de sûreté on s'y faisait garder une place comme nous faisons ici aux spectacles qui réussissent le plus.

Il n'est pas étonnant que dans les siècles où les établissemens publics, destinés aux faibles sciences d'alors, étaient fort rares, on se soit rendu de tous les pays de l'Europe auprès d'un docteur devenu célèbre ; que quelquefois même on l'ait suivi jusques dans des solitudes, lorsqu'il était chassé des villes par la jalousie et la rage de ses rivaux. Mais aujourd'hui que tout est plein de colléges, d'universités, d'académies, de maîtres particuliers, de livres qui sont des maîtres encore plus sûrs, quel besoin a-t-on de sortir de sa patrie pour étudier en quelque genre que ce soit ? Trouvera-t-on ailleurs un maître si supérieur à ceux que l'on avait chez soi ? Sera-t-on suffisamment récompensé du voyage ? Il n'est guère possible d'imaginer sur ce point d'autre cause que les talens rares et particuliers d'un professeur.

Il ne sera point obligé à inventer des systèmes nouveaux ; mais il le sera à posséder parfaitement tout ce qui a été écrit sur sa science ; à porter de la lumière partout où les auteurs originaux auront, selon leur coutume, laissé beaucoup d'obscurité, à rectifier leurs erreurs, toujours d'autant plus dangereuses, qu'ils sont plus estimables, enfin, à refondre toute la science, si on peut espérer, comme on le peut presque toujours, qu'elle sera plus aisée à saisir sous une forme nouvelle. C'est ce qu'a fait Boerhaave sur la chimie, dans les deux volumes in-4° qu'il en a donnés en 1732. Quoiqu'on l'eût déjà tirée de ces ténèbres mystérieuses où elle se retranchait anciennement, et d'où elle se portait pour une science unique qui dédaignait toute communication avec les autres, il semblait qu'elle ne se rangeait pas bien encore sous les lois générales de la physique, et qu'elle prétendait conserver quelques droits et quelques priviléges particuliers. Mais Boerhaave l'a réduite à n'être qu'une simple physique claire et intelligible. Il a rassemblé toutes les lumières acquises depuis un temps, et qui étaient confusément répandues en mille endroits différens, et il en a fait, pour ainsi dire, une illumination bien ordonnée qui offre à l'esprit un magnifique spectacle.

Il faut avouer cependant que dans cette physique ou chimie si pure et si lumineuse, il y admet l'attraction ; et, pour agir avec plus de franchise que l'on ne fait assez souvent sur cette matière, il reconnaît bien formellement que cette attraction n'est point du tout un principe mécanique. Peut-être la croirait-on plus supportable en chimie qu'en astronomie, à cause de ses mouvemens subits, violens, impétueux, si communs dans les opérations chimiques; mais en quelque occasion que ce soit, aura-t-on dit quelque chose, quand on aura prononcé le mot d'attraction ? On l'accuse d'avoir mis dans cet ouvrage des opérations qu'il n'a point faites lui-même, et dont il s'est trop fié à ses artistes.

Outre les qualités essentielles aux grands professeurs, Boerhaave avait encore celles qui les rendent aimables à leurs disciples. Ordinairement on leur jette à la tête une certaine quantité de savoir, sans se mettre aucunement en peine de ce qui arrivera. On fait son devoir avec eux précisément et sèchement, et on est pressé d'avoir fait. Pour lui, il leur faisait sentir une envie sincère de les instruire; non-seulement il était très exact à leur donner tout le temps promis, mais il ne profitait point des accidens qui auraient pu légitimement lui épargner quelque leçon, il ne manquait point de la remplacer par une autre. Il s'étudiait à reconnaître les talens; il les encourageait, les aidait par des attentions particulières.

Il faisait plus ; si ses disciples tombaient malades, il était leur médecin, et il les préférait sans hésiter aux pratiques les plus brillantes et les plus utiles. Il regardait ceux qu'il avait à instruire comme ses enfans adoptifs à qui il devait son secours; et en les traitant, il les instruisait encore plus efficacement que jamais.

Il avait trois chaires de professeur, et les remplissait toutes trois de la même manière. Il publia, en 1707, ses *Institutiones medicæ*, et, en 1708, ses *Aphorismi de cognoscendis et curandis morbis*. Nous ne parlons que des premières éditions, qui ont toujours été suivies de plusieurs autres. Ces deux ouvrages, et principalement les Institutions, sont fort estimés de ceux qui sont en droit d'en juger : il se propose d'imiter Hippocrate. A son exemple, il ne se fonde jamais que sur l'expérience bien avérée, et laisse à part tous les systèmes qui peuvent n'être que d'ingénieuses productions de l'esprit humain, désavouées par la nature. Cette sagesse est encore plus estimable aujourd'hui que du temps d'Hippocrate, où les systèmes n'étaient ni en si grand nombre, ni aussi séduisans. L'imitation d'Hippocrate paraît encore dans le style serré et nerveux de ses ouvrages. Ce ne sont en quelque sorte que des germes de vérités extrêmement réduites en petit, et qu'il faut étendre et développer, comme il le faisait par ses explications.

Pourra-t-on croire que les institutions de médecine et les aphorismes de Boerhaave aient eu un assez grand succès pour passer les bornes de la chrétienneté, pour se répandre jusqu'en Turquie, pour y être traduits en arabe, et par qui? par le Mufti lui-même. Les plus habiles Turcs entendent-ils donc le latin? Entendront-ils une infinité de choses qui ont rapport à notre physique, à notre anatomie, à notre chimie d'Europe, et qui en supposent la connaissance? comment sentiront-ils le mérite d'ouvrages qui ne sont à la portée que de nos savans? Malgré tout cela, Albert Schultens, très habile dans les langues orientales, et qui, par ordre de l'université de Leyde, a fait l'oraison funèbre de Boerhaave, y a dit qu'il avait vu cette traduction arabe il y avait alors cinq ans; que l'ayant confrontée à l'original, il l'avait trouvée fidèle, et qu'elle devait être donnée à la nouvelle imprimerie de Constantinople.

Un autre fait qui regarde les *institutions* n'est guère moins singulier, quoique d'un genre très différent. Lorsqu'il réimprima ce livre en 1713, il mit à la tête une épître dédicatoire à Abraham Drolenvaux, sénateur et échevin de Leyde, où il le remercie très tendrement, et dans les termes les plus vifs, de s'être privé de sa fille unique pour la lui donner en mariage. C'était au bout de trois ans que venait ce remercîment, et qu'il faisait publiquement à sa femme une déclaration d'amour.

Il avait du goût pour ces sortes de dédicaces, et il

aimait mieux donner une marque flatteuse d'amitié à son égal, que de se prosterner aux pieds d'un grand, dont à peine peut-être aurait-il été aperçu. Il dédia son cours de chimie à son frère Jacques Boerhaave, pasteur d'une église, qui, destiné par leur père à la médecine, l'avait fort aidé dans toutes les opérations chimiques auxquelles il se livrait, quoique destiné à la théologie. Ils firent ensuite entre eux un échange de destination.

Nous n'avons point encore parlé de Boerhaave comme professeur en botanique. Il eut cette place en 1709, année si funeste aux plantes par toute l'Europe, et l'on pourrait dire que du moins Leyde eut alors une espèce de dédommagement. Le nouveau professeur trouva dans le jardin public trois mille plantes; il avait doublé ce nombre dès 1720. Heureusement il avait pris de bonne heure, comme nous l'avons déjà dit, quelque habitude d'agriculture, et rien ne convenait mieux et à sa santé et à son amour pour la vie simple, que le soin d'un jardin et l'exercice corporel qu'il demandait. D'autres mains pouvaient travailler, mais elles n'eussent pas été conduites par les mêmes yeux. Il ne manqua pas de perfectionner les méthodes déjà établies pour la distribution et la *nomenclature* des plantes.

Après qu'il avait fini un de ses trois cours, les étrangers qui avaient pris ses leçons, sortaient de Leyde, et se dispersaient en différens pays, où ils portaient son nom et ses louanges. Chacune des trois fonctions fournissait un flot qui partait, et cela se renouvelait d'année en année. Ceux qui étaient revenus de Leyde, en envoyaient d'autres, et souvent en plus grand nombre. On ne peut imaginer de moyen plus propre à former promptement la réputation d'un particulier, et à l'étendre de toutes parts. Les meilleurs livres sont bien lents en comparaison.

Un grand professeur en médecine et un grand médecin peuvent être deux hommes bien différens; tant il est arrêté à l'égard de la nature humaine, que les choses qui paraissent les plus liées par elles-mêmes, y pourront être séparées. Boerhaave fut ces deux hommes à la fois. Il avait surtout le *pronostic* admirable; et pour ne parler ici que par faits, il attira à Leyde outre la foule des étudians, une autre foule presque aussi nombreuse de ceux qui venaient de toutes parts le consulter sur des maladies singulières, rebelles à la médecine commune, et quelquefois même par un excès de confiance, sur des maux ou incurables, ou qui n'étaient pas dignes du voyage. J'ai ouï dire que le pape Benoît XIII le fit consulter.

Après cela, on ne sera pas surpris que des souverains qui se trouvaient en Hollande, tels que le czar Pierre Ier, et le duc de Lorraine, aujourd'hui grand-duc de Toscane, l'aient honoré de leurs visites. Dans ces occasions, c'est le public qui entraine ses maîtres, et les force à se joindre à lui.

En 1731, l'académie des sciences choisit Boerhaave pour être l'un de ses associés étrangers, et quelque temps après il fut aussi membre de la société royale de Londres. Nous pourrions peut-être nous glorifier un peu de l'avoir prévenue, quoique la France eût moins de liaison avec lui que l'Angleterre.

Il se partagea également entre les deux compagnies, en envoyant à chacune la moitié de la relation d'un grand travail [1], suivi nuit et jour et sans interruption pendant quinze ans entiers sur un même feu, d'où il résultait que le mercure était incapable de recevoir aucune vraie altération, ni par conséquent de se changer en aucun autre métal. Cette opération ne convenait qu'à un chimiste fort intelligent et fort patient, et en même temps fort aisé. Il ne plaignit pas la dépense pour empêcher, s'il était possible, celles où l'on est si souvent et si malheureusement engagé par les alchimistes.

Sa vie était extrêmement laborieuse, et son tempérament, quoique fort et robuste, y succomba. Il ne laissait pas de faire de l'exercice, soit à pied, soit à cheval; et quand il ne pouvait sortir de chez lui, il jouait de la guitarre, divertissement plus propre que tout autre à succéder aux occupations sérieuses et tristes, mais qui demande une certaine douceur d'âme que les gens livrés à ces sortes d'occupations n'ont pas, ou ne conservent pas toujours. Il eut trois grandes et cruelles maladies, l'une en 1722, l'autre en 1727; et enfin la dernière qui l'emporta le 23 septembre 1738.

Schultens, qui le vit en particulier trois semaines avant sa mort, atteste qu'il le trouva au milieu de ses mortelles souffrances dans tous les sentimens, non-seulement de soumission, mais d'amour pour tout ce qui lui venait de la main de Dieu. Avec un pareil fonds il est aisé de juger que ses mœurs avaient toujours été très pures. Il se mettait volontiers en la place des autres, ce qui produit l'équité et l'indulgence; et il mettait

[1] Voyez l'Histoire de 1734, pag. 55 et suiv.

volontiers aussi les autres en sa place, ce qui prévient ou réprime l'orgueil. Il désarmait la médisance et la satire en les négligeant; il en comparait les traits à ces étincelles qui s'élancent d'un grand feu, et s'éteignent aussitôt quand on ne souffle pas dessus.

Il a laissé un bien très considérable, et dont on est surpris quand on songe qu'il n'a été acquis que par les moyens les plus légitimes. Il s'agit peut-être de plus de deux millions de florins, c'est-à-dire de quatre millions de notre monnaie. Et qu'auraient pu faire de mieux ceux qui n'ont jamais rejeté aucun moyen, et qui sont partis du même point que lui? Il a joui long-temps de trois chaires de professeur; tous ses cours particuliers produisaient beaucoup; les consultations, qui lui venaient de toutes parts, étaient payées sans qu'il l'exigeât, et sur le pied de l'importance des personnes dont elles venaient, et sur celui de sa réputation. D'ailleurs, la vie simple dont il avait pris l'habitude, et qu'il ne pouvait ni ne devait quitter, nul goût pour des dépenses de vanité et d'ostentation, nulle fantaisie, ce sont encore là de grands fonds; et tout cela mis ensemble, on voit qu'il n'y a pas eu de sa faute à devenir si riche. Ordinairement les hommes ont une fortune proportionnée, non à leurs vastes et insatiables désirs, mais à leur médiocre mérite. Boerhaave en a eu une proportionnée à son grand mérite, et non à ses désirs très modérés. Il a laissé une fille unique héritière de tout ce grand bien.

ÉLOGE

DE MANFREDI.

Eustachio Manfredi naquit à Bologne le 20 septembre 1674, d'Alphonse Manfredi, notaire dans cette ville, et d'Anne Fiorini. Il eut trois frères et deux sœurs.

Son esprit fut toujours au-dessus de son âge. Il fit des vers dès qu'il put savoir ce que c'était que des vers, et il n'en eut pas moins d'intelligence ou moins d'ardeur pour la philosophie. Il faisait même dans la maison paternelle de petites assemblées de jeunes philosophes, ses camarades; ils repassaient sur ce qu'on leur avait enseigné dans leur collége, s'y affermissaient, et quelquefois l'approfondissaient davantage. Il avait pris naturellement assez d'empire sur eux pour leur persuader de prolonger ainsi leurs études volontairement. Il acquit dans ces petits exercices l'habitude de bien mettre au jour ses pensées, et de les tourner selon le besoin de ceux à qui on parle.

Cette académie d'enfans, animés par le chef et par les succès, devint avec un peu de temps une académie d'hommes, qui des premières connaissances générales s'élevèrent jusqu'à l'anatomie, jusqu'à l'optique, et enfin reconnurent d'eux-mêmes l'indispensable et agréable nécessité de la physique expérimentale. C'est de cette origine qu'est venue l'académie des sciences de Bologne, qui se tient présentement dans le palais de l'institut ; elle a pris naissance dans le même lieu que Manfredi, et elle la lui doit.

Il eût été trop heureux s'il eût pu se livrer entièrement à son goût, soit pour la poésie, soit pour la philosophie, soit pour toutes les deux ensemble, et s'il n'eût pas eu d'autres besoins à satisfaire que ceux de son esprit. Il fut obligé de s'adonner aussi au droit civil et au droit canonique, plus utiles en Italie, et plus nécessaires que partout ailleurs. Heureusement il avait une grande vivacité de conception, et une mémoire excellente. Il faisait aisément des acquisitions nouvelles, et les conservait aussi aisément. Il fut fait docteur en l'un et l'autre droit à l'âge de dix-huit ans, presque encore enfant par rapport à ce grade là, qu'il ne pouvait pas tenir de la faveur ni de la brigue. On se tromperait de croire que les vers qu'il faisait alors fussent pour lui un simple délassement ; c'était une occupation selon son cœur, et qui le consolait de la jurisprudence.

Dans le pays où il était, l'astrologie judiciaire ne pouvait manquer de se présenter à lui, et d'attirer sa curiosité ; mais elle ne le séduisit pas, et il lui eut bientôt rendu justice. Elle lui laissa seulement l'envie d'étudier la géographie, dans laquelle il devint fort habile. Il en posséda parfaitement la partie historique, qui fournissait beaucoup d'exercice, et par conséquent de plaisir à sa grande mémoire.

La gnomonique succéda à la géographie ; et après que quelques sciences mathématiques, par l'étroite liaison qu'elles ont ensemble, se le furent ainsi envoyé les unes aux autres, comme de main en main, elles le conduisirent enfin toutes jusqu'à la géométrie pure, leur origine commune. Il en apprit les principes du fameux Guglielmini. Mais le moyen de s'arrêter à la géométrie même? L'algèbre est encore au-delà; il remonta jusqu'à l'algèbre, quoique peu cultivée alors en Italie, qui a cependant été le lieu de sa naissance, du moins pour l'Europe.

Manfredi sentit si vivement le charme des mathématiques, et s'y livra avec tant d'ardeur, qu'il en abandonna entièrement cette jurisprudence qui lui devait être si utile; mais il est vrai qu'il n'abandonna pas la poésie, si inutile pour la fortune, et peut-être plus qu'inutile. De plus, les mathématiques pouvaient plutôt s'accorder avec la jurisprudence qu'avec la poésie. Ce grand amour qu'il eut pour elle, cette préférence si marquée, méritent que nous ne négligions pas de le considérer de ce côté-là.

L'Italie moderne s'était fait un goût de poésie assez différent de celui de l'Italie ancienne. On ne se contentait plus du vrai que la nature fournit dans tous les sujets qu'on entreprend de traiter; on allait chercher de l'esprit bien loin de là, des traits ingénieux et forcés, qui coûtaient peut-être beaucoup et ne représentaient rien.

Il faut convenir que ce vrai dont il s'agit est bien loin aussi pour la plupart des gens; il ne se trouve que dans la nature finement et délicatement observée; on ne l'aperçoit que par un sentiment exquis : mais enfin c'est là ce qu'il faut apercevoir, ce qu'il faut trouver. Du reste, on s'attachait beaucoup à une certaine pompe de vers, à une harmonie, qui ont effectivement leur prix. Manfredi composa d'abord dans le ton de ceux qu'il voyait réussir, et il eut un succès des plus brillans; mais la droiture de sa raison, fortifiée peut-être par les mathématiques, ne lui permit pas d'être long-temps satisfait de lui-même ; il s'aperçut contre son propre intérêt que le goût de son siècle était faux, et il eut le courage de se croire injustement applaudi. Il se rapprocha donc désormais des modèles anciens pour le fond de la composition, et conserva d'ailleurs cette magnificence de style poétique que les modernes aimaient, et à laquelle il était naturellement porté. Ce milieu, cet accommodement concilia tout, et il n'y eut qu'une voix en faveur de Manfredi. Nous parlons sur le témoignage qu'en rend Zanotti, secrétaire de l'institut de Bologne, fameux lui-même dans la poésie aussi bien que dans les sciences.

Manfredi était un grand imitateur, non pas imitateur forcé à l'être par la nature, toujours asservi à copier quelqu'un; mais imitateur libre et de dessein formé, qui prenait le caractère de tel poète qu'il voulait, et ne le prenait point sans s'y rendre supérieur à son original même. Je tiens encore ceci d'un Italien, excellent connaisseur, occupé en France des fonctions les plus importantes.

Les sonnets sont beaucoup plus à la mode en Italie que chez nous. Manfredi en a fait un grand nombre, et sur toutes sortes de sujets. Il y en a de simple galanterie, d'amour passionné, de dévotion, sur les événemens des guerres d'Italie de son temps, à la louange des princes, des généraux, des grands prédicateurs. Ces sonnets ne se piquent point, comme les nôtres, de finir toujours par quelque trait frappant; il leur suffit d'être bien travaillés et riches en expressions poétiques. Dans un autre genre que nous n'avons point, et que les Italiens appellent *Canzoni*, Manfredi a fait un des plus beaux ouvrages qui soient jamais sortis de l'Italie; nous ne craignons pas de le dire après Zanotti. Le sujet en est une très belle personne, Giulia Vandi qui se fit religieuse.

Le poète commence par dire qu'il a vu ce que des yeux mortels, toujours couverts d'un voile trop épais, ne sauraient voir, tout ce qu'il y a de céleste dans Giulia. La nature et l'amour s'étaient unis pour former sa beauté à l'envi l'un de l'autre: et ils ont été étonnés de leur propre ouvrage quand ils l'ont vu fini. L'âme choisie pour habiter ce beau corps y descend du ciel, entraînant avec elle tout ce qu'il y a de plus pur et de plus lumineux dans les différentes sphères par où elle passe. Elle ne se montre aux humains que pour leur faire voir par l'éclat dont elle brille, le lieu de son origine, et le chemin qui les y conduira. Après avoir rempli chez eux cette noble destination, elle les quitte; et tandis que tout retentit des concerts des anges qui lui applaudissent, elle s'enfonce dans une lumière immense, où elle disparaît. Au milieu de tout cela l'auteur a eu l'adresse de parler de lui, et en termes fort passionnés. Aurait-il eu de l'amour pour Giulia? On le croirait, si l'on ne connaissait chez les auteurs illustres beaucoup d'exemples d'un certain amour platonique et poétique, qui ne demande qu'une matière à dire de belles choses.

Une autre *Canzone* de Manfredi, où il invite des nymphes et des pasteurs à danser toute la nuit, est plus dans le goût de la simplicité antique, et même dans le nôtre; car les Français peuvent-ils s'empêcher de rapporter tout à leur goût? ce sont de petits vers qui ont un refrain, fort coupés, fort légers, fort vifs, qui semblent danser. Il y a là toute la grâce, toute la gentillesse que nous pourrions désirer dans des paroles faites pour le chant.

En voilà beaucoup sur un poète et sur la poésie dans une académie des sciences : mais il n'était guère connu dans cette académie que comme grand mathématicien, et il importe à sa mémoire qu'il le soit aussi comme grand poète. L'académie de la Crusca, dont il était en cette qualité, uniquement occupée, comme l'académie française de sa langue et des belles-lettres, aura sans doute permis qu'on le louât chez elle sur cet autre genre dont elle ne se pique point. Si l'une des deux parties de son mérite était ignorée, il y perdrait beaucoup plus que la moitié de sa gloire ; car outre les deux talens pris séparément, il a fallu encore pour les unir un autre talent plus rare, et supérieur aux deux. Ce fut en vertu de cette union qu'il osa chanter dans ce même petit poème qu'il fit pour Giulia, les tourbillons de Descartes, inconnus jusques-là aux muses italiennes.

La fameuse méridienne de Bologne, entreprise et finie en 1655 par feu Cassini[1], ce merveilleux Gnomon, le plus grand, et par conséquent le plus avantageux que l'astronomie eût jamais eu, et qu'elle pût même espérer, demeurait abandonné, négligé dans l'église de Saint-Petrone ; il manquait des astronomes à ce bel instrument. Manfredi, âgé peut-être de vingt-deux ans, résolut de le devenir, pour ôter à sa patrie cette espèce de tache, et il fut secondé par Stancari, son ami particulier, et digne de l'être. Ils se mirent à

[1] *Voyez* l'Histoire de 1712, pag. 84 et suiv.

étudier de concert, des livres d'astronomie : bientôt ils passèrent les nuits à observer avec les meilleurs instrumens qu'ils purent obtenir de leurs ouvriers, et ils furent peut-être les premiers en Italie qui eurent une horloge à cycloïde.

Ils s'étaient fait un petit observatoire chez Manfredi, où venaient aussi ses trois frères, tous gens d'esprit, devenus astronomes, ou du moins observateurs, apparemment pour lui plaire. Le premier, mais le moins assidu, était de la compagnie de Jésus, célèbre prédicateur dans la suite; le second, Gabriel, dans un âge peu avancé, auteur d'un livre sur l'analyse des courbes, traité à la manière de M. de l'Hôpital; le troisième, médecin et grand philosophe. Mais ce qu'il y a de plus singulier, c'est que les deux sœurs allaient aussi à l'observatoire, non par une curiosité frivole qui aurait été bientôt satisfaite et dégoûtée, mais pour observer, pour apprendre, pour s'instruire dans l'astronomie. Ils étaient là six frères ou sœurs attachés à suivre ensemble et à découvrir les mouvemens célestes : jamais une famille entière et aussi nombreuse ne s'était unie pour un semblable dessein. Ordinairement les dons de l'esprit et les inclinations louables sont semés par la nature beaucoup plus loin à loin.

Au milieu de ces exercices particuliers, Manfredi fut fait, à la fin de 1698, lecteur public de mathématiques dans l'université de Bologne. Peu de temps après, il lui survint des chagrins domestiques, dont le détail serait inutile à son éloge, et n'y peut appartenir que par la fermeté dont on assure qu'il les soutint. Son père fut obligé de quitter Bologne, lui laissant des affaires en fort mauvais état, et une famille dont tout le poids tombait sur lui, parce qu'il était l'aîné, et qu'il avait le cœur bien fait. Dans cette situation, il s'en fallait beaucoup que sa place de lecteur pût suffire à tous ses besoins ; et il recueillit le fruit, non pas tant de ses talens pour la poésie et pour les mathématiques, que de son caractère, qui lui avait acquis l'amitié de beaucoup d'honnêtes gens ; car pour recevoir des services d'une certaine espèce et d'une certaine durée, il ne suffit pas tout-à-fait d'être estimé, il faut pour le plus sûr plaire et être aimé. Le marquis Orsi, qui s'est distingué par plusieurs ouvrages d'esprit, se distingua encore plus glorieusement dans cette occasion par sa générosité. Les affaires de Manfredi se rétablirent, et il recommença à jouir de la tranquillité qui lui était si nécessaire.

Nous avons dit dans les éloges de Viviani[1], Guglielmini[2], et Cassini[3], quels sont les embarras et les contestations que les rivières causent dans toute la Lombardie, même au-delà. Il semble que si on y laissait la nature en pleine liberté, tout ce grand pays ne deviendrait à la longue qu'un grand lac ; et il faut que ses habitans travaillent sans cesse à défendre leur terrain contre quelque rivière qui les menace de les inonder. Par malheur ce pays est partagé en plusieurs dominations différentes, et chaque état veut renvoyer les inondations ou le péril sur un état voisin qui n'est pas obligé de les souffrir. Il faudrait s'accorder ensemble pour le bien commun, trouver quelque expédient général qui convînt à tout le monde : mais il faudrait

---

[1] Histoire de 1703, pag. 141.
[2] Histoire de 1710, pag. 154.
[3] Histoire de 1712, pag. 91.

donc aussi que tout le monde se rendît à la raison, les puissans comme les faibles; et est-ce là une chose possible? Bologne et Ferrare, qui, quoique toutes deux sujettes du pape, sont deux états séparés, avaient ensemble à cette occasion un ancien différend, qui étant devenu plus vif que jamais, Bologne crut ne pouvoir mieux faire que de donner à Manfredi, par un décret public, l'importante charge de surintendant des eaux : ce fut en 1704. L'astronomie en souffrit un peu, mais l'hydrostatique en profita; il y porta de nouvelles lumières, même après le grand Guglielmini.

La contestation de Bologne et de Ferrare intéressa aussi Mantoue, Modène, Venise. Cette énorme complication d'intérêts qu'il avait à manier en même temps, et à concilier, s'il était possible, lui coûta une infinité de peines, d'inquiétudes, de recherches fatigantes, de lectures désagréables, quelquefois inutiles et indispensables malgré leur inutilité, d'écrits qu'il fallait composer avec mille attentions gênantes. S'il en fut récompensé par la grande réputation qu'il se fit, cette réputation devint pour lui une nouvelle source de travaux de la même espèce. Les démêlés de l'État ecclésiastique avec la Toscane sur la Chiana, dont nous avons parlé en 1710[1], les anciens différends de la Toscane et de la république de Lucques, les frayeurs continuelles de Lucques sur le voisinage de la rivière du Serchio, la réparation des ports, le desséchement des marais, tout ce qui regardait les eaux en Italie vint à lui, tout eut besoin de lui.

Comme il ne se contentait pas des spéculations du

---

[1] *Voyez* l'endroit cité plus haut.

cabinet, il voulait voir par ses propres yeux les effets de la nature; et cet excès d'exactitude pensa un jour lui coûter la vie. Il avait grimpé avec une peine infinie sur une roche escarpée, pour voir de là le cours du Serchio, et la corrosion qu'il causait à ses rives; il était posé de manière à ne pouvoir absolument ni continuer de monter, ni redescendre, ni demeurer long-temps là. S'il n'eût eu un prompt secours, qui pouvait bien lui manquer, et si son courage naturel n'eût empêché que la tête ne lui tournât, il retombait dans le moment et se brisait.

La plus grande partie de ce qu'il a écrit sur les eaux a été imprimée à Florence en 1723, dans un recueil qu'on y a fait de pièces qui appartiennent à une matière si intéressante pour l'Italie, et d'excellentes notes qu'il ajoutait à Guglielmini s'imprimaient quand il mourut. Il ne tiendra pas à l'hydrostatique et aux sciences que tout ne s'arrange pour le plus grand bien du public : mais il est plus facile de dompter les rivières que les intérêts particuliers.

Dans la même année, Manfredi fut fait surintendant des eaux du Bolonais ; il fut mis aussi à la tête du collége de Montalte, fondé à Bologne par Sixte V, pour des jeunes gens destinés à l'église, qui auraient au moins dix-huit ans. Ils avaient avec le temps secoué le joug, et des études ecclésiastiques qui devaient être leur unique objet, et des bonnes mœurs encore plus nécessaires. Ils faisaient gloire d'avoir triomphé des règles et de la discipline. Leur nouveau recteur eut besoin avec eux de l'art qu'ont employé les fondateurs des premiers états. Il ramena ces rebelles à l'étude par des choses agréables qu'il leur présenta, d'abord par la géographie, qui fut un degré pour passer à la chronologie; et de là il les conduisit à l'histoire ecclésiastique, et enfin à la théologie et aux canons, dernier terme où il fallait arriver. On dit même que de plusieurs de ces jeunes gens il en fit de bons poètes, faute d'en pouvoir rien faire de mieux. C'était toujours les appliquer; et l'oisiveté avait été une des principales causes de leurs déréglemens.

On connaît partout aujourd'hui l'institut des sciences de Bologne. Nous en avons fait l'histoire en 1730[1], et nous avons dit que Manfredi y eut la place d'astronome. Ce fut en 1711, et dès lors il renonça absolument au collége pontifical, à la poésie même qu'il avait toujours cultivée jusques-là; et il est glorieux pour elle que cette renonciation soit une époque si remarquable dans une pareille vie.

Quatre ans après, il publia deux volumes d'éphémérides dédiés au pape Clément XI. Il l'assure fort qu'il n'y a point fait entrer d'astrologie judiciaire, quoique de grands personnages, tels que Régiomontanus, Magin, Kepler, se soient laissés entraîner au torrent de la folie humaine. Il paraît par là que si on ne donne plus aujourd'hui dans l'astrologie, du moins on daigne encore dire qu'on n'y donne pas. Le premier volume tout entier est une introduction aux éphémérides en général, ou plutôt à toute l'astronomie, dont il expose et développe à fond les principes. Le second volume contient les éphémérides de dix années, depuis 1715, jusqu'en 1725, calculés sur les tables non imprimées de Cassini, et le plus souvent sur les observations de

[1] Pag. 139 et suiv.

Paris. Manfredi se fiait beaucoup à ces tables et à ces observations. Ses éphémérides embrassent bien plus de choses que des éphémérides n'avaient coutume d'en embrasser. On y trouve le passage des planètes par le méridien, les éclipses des satellites de Jupiter, les conjonctions de la lune avec les étoiles les plus remarquables, les cartes des pays qui doivent être couverts par l'ombre de la lune dans les éclipses solaires.

Il parut ensuite deux nouveaux volumes de ces éphémérides; l'un, qui va depuis 1726 jusqu'en 1737, et l'autre depuis 1738 jusqu'en 1750. Cet ouvrage s'est répandu, s'est rendu nécessaire dans tous les lieux où l'on a quelque idée de l'astronomie. Nos missionnaires de la Chine s'en servent pour prouver aux Chinois le génie européen, qu'ils ont bien de la peine à croire égal seulement au leur. Ils devraient à la vérité, par beaucoup de circonstances particulières, avoir un grand avantage sur nous en fait d'astronomie : jusques-là ils auront raison ; mais cela même leur donnerait ensuite un extrême désavantage dans le parallèle qu'on ferait des deux nations.

Manfredi n'a pas manqué d'apprendre au public les noms de ceux qui l'avaient aidé dans la fatigante composition de ses éphémérides. Cependant il a certainement reçu des secours qu'il a dissimulés ; et on le lui reprocherait avec justice, si la raison qu'il a eue de les dissimuler ne se présentait dès que l'on sait de qui ils venaient. C'était de ses deux sœurs qui ont fait la plus grande partie des calculs de ses deux premiers tomes. S'il y a quelque chose de bien directement opposé au caractère des femmes, de celles surtout qui ont de l'esprit, c'est l'attention sans relâche, et la patience invincible que demandent des calculs très désagréables par eux-mêmes, et aussi longs que désagréables ; et pour mettre le comble à la merveille, ces deux *calculatrices* (car il faut faire un mot pour elles) brillaient quelquefois dans la poésie italienne.

En 1723, le 9 novembre, il y eut une conjonction de Mercure avec le Soleil, d'autant plus précieuse aux astronomes, qu'on avait déjà espéré inutilement deux conjonctions pareilles, l'une en 1707, l'autre en 1720[1]. Celle-ci fut, comme on le peut aisément juger, observée avec un extrême soin par Manfredi dans l'observatoire de l'institut, qui à peine venait d'être achevé, et dont l'ouverture se faisait presque par ce rare et important phénomène. L'observation fut publiée par son auteur en 1724, avec toutes ses curieuses dépendances.

Il fut choisi en 1726 pour associé étranger de cette académie. Le nombre de ces étrangers n'est que de huit. Certainement tous ceux qui seraient dignes de cette place n'y peuvent pas être; mais du moins ceux qui y sont en doivent être bien dignes. Il fut reçu aussi en 1729 dans la société royale de Londres, dont les places sont toujours très honorables malgré leur grand nombre.

Vers ces temps là il se fit en Angleterre une découverte nouvelle, et tout-à-fait imprévue, dans l'astronomie; celle des *aberrations* ou écarts des étoiles fixes, qui toutes, au lieu d'être parfaitement fixes les unes à l'égard des autres, comme on l'avait toujours cru, changent de position jusqu'à un certain point. Ces aberrations ont été exposées plus au long[2]. Sur le bruit qui s'en

[1] *Voyez* l'Histoire de 1723, pag. 76 et suiv.
[2] *Voyez* l'Histoire de 1737, pag. 76.

répandit dans le monde savant, Manfredi se mit à étudier le ciel plus soigneusement que jamais par rapport à cette nouveauté, qui demandait les observations les plus assidues et les plus délicates, puisqu'elle avait échappé depuis tant de siècles à tant d'yeux si clairvoyans. Il publia sur ce sujet en 1729 un ouvrage dédié au cardinal de Via, où il rendait compte et de ses observations, et des conclusions qu'il en tirait. Il reçut ensuite ce qu'on avait donné, soit en Angleterre, soit ailleurs sur cette même matière ; et il le traita en 1730 dans un nouvel ouvrage, mais plus court, adressé à l'illustre Leprotti, premier médecin du pape.

On crut d'abord que l'aberration des fixes, qui certainement n'est qu'apparente, viendrait de ce que la terre change de distance à l'égard des fixes par son mouvement annuel, et c'eût été là une démonstration complète et absolue de ce mouvement. Les Italiens, qui n'osent le reconnaître, se seraient abstenus de toucher à ce sujet, et l'embarras où ils se trouvent si souvent dans l'astronomie physique, en aurait considérablement augmenté. Mais heureusement l'aberration mieux observée n'était point telle que le mouvement de la terre la demandait, et Manfredi s'engagea sans crainte dans cette recherche. Bradley, célèbre philosophe anglais, trouva enfin un système de l'aberration très ingénieux, et peut-être aussi vraisemblable, où, à la vérité, le mouvement annuel de la terre entrait encore, mais nécessairement combiné avec le mouvement successif de la lumière, découvert ou proposé, il y a déjà du temps, par MM. Roëmer et Cassini. Manfredi fit bien encore, ainsi qu'il le devait, quelque légère résistance à ce système ; mais il n'en imagina point d'autre. Il s'en servit comme s'il l'eût embrassé avec plus de chaleur, et n'en prouva que mieux la nécessité de s'en servir.

En 1736, il donna un ouvrage sur la méridienne de Saint-Petrone, sa première école d'astronomie. Elle avait besoin de quelques réparations que l'état voulut bien faire; on lui en donna la direction, et l'on compta bien que c'était plus que sa propre affaire.

Il était trop fidèle à tous ses engagemens, pour ne se pas croire obligé de contribuer aux travaux d'une académie qui l'avait adopté. Il a envoyé ici deux mémoires, dont l'un est dans le volume de 1734[1], l'autre dans celui de 1738[2], tous deux d'une fine et subtile astronomie. On y voit le grand astronome bien familier avec le ciel; et on y sent l'homme d'esprit qui sait penser par lui-même.

L'académie dut lui savoir d'autant plus de gré de ces deux écrits, que dans ce temps là il était surchargé d'occupations nouvelles. Bianchini, mort en 1729[3], avait laissé une grande quantité d'observations astronomiques et géographiques dans un désordre et dans une confusion dont la seule vue effrayait et faisait désespérer d'en tirer jamais rien. Il l'entreprit cependant par zèle pour les sciences, et pour la mémoire d'un illustre compatriote; il parvint à faire un choix qui fut bien reçu du public. Il avait toujours conservé la fatigante surintendance des eaux du Bolonais; mais de plus, la cour de Rome voulut qu'il entrât en connaissance d'un différend du Ferrarais avec l'état de Ve-

[1] *Voyez* l'Histoire, pag. 59 et suiv.
[2] *Voyez* l'Histoire, pag. 75 et suiv.
[3] *Voyez* l'Histoire, pag. 102 et suiv.

nise, et rejeta sur lui un fardeau de la même espèce que celui qu'il portait déjà avec tant de peine. Il fut accablé de vieux titres et d'actes difficiles à déchiffrer et à entendre, de cartes anciennes et modernes; et enfin en 1735 le résultat de ses recherches fut imprimé à Rome.

Dans cette affaire du Ferrarais, aussi bien que dans le débrouillement des papiers de Bianchini on retrouve encore ses deux sœurs, qui lui furent infiniment utiles, surtout pour toute la manœuvre désagréable de ces sortes de travaux. Avec beaucoup d'esprit, elles étaient propres à ce qui demanderait presque une entière privation d'esprit.

Sans ce secours domestique, il ne fût jamais venu à bout de tout ce qu'il fit dans les cinq ou six dernières années de sa vie, pendant lesquelles il fut tourmenté de la pierre. Il soutint ce malheureux état avec tant de courage, qu'à peine sa gaieté naturelle en fut altérée. Quelquefois au milieu de quelque discours plaisant qu'il avait commencé, car il réussissait même sur ce ton là, il était tout à coup interrompu par une douleur vive et piquante, et après quelques momens il reprenait tranquillement le fil de son discours, et jusqu'au visage qui y convenait. J'ai ouï dire cette même particularité de notre grand poète burlesque : mais celui-ci était plus obligé à être toujours gai ; il eût perdu son principal mérite dans le monde, s'il eût cessé de l'être.

Le mal de Manfredi alla toujours en augmentant, et en ne lui laissant que de moindres intervalles de repos; et enfin, après dix-huit jours de douleurs continuelles, il mourut le 15 février 1739, non pas seulement avec la constance d'un philosophe, mais avec celle d'un véritable chrétien. Son corps fut accompagné à la sépulture avec une pompe extraordinaire par les sénateurs-présidens de l'institut de Bologne, par les professeurs de cet institut, et par les deux universités d'écoliers. L'Italie et l'Angleterre savent rendre aux hommes illustres les honneurs funèbres.

Il avait une taille médiocre, assez d'embonpoint, le teint vermeil, les yeux vifs, beaucoup de physionomie, beaucoup d'âme dans tout l'air de son visage. Il n'était ni sauvage comme mathématicien, ni fantasque comme poète. Il aimait fort, surtout dans sa jeunesse, les plaisirs de la table; et pour être exempt de toute contrainte, il ne les voulait qu'avec ses amis. Ce n'est pas qu'il n'observât dans la société toutes les règles de la politesse, tout le cérémonial italien, plus rigoureux que le nôtre; il y était même d'autant plus attentif, qu'il se sentait plus porté à y manquer, par le peu de cas qu'il en faisait naturellement : mais enfin il valait encore mieux éviter les occasions qui rendaient nécessaires ces faux respects et ces frivoles déférences. Aussi était-il plus incommodé qu'honoré des visites ou de gens de marque, ou d'étrangers que son nom lui attirait de toutes parts.

Pour la vraie politesse, il la possédait. Il cédait volontiers l'avantage de parler à tous ceux qui en étaient jaloux. Quand il y avait lieu de contredire quelqu'un dans la conversation, ce qui assurément n'était pas rare, il prenait le parti de se taire, plutôt que de relever des erreurs sous prétexte d'instruction. Il est fort douteux qu'on instruise, et il est sûr qu'on choquera. Un sentiment contraire au sien, et qui avait quelque apparence, l'arrêtait tout court, et lui faisait craindre de s'être trompé ; au lieu que d'ordinaire on commence par s'élever vivement contre ce qui s'oppose à nous, et on se met hors d'état de revenir à la raison. Personne ne sentait mieux le mérite d'autrui, il allait presque jusqu'à s'y complaire. Le fond de tout cela est qu'il avait sincèrement peu d'opinion de lui-même, disposition qu'on pourrait nommer héroïque.

Il était d'une confrérie qui assiste et console les criminels que l'on conduit au supplice. Il n'en put faire son devoir que très rarement, et il en souffrit tant, qu'il s'était déterminé à y renoncer pour toujours. Les fonctions de la compassion étaient arrêtées en lui par l'excès de la compassion.

Avec une âme si tendre il ne pouvait manquer d'être bienfaisant, officieux, libéral autant que sa fortune le pouvait permettre. Quand il s'agissait d'une dette, et qu'il y avait quelque incertitude sur la quantité, il aimait mieux courir le risque de payer trop que trop peu.

Les qualités de son cœur ont fait l'effet qu'elles devaient, il a été généralement aimé, et, nous pouvons nous contenter d'un exemple qui certainement suffira, il s'est vu honoré de l'amitié du cardinal Lambertini, son archevêque, prélat d'un mérite rare, et qui a un grand nom jusques dans les lettres. On donne souvent des louanges à de grands hommes par pure estime, mais à celles que j'ai entendu donner à Manfredi, j'ai toujours remarqué qu'on y ajoutait un sentiment d'affection beaucoup plus flatteur.

ÉLOGE

DE DU FAY.

Charles-François de Cisternay du Fay naquit à Paris le 14 septembre 1698, de Charles-Jérôme de Cisternay, chevalier, et de dame Elisabeth Landais, d'une très ancienne famille originaire de Touraine. Celle de Cisternay était noble, et avait fait profession des armes sans discontinuation depuis la fin du quinzième siècle. Elle pourrait se parer de quelque ancienne alliance avec une maison souveraine d'Italie; mais elle se contente de ce qu'elle est naturellement, sans rechercher d'illustration forcée.

L'aïeul paternel de du Fay mourut capitaine des gardes du prince de Conti, frère du grand Condé. Il avait servi long-temps dans le régiment de ce prince, et quoiqu'homme de guerre, il s'entêta de la chimie, dans le dessein à la vérité de parvenir au grand œuvre. Il travailla beaucoup, dépensa beaucoup, avec le succès ordinaire.

Le père de du Fay étant lieutenant aux gardes, eut une jambe emportée d'un coup de canon au bombardement de Bruxelles en 1695 : il n'en quitta pas le service; il obtint une compagnie dans le régiment des gardes, mais il fut obligé à y renoncer par les incommodités qui lui survinrent, et par l'impossibilité de monter à cheval. Heureusement il aimait les lettres, et elles furent sa ressource. Il s'adonna à la curiosité en fait de livres, curiosité qui ne peut qu'être accompagnée de beaucoup de connaissances agréables pour le moins. Il rechercha avec soin les livres en tout genre, les belles éditions de tous les pays, les manuscrits qui avaient quelque mérite outre celui de n'être pas imprimés, et se fit à la fin une bibliothèque bien choisie et bien assortie, qui allait bien à la valeur de 25,000 écus. Ainsi il se trouva dans Paris un capitaine aux gardes en commerce avec tous les fameux libraires de l'Europe, ami des plus illustres savans, mieux fourni que la plupart d'entre eux des instrumens de leur profession, plus instruit d'une infinité de particularités qui la regardaient.

Lorsque du Fay vint au monde, son père était déjà dans ce nouveau genre de vie. Les enfans, et surtout les enfans de condition n'entendent parler de science qu'à leur précepteur, qui, dans une espèce de réduit séparé, leur enseigne une langue ancienne, dont le reste de la maison fait peu de cas. Dès que du Fay eût les yeux ouverts, il vit qu'on estimait les savans, qu'on s'occupait de recueillir leurs productions, qu'on se faisait un honneur de les connaître, et de savoir ce qu'ils avaient pensé, et tout cela sans préjudice, comme on le peut bien croire, du ton et des discours militaires, qui devaient toujours dominer chez un capitaine aux gardes. Cet enfant, sans qu'on en eût expressément formé le projet, fut également élevé pour les armes et pour les lettres, presque comme les anciens Romains.

Le succès de l'éducation fut à souhait. Dès l'âge de quatorze ans, en 1712, il entra lieutenant dans Picardie, et à la guerre d'Espagne, en 1718, il se trouva aux siéges de Saint-Sébastien et de Fontarabie, où il se fit de la réputation dans son métier, et, ce qui devait encore arriver plus sûrement, des amis ; car dans une seule campagne il pouvait manquer d'occasions de paraître, mais non pas d'occasions de plaire à ceux avec qui il avait à vivre.

Pour remplir ces deux vocations, il se mit dans ce temps là à étudier en chimie. Peut-être le sang de cet aïeul dont nous venons de parler agissait-il en lui ; mais il se trouva corrigé dans le petit-fils, qui n'aspira jamais au grand œuvre. Il avait une vivacité qui ne se serait pas aisément contentée des spéculations paresseuses du cabinet ; elle demandait que ses mains travaillassent aussi bien que son esprit.

Il eut une occasion agréable d'aller à Rome ; il s'agissait d'y accompager le cardinal de Rohan, dont il était fort connu et fort goûté. Tout le mouvement nécessaire pour bien voir Rome, pour en examiner le détail immense, ne fut que proportionné à son ardeur de savoir, et aux forces que lui fournissait cette ardeur. Il devint antiquaire en étudiant les superbes débris de cette capitale du monde, et il en rapporta ce goût de médailles, de bronzes, de monumens antiques, où l'érudition semble être embellie par je ne sais quoi de noble qui appartient à ces sortes de sujets.

Apparemment il avait eu en vue dans ses études chimiques une place de chimiste de l'académie des sciences. Il y parvint en 1733, et quoique capitaine dans Picardie, il l'emporta sur des concurrens, qui par leur état devaient être plus chimistes que lui.

Sa constitution était aussi faible que vive, et sa prompte mort ne l'a que trop prouvé. Tout le monde prévoyait une longue paix, fort contraire à l'avancement des gens de guerre. Plus il connaissait l'académie, plus il aimait ses occupations, et plus il se convainquait en même temps qu'elles demandaient un homme tout entier, et le méritaient. Toutes ces considérations jointes ensemble le déterminèrent à quitter le service, et il ne fut plus qu'académicien.

Il le fut si pleinement, qu'outre la chimie, qui était la science dont il tirait son titre particulier, il embrassa encore les cinq autres qui composent avec elle l'objet total de l'académie, l'anatomie, la botanique, la géométrie, l'astronomie, la mécanique. Il ne les embrassait pas toutes avec la même force dont chacune, en particulier, est embrassée par ceux qui ne s'attachent qu'à elle, mais il n'y en avait aucune qui lui fût étrangère, aucune chez laquelle il n'eût beaucoup d'accès, et qu'il n'eût pu se rendre aussi familière qu'il eût voulu. Il est jusqu'à présent le seul qui nous ait donné dans tous les six genres des mémoires que l'académie a jugé dignes d'être présentés au public : peut-être s'était-il proposé cette gloire, sans oser trop s'en déclarer. Il est toujours sûr que depuis sa réception il ne s'est passé aucune année où il n'ait fait parler de lui dans nos histoires, et qu'aucun nom n'y est plus souvent répété que le sien.

Dans ce que nous avons de lui, c'est la physique expérimentale qui domine. On voit dans ses opérations toutes les attentions délicates, toutes les ingénieuses adresses, toute la patience opiniâtre, dont on a besoin pour découvrir la nature, et se rendre maître de ce Protée, qui cherche à se dérober en prenant mille formes différentes. Après avoir débuté par le phosphore du baromètre¹, par le sel de la chaux, inconnu jusques-là aux chimistes², il vint à des recherches nouvelles sur l'aimant³; et enfin, car nous accourcissons le dénombrement, à la matière qu'il a le plus suivie, et qui le méritait le mieux, à l'électricité⁴.

Il l'avait prise des mains de Gray, célèbre philosophe anglais, qui y travaillait. Loin que Gray trouvât mauvais qu'on allât sur ses brisées, et prétendît avoir un privilége exclusif pour l'électricité, il aida de ses lumières du Fay, qui, de son côté, ne fut pas ingrat, et lui donna aussi des vues. Ils s'éclairèrent, ils s'animèrent mutuellement, et arrivèrent ensemble à des découvertes si surprenantes et si inouies, qu'ils avaient besoin de s'en assurer et de s'en confirmer l'un à l'autre la vérité; il fallait, par exemple, qu'ils se rendissent réciproquement témoignage d'avoir vu l'enfant devenu lumineux pour avoir été électrisé. Pourquoi l'exemple de cet Anglais et de ce Français qui se sont avec tant de bonne foi et si utilement accordés dans une même recherche, ne pourrait-il pas être suivi en grand par l'Angleterre et par la France? Pourquoi s'élève-t-il entre les deux nations des jalousies, qui n'ont d'autre effet que d'arrêter, ou au moins de retarder le progrès des sciences?

La réputation de du Fay sur l'art de bien faire les expériences de physique, lui attira un honneur parti-

¹ *Voyez* l'Histoire de 1723, pag. 13.
² *Voyez* l'Histoire de 1724, pag. 39.
³ *Voyez* les Histoires de 1728, pag. 1; de 1730, pag. 1; et de 1731. pag. 15.
⁴ *Voyez* les Histoires de 1733, pag. 4; de 1734, pag. 1; et de 1737. pag. 1.

culier. Le roi voulut qu'on travaillât à un règlement, par lequel toutes sortes de teintures, tant en laine qu'en soie, seraient soumises à certaines épreuves, qui feraient juger de leur bonté, avant qu'on les reçût dans le commerce. Le conseil crut ne pouvoir mieux faire que de nommer du Fay pour examiner par des opérations chimiques, et déterminer quelles devaient être ces épreuves. L'arrêt du conseil est du 12 février 1731. De là est venu un mémoire que du Fay donna en 1737[1] sur le mélange de quelques couleurs dans la teinture. Toutes les expériences dont il avait besoin sont faites, et on les a trouvées mises en un corps auquel il manque peu de choses pour sa perfection.

Nous avons fait dans l'éloge de feu Fagon en 1718[2], une petite histoire du jardin royal des plantes. *Comme la surintendance en était attachée à la place de premier médecin,* avons-nous dit en ce temps là, *et que ce qui dépend d'un seul homme dépend aussi de ses goûts, et a une destinée fort changeante, un premier médecin, peu touché de la botanique, avait négligé ce jardin, et heureusement l'avait assez négligé pour le laisser tomber dans un état où l'on ne pouvait plus le souffrir.* Il était arrivé précisément la même chose une seconde fois, et par la même raison, en 1732, à la mort d'un autre premier médecin. Ce n'est pas que d'excellens professeurs en botanique, que MM. de Jussieu n'eussent toujours fait leurs leçons avec la même assiduité, et d'autant plus de zèle, que leur science, qui n'était plus soutenue que par eux, en avait plus de besoin; mais enfin toutes les influences favorables

---

[1] *Voyez* l'Histoire de 1737.
[2] Pag. 94 et suiv.

qui ne pouvaient venir que d'en-haut, manquaient absolument, et tout s'en ressentait; les plantes étrangères s'amaigrissaient dans des serres mal entretenues et qu'on laissait tomber : quand ces plantes avaient péri, c'était pour toujours; on ne les renouvelait point, on ne réparait pas même les brèches des murs de clôture : de grands terrains demeuraient en friche.

Tel était l'état du jardin en 1732. La surintendance alors vacante par la mort du premier médecin fut supprimée, et le premier médecin déchargé d'une fonction qu'effectivement il ne pouvait guère exercer comme il l'eût fallu, à moins que d'avoir pour les plantes une passion aussi vive que Fagon. La direction du jardin fut jugée digne d'une attention particulière et continue, et le roi la donna sous le nom d'intendance à du Fay. Elle se trouva aussi bien que l'académie des sciences dans le département de la cour et de Paris, qui est à M. le comte de Maurepas; et comme le nouvel intendant était de cette académie, le jardin royal commença à s'incorporer en quelque sorte avec elle.

Du Fay n'était pas botaniste comme MM. de Jussieu, mais il le devint bientôt avec eux autant qu'il était nécessaire. Ils gémissaient sur les ruines de ce jardin qu'ils habitaient, et ne désiraient pas moins ardemment que lui de les voir relevées. Ils le mirent au fait de tout, ne se réservèrent rien de leurs connaissances les plus particulières, lui donnèrent les conseils qu'ils auraient pris pour eux-mêmes, et cette bonne intelligence qui subsista toujours entre eux, ne leur fut pas moins glorieuse qu'utile au succès. L'Angleterre et la Hollande ont chacune un jardin des plantes. Du Fay fit ces deux voyages, et celui d'Angleterre avec de

Jussieu le cadet, pour voir des exemples, et prendre des idées dont il profiterait, et surtout pour lier avec les étrangers un commerce de plantes. D'abord ce commerce était à notre désavantage; nous étions dans la nécessité humiliante ou d'acheter, ou de recevoir des présens : mais on en vint dans la suite à faire des échanges avec égalité, et même enfin avec supériorité. Une chose qui y contribua beaucoup, ce fut une autre correspondance établie avec des médecins ou des chirurgiens, qui, ayant été instruits dans le jardin par MM. de Jussieu, allaient de là se répandre dans nos colonies.

A mesure que le nombre des plantes augmentait par la bonne administration, on construisait de nouvelles serres pour les loger; et à la fin ce nombre étant augmenté de six ou sept mille espèces, il fallut jusqu'à une cinquième serre. Elles sont construites de façon à pouvoir représenter différens climats puisqu'on veut y faire oublier aux différentes plantes leurs climats naturels ; les degrés de chaleur y sont conduits par nuances depuis le plus fort jusqu'au tempéré, et tous les raffinemens que la physique moderne a pu enseigner à cet égard, ont été mis en pratique. De plus, du Fay avait beaucoup de goût pour les choses de pur agrément, et il a donné à ces petits édifices toute l'élégance que le sérieux de leur destination pouvait permettre.

A la fin il était parvenu à faire avouer unanimement aux étrangers que le jardin royal était le plus beau de l'Europe; et si l'on fait réflexion que le prodigieux changement qui y est arrivé s'est fait en sept ans, on conviendra que l'exécution de toute l'entreprise doit avoir été menée avec une extrême vivacité. Aussi était-ce là un des grands talens de du Fay. L'activité, toute opposée qu'elle est au génie qui fait aimer les sciences et le cabinet, il l'avait transportée de la guerre à l'académie.

Mais toute l'activité possible ne lui aurait pas suffi pour exécuter, en si peu de temps, tous ses desseins sur le jardin, en n'y employant que les fonds destinés naturellement, à cet établissement; il fallait obtenir, et obtenir souvent des grâces extraordinaires de la cour. Heureusement il était fort connu des ministres, il avait beaucoup d'accès chez eux, et une espèce de liberté et de familiarité à laquelle un homme de guerre ou un homme du monde parviendra plus aisément qu'un simple académicien. De plus, il savait se conduire avec les ministres, préparer de loin ses demandes, ne les faire qu'à propos, et lorsqu'elles étaient presque déjà faites, essuyer de bonne grâce les premiers refus, toujours à peu près infaillibles, ne revenir à la charge que dans des momens bien sereins, bien exempts de nuages; enfin, il avait le don de leur plaire; et c'est déjà une grande avance pour persuader; mais ils savaient aussi qu'ils n'avaient rien à craindre de tout son art, qui ne tendait qu'à des fins utiles au public, et glorieuses pour eux-mêmes.

Il était quelquefois obligé d'aller au-delà des sommes qu'on lui avait accordées; et il n'hésitait pas à s'engager dans des avances assez considérables. Sa confiance n'a pas été trompée par ceux qu'elle regardait, mais elle pouvait l'être par des événemens imprévus. Il risquait, mais pour ce jardin qui lui était si cher.

Devons-nous espérer qu'on nous croie, si nous ajoutons que tout occupé qu'il était et de l'académie et du jardin, il l'était encore dans le même temps d'une affaire de nature toute différente, très longue, très embarrassée, très difficile à suivre, dont la seule idée aurait fait horreur à un homme de lettres, et qui aurait été du moins un grand fardeau pour l'homme le plus exercé, le plus rompu aux manœuvres du palais et de la finance tout ensemble? Landais, trésorier général de l'artillerie, mourut en 1729, laissant une succession modique pour un trésorier, et qui était d'ailleurs un cahos de comptes à rendre, un hydre de discussions renaissantes les unes des autres. Elle devait être partagée entre la mère de du Fay, et trois sœurs qu'elle avait; et il fut lui seul chargé de quatre procurations, seul à débrouiller le cahos et à combattre l'hydre. Malgré toute son activité naturelle, qui lui fut alors plus nécessaire que jamais, il ne put voir une fin qu'au bout de dix années, les dernières de sa vie, et on assure que sans lui les quatre héritières n'auraient pas eu le quart de ce qui leur appartenait. Il est vrai que la réputation d'honneur et de probité que son oncle avait laissée, et celle qu'il avait acquise lui-même, durent lui servir dans des occasions où il s'agissait de fidélité et de bonne foi; mais cela ne va pas à une épargne considérable des soins ni du temps. Cette grande affaire ne souffrit point de son attachement pour l'académie et pour le jardin royal, et ni l'un ni l'autre ne souffrirent d'une si violente distraction. Il conciliait tout et multipliait le temps par l'industrie singulière avec laquelle il savait le distribuer. Les grands plaisirs changent les heures en momens, mais l'art des sages peut changer les momens en heures.

Comme on savait que l'on ne pouvait trop occuper du Fay, on l'avait admis depuis environ deux ans aux assemblées de la grande police, composées des premiers magistrats de Paris, qu'on tient toutes les semaines chez le premier président. Là, il était consulté sur plusieurs choses qui intéressaient le public, et pouvaient se trouver comprises dans la variété de ses connaissances. Il était presque le seul qui, quoique étranger à ces respectables assemblées, y fût ordinairement appelé.

Son dernier travail pour l'académie, qui, quoiqu'il ne soit pas entièrement fini, est en état d'être annoncé ici, et peut être publié, a été sur le cristal de roche et celui d'Islande. Ces cristaux, ainsi que plusieurs autres pierres transparentes, ont une double réfraction qui a été reconnue de Bartholin, Huyghens et Newton, et dont ils ont tâché de trouver la mesure et d'expliquer la cause. Mais ni leurs mesures ne sont exactes, ni leurs explications exemptes de grandes difficultés. Il était arrivé par un grand nombre d'expériences à une mesure juste, et à des faits généraux, qui du moins pouvaient tenir lieu de principes, en attendant la première cause physique encore plus générale.

Il avait découvert, par exemple, que toutes les pierres transparentes dont les angles sont droits, n'ont qu'une seule réfraction ; et que toutes celles dont les angles ne sont pas droits, en ont une double, dont la mesure dépend de l'inclination de leurs angles.

Il tomba malade au mois de juillet dernier, et dès qu'on s'aperçut que c'était la petite-vérole, il ne voulut point attendre qu'on vînt avec des tours préparés lui parler de la mort sans en prononcer le nom ; il s'y condamna lui-même pour plus de sûreté, et demanda courageusement ses sacremens, qu'il reçut avec une entière connaissance.

Il fit son testament, dont c'était presque une partie

qu'une lettre qu'il écrivit à M. de Maurepas, pour lui indiquer celui qu'il croyait le plus propre à lui succéder dans l'intendance du jardin royal. Il le prenait dans l'académie des sciences à laquelle il souhaitait que cette place fût toujours unie; et le choix de Buffon qu'il proposait était si bon, que le roi n'en a pas voulu faire d'autre.

Il mourut le 16 juillet, après six ou sept jours de maladie.

Par son testament il donne au jardin royal une collection de pierres précieuses, qui fera partie d'un grand cabinet d'histoire naturelle, dont il était presque le premier auteur, tant il lui avait procuré par ses soins d'augmentations et d'embellissemens. Il obtint même que le roi y fît transporter ses coquilles.

L'exécuteur testamentaire, choisi par du Fay, est Hellot, chimiste de cette académie. Toujours le jardin royal, toujours l'académie, autant qu'il était possible.

Mais ce qu'il y a de plus remarquable dans son testament, c'est d'avoir fait madame sa mère sa légataire universelle. Jamais sa tendresse pour elle ne s'était démentie. Ils n'avaient point discuté juridiquement leurs droits réciproques, ni fait de partages; ce qui convenait à l'un lui appartenait, et l'autre en était sincèrement persuadé. Quoique ce fils si occupé eût besoin de divertissement, quoiqu'il les aimât, quoique le monde où il était fort répandu lui en offrît de toutes les espèces, il ne manquait presque jamais de finir ses journées par aller tenir compagnie à sa mère avec le petit nombre de personnes qu'elle s'était choisies. Il est vrai, car il ne faut rien outrer, que les gens naturellement doux et gais, comme il était, n'ont pas besoin de plaisirs si vifs,

Mais ne court-on pas souvent à ces plaisirs là sans en avoir besoin, et par la seule raison que d'autres y courent? La raison du devoir et de l'amitié, plus puissante sur lui, le retenait.

Il était extrêmement connu, et personne ne l'a connu qui ne l'ait regretté. Je n'ai point vu d'éloge funèbre fait par le public, plus net, plus exempt de restrictions et de modifications que le sien.

Aussi les qualités qui plaisaient en lui, étaient précisément celles qui plaisent le plus généralement : des mœurs douces, une gaieté fort égale, une grande envie de servir et d'obliger; et tout cela n'était mêlé de rien qui déplût, d'aucun air de vanité, d'aucun étalage de savoir, d'aucune malignité ni déclarée ni enveloppée. On ne pouvait pas regarder son extrême activité comme l'inquiétude d'un homme qui ne cherchait qu'à se fuir lui-même par les mouvemens qu'il se donnait au dehors : on en voyait trop les principes honorables pour lui, et les effets souvent avantageux aux autres.

L'académie a été plus touchée de sa mort que le reste du public. Quoique occupée des sciences les plus élevées au-dessus de la portée ordinaire des hommes, elle ne laisse pas d'avoir des besoins et des intérêts, pour ainsi dire, temporels, qui l'obligent à négocier avec des hommes; et si elle n'y employait que des agens qui ne sussent que la langue qu'elle parle, elle ne serait pas si bien servie par eux, que par d'autres qui parleraient et sa langue et celle du monde. Du Fay était une espèce d'amphibie propre à vivre dans l'un et l'autre élément, et à les faire communiquer ensemble. Jamais il n'a manqué l'occasion de parler ou d'agir pour l'académie, et comme il était partout, elle était sûre d'avoir partout un agent habile et zélé, sans même qu'il eût été chargé de rien. Mais ce qu'elle sent le plus, c'est d'avoir perdu un sujet déjà distingué par ses talens, destiné naturellement à aller fort loin, et arrêté au milieu de sa course.

ÉLOGE
DE PERRAULT.

Claude Perrault, de l'académie royale des sciences, et médecin de la faculté de Paris, est mort le neuvième octobre de la présente année, âgé de soixante-quinze ans. C'était un homme né pour les sciences, et particulièrement pour les beaux arts, qu'il possédait presque tous sans les avoir jamais appris d'aucun maître. Il savait parfaitement l'architecture; et Colbert ayant pris des dessins pour la façade du devant du Louvre de tous les plus fameux architectes de France et d'Italie le dessin que Perrault donna fut préféré à tous les autres, et il a été entièrement exécuté tel qu'on le voit aujourd'hui sur les profils et sur les mesures qu'il en a donnés. C'est aussi sur ses dessins qu'a été bâti l'observatoire de Paris, avec toutes les commodités qui s'y trouvent pour observer; et cet édifice est d'autant plus à estimer, qu'il est d'une espèce toute singulière, qui a demandé beaucoup de génie et d'invention. Perrault fit aussi le grand modèle de l'arc de triomphe, et une partie considérable du même arc de triomphe a été construite sur ses dessins.

Colbert, qui aimait l'architecture, et qui voulait

donner le moyen aux architectes de France de s'y perfectionner, lui ordonna de faire une traduction nouvelle de Vitruve, et de l'éclaircir avec des notes ; en quoi l'on peut dire qu'il a réussi au-delà de tous ceux qui l'ont précédé dans ce travail, parce que jusqu'à lui ceux qui s'en étaient mêlés n'étaient ou que des savans qui n'étaient pas architectes, ou que des architectes qui n'étaient pas savans. Pour lui, il était grand architecte, et très savant. Il avait une grande connaissance de toutes les choses dont parle Vitruve par rapport à l'architecture, comme de la peinture, de la sculpture, de la musique, des horloges, et principalement de la médecine et de la mécanique, dont l'une était sa profession particulière, et l'autre son inclination dominante. Il avait un génie extraordinaire pour les machines, et joignait à cela une grande adresse de la main pour dessiner et faire des modèles ; jusques-là que tous les connaisseurs ont remarqué que les dessins de sa main, sur lesquels on a gravé les planches de son Vitruve, sont beaucoup plus exacts, plus justes et plus finis que les planches mêmes, quoiqu'elles soient d'une beauté extraordinaire.

Après avoir donné son Vitruve, il en fit un abrégé pour la commodité de ceux qui commencent à étudier l'architecture. Il a fait encore un autre livre sur la même matière, intitulé : *Ordonnance des cinq espèces de colonnes selon la méthode des anciens*, où il donne les véritables proportions que doivent avoir les cinq ordres d'architecture.

Quand l'académie des sciences fut établie, il fut nommé des premiers pour en être, et pour y travailler sur les matières de physique. Il n'était pas possible qu'il ne les entendit parfaitement bien, puisqu'il avait l'esprit de la mécanique au suprême degré. Il en a donné des preuves dans ses *essais de physique*, où l'on a trouvé beaucoup de systèmes très ingénieux et de pensées nouvelles. Ses traités *de la circulation de la sève dans les plantes, du son, et de la mécanique des animaux*, excellent entre tous les autres. Il imprimait, quand il est mort, un quatrième tome de ses *essais de physique*; et il sort présentement de dessous la presse. On n'en dira rien, parce que cet ouvrage n'a pas encore été jugé par le public. Il travaillait aussi, dans le temps qu'il est tombé malade, à mettre en ordre un recueil de diverses machines de son invention. Il ne reste qu'à les graver, à quoi on a déjà commencé de travailler. Son frère, de l'académie française, très semblable à feu Perrault par le génie des beaux arts, mais plus connu dans le monde du côté des belles-lettres, prendra soin de cette édition, et donnera aussi au public ce qui en paraîtra digne parmi les papiers qui sont présentement passés entre ses mains.

Perrault avait le soin de dresser les *mémoires pour servir à l'histoire naturelle des animaux*, à laquelle l'académie des sciences travaille sur les dissections qu'elle fait. Ces mémoires ont été imprimés à diverses fois, et depuis on en a fait une édition au Louvre en un seul volume en 1676.

Ce génie de mécanique et de physique n'empêchait point dans Perrault celui des belles-lettres. Il possédait à fond les auteurs anciens grecs et latins, et eût pu se distinguer par cet endroit là, s'il ne se fût pas trouvé un mérite plus considérable. Il allait même jusqu'à faire agréablement des vers latins et français. Enfin on peut dire qu'il serait très difficile de trouver un homme qui eût rassemblé plus de différens talens. Mais ce qu'il y avait en lui de plus estimable, c'est qu'il ne tirait aucune vanité de ce qui en aurait donné beaucoup à d'autres. Tout grand physicien qu'il était, il n'était nullement entêté de la physique, et il ne regardait ses propres systèmes que comme des probabilités qui étaient, à la vérité, le sujet le plus raisonnable sur lequel l'esprit humain pût s'exercer, mais qui ne méritaient pas une créance entière. On peut s'imaginer combien cela le préservait de l'air dogmatique si insupportable dans presque tous les savans, et combien sa conversation en était plus aisée et plus agréable. Quand on a bien du mérite, c'en est le comble que d'être fait comme les autres.

ÉLOGE

DE LA MARQUISE DE LAMBERT.

La marquise de Lambert, qui se nommait Anne-Thérèse de Marguenat de Courcelles, était fille unique d'Etienne de Marguenat, seigneur de Courcelles, maître ordinaire en la chambre des comptes, mort le 22 mai 1650, et de Monique Passart, morte le 21 juillet 1692, pour lors femme en secondes noces de François le Coigneux, seigneur de la Rocheturpin et de Bachaumont, célèbre par son bel esprit.

Elle avait été mariée le 22 février 1666 avec Henri de Lambert, marquis de Saint-Bris en Auxerrois, baron de

Chytry et Augy; alors capitaine au régiment royal, et depuis mestre de camp d'un régiment de cavalerie, fait brigadier en 1674, maréchal de camp le 25 février 1777, commandant de Fribourg en Brisgaw au mois de novembre suivant, gouverneur de Longwy, et lieutenant-général des armées du roi au mois de juillet 1682, et enfin gouverneur et lieutenant-général de la ville et duché de Luxembourg, au mois de juin 1684, mort au mois de juillet 1686.

Elle avait eu, outre deux filles mortes en bas âge, un fils et une autre fille. Le fils est Henri-François de Lambert, marquis de Saint-Bris, né le 13 décembre 1677, lieutenant-général des armées du roi au 30 mars 17.., et gouverneur de la ville d'Auxerre, autrefois colonel du régiment de Périgord. Il a été marié le 12 janvier 1725 avec Angélique de Larlan de Rochefort, veuve de Louis-François du Parc, marquis de Locmaria, lieutenant-général des armées du roi, mort le 4 octobre 1709. La fille de la marquise de Lambert était Marie-Thérèse de Lambert, qui avait été mariée en 1703 avec Louis de Beaupoil, comte de Saint-Aulaire, seigneur de la Porcherie et de la Grenellerie, colonel-lieutenant du régiment d'Enguien, infanterie, tué au combat de Ramersheim dans la haute Alsace le 26 août 1709. Elle est morte le 13 juillet 1731, âgée de cinquante-deux ans, ayant laissé une fille unique, nommée Thérèse-Eulalie de Beaupoil de Saint-Aulaire, mariée le 7 février 1725 avec Anne-Pierre d'Harcourt, marquis de Beuvron, seigneur de Tourneville, lieutenant-général pour le roi au gouvernement de Normandie, gouverneur du vieux palais de Rouen, et mestre de camp de cavalerie, frère du duc d'Harcourt.

La mère de la marquise de Lambert épousa, comme on l'a dit, M. de Bachaumont, qui non-seulement faisait fort agréablement des vers, comme tout le monde sait par le fameux voyage dont il partagea la gloire avec Chapelle; mais qui de plus était homme de beaucoup d'esprit, et de plus encore de très bonne compagnie, dans un temps où la bonne et la mauvaise se mêlaient beaucoup moins, et où l'on y était bien plus difficile. Il s'affectionna à sa belle-fille, presque encore enfant, à cause des dispositions heureuses qu'il découvrit bientôt en elle, et s'appliqua à les cultiver, tant par lui-même que par le monde choisi qui venait dans sa maison, et dont elle apprenait sa langue comme on fait la langue maternelle.

Elle se dérobait souvent aux plaisirs de son âge pour aller lire en son particulier; et elle s'accoutuma dès lors de son propre mouvement, à faire de petits extraits de ce qui la frappait le plus. C'étaient déjà ou des réflexions fines sur le cœur humain, ou des tours d'expressions ingénieux, mais le plus souvent des réflexions. Ce goût ne la quitta, ni quand elle fut obligée de représenter à Luxembourg, dont le marquis de Lambert était gouverneur, ni quand après sa mort elle eut à essuyer de longs et cruels procès, où il s'agissait de toute sa fortune. Enfin, quand elle les eut conduits et gagnés avec toute la capacité d'une personne qui n'eût point eu d'autre talent, libre enfin, et maîtresse d'un bien assez considérable qu'elle avait presque conquis, elle établit dans Paris une maison où il était honorable d'être reçu. C'était la seule, à un petit nombre d'exceptions près, qui se fût préservée de la maladie épidémique du jeu; la seule où l'on se trouvât pour se parler raisonnablement les uns les autres, et même avec esprit selon l'occasion. Aussi ceux qui avaient leurs raisons pour trouver mauvais qu'il y eût encore de la conversation quelque part, lançaient-ils, quand ils le pouvaient, quelques traits malins contre la maison de madame de Lambert; et madame de Lambert elle-même, très délicate sur les discours et sur l'opinion du public, craignait quelquefois de donner trop à son goût : elle avait le soin de se rassurer, en faisant réflexion que dans cette même maison, si accusée d'esprit, elle y faisait une dépense très noble, et y recevait beaucoup plus de gens du monde et de condition, que de gens illustres dans les lettres.

Son extrême sensibilité sur les discours du public, fut mise à une bien plus rude épreuve. Elle s'amusait volontiers à écrire pour elle seule, et elle voulut bien lire ses écrits à un très petit nombre d'amis particuliers; car quoiqu'on n'écrive que pour soi, on écrit aussi un peu pour les autres, sans s'en douter. Elle fit plus; elle laissa sortir ses papiers de ses mains, sous les sermens les plus forts qu'on lui fit de la fidélité la plus exacte. On viola les sermens : des auteurs ne crurent point qu'une modestie d'auteur pût être sincère; ils prirent des copies qui ne manquèrent point d'échapper. Voilà les *Avis d'une mère à son fils*, les *Avis à sa fille* imprimés; et elle se croit déshonorée. Une femme de condition faire des livres! comment soutenir cette infamie?

Le public sentit bien cependant le mérite de ces ouvrages, la beauté du style, la finesse et l'élévation des sentimens, le ton aimable de vertu qui y règne partout. Il s'en fit en peu de temps plusieurs éditions, soit en France, soit ailleurs; et ils furent traduits en anglais. Mais madame de Lambert ne se consolait point; et on n'aurait pas la hardiesse d'assurer ici une chose si peu vraisemblable, si après ces succès on ne lui avait vu retirer de chez un libraire, et payer au prix qu'il voulut, toute l'édition qu'il venait de faire d'un autre ouvrage qu'on lui avait dérobé.

Les qualités de l'âme, plus importantes et plus rares, surpassaient encore en elle les qualités de l'esprit. Elle était née courageuse, peu susceptible d'aucune crainte, si ce n'était sur la gloire; incapable de se rendre aux obstacles dans une entreprise nécessaire ou vertueuse Elle n'était pas seulement ardente à servir ses amis sans attendre leurs prières, ni l'exposition humiliante de leurs besoins : mais une bonne action à faire, même en faveur de personnes indifférentes, la tentait toujours vivement; et il fallait que les circonstances fussent bien contraires, si elle n'y succombait pas. Quelques mauvais succès de ses générosités ne l'en avaient point corrigée, et elle était toujours également prête à hasarder de faire le bien. Elle fut fort infirme pendant tout le cours de sa vie. Ses dernières années furent accablées de souffrances, pour lesquelles son courage naturel n'eût pas suffi sans le secours de toute sa religion.

Enfin elle décéda à Paris le 12 juillet 1733 dans la quatre-vingt-sixième année de son âge, généralement regrettée, à cause des grandes qualités de son cœur et de son esprit. Nous avons d'elle, comme on l'a dit, un excellent ouvrage sous ce titre : *Avis d'une mère à son fils et à sa fille*, imprimé à Paris en 1728, un volume in-12; et des *réflexions sur les femmes*, dont il y en a eu une édition en Hollande.

DISCOURS

A L'ACADÉMIE FRANÇAISE.

FONTENELLE *ayant été élu par Messieurs de l'Académie Française à la place de M.* DE VILLAYER, *doyen du Conseil d'État, y vint prendre séance le samedi 5 mai* 1691, *et fit le remercîment qui suit :*

MESSIEURS,

Si je ne songeais aujourd'hui à me défendre des mouvemens flatteurs de la vanité, quelle occasion n'aurait-elle pas de me séduire, et de me jeter dans la plus agréable erreur où je sois jamais tombé? En entrant dans votre illustre compagnie, je croirais entrer en partage de toute sa gloire; je me croirais associé à l'immortelle renommée qui vous attend; et comme la vanité est également hardie dans ses idées, et ingénieuse à les autoriser, je me croirais digne du choix que vous avez fait de moi pour ne vous pas croire capables d'un mauvais choix.

Mais, Messieurs, j'ose assurer que je me garantis d'une si douce illusion; je sais trop ce qui m'a donné vos suffrages. J'ai prouvé par ma conduite, que je connaissais tout ce que vaut l'honneur d'avoir place dans l'académie française, et vous m'avez compté cette connaissance pour un mérite; mais le mérite d'autrui vous a encore plus fortement sollicités en ma faveur. Je tiens, par le bonheur de ma naissance, à un grand nom, qui dans la plus noble espèce des productions de l'esprit efface tous les autres noms, à un nom que vous respectez vous-mêmes. Quelle ample matière m'offrirait l'illustre mort qui l'a ennobli le premier! Je ne doute pas que le public, pénétré de la vérité de son éloge, ne me dispensât de cette scrupuleuse bienséance qui nous défend de publier des louanges où le sang nous donne quelque part: mais je me veux épargner la honte de ne pouvoir, avec tout le zèle du sang, parler de ce grand homme, que comme en parlent ceux que sa gloire intéresse le moins.

Vous, Messieurs, à qui sa mémoire sera toujours chère, daignez travailler pour elle, en me mettant en état de ne la pas déshonorer. Empêchez que l'on ne reproche à la nature de m'avoir uni à lui par des liens trop étroits. Vous le pouvez, Messieurs; j'ose croire même que vous vous y engagez aujourd'hui. Sûrs que vos lumières se communiquent, vous m'accordez l'entrée de l'académie; et pourriez-vous me recevoir parmi vous, si vous n'aviez formé le dessein de m'élever jusqu'à vous? Oserais-je moi-même, si je ne comptais sur votre secours, succéder à un grand magistrat dont le génie, quelque distance qu'il y ait entre les caractères de conseiller d'état et d'académicien, embrassait toute cette étendue?

Je sens que mon cœur me sollicite de m'étendre sur ce que je vous dois; et je résiste à un mouvement si légitime, non par l'impuissance où je suis de trouver des expressions dignes du bienfait, je n'en chercherais pas; mais parce que je vous marquerai mieux ma reconnaissance, lorsque j'entrerai avec une ardeur égale à la vôtre dans tout ce qui vous intéresse le plus vivement. Un grand spectacle est devant vos yeux, une grande idée vous occupe et vous rendrait indifférens à d'autres discours : je suspens mes sentimens particuliers ; je cours au seul sujet qui vous touche.

Mons vient d'être soumise; tandis qu'un prince, qui tire tout son éclat d'être jaloux de la gloire de Louis-le-Grand, assemble avec faste des conseils composés de souverains, et que son ambition s'y laisse flatter par des hommages qu'il ne doit qu'à la terreur que l'on a conçue de la France ; tandis qu'il propose des projets d'une campagne plus heureuse que les précédentes, projets qu'a enfantés avec peine une sombre et lente méditation : c'est aux portes de ce conseil, c'est dans le fort des délibérations que Louis entreprend de se rendre maître de la plus considérable de toutes les places ennemies.

A ce coup de foudre, l'assemblée se dissipe ; le chef court, vole où il se croit nécessaire, remue tout, fait les derniers efforts, assemble enfin une assez grande armée pour ne pas être témoin de la prise de Mons sans en rehausser l'éclat. La fortune du roi avait appelé ce spectateur d'au-delà des mers. Conquête aussi heureuse que glorieuse, si au milieu du bonheur dont elle a été accompagnée, elle ne nous avait pas coûté des craintes mortelles. Il n'est pas besoin d'en exprimer le sujet : sous le règne de Louis, nous ne pouvons craindre que quand il s'expose.

Dans le même temps, Nice, qui dans les états d'un autre ennemi décide presque de leur sûreté, Nice est forcée de se rendre à nos armes, et la campagne n'est pas encore commencée. Quelle grandeur, quelle noblesse dans les entreprises du roi! Rien ne peut nuire à leur gloire que la promptitude du succès, qui peut-être aux yeux de l'avenir cachera les difficultés du dessein, et fera disparaître tous les obstacles qui ont été ou prévenus ou surmontés. Il manque à des entreprises si vastes et si hardies la lenteur de l'exécution.

Quand nous vîmes, il y a quelques années, s'élever l'orage que formait contre nous un esprit né pour en exciter, ambitieux sans mesure, et cependant ambitieux avec conduite, enorgueilli par des crimes heureux; quand nous vîmes entrer dans la ligue jusqu'à des princes, qui malgré leur faiblesse pouvaient être à redouter, parce qu'ils augmentaient un nombre déjà redoutable : nous espérâmes, il est vrai, que tant d'ennemis viendraient se briser contre la puissance de Louis; mais ne dissimulons pas que l'idée que nous en avions, quelque élevée qu'elle fût, ne nous promettait rien au-delà d'une glorieuse résistance. Apprenons que la résistance de Louis, ce sont de nouvelles conquêtes : il ne sait point assurer ses frontières sans les étendre; il ne défend ses états qu'en les agrandissant.

Il avait renoncé par la paix à se rendre maître de l'Europe, et l'Europe entière rallume une guerre qui le rétablit dans ses droits, et l'invite à réparer les pertes volontaires de sa modération. Il tenait sa valeur captive; ses ennemis eux-mêmes l'ont dégagée, et l'univers lui est ouvert.

Que ne pouvons-nous rappeler du tombeau, et rendre spectateur de tant de merveilles, le grand ministre à qui l'académie française doit sa naissance! lui qui sous les ordres du plus juste des rois a commencé l'élévation de la France, avec quel étonnement verrait-il ses propres desseins poussés si loin au-delà de son idée et de son attente? lui qui nous fut donné pour préparer le chemin à Louis-le-Grand, aurait-il cru ouvrir une si belle et si éclatante carrière?

Surpris de tant de gloire, il pardonnerait à cette compagnie, si elle ne remplit pas sous son règne le devoir qu'il lui avait imposé de célébrer dignement les héros que la France produirait. Il verrait avec un plaisir égal et notre zèle et notre impuissance. Ceux qui voudraient entreprendre l'éloge de Louis, sont accablés sous ce même poids de grandeur, de valeur et de sagesse, qui accable aujourd'hui tous les ennemis de cet état. Une sincère soumission est le seul parti qui reste à l'envie; et une admiration muette est le seul qui reste à l'éloquence.

LETTRE AU CZAR.

Sa Majesté Czarienne ayant fait savoir à l'Académie royale des Sciences qu'Elle voulait bien être à la tête de ses honoraires, l'Académie chargea son secrétaire de lui en écrire; ce qu'il fit en ces termes:

Sire,

L'honneur que Votre Majesté fait à l'académie royale des sciences, de vouloir bien que son auguste nom soit mis à la tête de sa liste, est infiniment au-dessus des idées les plus ambitieuses qu'elle pût concevoir, et de toutes les actions de grâces que je suis chargé de vous rendre. Ce grand nom, qu'il nous est presque permis de compter parmi les nôtres, marquera éternellement l'époque de la plus heureuse révolution qui puisse arriver à un empire, celle de l'établissement des sciences et des arts dans les vastes pays de la domination de Votre Majesté. La victoire que vous remportez, Sire, sur la barbarie qui y régnait, sera la plus éclatante et la plus singulière de toutes vos victoires. Vous vous êtes fait, ainsi que d'autres héros, de nouveaux sujets par les armes; mais de ceux que la naissance vous avait soumis, vous vous en êtes fait par les connaissances, qu'ils tiennent de vous, des sujets tout nouveaux, plus éclairés, plus heureux, plus dignes de vous obéir; vous les avez conquis aux sciences, et cette espèce de conquête, aussi utile pour eux que glorieuse pour vous, vous était réservée. Si l'exécution de ce grand dessein conçu par Votre Majesté s'attire les applaudissemens de toute la terre, avec quel transport de joie l'académie doit-elle y mêler les siens, et par l'intérêt des sciences qui l'occupent, et par celui de votre gloire, dont elle peut se flatter désormais qu'il rejaillira quelque chose sur elle !

Je suis avec un très profond respect,

Sire,

De Votre Majesté,

Le très humble et très obéissant serviteur,

Fontenelle,

Secrétaire perpétuel de l'Académie royale des Sciences.

De Paris, ce 27 décembre 1719.

LETTRE AU CZAR.

Le Czar *ayant fait l'honneur à l'Académie de lui répondre, le secrétaire eut encore l'honneur d'écrire au* Czar *la lettre suivante :*

Sire,

L'académie royale des sciences est infiniment honorée de la lettre que Votre Majesté a daigné lui écrire, et elle m'a chargé de lui en rendre en son nom de très humbles actions de grâces. Elle vous respecte, Sire, non-seulement comme un des plus puissans monarques du monde, mais comme un monarque qui emploie la grande étendue de son pouvoir à établir les sciences dont elle fait profession, dans de vastes pays où elles n'avaient pas encore pénétré. Si la France a cru ne pouvoir mieux immortaliser le nom d'un de ses rois, qu'en ajoutant à ses titres celui de restaurateur des lettres, quelle sera la gloire d'un souverain qui en est dans ses états le premier instituteur ! L'académie a fait mettre dans ses archives la carte de la mer Caspienne, dressée par ordre de Votre Majesté ; et quoique ce soit une pièce unique et très importante pour la géographie, elle lui est encore plus précieuse en ce qu'elle est un monument de la correspondance que Votre Majesté veut bien entretenir avec elle. L'observatoire a été ouvert au bibliothécaire de Votre Majesté, qui a voulu y dessiner quelques machines.

L'académie la supplie très humblement d'accepter les derniers volumes de son histoire, qu'elle lui doit, et qu'elle est bien glorieuse de lui devoir.

Je suis avec un très profond respect,

Sire,

De Votre Majesté,

Le très humble et très obéissant serviteur,

Fontenelle,

Secrétaire perpétuel de l'Académie royale des Sciences.

De Paris, ce 15 octobre 1721.

COMPLIMENT

Fait au Roi sur son Sacre, par Fontenelle, *alors directeur de l'Académie Française, le* 9 *novembre* 1722.

Sire,

Au milieu des acclamations de tout le royaume, qui répète avec tant de transport celles que Votre Majesté a entendues dans Rheims, l'académie française est trop heureuse et trop honorée de pouvoir faire entendre sa voix jusqu'au pied de votre trône. La naissance, Sire, vous a donné à la France pour roi, et la religion veut que nous tenions aussi de sa main un si grand bienfait; ce que l'une a établi par un droit inviolable, l'autre vient de le confirmer par une auguste cérémonie. Nous osons dire cependant que nous l'avions prévenue : votre personne était déjà sacrée par le respect et par l'amour. C'est en elle que se renferment toutes nos espérances; et ce que nous découvrons de jour en jour dans Votre Majesté, nous promet que nous allons voir revivre en même temps les deux plus grands d'entre nos monarques, Louis, à qui vous succédez, et Charlemagne dont on vous a mis la couronne sur la tête.

COMPLIMENT

Fait au Roi le 16 décembre 1722, sur la mort de MADAME, *par* FONTENELLE, *alors directeur de l'Académie.*

SIRE,

Quand l'art de la parole serait tout-puissant, quand l'académie française, qui l'étudie avec tant de soin, le posséderait au plus haut degré de perfection, elle n'entreprendrait pas d'adoucir la douleur de Votre Majesté. Vous regretterez très légitimement, Sire, une grande princesse qui couronnait toutes ses vertus par un attachement pour vous, aussi tendre que l'amour maternel. Quoique déjà languissante, et attaquée d'un mal dont elle ne se dissimulait pas les suites, elle voulut être témoin de la cérémonie qui a consacré votre personne, et remporter de cette vie le plaisir de ce dernier spectacle si touchant pour elle. Nous osons avouer, SIRE, que l'affliction que vous ressentez de sa perte nous est précieuse; elle nous annonce, dans Votre Majesté, ce que nous y désirons le plus. Combien doit être cher aux peuples, un maître dont le cœur sera sensible et capable de s'attendrir pour eux!

COMPLIMENT

Fait le 16 décembre 1722 à S. A. R. le duc d'Orléans, *régent du royaume, sur la mort de* Madame, *par* Fontenelle, *alors directeur de l'Académie.*

Monseigneur,

Tout le royaume partage la douleur de Votre Altesse Royale. Les larmes que vous donnez au lien le plus étroit du sang, et aux vertus de l'auguste mère que vous perdez, il les donne à ses vertus seules, et il rend à sa mémoire le tribut dont les princes doivent être le plus jaloux. Sa bonté et son humanité lui attiraient tout ce que la dignité n'est pas en droit d'exiger de nous. Si les qualités du cœur faisaient les rangs, sa droiture, sa sincérité, son courage lui en auraient fait un au-dessus même de celui où sa naissance l'avait placée. Elle a conservé dans tout le cours de sa vie cette égalité de conduite, qui ne peut partir que d'une rare vigueur de l'âme, et d'un certain calme respectable qui y règne. La France se glorifiait d'avoir acquis cette grande princesse, et lui rendait grâces des exemples qu'elle donnait aux personnes les plus élevées. Ceux qui cultivent les lettres, sont ordinairement encore plus touchés que les autres, des pertes que fait la vertu ; du moins le sommes-nous davantage de tout ce qui vous intéresse, Monseigneur, nous à qui vous accordez une protection que vos lumières rendent si flatteuse pour nous. Si j'ose parler ici de moi, l'académie française ne pouvait avoir, auprès de vous, un interprète de ses sentimens qui en fût plus pénétré, ni qui tînt à Votre Altesse Royale par un plus long, plus sincère et plus respectueux attachement.

RÉPONSE

De Fontenelle, *alors directeur de l'Académie Française, au discours que S. E. le cardinal* Dubois, *premier ministre, fit à cette Académie, le* 3 *décembre* 1722, *lorsqu'il y fut reçu.*

Monseigneur,

Quelle eût été la joie du grand cardinal de Richelieu, lorsqu'il donna naissance à l'académie française, s'il eût pu prévoir qu'un jour le titre de son protecteur, qu'il porta si légitimement, deviendrait trop élevé pour qui ne serait pas roi ; et que ceux qui, revêtus comme lui des plus hautes dignités de l'état et de l'église, voudraient comme lui protéger les lettres, se feraient honneur du simple titre d'académicien !

Il est vrai, car votre éminence pardonnera aux Muses leur fierté naturelle, surtout dans un lieu où elles égalent tous les rangs, et dans un jour où vous les énorgueillissez vous-même ; il est vrai que vous leur deviez de la reconnaissance. Elles ont commencé votre élévation, et vous ont donné les premiers accès auprès du prince qui a si bien su vous connaître. Mais ce grand prince vous avait acquitté lui-même envers elles, par les fruits de son heureuse éducation, par l'étendue et la variété des lumières qu'il a prises dans leur commerce, par le goût qui lui marque si sûrement le prix de leur différens ouvrages. Je ne parle point de la constante protection qu'il leur accorde; elles sont plus glorieuses de ses lumières et de son goût que de sa protection même. Leur grande ambition est d'être connues.

Ainsi, Monseigneur, ce que vous faites maintenant pour elle est une pure faveur. Vous venez prendre ici la place d'un homme qui n'était célèbre que par elles; et quand votre éminence lui envie en quelque sorte cette distinction unique, combien ne la relève-t-elle pas?

M. Dacier se l'était acquise par un travail de toute sa vie, et qui lui fut toujours commun avec son illustre épouse, espèce de communauté inouïe jusqu'à nos jours. Attaché sans relâche aux grands auteurs de l'antiquité grecque et romaine, admis dans leur familiarité à force de veilles, confident de leurs plus secrètes pensées, il les faisait revivre parmi nous, les rendait nos contemporains, et par un commerce plus libre et plus étendu qu'il nous ménageait avec eux, enrichissait un siècle déjà si riche par lui-même. Quoique sa modestie, ou peut-être son aussi amour pour les anciens, lui persuadât que leurs trésors avaient perdu de leur prix en passant par ses mains, il ne pouvait guère avoir perdu que cet éclat superficiel, qui ne se retrouve point dans des métaux précieux long-temps enfouis sous terre, mais dont la substance n'est point altérée. Il employait une longue étude à pénétrer les beautés de l'antiquité, un soin passionné à les faire sentir, un zèle ardent à les défendre, toute son admiration à les faire valoir; et l'exemple seul de cette admiration si vive pouvait ou persuader ou ébranler les rebelles. Il a eu l'art de se rendre nécessaire à Horace, à Platon, à Marc-Aurèle, à Plutarque, aux plus grands hommes: il a lié son nom avec les noms les plus sûrs de l'immortalité; et pour surcroît de la récompense due à son mérite, son nom se trouvera encore lié avec celui de votre éminence.

Quel bienfait ne nous accordez-vous pas en lui succédant? Vous eussiez pu nous favoriser comme premier ministre: mais un premier ministre peut-il jamais nous favoriser davantage, que lorsqu'il devient l'un d'entre nous? Les grâces ne partiront point d'une main étrangère à notre égard, et nous y serons d'autant plus sensibles, que vous nous les déguiserez sous l'apparence d'un intérêt commun.

Aussi les applaudissemens que nous vous devions seront-ils désormais, non pas plus vifs, mais plus tendres. Dans un concert de louanges, il est facile de distinguer les voix de ceux qui admirent et de ceux qui aiment. Toute votre gloire est devenue la nôtre, et dans nos annales particulières, qui, aussi bien que l'histoire générale du royaume, auront droit de se parer de vos actions et de vous, nous mêlerons à ce sentiment commun d'ambition un sentiment de zèle qui n'appartiendra qu'à nous.

Telle est la nature du ministère, dont jusqu'à présent votre éminence avait été uniquement chargée, que l'éclat des succès n'y est pas ordinairement proportionné au nombre ni à la grandeur des difficultés vaincues. Les ressorts des négociations doivent être inconnus, même après leur effort; il faut les faire jouer sans bruit, et sacrifier courageusement à la solide utilité tout l'honneur de la conduite la plus prudente et la plus délicate. Il n'y a que les événemens qui la décèlent, mais le plus souvent sans rien découvrir du détail, qui en ferait briller le mérite, ils se font seulement reconnaître par l'ouvrage de quelque grand génie, et donnent l'exclusion aux jeux de la fortune. Eussions-nous prévu que nous serions tranquilles pendant une minorité, qui semblait inviter les puissances voisines à reprendre les armes? Eussions-nous osé en concevoir l'espérance? Le règne du feu roi, si brillant par une longue prospérité, et plus encore par les adversités héroïquement soutenues, et habilement réparées; l'union de deux monarchies dans sa maison, défendue contre des efforts si violens et si opiniâtres; son pouvoir trop reconnu et trop éprouvé; un certain éclat du nom français, ajouté par ce grand monarque au pouvoir réel; enfin tout ce qui faisait alors notre gloire, faisait aussi notre danger; les soupçons et les jalousies se réveillaient; les équivoques des traités, les questions qu'ils laissaient indécises, ne fournissaient que trop de ces prétextes toujours prêts à servir tous les besoins ou toutes les passions; l'occasion seule suffisait pour faire naître des ennemis. Cependant un calme profond a régné en France, interrompu seulement par un léger mouvement de guerre. Quelle intelligence a produit cette merveille? de quels moyens s'est-elle servi? Nous ignorons les moyens; mais l'intelligence ne peut être cachée. Le régent du royaume a pensé; son ministre a pensé avec lui, et a exécuté. Les siècles suivans en sauront davantage : fiez-vous à eux, Monseigneur.

Ils sauront, et c'est une connaissance que cette compagnie leur doit particulièrement envier ; ils sauront quelle éloquence a secondé vos entreprises, combien elle était digne des matières et de vous ; ils jouiront des ouvrages qu'elle a produits, et que le temps présent ou votre modestie nous dérobe. Un autre cardinal français, élevé par son seul mérite à cette dignité, célèbre à jamais par ses importantes et difficiles négociations, vous a prévenu dans ce genre d'éloquence, et en a laissé des modèles immortels. Il dédaignait d'employer d'autres armes que celles de la raison : mais avec quelle noble vigueur employait-il toutes les armes de la raison! Quand il avait les préventions ou les passions à combattre, ce n'était qu'à force de les éclairer qu'il en triomphait. L'académie a été formée trop tard, et elle n'a pu posséder un orateur d'un caractère si rare ; mais il fallait qu'elle lui pût opposer un rival.

Jusqu'ici les traités de paix avaient la guerre pour véritable objet. On se ménageait ou un repos de quelques années pour réparer ses forces, ou plus de forces pour attaquer un ennemi commun ; une haine dissimulée par nécessité, une vengeance méditée de loin, une ambition adroitement cachée, formaient toutes les liaisons ; et le désir sincère d'une tranquillité générale et durable, était un sentiment inconnu à la politique. C'est vous, Monseigneur, qui en suivant les vues, et, ce qui nous touche encore davantage, le caractère du prince dépositaire du sceptre, avez le premier amené dans le monde une nouveauté si peu attendue. Vous avez fait des traités de paix qui ne pouvaient produire que la paix : vous en avez ménagé d'autres qui vinssent de plus loin seconder vos principaux desseins; et par un grand nombre de ces liens différens, qui tiennent tous ensemble, et se fortifient mutuellement, vous avez eu l'art d'enchaîner si bien toute l'Europe, qu'elle en est en quelque sorte devenue immobile, et qu'elle se trouve réduite à un heureux et sage repos.

Quel doit être pour tous les hommes le charme de ce repos, si les souverains qui habitent une région ordinairement inaccessible aux malheurs de la guerre, ont senti comme les peuples les avantages que leur apportait la situation présente de l'Europe! Ils les ont sentis, et si vivement, qu'ils ont tous concouru à vous faire obtenir la pourpre. Eux à qui l'union la plus étroite permet encore tant de division sur une infinité de sujets particuliers, ils se sont rencontrés dans l'entreprise de procurer votre élévation; ils ont même relâché de leurs droits en votre faveur, et peut-être, pour la première fois, ont sacrifié leurs délicates jalousies. Le souverain pontife n'a entendu qu'une demande de la bouche de tous les ambassadeurs, et vous avez paru être un prélat de tous les états catholiques, et un ministre de toutes les cours.

Ce même esprit, qui sait si bien concilier, vous l'avez porté dans la grande affaire dont l'église de France n'est occupée que depuis trop long-temps. Mais combien les intérêts politiques sont-ils plus aisés à manier que ceux de religion, que chacun se fait une loi de suivre tels qu'il les a conçus; qui n'admettent point une modeste déférence aux lumières supérieures d'autrui; qui ne peuvent céder, je ne dis pas à des considérations étrangères, mais même à d'autres intérêts de religion plus importans; qui enfin semblent avoir le droit de changer l'aveugle opiniâtreté en une constance respectable? Malgré ces difficultés renaissantes à chaque instant, des vues sages, et sagement communiquées, des soins agissans avec circonspection, mais toujours agissans, ont réuni les sentimens de presque tous les prélats du royaume; et il nous est permis désormais d'attendre une paix entière, où l'église n'aura plus rien à craindre du zèle et de l'amour même de ses enfans.

C'est dans cette disposition singulière des affaires générales que se fait le passage paisible du plus glorieux règne qu'ait vu la France, à un règne également glorieux qu'elle espère. Nul obstacle étranger n'empêchera que les inclinations naturelles du roi, cultivées avec tant de soin par de si excellens maîtres, ne se déploient dans toute leur étendue. Il n'aura qu'à vouloir rendre ses peuples heureux, et tout nous dit qu'il le voudra. Déjà nos désirs les plus impatiens trouvent en lui tout ce qu'ils cherchent; et nos espérances, à force de se confirmer de jour en jour, ne sont plus de simples espérances.

S'il était besoin qu'elles s'accrussent, elles s'accroîtraient encore par l'application que ce jeune monarque donne depuis quelque temps aux matières du gouvernement, par ces entretiens où il veut bien vous faire entrer. Là, vous pesez à ses yeux les forces de son état, et des différens états qui nous environnent; vous lui dévoilez l'intérieur de son royaume, et celui du reste de l'Europe, tel que vos regards perçans l'ont pénétré; vous lui démêlez cette foule confuse d'intérêts politiques, si diversement embarrassés les uns dans les autres; vous le mettez dans le secret des cours étrangères; vous lui portez sans réserve toutes vos connaissances acquises par une expérience éclairée; vous vous rendez inutile autant que vous le pouvez.

Voilà, Monseigneur, ce que pense l'académie dans un des plus beaux jours qu'elle ait jamais eus. Depuis plus de trente ans qu'elle m'a fait l'honneur de me recevoir, le sort l'avait assez bien servie pour ne me charger jamais de parler en son nom à aucun de ceux qu'elle a reçus après moi; il me réservait à une occasion singulière, où les sentimens de mon cœur pussent suffire pour une fonction si noble et si dangereuse. Vous vous souvenez que mes vœux vous appelaient ici long-temps avant que vous y pussiez apporter tant de titres : personne ne savait mieux que moi que vous y eussiez apporté ceux que nous préférerons toujours à tous les autres.

RÉPONSE

De Fontenelle *à* Néricault Destouches, *lorsqu'il fut reçu à l'Académie Française, le 25 août 1723.*

Monsieur,

On sait assez que l'académie française n'affecte point de remplacer un orateur par un orateur, ni un poète par un poète; il lui suffit que des talens succèdent à des talens, et que le même fonds de mérite subsiste dans la compagnie, quoique formée de différens assemblages. Si cependant il se trouve quelquefois plus de conformité dans les successions, c'est un agrément de plus que nous recevons avec plaisir des mains de la fortune. Nous avions perdu Campistron, illustre dans le genre dramatique; nous retrouvons en vous un auteur revêtu du même éclat. Tous deux vous avez joui de ces succès si flatteurs du théâtre, où la louange ne passe point lentement de bouche en bouche, mais sort impétueusement de toutes les bouches à la fois, et où souvent même les transports de toute une grande assemblée prennent la place de la louange interdite à la vivacité de l'émotion.

Il est vrai que votre théâtre n'a pas été le même que celui de votre prédécesseur. Il s'était donné à la muse tragique; et quoiqu'il ne soit venu qu'après des hommes qui avaient porté la tragédie au plus haut degré de perfection, et qui avaient été l'honneur de leur siècle, à un point qu'ils devaient être aussi le désespoir éternel des siècles suivans, il a été souvent honoré d'un aussi grand nombre d'acclamations, et a recueilli autant de larmes. On voit assez d'ouvrages, qui, ayant paru sur le théâtre avec quelque éclat, ne s'y maintiennent pas dans la suite des temps, et auquel le public semble n'avoir fait d'abord un accueil favorable qu'à condition qu'il ne les reverrait plus. Mais ceux de Campistron se conservent en possession de leurs premiers honneurs. Son Alcibiade, son Andronic, son Tiridate vivent toujours; et à chaque fois qu'ils paraissent, les applaudissemens se renouvellent, et ratifient ceux qu'on avait donnés à leur naissance. Non, les campagnes où se moissonnent les lauriers n'ont pas encore été entièment dépouillées; non, tout ne nous a pas été enlevé par nos admirables ancêtres : et à l'égard du théâtre en particulier, pourrions-nous le croire épuisé dans le temps même où un ouvrage sorti de cette académie, brillant d'une nouvelle sorte de beauté, passe les bornes ordinaires des grands succès, et de l'ambition des poètes? Pour vous, Monsieur, vous vous êtes renfermé dans le comique, aussi difficile à manier, et peut-être plus, que le tragique ne l'est avec toute son élévation, toute sa force, tout son sublime. L'âme ne serait-elle point plus susceptible des agitations violentes que des mouvemens doux? ne serait-il point plus aisé de la transporter loin de son assiette naturelle, que de l'amuser avec plaisir en l'y laissant; de l'enchanter par des objets nouveaux et revêtus de merveilleux, que de lui rendre nouveaux des objets familiers? Quoi qu'il en soit de cette espèce de différent entre le tragique et le comique, du moins la plus difficile espèce de comique est celle où votre génie vous a conduit, celle qui n'est comique que pour la raison, qui ne cherche point à exciter bassement un rire immodéré dans une multitude grossière; mais qui élève cette multitude, presque malgré elle-même, à rire finement et avec esprit. Qui est celui qui n'a point senti dans le Curieux impertinent, dans l'Irrésolu, dans le Médisant, le beau choix des caractères, ou plutôt le talent de trouver encore des caractères; la justesse du dialogue, qui fait qu'on se parle et qu'on se répond, et que chaque chose se dit à sa place, beauté plus rare qu'on ne pense; la noblesse et l'élégance de la versification, cachées sous toutes les apparences nécessaires du style familier.

De là vient que vos pièces se lisent, et cette louange si simple n'est pourtant pas fort commune. Il s'en faut bien que tout ce qu'on a applaudi au théâtre, on le puisse lire. Combien de pièces fardées par la représentation ont ébloui les yeux du spectateur; et dépouillées de cette parure étrangère, n'ont pu soutenir ceux du lecteur ? Les ouvrages dramatiques ont deux tribunaux à esuyer, très différens, quoique composés des mêmes juges; tous deux également redoutables, l'un parce qu'il est trop tumultueux, l'autre parce qu'il est trop tranquille : et un ouvrage n'est pleinement assuré de sa gloire, que quand le tribunal tranquille a confirmé le jugement favorable du tumultueux.

La réputation que vous deviez aux Muses, Monsieur, vous a enlevé à elles pour quelque temps. Le public vous a vu avec regret passer à d'autres occupations plus élevées, à des affaires d'état dont il aurait volontiers chargé quelqu'autre moins nécessaire à ses plaisirs. Toute votre conduite en Angleterre, où les intérêts de la France vous étaient confiés, a bien vengé l'honneur du génie poétique, qu'une opinion assez commune condamne à se renfermer dans la poésie. Et pourquoi veut-on que ce génie soit si frivole ? Ses objets sont sans doute moins importans que des traités entre des couronnes : mais une pièce de théâtre, qui ne sera que l'amusement du public, demande peut-être des réflexions plus profondes, plus de connaissance des hommes et de leurs passions, plus d'art de combiner et de concilier des choses opposées, qu'un traité qui fera la destinée des nations. Quelques gens de lettres sont incapables de ce qu'on appelle les affaires sérieuses ; j'en conviens : mais il y en a qui les fuient sans en être incapables, encore plus qui, sans les fuir et sans être incapables, ne se sont tournés du côté des lettres, que faute d'une autre matière à exercer leurs talens. Les lettres sont l'asile d'une infinité de talens oisifs et abandonnés par la fortune; ils ne font guère alors que parer, qu'embellir la société : mais on peut les obliger à la servir plus utilement ; ces ornemens deviendront des appuis. C'est ainsi que pensait le grand cardinal de Richelieu, notre fondateur : c'est ainsi qu'a pensé à votre sujet celui qui commençait à le remplacer à la France, et que la France et l'académie viennent de perdre.

Venez parmi nous, Monsieur, libre des occupations politiques, et rendu à vos premiers goûts. Je suis en droit de vous dire, sans craindre aucun reproche de présomption, que notre commerce vous sera utile. Les plus grands hommes ont été ici, et n'en sont devenus que plus grands. L'académie a été en même temps une récompense de la gloire acquise, et un moyen de l'augmenter. Vous en devez être persuadé plus que personne, vous qui savez si bien quel est le pouvoir de la noble émulation.

RÉPONSE

De Fontenelle *doyen de l'Académie Française, et alors directeur, au discours de M.* de Chalamont de la Visclède, *secrétaire perpétuel, et l'un des députés de l'Académie de Marseille, à la réception de Messieurs les députés de cette Académie, au sujet de son adoption par l'Académie Française, le 19 septembre 1726.*

Messieurs,

Si l'académie française avait, par son choix, adopté l'académie de Marseille pour sa fille, nous ne nous défendrions pas de la gloire qui nous reviendrait de cette adoption; nous recevrions avec plaisir les louanges que ce choix nous attirerait. Mais nous savons trop nous-mêmes que c'est votre académie qui a choisi la nôtre pour sa mère : nous n'avons sur vous que les droits que vous nous donnez volontairement; et à cet égard nous vous devons des remercîmens de notre supériorité.

Ce n'est pas que nous ne puissions nous flatter d'avoir quelque part à la naissance de votre compagnie. Un de ceux qui en ont eu la première idée, celui qui s'en est donné les premiers mouvemens, qui y a mis toute cette ardeur nécessaire pour commencer un ouvrage, est un homme que nos jugemens solennels avaient enflammé d'un amour pour les lettres, encore plus grand que celui qu'il tenait de son heureux naturel. Nous l'avions couronné deux fois de suite, et d'une double couronne à chaque fois, honneur unique jusqu'à présent. Et combien un pareil honneur, aussi singulier en son espèce, eût-il eu d'éclat dans les jeux de l'Elide? Combien Pindare l'eût-il célébré? Nos lois ne donnaient pas à ce vainqueur, comme celles des Grecs, des priviléges dans sa patrie : mais lui, il a voulu multiplier dans sa patrie, il a voulu y éterniser les talens qui l'avaient rendu vainqueur. D'un autre côté, le crédit qui vous a obtenu de l'autorité royale les grâces nécessaires pour votre établissement, ça été celui d'un des membres de l'académie française. Sous une qualité si peu fastueuse et si simple, vous ne laissez pas de reconnaître le gouverneur de votre province, le général d'armée qui rendit à la France la supériorité des armes qu'elle avait perdue; et qui ensuite, par une glorieuse paix dont il fut le négociateur, termina cette même guerre qu'il nous eût encore fait soutenir avec avantage. Et ne pourrions-nous pas nous glorifier aussi de ce que, pour ces grâces qu'il vous a obtenues, il a eu besoin lui-même d'un autre académicien ? Nous ne lui donnerons que ce titre, puisqu'il néglige celui des fonctions les plus brillantes, content de pouvoir être utile, peu touché de ce qui n'y ajoute rien.

Mais à quoi servirait-il de rechercher des raisons qui vous liassent à l'académie française, tandis que votre inclination même vous fait prendre avec elle les liaisons les plus étroites? Attendez de nous, Messieurs, tout ce que demande une conduite si flatteuse à notre égard, tout ce que votre mérite personnel exige encore plus fortement. Votre académie sera plutôt une sœur de la nôtre qu'une fille. Cet ouvrage, que vous vous êtes engagés à nous envoyer tous les ans, nous le recevrons comme un présent que vous nous ferez, comme un gage de notre union, semblable à ces marques employées chez les anciens, pour se faire reconnaître à des amis éloignés.

Nous avons déjà vu naître des académies dans quelques villes du royaume, et l'académie de Marseille, qui naît aujourd'hui, nous donne le plaisir de voir que cette espèce de production ne s'arrête point. Si lorsque le grand cardinal de Richelieu eut formé notre compagnie dans la capitale, il s'en fût formé aussitôt d'autres pareilles dans les provinces, on eût pu croire que l'esprit d'imitation et de mode, si reproché à notre nation, agissait; et s'il eût agit, il est certain qu'il ne se fût pas soutenu. Mais les académies, nées après l'académie française, sont nées en des temps assez différens. Ce n'est donc plus une mode qui entraîne la nation : une utilité réelle et solide se fait sentir, mais lentement, parce qu'elle ne regarde que l'esprit; et en récompense elle se fait toujours sentir : la pure raison ne fait pas rapidement ses conquêtes; il faut qu'elle se contente de les avancer toujours de quelques pas.

Si les villes, si les provinces du royaume s'étaient disputé le droit d'avoir une académie, quelle ville l'eût emporté sur Marseille par l'ancienneté des titres? quelle province en eût produit de pareils aux vôtres, Messieurs? Marseille était savante et polie dans le temps que le reste des Gaules était barbare; car il n'est pas à présumer que le savoir des druides y répandît beaucoup de lumières, Marseille a eu des hommes, fameux encore aujourd'hui, que les Grecs reconnaissent pour leur appartenir, non-seulement par le sang, mais par le génie. Il est sorti de la Provence, soumise à l'empire romain, des orateurs et des philosophes que Rome admirait. Et dans des temps beaucoup moins reculés, lorsque cette épaisse nuit d'ignorance et de barbarie, qui avait couvert toute l'Europe, commença un peu à se dissiper, ne fut-ce pas en Provence que brillèrent les premiers rayons de la poésie française, comme si une heureuse fatalité eût voulu que cette partie des Gaules fût toujours éclairée la première? Alors la nature y enfanta tout à coup un grand nombre de poètes dont elle avait seule tout l'honneur; l'art, les règles, l'étude des Grecs et des Romains ne lui pouvaient rien disputer. Ces auteurs, qui n'avaient que de l'esprit sans culture, dont les noms sont à peine connus aujourd'hui de quelques-uns d'entre les savans les plus curieux, sont ceux cependant dont les Italiens ont pris le premier goût de la poésie; ce sont ceux que les anciens poètes de cette nation si spirituelle, et le grand Pétrarque lui-même, ont regardés comme leurs maîtres, ou du moins comme des prédécesseurs respectables. La gloire de Pétrarque peut encore appartenir plus particulièrement à la Provence par un autre endroit : il fut inspiré par une provençale. Vous aviez aussi dans ces mêmes siècles, une académie d'une constitution singulière ; le savoir, à la vérité, n'y dominait pas ; mais en sa place l'esprit et la galanterie. L'élite de la noblesse du pays, tant en hommes qu'en femmes, composait la fameuse cour d'amour, où se traitaient avec méthode et avec une espèce de régularité académique, toutes les questions que peuvent fournir ou les sentimens ou les aventures des amans; questions si ingénieuses pour la plupart, et si fines, que celles de nos romans modernes ne sont souvent que les mêmes, ou ne les surpassent pas : mais il est vrai que sur ces sortes de sujets, l'étude des anciens et les livres ne sont pas si nécessaires. Vous n'avez pas voulu, Messieurs, vous parer beaucoup de tout cet éclat, qui ne vient que de vos ancêtres : mais avec ceux qui ne font pas valoir leur noblesse, on est d'autant plus obligé à s'en souvenir et à faire sentir qu'on s'en souvient. Une ancienne possession d'esprit est certainement un avantage. Ou c'est un don du climat, s'il y en a de privilégiés : et quel climat le devrait être plus que le vôtre ? ou c'est un motif qui anime et qui encourage : c'est une gloire déjà acquise qui devient la semence d'une nouvelle.

Combien de talens semés assez indifféremment en tous lieux, périssent faute d'être cultivés! Les académies préviennent ces pertes dans les différens départemens dont on leur a en quelque sorte confié le soin ; elles mettent en valeur des bienfaits de la nature, dont on n'eût presque retiré aucun fruit. Rome envoyait des colonies dans les provinces de son empire, parce qu'elle n'y eût pas trouvé des Romains tout formés : mais chez nous il se formera des Romains, pour ainsi dire, loin de Rome ; et qui sait s'il n'y en aura pas quelques uns que la capitale enviera, et qu'elle enlèvera même aux provinces ?

RÉPONSE

De Fontenelle, *doyen de l'Académie Française, et alors directeur, à M.* Mirabeau, *lorsqu'il y fut reçu le* 28 *septembre* 1726.

Monsieur,

On craint quelquefois que les lettres ne conservent pas encore long-temps dans ce royaume, tout l'éclat qu'elles ont acquis; il semble qu'elles ne soient plus assez considérées : et en effet une certaine familiarité que l'on a contractée avec elles, peut leur être nuisible. Beaucoup plus d'excellens ouvrages ont porté tous les genres d'écrire à un point qu'il serait très difficile de passer; et dès que l'esprit ne s'élève plus, on croit qu'il tombe. La prompte décadence des Grecs et des Romains nous fait peur; car nous pouvons sans trop de vanité, nous appliquer ces grands exemples. Cependant quand une place de l'académie française est à remplir, quel est notre embarras? c'est le nombre des bons sujets. Nous perdons M. le duc de la Force, qui joignait à une grande naissance et à une grande dignité plus de goût pour toute sorte de littérature que la naissance et les dignités n'en souffrent ordinairement, et même plus de talens qu'il n'osait en laisser voir; et aussitôt notre choix est balancé entre plusieurs hommes, tous recommandables par différens endroits, et dont le nombre est si grand par rapport à l'espèce dont ils sont, qu'il fait presque une foule. Vous avez été choisi,

Monsieur ; mais dans la suite vous vous donnerez vous-mêmes pour confrères ceux qui ont été vos rivaux, et cette rivalité vous déterminera en leur faveur.

C'a été votre belle traduction de la Jérusalem du Tasse qui a brigué nos voix. La renommée n'a encore depuis trois mille ans consacré que trois noms dans le genre du poème épique, et le nom du Tasse est le troisième. Il faut que les nations les plus jalouses de leur gloire, les plus fières de leur succès dans toutes les autres productions de l'esprit, cèdent cet honneur à l'Italie.

Mais il arrive le plus souvent que les noms sont, sans comparaison, plus connus que les ouvrages qui ont fait connaître les noms. Les auteurs célèbres des siècles passés ressemblent à ces rois d'Orient, que les peuples ne voient presque jamais, et dont l'autorité n'en est pas moins révérée. Vous avez appris aux Français combien était estimable ce poète italien qu'ils estimaient déjà tant : dès qu'il a parlé par votre bouche, il a été reçu partout : partout il a été applaudi : les hommes ont trouvé dans son ouvrage tout le grand du poème épique, et les femmes tout l'agréable du roman. L'envie et la critique n'ont pas eu la ressource de pouvoir attribuer ce grand succès aux seules beautés du Tasse : il perdait les charmes de la poésie ; il perdait les grâces de sa langue ; il perdait tout, si vous ne l'eussiez dédommagé : le grand, l'agréable, tout eût disparu par un style, je ne dis pas faible et commun, mais peu élevé et peu élégant. Aussi le public a-t-il bien su démêler ce qui vous appartenait, et vous donner vos louanges à part. Sa voix, qui doit toujours prévenir les nôtres, vous indiqua dès lors à l'académie.

Voilà votre titre, Monsieur; et nous ne comptons pas la protection que vous avez d'un prince, la seconde tête de l'état. Ces grandes protections sont une parure pour le mérite; mais elles n'en sont pas un : et quand on veut les employer dans toute leur force, quand on ne veut pas qu'elles trouvent de résistance, osons le dire, elles déshonorent le mérite lui-même. Tous les suffrages auront été unanimes : mais quelle triste unanimité! On aura été d'accord, non à préférer celui qu'on nomme, mais à redouter son protecteur. Pour vous, Monsieur, vous avez le bonheur d'appartenir à un prince, dont la modération, dont l'amour pour l'ordre et pour la règle, qualités si rares et si héroïques dans ceux de son rang, vous ont sauvé l'inconvénient d'être protégé avec trop de hauteur, et appuyé d'un excès d'autorité qui fait tort. Nous avons senti qu'il ne permettait pas à son grand nom d'avoir tout son poids naturel : et le moyen d'en douter, après qu'il avait déclaré expressément qu'il aimait mieux que sa recommandation fût sans effet, que de gêner la liberté de l'académie? Il savait, j'en conviens, qu'il pouvait se fier à vos talens, et à la connaissance que nous en avions : mais un autre en eût été d'autant plus impérieux, qu'il eût été armé de la raison et de la justice. Nous avons droit d'espérer, ou plutôt nous devons absolument croire qu'un exemple parti de si haut, sera désormais une loi, et votre élection aura eu cette heureuse circonstance d'affermir une liberté qui nous est si nécessaire et si précieuse.

J'avouerai cependant, et peut-être, Monsieur, ceci ne devrait-il être qu'entre vous et moi, que mon suffrage pourrait n'avoir pas été tout-à-fait aussi libre que ceux du reste de l'académie Vous savez qui m'a parlé pour vous. On en est quitte envers la plus haute naissance pour les respects qui lui sont dûs : mais la beauté et les grâces qui se joignent à cette naissance ont des droits encore plus puissans, et principalement les grâces d'une si grande jeunesse, qu'on ne peut guère les accuser d'aucun dessein de plaire, quoique ce dessein même fût une faveur.

Quel agréable emploi que celui dont vous êtes chargé ! Vous donnez à deux jeunes princesses toutes les connaissances qui leur conviennent : en même temps que les charmes de leur personne croîtront sous vos yeux, ceux de leur esprit croîtront aussi par vos soins ; et je puis vous annoncer de plus que les instructions qu'elles recevront de vous, ne vous seront pas inutiles à vous-même, et qu'elles vous en rendront d'autres à leur tour. La nécessité de vous accommoder à leur âge et à leur délicatesse naturelle, vous accoutumera à dépouiller tout ce que vous leur apprendrez d'une sécheresse et d'une dureté trop ordinaires au savoir ; et d'un autre côté, les personnes de ce rang, quand elles sont nées avec de l'esprit, ont une langue particulière, des expressions, des tours que les savans seraient trop heureux de pouvoir étudier chez elles. Pour les recherches laborieuses, pour la solidité du raisonnement, pour la force, pour la profondeur, il ne faut que des hommes. Pour une élégance naïve, pour une simplicité fine et piquante, pour le sentiment délicat des convenances, pour une certaine fleur d'esprit, il faut des hommes polis par le commerce des femmes. Il y en a plus en France que partout ailleurs, grâces à la forme de notre société ; et de là nous viennent des avantages dont les autres nations tâcheront inutilement ou de rabaisser, ou de se dissimuler le prix. La perfection en tout genre consiste dans un mélange juste de qualités opposées, dans une réunion heureuse qui s'en fait malgré leur opposition. L'éloquence et la poésie demandent de la vivacité et de la sagesse, de la délicatesse et de la force; et il arrive que l'esprit français, auquel les hommes et les femmes contribuent assez également, est un résultat plus accompli de différens caractères. L'académie croira avoir bien rempli sa destination, si par ses soins et par ses exemples elle réussit à perfectionner ce goût et ce ton qui nous sont particuliers; peut-être même suffira-t-il qu'elle les maintienne.

RÉPONSE

De FONTENELLE *à l'évêque de Luçon, lorsqu'il fut reçu à l'Académie Française, le 6 mars* 1732.

MONSIEUR,

Il arrive quelquefois que, sans examiner les motifs de notre conduite, on nous accuse d'avoir dans nos élections beaucoup d'égard aux noms et aux dignités, et de songer du moins autant à décorer notre liste qu'à fortifier solidement la compagnie. Aujourd'hui nous n'avons point cette injuste accusation à craindre. Il est vrai que vous portez un beau nom; il est vrai que vous êtes revêtu d'une dignité respectable : on ne nous reprochera cependant ni l'un ni l'autre. Le nom vous donnerait presque un droit héréditaire ; la dignité vous a donné lieu de fournir vos véritables titres, ces ouvrages où vous avez traité des matières, qui, très épineuses par elles-mêmes, le sont devenues encore davantage par les circonstances présentes. Beaucoup d'autres ouvrages du même genre ont essuyé de violentes attaques, dont les vôtres se sont garantis par eux-mêmes : mais ce qu'il nous appartient le plus particulièrement d'observer, il y règne cette beauté de style, ce génie d'éloquence dont nous faisons notre principal objet.

Nous voyons déjà combien notre choix est applaudi par ce monde plus poli et plus délicat, qui peut-être ne sait pas trop en quoi consiste notre mérite académique, mais qui se connaît bien en esprit. Ce monde où vous êtes né, et où vous avez vécu, ne se lasse point de vanter les agrémens de votre conversation et les charmes de votre société. Nous croirons aisément que ces louanges vous touchent peu, soit par l'habitude de les entendre, soit parce que la gravité de votre caractère peut vous les faire mépriser : mais l'académie est bien aise que ses membres les méritent, elle que son nom d'académie française engage à cultiver ce qui est le plus particulier aux Français, la politesse et les agrémens.

Ici, Monsieur, je ne puis résister à la vanité de dire que vous n'avez pas dédaigné de m'admettre au plaisir que votre commerce faisait à un nombre de personnes mieux choisies ; et je rendrais grâces avec beaucoup de joie au sort qui m'a mis en place de vous en marquer publiquement ma reconnaissance, si ce même sort ne me chargeait aussi d'une autre fonction très douloureuse et très pénible.

Il faut que je parle de votre illustre prédécesseur, d'un ami qui m'était extrêmement cher, et que j'ai perdu : il faut que j'en parle, que j'appuie sur tout ce qui cause mes regrets, et que je mette du soin à rendre la plaie de mon cœur encore plus profonde. Je conviens qu'il y a toujours un certain plaisir à dire ce que l'on sent : mais il faudrait le dire dans cette assemblée d'une manière digne d'elle, et digne du sujet ; et c'est à quoi je ne crois pas pouvoir suffire, quelque aidé que je sois par un tendre souvenir, par ma douleur même, et par mon zèle pour la mémoire de mon ami.

Le plus souvent on est étrangement borné par la nature. On ne sera qu'un bon poète, c'est être déjà assez réduit ; mais de plus, on ne le sera que dans un certain genre ; la chanson même en est un où l'on peut se trouver renfermé. La Motte a traité presque tous les genres de poésie. L'ode était assez oubliée depuis Malherbe ; l'élévation qu'elle demande, les contraintes particulières qu'elle impose avaient causé sa disgrâce, quand un jeune inconnu parut subitement avec des odes à la main, dont plusieurs étaient des chefs-d'œuvre, et les plus faibles avaient de grandes beautés. Pindare dans les siennes est toujours Pindare, Anacréon est toujours Anacréon, et ils sont tous deux très opposés. La Motte, après avoir commencé par être Pindare, sut devenir Anacréon.

Il passa au théâtre tragique, et il y fut universellement applaudi dans trois pièces de caractères différens. Les Machabées ont le sublime et le majestueux qu'exige une religion divine ; Romulus représente la grandeur romaine naissante, et mêlée de quelque férocité ; Inès de Castro exprime les sentimens les plus tendres, les plus touchans, les plus adroitement puisés dans le sein de la nature. Aussi l'histoire du théâtre n'a-t-elle point d'exemple d'un succès pareil à celui d'Inès. C'en est un grand pour une pièce que d'avoir attiré une fois chacun de ceux qui vont aux spectacles. Inès n'a peut-être pas eu un seul spectateur qui ne l'ait été qu'une fois. Le désir de la voir renaissait après la curiosité satisfaite.

Un autre théâtre a encore plus souvent occupé le même auteur; c'est celui où la musique s'unissant à la poésie, la pare quelquefois, et la tient toujours dans un rigoureux esclavage. De grands poètes ont fièrement méprisé ce genre, dont leur génie, trop roide et trop inflexible, les excluait; et quand ils ont voulu prouver que leur mépris ne venait pas d'incapacité, ils n'ont fait que prouver, par des efforts malheureux, que c'est un genre très difficile. La Motte eût été aussi en droit de le mépriser: mais il a fait mieux, il y a beaucoup réussi. Quelques unes de ses pièces, car, fussent-elles toutes d'un mérite égal, le succès dépend ici du concours de deux succès; l'Europe galante, Issé, le Carnaval de la Folie, Amadis de Grèce, Omphale, dureront autant que le théâtre pour lequel elles ont été faites, et elles feront toujours partie de ce corps de réserve qu'il se ménage pour ses besoins.

Dans d'autres genres que La Motte a embrassés aussi, il n'a pas reçu les mêmes applaudissemens. Lorsque ses premiers ouvrages parurent, il n'avait point passé par de faibles essais, propres seulement à donner des espérances : on n'était point averti, et on n'eut pas le loisir de se précautionner contre l'admiration. Mais dans la suite on se tint sur ses gardes : on l'attendait avec une indisposition secrète contre lui ; il en eût coûté trop d'estime pour lui rendre une justice entière. Il fit une Iliade, en suivant seulement le plan général d'Homère, et on trouva mauvais qu'il touchât au divin Homère sans l'adorer. Il donna un recueil de fables, dont il avait inventé la plupart des sujets ; et on demanda pourquoi il faisait des fables après La Fontaine. Sur ces raisons on prit la résolution de ne lire l'Iliade ni les fables, et de les condamner.

Cependant on commence à revenir peu à peu sur les fables, et je puis être témoin qu'un assez grand nombre de personnes de goût avouent qu'elles y trouvent une infinité de belles choses; car on n'ose encore dire qu'elles sont belles. Pour l'Iliade, elle ne paraît pas jusqu'ici se relever ; et je dirai, le plus obscurément qu'il me sera possible, que le défaut le plus essentiel qui l'en empêche, et peut-être le seul, c'est d'être l'Iliade. On lit les anciens par une espèce de devoir ; on ne lit les modernes que pour le plaisir, et malheureusement un trop grand nombre d'ouvrages nous ont accoutumés à celui des lectures intéressantes.

Dans la grande abondance de preuves que je puis donner de l'étendue et de la variété du talent de La Motte, je néglige des comédies qui, quoiqu'en prose, appartiennent au génie poétique, et dont l'une a été tout nouvellement tirée de son premier état de prose, pour être élevée à la dignité de pièce en vers, si cependant c'était une dignité selon lui ; mais enfin c'était toujours un nouveau style auquel il savait se plier.

Cette espèce de dénombrement de ses ouvrages poétiques ne les comprend pas encore tous. Le public ne connaît ni un grand nombre de ses psaumes et de ses cantates spirituelles, ni des églogues qu'il renfermait, peut-être par un principe d'amitié pour moi, ni beaucoup de pièces galantes enfantées par l'amour, mais par un amour d'une espèce singulière, pareil à celui de Voiture pour mademoiselle de Rambouillet, plus parfaitement privé d'espérance, s'il est possible, et sans doute infiniment plus disproportionné. Il n'a manqué à un poète si universel qu'un seul genre, la satire; et il est plus glorieux pour lui qu'elle lui manque, qu'il ne l'est d'avoir eu tous les autres genres à sa disposition.

Malgré tout cela, La Motte n'était pas poète, ont dit quelques uns, et mille échos l'ont répété. Ce n'était point un enthousiasme involontaire qui le saisit, une fureur divine qui l'agitât; c'était seulement une volonté de faire des vers, qu'il exécutait, parce qu'il avait beaucoup d'esprit. Quoi! ce qu'il y aura de plus estimable en nous, sera-ce donc ce qui dépendra le moins de nous, ce qui agira le plus en nous sans nous-mêmes, ce qui aura le plus de conformité avec l'instinct des animaux? Car cet enthousiasme et cette fureur bien expliquées, se réduiront à de véritables instincts. Les abeilles font un ouvrage bien entendu, à la vérité, mais admirable seulement en ce qu'elles le font sans l'avoir médité et sans le connaître. Est-ce là le modèle que nous devons nous proposer; et serons-nous d'autant plus parfaits que nous en approcherons davantage? Vous ne le croyez pas, Messieurs; vous savez trop qu'il faut du talent naturel pour tout, de l'enthousiasme pour la poésie; mais qu'il faut en même temps une raison qui préside à tout l'ouvrage, assez éclairée pour savoir jusqu'où elle peut lâcher la main à l'enthousiasme, et assez ferme pour le retenir quand il va s'emporter. Voilà ce qui rend un grand poète si rare ; il se forme de deux contraires heureusement unis dans un certain point, non pas tout à fait indivisible, mais assez juste. Il reste un petit espace libre où la différence des goûts aura quelque jeu. On peut désirer un peu plus ou un peu moins : mais ceux qui n'ont pas formé le dessein de chicaner le mérite, et qui veulent juger sainement, n'insistent guère sur ce plus ou sur ce moins qu'ils désireraient, et l'abandonnent, ne fut-ce qu'à cause de l'impossibilité de l'expliquer.

Je sais ce qui a le plus nui à La Motte. Il prenait assez souvent ses idées dans des sources assez éloignées de celle de l'Hippocrène, dans un fonds peu connu de réflexions fines et délicates, quoique solides; en un mot, car je ne veux rien dissimuler, dans la métaphysique, même dans la philosophie. Quantité de gens ne se trouvaient plus en pays de connaissance, parce qu'ils ne voyaient plus Flore et les Zéphyrs, Mars et Minerve, et tous ces autres agréables et faciles riens de la poésie ordinaire. Un poète si peu frivole, si fort de choses, ne pouvait pas être un poète; accusation plus injurieuse à la poésie qu'à lui. Il s'est répandu depuis un temps un esprit philosophique presque tout nouveau, une lumière qui n'avait guère éclairé nos ancêtres; et je ne puis nier aux ennemis de La Motte, qu'il n'eût été vivement frappé de cette lumière, et n'eût saisi avidement cet esprit. Il a bien su cueillir les fleurs du Parnasse ; mais il y a cueilli aussi, ou plutôt il y a fait naître des fruits qui ont plus de substance que ceux du Parnasse n'en ont communément. Il a mis beaucoup de raison dans ses ouvrages, j'en conviens; mais il n'y a pas mis moins de feu, d'élévation, d'agrément, que ceux qui ont le plus brillé par l'avantage d'avoir mis dans les leurs moins de raison.

Parlerai-je ici de cette foule de censeurs que son mérite lui a faits? seconderai-je leurs intentions en leur aidant à sortir de leur obscurité? Non, Messieurs; non, je ne puis m'y résoudre : leurs traits partaient de trop bas pour aller jusqu'à lui. Laissons-les jouir de la gloire d'avoir attaqué un grand nom, puisqu'ils n'en peuvent avoir d'autre; laissons-les jouir du vil profit qu'ils en ont espéré, et que quelques uns cherchaient à accroître par un retour réglé de critiques injurieuses. Je sais cependant que, même en les méprisant, car on ne peut s'en empêcher, on ne laisse pas de recevoir d'eux quelque impression : on les écoute, quoiqu'on ne l'ose le plus souvent, du moins si on a quelque pudeur, qu'après s'en être justifié par convenir de tous les titres odieux qu'ils méritent. Mais toutes ces impressions qu'ils peuvent produire ne sont que très-passagères; nulle force n'égale celle du vrai. Le nom de La Motte vivra, et ceux de ses injustes censeurs commencent déjà à se précipiter dans l'éternel oubli qui les attend.

Quand on a été le plus avare de louanges sur son sujet, on lui a accordé un premier rang dans la prose, pour se dispenser de lui en donner un pareil dans la poésie; et le moyen qu'il n'eût pas excellé en prose, lui qui avec un esprit nourri de réflexions, plein d'idées bien saines et bien ordonnées, avait une force, une noblesse, et une élégance singulière d'expression, même dans son discours ordinaire.

Cependant cette beauté d'expression, ces réflexions,

ces idées, il ne les devait presque qu'à lui-même. Privé dès sa jeunesse de l'usage de ses yeux et de ses jambes, il n'avait pu guère profiter ni du grand commerce du monde, ni du secours des livres. Il ne se servait que des yeux d'un neveu, dont les soins constans et perpétuels pendant vingt-quatre années qu'il a entièrement sacrifiées à son oncle, méritent l'estime, et en quelque sorte la reconnaissance de tous ceux qui aiment les lettres, ou qui sont sensibles à l'agréable spectacle que donnent des devoirs d'amitié bien remplis. Ce qu'on peut se faire lire ne va pas loin, et La Motte était donc bien éloigné d'être savant; mais sa gloire en redouble. Il ferait lui-même dans la dispute des anciens et des modernes un assez fort argument contre l'indispensable nécessité dont on prétend que soit la grande connaissance des anciens, si ce n'est qu'on pourrait fort légitimement répondre qu'un homme si rare ne tire pas à conséquence.

Dans les grands hommes, dans ceux surtout qui en méritent uniquement le titre par des talens, on voit briller vivement ce qu'ils sont, mais on sent aussi, et le plus souvent sans beaucoup de recherches, ce qu'ils ne pourraient pas être : les dons les plus éclatans de la nature ne sont guère plus marqués en eux que ce qu'elle leur a refusé. On n'eût pas facilement découvert de quoi La Motte était incapable. Il n'était n'y physicien, ni géomètre, ni théologien; mais on s'apercevait que pour l'être, et même à un haut point, il ne lui avait manqué que des yeux et de l'étude. Quelques idées de ces différentes sciences qu'il avait recueillies çà et là, soit par un peu de lecture, soit par la conversation d'habiles gens, avaient germé dans sa tête, y avaient jeté des racines, et produit des fruits surprenans par le peu de culture qu'ils avaient coûté. Tout ce qui était du ressort de la raison était du sien ; il s'en emparait avec force, et s'en rendait bientôt maître. Combien ces talens particuliers, qui sont des espèces de prisons souvent fort étroites d'où un génie ne peut sortir, seraient-ils inférieurs à cette raison universelle qui contiendrait tous les talens, et ne serait assujétie par aucun, qui d'elle-même ne serait déterminée à rien, et se porterait également à tout ?

L'étendue de l'esprit de La Motte embrassait jusqu'aux agrémens de la conversation, talent dont les plus grands auteurs, les plus agréables même dans leurs ouvrages, ont été souvent privés, à moins qu'ils ne redevinssent en quelque sorte agréables par le contraste perpétuel de leurs ouvrages et d'eux-mêmes. Pour lui, il apportait dans le petit nombre de ces sociétés une gaieté ingénieuse, fine et féconde, dont le mérite n'était que trop augmenté par l'état continuel de souffrance où il vivait.

Il n'y a jamais eu qu'une voix à l'égard de ses mœurs, de sa probité, de sa droiture, de sa fidélité dans le commerce, de son attachement à ses devoirs ; sur tous ces points la louange a été sans restriction, peut-être parce que ceux qui se piquent d'esprit ne les ont pas jugés assez importans, et n'y ont pas pris beaucoup d'intérêt. Mais je dois ajouter ici, qu'il avait les qualités de l'âme les plus rarement unies à celles de l'esprit dans les plus grands héros des lettres. Ils sont sujets ou à une basse jalousie qui les dégrade, ou à un orgueil qui les dégrade encore plus en les voulant trop élever. La Motte approuvait, il louait avec une satisfaction si vraie, qu'il semblait se complaire dans le talent d'autrui. Il eût acquis par là le droit de se louer lui-même, si on pouvait l'acquérir. Ce n'est pas que les défauts lui échappassent, et comment l'auraient-ils pu ? Mais il n'était pas touché de la gloire facile, et pourtant si recherchée, de les découvrir, et encore moins de celle d'en publier la découverte. Sévère dans le particulier pour instruire, il était hors de là très indulgent pour encourager. Il n'avait point établi dans sa tête son style pour règle de tous les autres styles; il savait que le beau ou l'agréable sont rares, mais non pas uniques : ce qui était le moins selon ses idées particulières, n'en avait pas moins droit de le toucher; et il se présentait à tout, bien exempt de cette injustice du cœur qui borne et qui resserre l'esprit. Aussi était-ce du fond de ses sentimens qu'il se répandait sur ses principaux écrits une certaine odeur de vertu délicieuse pour ceux qui en peuvent être frappés. Qu'un auteur qui se rend aimable dans ses ouvrages, est au-dessus de celui qui ne fait que s'y rendre admirable !

Un des plus célèbres incidens de la querelle sur Homère, fut celui où l'on vit paraître dans la lice, d'un côté, le savoir sous la figure d'une dame illustre; de l'autre, l'esprit, je ne veux pas dire la raison, car je ne prétends point toucher au fond de la dispute, mais seulement à la manière dont elle fut traitée. En vain le savoir voulut se contraindre à quelques dehors de modération, dont notre siècle impose la nécessité; il retomba malgré lui dans son ancien style, et laissa échapper de l'aigreur, de la hauteur et de l'emportement. L'esprit au contraire fut doux, modeste, tranquille, même enjoué, toujours respectueux pour le vénérable savoir, et encore plus pour celle qui le représentait. Si La Motte eût pris par art le ton qu'il prit, il eût fait un chef-d'œuvre d'habileté; mais les efforts de l'art ne vont pas si loin, et son caractère naturel eut beaucoup de part à la victoire complète qu'il remporta.

Je sens bien, Messieurs, que je viens de faire un éloge peu vraisemblable, et je ne crains pas cependant que l'amitié m'ait emporté au-delà du vrai; je crains seulement qu'elle ne m'ait pas inspiré assez heureusement, ou ne m'ait engagé à un trop long discours. Si La Motte était encore parmi nous, et que je me fusse échappé à parler aussi long-temps, je le prierais de terminer la séance, selon sa coutume, par quelqu'une de ses productions, et vous ne vous seriez séparés qu'en applaudissant, ainsi que vous avez fait tant de fois. Mais nous ne le possédons plus, et il faut bien que nous nous attendions à le regretter souvent.

DISCOURS

Prononcé par FONTENELLE, *doyen et directeur de l'Académie Française, à l'ouverture de l'assemblée publique du 25 août* 1741.

MESSIEURS,

Avant que de faire en public les fonctions de la place où j'ai l'honneur d'être dans ce jour solennel, je me sens obligé à vous rendre grâces de ce que j'y suis. Une loi toujours exactement observée, veut que ce soit le sort qui mette l'un d'entre vous à votre tête; et vous avez voulu me déférer cette dignité indépendamment du sort, en considération des cinquante années que je compte présentement depuis ma réception. Un demi-siècle passé parmi vous, m'a fait un mérite; mais je l'avouerai, Messieurs, je me flatte d'en avoir encore un autre, et plus considérable, et qui vous a plus touchés; c'est mon attachement pour cette compagnie, d'autant plus grand, que j'ai eu plus de temps pour la bien connaître. Je dirai plus, ceux qui la composent présentement, je les ai vu tous entrer ici, tous naître dans ce monde littéraire, et il n'y en a absolument aucun à la naissance de qui je n'aie contribué. Il m'est permis d'avoir pour vous une espèce d'amour paternel, pareil cependant à celui d'un père qui se verrait des enfans fort élevés au-dessus de lui, et qui n'aurait guère d'autre gloire que celle qu'il tirerait d'eux.

Les trois âges d'hommes que Nestor avait vus, je les ai presque vus aussi dans cette académie, qui s'est renouvelée plus de deux fois sous mes yeux. Combien de talens, de génies, de mérites, tous singulièrement estimables en quelque point, tous différens entre eux, se sont succédés les uns aux autres; et en combien de façon le tout s'est-il arrangé pour former un corps également digne dans tous les temps de prétendre à l'immortalité, selon qu'il a osé le déclarer dès sa naissance! Tantôt la poésie, tantôt l'éloquence, tantôt l'esprit, tantôt le savoir ont eu la plus grande part à ce composé, toujours égal à lui-même et toujours divers; et j'ose prédire, sur la foi de ma longue expérience, qu'il ne dégénérera point, et soutiendra cette haute et noble prétention dont il s'est fait un devoir.

J'ai vu aussi, et de fort près, et long-temps, une autre compagnie célèbre, dont je ne puis m'empêcher de parler ici, quoique sans une nécessité absolue, mais à l'exemple de ce Nestor que je viens de nommer. Quand l'académie des sciences prit une nouvelle forme par les mains d'un de vos plus illustres confrères, il lui inspira le dessein de répandre, le plus qu'il lui serait possible, le goût de ces sciences abstraites et élevées qui faisaient son unique occupation. Elles ne se servaient ordinairement, comme dans l'ancienne Égypte, que d'une certaine langue sacrée, entendue des seuls prêtres et de quelques initiés. Leur nouveau législateur voulait qu'elles parlassent, autant qu'il se pourrait, la langue commune; et il me fit l'honneur de me prendre ici pour être leur interprète, parce qu'il compta que j'y aurais reçu des leçons excellentes sur l'art de la parole.

Cet art est beaucoup plus lié qu'on ne le croit peut-être avec celui de penser. Il semble que l'académie française ne s'occupe que des mots; mais à ces mots répondent souvent des idées fines et déliées, difficiles à saisir et à rendre précisément telles qu'on les a, ou plutôt telles qu'on les sent, aisées à confondre avec d'autres par des ressemblances trompeuses, quoique très fortes. L'établissement des langues n'a pas été fait par des raisonnemens et des discussions académiques, mais par l'assemblage bizarre en apparence d'une infinité de hasards compliqués; et cependant il y règne au fond une espèce de métaphysique fort subtile qui a tout conduit; non que les hommes grossiers qui la suivaient se proposassent de la suivre, elle leur était parfaitement inconnue : mais rien ne s'établissait généralement, rien n'était constamment adopté, que ce qui se trouvait conforme aux idées naturelles de la plus grande partie des esprits, et c'était là l'équivalent de nos assemblées et de nos délibérations. Elles ne font plus, qu'avec assez de travail, ce qui se fit alors sans aucune peine, de la même manière à peu près qu'un homme fait n'apprendra point, sans beaucoup d'application, la même langue qu'un enfant aura apprise sans y penser.

Un des plus pénibles soins de l'académie, est de développer dans notre langue cette métaphysique qui se cache, et ne peut être aperçue que par des yeux assez perçans. L'esprit d'ordre, de clarté, de précision, nécessaire dans ces recherches délicates, est celui qui sera la clef des plus hautes sciences, pourvu qu'on l'y applique de la manière qui leur convient ; et j'avais pu prendre ici quelque teinture de cet esprit qui devait m'aider à remplir les nouveaux devoirs dont on me chargeait. Avec un pareil secours, ce savoir que les maîtres ne communiquaient pas réellement dans leurs ouvrages, mais qu'ils montraient seulement de loin, placé sur des hauteurs presque inaccessibles, pouvait en descendre jusqu'à un certain point, et se laisser amener à la portée d'un plus grand nombre de personnes.

Ainsi, Messieurs, car je cesse enfin d'abuser des priviléges de Nestor, c'est l'académie française qui m'a formé la première ; c'est elle qui en mettant mon nom dans sa liste, y a la première attaché une certaine prévention favorable ; c'est elle qui m'a rendu plus susceptible de l'honneur d'entrer dans de pareilles sociétés, et je me tiens heureux de pouvoir aujourd'hui lui en marquer publiquement ma vive reconnaissance. La cé rémonie du renouvellement des vœux au bout de cinquante ans se pratique dans de certains corps; et si quelque chose d'approchant était en usage dans celui-ci, je descendrais volontiers de la première place pour me remettre à celle de récipiendaire, et y prendre de nouveau les mêmes engagemens que j'y pris il y a si long-temps. Je me porterais à cette action avec d'autant plus d'ardeur, que je suis présentement plus redevable que jamais à cette respectable compagnie.

DISCOURS

Lu dans l'assemblée publique du 25 août 1749.

L'académie juge à propos de prendre l'occasion de cette assemblée publique, pour avertir ceux qui aspireront aux prix de poésie que nous proposons ici tous les ans, d'être aussi exacts sur la rime, que l'ont été tous nos bons poètes du siècle passé. Quelques ouvrages modernes, qui, quoiqu'ils manquassent souvent de cette exactitude, n'ont pas laissé de réussir à un certain point, ont donné un exemple commode, qui a été aussitôt saisi avec ardeur, et prospère de jour en jour.

L'académie s'en est aperçue bien sensiblement dans un grand nombre des ouvrages de poésie qu'elle a reçus cette année; et elle croit qu'il est de son devoir de s'opposer au progrès de l'abus, en déclarant que dans ses jugemens elle se conduira à cet égard avec toute la rigueur convenable.

Cette rigueur va peut-être scandaliser quelques personnes. Qu'est-ce que la rime, dira-t-on? N'est-ce pas une pure bagatelle? J'en conviens, à parler selon la pure raison; mais le nombre réglé des syllabes, un repos fixé au milieu de nos grands vers, ou la césure, ne sont-ce pas aussi des bagatelles précisément de la même espèce? Traitez-les comme vous voulez traiter la rime; négligez-les autant, les proportions gardées, et vous n'aurez plus de poésie française, rien qui la distingue de la prose. On peut même remarquer ici, à l'avantage de la rime, que des trois conditions ou règles arbitraires qui distinguent dans notre langue la poésie d'avec la prose, la rime est celle qui la distingue le plus; elle en fait plus elle seule que les deux autres ensemble, et il est clair qu'elle en doit être d'autant plus soigneusement conservée.

Ne sont-ce pas les difficultés vaincues qui font la gloire des poètes? N'est-ce pas sur cet unique fondement, par cette seule considération, qu'on leur a permis une espèce de langage particulier, des tours plus hardis, plus imprévus; enfin ce qu'ils appellent eux-mêmes, en se vantant, un beau, un noble, un heureux délire; c'est-à-dire, en un mot, ce que la droite raison n'adopterait pas? S'ils ne se soumettent pas aux conditions apposées à leurs priviléges, on aura droit de les condamner à redevenir sages.

Il ne faut pas traiter de la même manière les arts utiles et ceux qui ne sont qu'agréables. Les utiles le sont d'autant plus, qu'ils sont d'une plus facile exécution, la raison en est évidente: au contraire, les arts purement agréables perdraient de leur agrément à devenir moins difficiles, puisque c'est de leur difficulté que naît tout le plaisir qu'ils peuvent faire. Le plus grand inconvénient qu'on aurait à craindre, ce serait que le nombre des poètes ne diminuât : hé bien, il faudrait se résoudre à prendre ce mal là en patience ; certainement nous ne perdrions pas les grands génies, ils n'en seraient que plus excités à user de toutes leurs forces, et le sentiment intérieur de cette même force ne leur permettrait pas de demeurer oisifs.

Ce que l'académie voudrait faire aujourd'hui chez nous, on croirait presque qu'il s'est fait de soi-même chez les Latins. Les fragmens d'Ennius ne nous donnent l'idée que d'une versification extrêmement lâche, et qui se permettait à peu près tout ce qu'elle voulait.

Lucrèce vint ensuite, qui se permet moins, mais encore beaucoup. Virgile paraît; il abolit une infinité des anciens priviléges, et tout le Parnasse latin obéit. Cette poésie était toujours allée en augmentant à la fois de difficulté et de perfection; et elle s'est maintenue en cet état, du moins à l'égard de la difficulté et des règles, pendant plus de quatre siècles; après quoi un affreux déluge de barbarie a tout abîmé. Si nous voulions en croire les novateurs d'aujourd'hui sur la rime, nous ferions précisément le contraire de ce qu'ont fait les Latins arrivés à leur beau siècle; il s'y sont tenus long-temps : nous, dès que nous serions arrivés au nôtre (car nous pouvons hardiment qualifier ainsi celui de Louis XIV), nous nous presserions volontairement d'en déchoir ; ce serait pousser bien loin l'inconstance qu'on nous reproche tant.

Il est vrai cependant que les novateurs peuvent avoir des chefs qui agiront par un autre motif, par la noble ambition d'être à la tête d'un parti, d'une espèce de révolution dans les lettres, de quelque chose enfin ; et en ce cas, ils ont raison de croire qu'ils engageront mieux leurs gens par une diminution, que par une augmentation de travail.

Si nous remontions jusqu'aux Grecs, nous trouverions que chez eux la poésie a toujours marché aussi, en resserrant elle-même ses chaînes. Homère, qui est à la tête de tout, est si excessivement licencieux, qu'il ne paraît presque pas possible d'y rien ajouter à cet égard ; et il était bien naturel que l'on se fît un honnête scrupule d'aller si loin. Mais je ne veux pas m'engager dans une discussion trop étendue, et, pour tout dire, dont je ne serais pas capable : renfermons-nous chez les Latins ; comparons leurs gênes avec les nôtres. Ce serait un long détail, si l'on voulait : mais il me semble que tout l'essentiel de ce parallèle peut se réduire à deux chefs principaux.

1°. Sur les six pieds qui composent un vers hexamètre latin, il n'y a que les deux derniers qui soient assujétis à être d'une certaine quantité ; les quatre premiers sont libres, non absolument, mais par rapport aux deux autres. De cette structure du vers hexamètre, il résulte qu'il y a un assez grand nombre de mots latins qui n'y peuvent jamais entrer. Voilà donc la langue latine appauvrie d'autant, et la difficulté de s'exprimer en vers augmentée. Chez nous, les règles du grand vers n'excluent aucun mot, à moins qu'il ne fût de sept syllabes, ce qui est très rare.

2°. En latin, les mots exclus du vers hexamètre peuvent se réfugier dans les phaleuques, dans les odes alcaïques, etc. Mais là il n'y a aucun pied libre comme il y en avait dans l'hexamètre ; et c'est là tout ce qu'on a pu imaginer de plus cruel et de plus tyrannique. Le français n'a rien d'approchant. Jusques-là les Latins, qui, accablés d'un joug si pesant, n'ont pas laissé de s'élever jusqu'où nous ne pouvons guère que les suivre, ont, du côté des difficultés vaincues, un avantage infini sur nous.

Mais il faut avouer qu'ils avaient une commodité qu'on peut aussi appeler infinie, et dont nous sommes presque entièrement privés : c'est l'inversion des mots. Je crois qu'on pourrait prouver, par les meilleurs poètes, que cette inversion était, à très peu de choses près, totalement arbitraire ; et cela supposé, il est certain que cinq mots seulement peuvent être arrangés en cent vingt façons différentes, dix mots iraient à plus de trois millions. Horace dit galamment et ingénieusement à l'aimable Pirrha, qu'il s'était sauvé du naufrage dont il était menacé par ses charmes ; et voici très littéralement et dans la dernière exactitude ses propres mots : *Une muraille sacrée marque, par un tableau votif, que j'ai appendu au puissant Dieu de la mer mes vêtemens tout mouillés.* L'image est poétique et heureuse : cela fait au moins onze mots latins ; et voici comment ils ont été arrangés par Horace pour faire les vers qu'il voulait : *Par un tableau une sacrée votif muraille marque tout mouillés que j'ai appendu au puissant mes vêtemens de la mer Dieu.* J'ai vu des gens d'esprit, mais qui ne savaient point le latin, fort étonnés qu'Horace eût parlé ainsi ; et d'autres, qui avaient fait leurs études, étonnés encore de ce qu'ils ne l'avaient pas été jusques-là. Tout ce que je prétends présentement, c'est que l'arrangement qu'Horace donne à ces onze mots latins, est tel que l'on voit assez qu'une infinité d'autres

arrangemens pareils auraient été également recevables;
que ces arrangemens étaient donc arbitraires; que puisqu'il s'agissait d'onze mots, il y avait plus de dix millions d'arrangemens possibles; et que quand il y en aurait eu quelques uns d'absolument insupportables, il en restait encore un nombre prodigieux plus que suffisant pour y satisfaire.

Que les Latins n'aient dans un certain genre de vers aucune syllabe libre, mais une entière liberté de placer les mots comme ils voudront; et que nous n'ayons aucune gêne sur les syllabes, mais un extrême assujétissement à un certain ordre des mots, et cela en tout genre de vers, il me semble qu'il ne serait pas aisé de juger de quel côté il y aurait plus ou moins de difficulté, et qu'on pourrait supposer ici une égalité assez parfaite. Mais il est question de savoir laquelle des deux pratiques est la plus raisonnable; la décision pourra être assez prompte. Certainement la licence effrénée des transpositions produira souvent de l'obscurité et de l'embarras; exigera du lecteur, et principalement de l'auditeur, une attention pénible, qui n'ira qu'à entendre le sens littéral, et non à envisager l'idée, et produira dans la phrase une confusion et un chaos où l'on ne se reconnaîtra un peu que lorsqu'on sera parvenu jusqu'au bout. Souvenons-nous du morceau cité d'Horace. Il y a là un *tout mouillés* adjectif détaché de son substantif, qu'on verra quelque temps après; jusques-là ce mot n'a aucun rapport à tout ce qui l'environne, et il paraît tout à fait hors d'œuvre et comme suspendu en l'air. Il faudra faire effort pour s'en souvenir, et le rejoindre au mot de *vêtemens* quand il daignera paraître.

Mais n'est-il pas à propos que le poète prenne tous les moyens possibles d'empêcher que l'attention qu'on lui donne ne se relâche? Sans doute, il les doit prendre; mais il faut que ce soit à ses dépens, et non aux dépens de l'auditeur. Le poète n'est fait que pour le plaisir d'autrui; moins il vendra cher celui qu'il fera, plus il en fera : il doit se sacrifier de bonne grâce, sans songer jamais à faire partager ses peines.

Nous étions partis de la rime, et nous voilà arrivés bien loin, et peut-être beaucoup trop loin, sur un sujet si léger. Nous demandons cependant la permission de dire encore un mot. En supposant que la rime soit régulière, quelle sera sa plus grande perfection possible?

Il y a un bon mot fort connu. *Voilà deux mots bien étonnés de se trouver ensemble*, a dit un homme d'esprit, en se moquant d'un mauvais assortiment de mots. J'applique cela à la rime, mais en le renversant; et je dis qu'elle est d'autant plus parfaite, que les deux mots qui la forment sont plus étonnés de se trouver ensemble. J'ajoute seulement qu'ils doivent être aussi aises qu'étonnés. Si vous avez fini un vers par le mot d'*âme*, il vous sera bien aisé de trouver le mot de *flâme* pour finir l'autre. Non-seulement il y a peu de mots de cette terminaison dans la langue; mais de plus, ceux-ci ont entre eux une telle affinité pour le sens, qu'il sera très difficile que le discours où le premier sera employé, n'admette ou même n'amène nécessairement le second. La rime est légitime; mais c'est presque un mariage. Je dis qu'alors les mots ne sont pas *étonnés*, mais ennuyés de se rencontrer.

Si au contraire vous faites rimer *fable* et *affable*, et je suppose que le sens des deux vers soit bon, on pourra dire que les deux mots seront étonnés et bien aises de se trouver. On en voit assez la raison, en renversant ce qui vient d'être dit. Ce seront là des rimes riches et heureuses.

Toute langue cultivée se partage en deux branches différentes, dont chacune a un grand nombre de termes que l'autre n'emploie point : la branche sérieuse et noble, la branche enjouée et badine. On pourrait croire que les poètes sont plus obligés de bien rimer dans le sérieux que dans le badin : mais pour peu qu'on y pense, on verra que c'est le contraire. Leur assujétissement à la rime doit être d'autant plus grand, qu'il leur est plus aisé d'y satisfaire. Or, la langue badine est de beaucoup la plus abondante et la plus riche; outre tous les termes qui lui sont propres, et auxquels l'autre n'ose jamais toucher, elle a tous ceux de cette autre, sans exception, qu'elle peut tourner en plaisanterie tant qu'elle voudra; elle peut aller même jusqu'à en forger de nouveaux. Il est bien juste que la joie, si nécessaire aux hommes, ait quelques priviléges.

RÉPONSE

De Fontenelle, *directeur de l'Académie Française, au discours prononcé par M. l'évêque de Rennes, le jour de sa réception, le 25 septembre 1749.*

Monsieur,

Ce que nous venons d'entendre ne nous a point surpris ; nous savions, il y a long-temps, que dès votre entrée dans le monde on jugea qu'à beaucoup d'esprit naturel, et à une grande capacité dans les matières de l'état ecclésiastique que vous aviez embrassé, vous joigniez l'agréable don de la parole, qui ne s'attache pas toujours au plus grand fonds d'esprit, et encore moins à des connaissances également épineuses et éloignées de l'usage commun. Nous savions qu'après avoir été nommé évêque de la capitale d'une grande province qui se gouverne par des états, votre dignité, qui vous mettait à la tête de ces états, vous avait donné occasion d'exercer souvent un genre d'éloquence peu connu parmi nous, et qui tient assez du caractère de l'éloquence grecque et romaine. Les orateurs français, excepté les orateurs sacrés, ne traitent guère que des sujets particuliers, peu intéressans, souvent embarrassés de cent minuties importantes, souvent avilis par les noms mêmes des principaux personnages. Pour vous, Monsieur, vous aviez toujours en main dans vos discours publics, les intérêts d'une grande province combinés avec ceux du roi; vous étiez, si on ose le dire, une espèce de médiateur entre le souverain qui devait être obéi, et les sujets qu'il fallait amener à une obéissance volontaire. De là vous avez passé, Monsieur, à l'ambassade d'Espagne, où il a fallu employer une éloquence toute différente, qui consiste autant dans le silence que dans les discours. Les intérêts des potentats sont en si grand nombre, si souvent et si naturellement opposés les uns aux autres, qu'il est difficile que deux d'entre eux, quoique étroitement unis par les liens du sang, soient parfaitement d'accord ensemble sur tous les points, ou que leur accord subsiste long-temps. Les deux branches de la maison d'Autriche n'ont pas toujours été dans la même intelligence. L'une des deux maisons royales de Bourbon vous a chargé de ses affaires auprès de l'autre. La renommée, quoique si curieuse, surtout des affaires de cette nature, quoique si ingénieuse et même si hardie à deviner, ne nous a rien dit de ce qui s'est passé dans un intérieur où vous avez eu besoin de toute votre habileté; et cela même vous fait un mérite. Seulement nous voyons que l'Espagne, pour laquelle vous avez dû être le moins zélé, ne vous a laissé partir de chez elle que revêtu du titre de grand de la première classe, honneur qu'elle est bien éloignée de prodiguer.

Le grand cardinal de Richelieu, lorsqu'il forma une société de gens presque tous peu considérables par eux-mêmes, connus seulement par quelques talens de l'esprit, eût-il pu, même avec ce sublime génie qu'il possédait, imaginer à quel point eux et leurs successeurs porteraient leur gloire par ces talens et par leur union? Eût-il osé se flatter que dans peu d'années les noms les plus célèbres de toute espèce ambitionneraient d'entrer dans la liste de son académie ; que dès qu'elle aurait perdu un cardinal de Rohan, il se trouverait un autre prélat, tel que vous, Monsieur, prêt à le remplacer?

Le nom de Rohan seul fait naître de grandes idées. Dès qu'on l'entend, on est frappé d'une longue suite d'illustres aïeux, qui va se perdre glorieusement dans la nuit des siècles : on voit des héros dignes de ce nom par leurs actions, et d'autres héros dignes de ces prédécesseurs; on voit les plus hautes dignités accumulées, les alliances les plus brillantes, et souvent le voisinage des trônes : mais en même temps il n'est que trop sûr que tous ces avantages naturels, si précieux aux yeux de tous les hommes, seraient des obstacles qu'aurait à combattre celui qui aspirerait au mérite réel des vertus tels que la bonté, l'équité, l'humanité, la douceur des mœurs. Tous ces obstacles, dont la force n'est que trop connue par l'expérience, non-seulement M. le cardinal de Rohan, durant tout le cours de sa vie, les surmonta ; mais il les changea eux-mêmes en moyens, et de pratiquer mieux les vertus qu'ils combattaient, et de rendre ces vertus plus aimables. Il est vrai, pour ne rien dissimuler, qu'il y était extrêmement aidé par l'extérieur du monde le plus heureux, et qui annonçait le plus vivement et le plus agréablement tout ce qu'on avait le plus d'intérêt de trouver en lui. On sait ce qu'on entend aujourd'hui, en parlant des grands, par le don de représenter. Quelques uns d'entre eux ne savent guère que représenter : mais lui, il représentait et il était.

Dès son jeune âge, destiné à l'état ecclésiastique, il

ne crut point que son nom, ni un usage assez établi chez ses pareils, pussent le dispenser de savoir par lui-même. Il fournit la longue et pénible carrière prescrite par les lois avec autant d'assiduité, d'application, de zèle, qu'un jeune homme obscur, animé d'une noble ambition, et qui n'aurait pu compter que sur un mérite acquis. Aussi dès ces premiers temps se fit-il une grande réputation dans l'université; les dignités et les titres qui l'attendaient, pour ainsi dire, avec impatience, ne laissaient pas de venir le trouver selon un certain ordre.

Il était à l'âge de trente-un ans coadjuteur de M. le cardinal de Furstenberg, évêque et prince de Strasbourg, lorsqu'il survint dans cette académie un de ces incidens qui en troublent quelquefois la paix, et fournissent quelque légère pâture à la malignité du public. Le principe général de ces espèces d'orages est la liberté de nos élections; liberté qui ne nous en est pas cependant, ainsi qu'aux anciens Romains, moins nécessaire, ni moins précieuse. Ce fut en de pareilles circonstances que le coadjuteur de Strasbourg se montra, et calma tout : et je puis dire hardiment qu'il entra dans cette académie par un bienfait. Avec quel redoublement et de joie et de reconnaissance ne lui fîmes-nous pas ensuite nos complimens sur le chapeau de cardinal, sur la charge de grand-aumônier de France, dignités dont l'éclat rejaillissait sur nous, et qui nous élevaient toujours nous-mêmes de plus en plus!

Nous savons assez en France ce que c'est que les affaires de la constitution. Ne fussent-elles que théologiques, elles seraient déjà d'une extrême difficulté : un grand nombre de gens d'esprit ont fait tous les efforts possibles pour découvrir quelques nouveaux rayons de lumière dans des ténèbres sacrées, et ils n'ont fait que s'y enfoncer davantage; peut-être eût-il mieux valu les respecter d'un peu plus loin. Mais les passions humaines ne manquèrent pas de survenir, et de prendre part à tout, voilées avec toute l'industrie possible, d'autant plus difficiles à combattre, qu'il ne fallait pas laisser sentir qu'on les reconnût. Le roi convoqua sur ce sujet des assemblées d'évêques, à la tête desquelles il mit M. le cardinal de Rohan. Que l'on réfléchisse un instant sur ce qu'exige une pareille place dans de pareilles conjonctures, et l'on jugera aussitôt qu'un prélat, avec peu de talens, peu de savoir, des lumières acquises dans le besoin, moment par moment, empruntées en si bon lieu que l'on voudra, eût paru bien vite à tous les yeux tel qu'il était naturellement. J'atteste la renommée sur ce qu'elle publia alors dans toute l'Europe à la gloire du prélat dont nous parlons. Il joignit même au mérite de grand homme d'état et de savant évêque, un autre mérite de surcroît, qu'il ne nous siérait pas de passer sous silence, quoique réellement fort inférieur; il fut quelquefois obligé de porter la parole au roi à la tête du respectable corps qu'il présidait, et il s'en acquitta en véritable académicien.

Il fut envoyé quatre fois à Rome par le roi pour des élections de souverains pontifes. Il n'y a certainement rien sur tout le reste de la terre qui ressemble à un conclave. Là sont renfermés, sous des lois très étroites et très gênantes, un certain nombre d'hommes du premier ordre et du premier mérite en différentes nations, qui n'ont tous que le même objet en vue, et tous différens intérêts par rapport à cet objet. La na-

tion italienne est de beaucoup la plus nombreuse, très
spirituelle par une faveur constante de la nature,
dressée par elle-même aux négociations, adroite à tendre des piéges subtils et imperceptibles, à pénétrer
finement les apparences trompeuses qui couvrent le
vrai, et même les secondes ou troisièmes apparences
qui, pour plus de sûreté, couvrent encore les premières. M. le cardinal de Rohan ne fut que prudent, que
circonspect, sans artifice et sans mystère, ouvertement
zélé pour les intérêts de la religion et de la France : et
il ne laissa pas de réussir et de s'attirer une extrême
considération des Italiens les plus habiles. Des exemples pareils un peu plus fréquens, rendraient peut-être
au vrai plus de crédit qu'il n'en a aujourd'hui, ou du
moins plus de hardiesse de se montrer.

Toute la partie du diocèse de Strasbourg située au-delà du Rhin appartient en souveraineté à l'évêque
qui en prend l'investiture de l'empereur. D'un autre
côté, l'évêché de Strasbourg est extrêmement mêlé de
luthériens autorisés par des traités inviolables. M. le
cardinal de Rohan avait à soutenir le double personnage, et de prince souverain, et d'évêque catholique.
Prince, il gouverna ses sujets avec toute l'autorité,
toute la fermeté de prince, et en même temps avec
toute la bonté, toute la douceur qu'un évêque doit à
son troupeau ; seulement il y joignit l'esprit de conquête si naturel aux princes, mais l'esprit de conquête
chrétien. Il employa tous ses soins, mais ses soins uniquement, à ramener dans le sein de l'église ceux qui
s'en étaient écartés : il était né avec de grands talens
pour y réussir ; et en effet le nombre des catholiques est
sensiblement augmenté dans le diocèse de Strasbourg.

De cette augmentation, moins difficile à continuer qu'elle n'était à commencer, il en a laissé le soin à un neveu, son digne successeur, déjà revêtu de ses plus hautes dignités. Quelle gloire pour nous, que le titre d'académicien n'ait pas été négligé dans une si noble et si brillante succession !

Après tout ce qui vient d'être dit, nous dédaignons presque de parler de la magnificence de cet illustre cardinal. La magnificence, considérée par rapport aux grands, est plutôt un grand défaut quand elle y manque, qu'un grand mérite quand elle s'y trouve. Son essence est d'être pompeuse et frappante ; sa perfection serait d'avoir quelque effet utile et durable. Notre grand prélat l'a pratiquée de toutes les manières. Tantôt il a fait des présens rares à des souverains ; tantôt il a répandu ses bienfaits dans les lieux de sa dépendance qui en avaient besoin ; tantôt il a construit des palais superbes ; tantôt il a doté, pour tous les siècles à venir, un assez grand nombre de filles indigentes. Dans toutes les fêtes où pouvaient entrer la justesse et l'élégance du goût français, il n'a pas manqué de faire briller aux yeux des étrangers cet avantage, qui, quoique assez superficiel en lui-même, n'est nullement indigne d'être bien ménagé.

Je sens, Messieurs, que je vous fais un portrait, et fort étendu, et peut-être peu vraisemblable à force de rassembler trop de différentes perfections ; on m'accusera de cet esprit de flatterie qu'on se plaît à nous reprocher. Je vous demande encore un moment d'attention, et j'espère que je serai justifié.

Le roi a dit : « C'est une vraie perte que celle du
» cardinal de Rohan ; il a bien servi l'état ; il était bon

» citoyen et grand seigneur; je n'ai jamais été haran-
» gué par personne qui m'ait plu davantage. »

Je crois n'avoir plus rien à dire sur le reproche de flatterie. J'ajouterai seulement que de cet éloge fait par le roi il en résulte un plus grand pour le roi lui-même. Il sait connaître, il sait apprécier le mérite de ses sujets; et combien toutes les vertus, tous les talens doivent-ils s'animer dans toute l'étendue de sa domination! C'est là ce qui nous intéresse le plus particulièrement: l'Europe entière retentit du reste de ses louanges; et ce qui est le plus glorieux, et en même temps le plus touchant pour lui, on compare déjà son règne à celui de Louis XIV.

FIN DU DEUXIÈME VOLUME.

TABLE DES MATIÈRES

CONTENUES DANS LE DEUXIÈME VOLUME.

Éloge de l'abbé de Louvois. 5
—— de Montmort. 10
—— de Rolle. 22
—— de Renau. 30
—— du marquis de Dangeau. 52
—— de des Billettes. 60
—— de d'Argenson. 63
—— de Couplet. 75
—— de Mery. 80
—— de Varignon. 89
—— du Czar Pierre Ier. 102
—— de Littre 131
—— de Hartsoëker. 140
—— de Delisle. 160
—— de Malezieu. 173
—— de Newton. 181
—— de P. Reynau. 207
—— du maréchal de Tallard. 212
—— de P. Sébastien Truchet. 217
—— de Bianchini. 227
—— de Maraldi. 245
—— de Valincour. 250
—— de du Verney. 257
—— du comte Marsigli. 267

TABLE DES MATIÈRES.

Éloge de Geoffroy.	281
—— de Ruysch.	289
—— du président de Maisons.	300
—— de Chirac.	303
—— de Louville.	316
—— de Lagny.	324
—— de Ressons.	333
—— de Saurin.	337
—— de Boerhaave.	351
—— de Manfredi.	366
—— de du Fay.	384
—— de Perrault.	397
—— de la marquise de Lambert.	400
Discours de Fontenelle à l'académie française.	405
Lettre au Czar.	409
—— au même.	411
Compliment au Roi sur son sacre.	412
—— au Roi sur la mort de Madame.	413
—— au duc d'Orléans sur le même sujet.	414
Réponse au cardinal Dubois.	415
—— à Néricault Destouches.	422
—— aux députés de l'académie de Marseille.	427
—— à M. Mirabeau.	432
—— à l'évêque de Luçon.	436
Discours prononcé à l'ouverture de l'assemblée publique du 25 août 1741.	447
—— lu dans l'assemblée publique du 15 août 1749.	451
Réponse au discours de M. l'évêque de Rennes.	459

FIN DE LA TABLE DU DEUXIÈME VOLUME.

www.ingramcontent.com/pod-product-compliance
Lightning Source LLC
Chambersburg PA
CBHW070530230426
43665CB00014B/1636